KB125916

'나'를 증명하기

이 도서의 국립중앙도서관 출판예정도서목록(CIP)은 서지정보유통지원시스템 홈페이지(http://seoji.nl.go.kr)와
국가자료공동목록시스템(http://www.nl.go.kr/kolisnet)에서 이용하실 수 있습니다.
CIP제어번호: CIP2017013639

'나'를 증명하기

아시아에서의 국적·여권·등록

Identifying Myself:

Nationality, Passport and Registration in Asia

성공회대학교 동아시아연구소 기획
이정은·조경희 엮음

한울
아카데미

이 저서는 2007년 정부(교육과학기술부)의 재원으로 한국연구재단의 지원을 받아서 수행된 연구임 (NRF-2007-361-AM0005).

"당신은 누구입니까?" 만약 낯선 이로부터 이런 다소 엉뚱한 질문을 받는다면 우리는 무엇이라고 답할 수 있을까. 이름과 나이, 고향과 가족 관계, 직업이나 취미를 이야기할 수 있을까? 질문자와의 관계와 그 의도나 목적에 따라 답은 달라지겠지만, 낯선 이에게 이름을 밝히거나 나이를 얘기하지는 않을 것이고, 고향이나 개인적인 가족 관계를 말할 이유는 더더욱 없다. 간혹 자신의 지위와 권위를 내세우기 위해 이름과 직업을 함께 소개하는 이들도 있지만, 특별히 내세울 것도 없는 평범한 사람들은 내가 누구인지, 상대에게 뭐라고 설명해야 할지 무척 곤혹스럽다.

하지만 나의 세세한 정보를 묻는 이가 다름 아닌 국가라면 사정은 달라진다. 내가 말하지 않더라도 '국가'로 상징되는 권력은 나의 출생부터 나이, 고향, 거주지를 알고 있고, 마음만 먹으면 가족 관계와 동거인, 직업도 파악할 수 있다. 대한민국에서 태어나면서부터 부여된 개인의 고유번호만으로도 나이와 성별, 출생 지역 등을 알 수 있으며, 더욱 놀라운 것은 이런 권력의 과도한 개인정보 수집에 대해 그다지 큰 문제를 제기하지 않는다는 점이다. 오히려 국가에의 등록과 파악으로부터 누락되지 않도록 우리는 출생과 이동, 사망의 전 과정을 빠짐없이 신고하고 수많은 주민등록번호 요구에 스스럼없이 응한다. 그래야 대한민국에서 '불편하지' 않게 살아갈 수 있기 때문이다.

그러나 국가에 등록된다는 것은 국가에 의한 개개인의 파악과 통제만을 의미하지 않는다. 국가는 자국민의 안전과 기본권을 보호할 의무가 있고 국민은 권력을 위임받은 통치자의 보호 아래 국민으로서의 권리와 의무를 이행한다. 국가에 의한 개인의 검증은 국가 간 경계를 넘을 때 더욱 강화된다. 여권(passport)은 일종의 국가가 발급한 개인의 보증서라고 할 수 있다. 여권을 통해 개인에게 국경을 이동할 자유를 부여하면서 동시에 수많은 절차로 이동의 과정을 감시하고 의심하며 경계인을 생산한다. 특히, 일본의 식민지 지배와 한국전쟁을 경험하며 냉전의 희생양이 되었던 한반도에서 다른 인접 국가로의 이동은 역사적으로 빈번할 수밖에 없었다. 그 과정에서 국가는 '선량한 국민'과 '불온한 그들'로 경계를 만들어왔기에 개인은 스스로 자신의 존재를 끊임없이 증명해야만 했다.

이 책은 한반도 내에서의 인구의 파악과 등록, 이동뿐 아니라, 국경을 넘는 수많은 사람들의 경험과 사례를 중심으로 국가에 소속되고 등록되는 것이 과연 개인과 집단에게 무엇을 의미하는지 독자들에게 다시 질문하고자 한다. 이 책은 주로 한반도를 중심으로 하면서도 재일조선인과 오키나와, 사할린, 단둥 등 아시아 접경 지역의 주민들에게도 눈을 돌리고 있다. 그들은 국가 체제에서 방치되거나 비주류 시민으로 살다가도 제도와의 교섭을 통해 자신의 삶의 영역을 확장시켜온 사람들이다. 이 책에서 다룬 내용들은 국적과 여권을 둘러싼 동아시아적 특성을 이론화하는 데에 중요한 논쟁점을 제시할 뿐만 아니라, 냉전기의 구획된 아시아와 탈냉전기의 재구성되는 아시아 사이의 역동성을 유감없이 보여줄 것이라 기대한다.

이 책은 전체가 3부로 구성되어 있다.

제1부 '구획되는 경계'에서는 근대국가에서 국적과 여권의 등장 배경과 한국에서 경계를 강화해온 정치 맥락을 사례를 통해 다룬다. 조경희의 「자기증

명의 정치학: 근대국가에서의 국적, 여권, 등록」은 선행 연구 성과들을 검토하면서 이 책의 개략적인 문제의식을 제시하고 있다. 특히 근대국가가 가진 기록의 중요성에 주목해 여권과 신분제도의 형성을 살펴본 후 동아시아의 맥락, 특히 한반도 분단 체제에서 국적-여권-등록이라는 배타적 시스템이 연동되는 과정을 재일조선인을 사례로 보여주고 있다.

이정은은 「해방 이후, '신분증명서'를 통한 개인의 관리와 통치」에서 해방 이후부터 주민등록제도가 시행되기 전까지 신분증명서를 중심으로 자신의 정체성을 증명해야 했던 제도의 변화 과정을 분석한다. 이 장은 한국 사회에서 개인의 면밀한 파악이 이뤄지는 주민등록증 제도에 대해 대중이 무감하거나 당연시하게 된 역사적인 과정과 사회적 논리를 제시하고 있다.

서호철의 「누가 국민이고 누가 유권자가 되는가?: 남한의 최초 총선거와 주민의 자격·분류·등록」은 남한에서 이뤄진 총선거에서 누가 시민이고 누가 유권자가 되었는지를 '수의 정치'와 인구의 조사와 등록, 분류의 관료제의 통치성으로 분석한다. 실제 시민과 유권자의 범위를 결정한 것은 나이, 주소, 거주 기간과 장애나 문맹 여부 같은 우연하고 사소한 조건들이었음을 설명한다.

제2부 '국민과 난민 사이'에서는 일본 식민지 지배와 한반도 분단 체제의 틈새에서 불확실한 삶을 살았던 사람들의 역사적 현실을 다룬다. 조경희의 「한일협정 체제하 재일조선인의 국적과 분단 정치」에서는 한국 외교문서를 통해 1965년 이후 재일조선인의 국적 변동과 '협정영주'허가 신청과 관련된 한일 정부의 개입 과정을 살펴본다. 이를 통해 65년 한일협정 체제가 재일조선인 사회에 어떤 분단 정치를 작동시켰는가를 고찰하고, 재일조선인 국적 문제의 복합적 성격을 분단국가의 비대칭성과 함께 밝히고 있다.

김미혜의 「오키나와의 조선인: 배봉기 씨의 '자기증명'의 이중적 의미를 중심으로」는 미국에서 일본으로의 시정권 반환 후, 체류를 위해 일본군 '위안부'

임을 밝혀야만 했던 배봉기 씨의 경우를 '강요된 자기증명'이라는 관점에서 서술하고 있다. 김미혜는 배봉기 씨의 삶을 통해 식민주의, 전시 성폭력, 동아시아 냉전, 남북 분단이라는 층층이 겹쳐진 폭력에 노출되어온 오키나와 조선인의 역사를 부각시키고 있다.

윤지영의 「무국적 사할린 동포의 대한민국 국적 확인 소송의 내용 및 의의」는 제2차 세계대전 후, 구소련에서 무국적자로 살아온 사할린 동포들이 대한민국 정부를 상대로 한 국적확인소송을 다루고 있다. 무국적 동포의 대한민국 국적을 법리적으로 밝힌 최초의 판결이라는 점에서 이 소송판결의 의미를 확인하면서도 대한민국 정부가 여전히 동포들을 선별적으로 받아들인다는 한계점이 있음을 지적하고 있다.

제3부 '자기증명의 실천들'에서는 무국적이나 경계인의 위치에 있던 사람들이 어떻게 현실에 대응해가며 자신들의 삶을 꾸려가고 있는지 구체적인 사례들을 다룬다. 먼저, 이재승의 「분단 체제하 재일 코리안의 이동권: 고국권(故國權)을 제안하며」는 한국 보수정권하에서 정치적 이유로 입국이 거부된 재일조선인의 사례들을 국제인권법상의 이동권 관념에 비추어 검토하고 있다. 이재승은 재일조선인들이 한반도와 역사적·민족적 유대로 인해 남북한에 대해 특수한 지위를 갖는 것으로 보고, 그들의 존재가 오히려 이동권을 발전시킬 계기가 될 것으로 전망하고 있다.

고연옥은 「국가 폭력 사건의 재심을 통한 자기 회복: 재일동포 간첩 조작 사건을 중심으로」에서 재일동포 간첩 조작 사건의 재심 절차를 형사 무죄판결과 보상·배상으로 나누어 그 의미와 문제점을 살펴보고 있다. 특히 간첩 조작 사건 피해자를 인터뷰해 재심과 관련된 그들의 생각과 감회를 생생한 목소리로 담아 더욱 현실감 있게 전하고 있다.

김미란은 「'무호적자' 관리를 통해 본 중국의 인구 통치」에서 중국이 한자녀정책을 성공적으로 이루었지만 동시에 1300만 명에 달하는 무호적자 집단을 양산한 점에 주목해, 그들의 공민권을 박탈하는 인구 통치가 가능할 수 있었던 중국의 통치 방식을 분석하고 있다. 벌금제에 기반한 한자녀정책이 무호적자에 대한 '해외 입양'의 활성화와 공민권을 거래의 대상으로 만들었다고 비판한다.

강주원의 「국경도시 중국 단둥의 중첩되는 경계: 2010년 전후를 통해서」는 압록강을 사이에 두고 있는 중국 단둥(丹東)과 신의주의 두 도시 공간을 중심으로 국경은 북·중 관계뿐 아니라 남·북 관계, 그리고 한국, 북한, 중국 관계를 들여다보는 거울이라고 규정한다. 오랜 기간 이 지역을 연구해온 필자는 2010년을 전후로 단둥의 중첩되는 경계의 의미를 북한 사람, 북한 화교, 조선족, 한국 사람의 네 집단의 실천을 중심으로 조명하고 있다.

이 책에 수록된 글들 중 일부는 지난 2016년 6월에 성공회대 동아시아연구소가 주최한 학술회의에서 발표된 글들을 바탕으로 하고 있다. 소중한 원고를 작성해 책의 학문적인 깊이를 더해준 저자들에게 다시 한번 감사를 드린다.

이 책의 편자인 이정은과 조경희는 그동안 한반도와 일본을 중심으로 한 사람들의 이동과 탈국경적인 생활권에 관심을 기울이면서 세미나를 진행해왔다. 그 과정에서 이동하는 사람들을 관리하는 장치이자 그들 스스로의 생명과 생활을 보장하는 여권이나 신분증의 의미를 묻고 그것의 아시아적 맥락을 제대로 살펴볼 필요성을 절감하게 되었다. 이렇게 출발한 성공회대 동아시아연구소의 '자기증명' 팀은 2014년부터 논의를 시작해 곧바로 성공회대 사회과학부 박사과정의 고연옥이 합류하면서 본격적인 세미나 체제로 전환되었다. 국적, 여권, ID, 국가 통치성과 국제 인권 제도와 관련된 글들을 읽고 국적법과 여권법, 주민등록법, 해외이주법, 밀항단속법, 국가보안법 등의 이동 관련법들도 함께 검토했다. 우리가 각자 자라온 환경의 차이에서 오는 경험과 관점들을 적극적으로 공유하면서 논의는 점차 시너지 효과를 발휘했고, 그 과정에서 공동 연구의 묘미를 맛볼 수 있었다. 세미나에 정기적으로 참여하지는 못했지만 함께 한 성공회대 대학원 국제문화연구학과의 안윤희와 이진선, 그리고 왕복 4시간을 감내하며 먼 곳을 찾아온 한국학중앙연구원 한국학대학원의 알리예바 바하르에게도 고마운 마음을 전한다. 그리고 무엇보다도 개별 연구자들의 문제의식을 자유롭게 발휘할 수 있도록 지원과 학문적인 장을 만들어준 성공회대 동아시아연구소의 백원담 소장을 비롯한 동료 연구자들에게 이 자리를 빌려 감사한 마음을 전하고 싶다. 마지막으로 든든한 협업으로 우리를 격려해준 양선화 편집자와 한울엠플러스에도 깊은 감사의 마음을 전한다.

2017년 6월

이정은, 조경희

차례

책머리에   5

1부 | 구획되는 경계

1장   자기증명의 정치학: 근대국가에서의 국적, 여권, 등록   조경희 · 15
2장   해방 이후, '신분증명서'를 통한 개인의 관리와 통치   이정은 · 36
3장   누가 국민이고 누가 유권자가 되는가?:
     남한의 최초 총선거와 주민의 자격 · 분류 · 등록   서호철 · 72

2부 | 국민과 난민 사이

4장   한일협정 체제하 재일조선인의 국적과 분단 정치   조경희 · 119
5장   오키나와의 조선인:
     배봉기 씨의 '자기증명'의 이중적 의미를 중심으로   김미혜 · 145
6장   무국적 사할린 동포의 대한민국 국적 확인 소송의 내용 및 의의   윤지영 · 180

3부 | 자기증명의 실천들

7장   분단 체제하 재일 코리안의 이동권:
     고국권을 제안하며   이재승 · 199
8장   국가 폭력 사건의 재심을 통한 자기 회복:
     재일동포 간첩 조작 사건을 중심으로   고연옥 · 234
9장   '무호적자' 관리를 통해 본 중국의 인구 통치   김미란 · 268
10장   국경도시 중국 단둥의 중첩되는 경계:
     2010년 전후를 통해서   강주원 · 299

참고문헌   324
찾아보기   342

|1부|

구획되는 경계

자기증명의 정치학
근대국가에서의 국적·여권·등록

조경희

1. 이동하는 신체, 관리되는 경계

냉전기의 절대적인 경계선과 그 질서를 합리화하는 '큰 이야기'가 사라진 세계 속에서 우리는 1990년대 초에 전망했던 '국경 없는 세상'[1]을 일정하게 달성했다. 그러나 이와 동시에 자본과 인구의 전 지구적 이동은 안과 밖, 자와 타를 끊임없이 구분하는 무수한 경계선의 편재화(遍在化)를 가져왔다. 냉전기에 형성된 벽들이 허물어지고 인종, 민족, 젠더, 이데올로기, 계층 등 수많은 경계들이 우리의 일상 속에 내부화되었다. 문화적 차이와 다양성이 체제 내에 포섭되어 배치되는 한편, 신자유주의적 질서를 벗어나는 차이는 곧바로 위협으로 간주되고 있다. 그 속에서 사람들은 자신들의 생존과 생활을 위해, 혹

---

[1] Ohmae, Kenichi, *The Borderless World: Power and Strategy in the Interlinked Economy*, 1990.

은 경제적·문화적 욕망을 쫓아 국경을 넘는다. 어떤 사람들에게는 여전히 이동이 차단된 냉전적 현실이 강력히 작동하고 있음은 물론이다.

국경은 절대적인 질서는 아니지만 여전히 사람들 사이를 구분하게 하는 가장 물리적이며 효과적인 경계로 존재한다. 글로벌화 아래 각국의 출입국관리 정책은 보다 '스마트'하게 재편되고 있으며, 국경은 완화되면서 동시에 규제되고 있다. 1985년 솅겐 조약(Schengen agreement)이 맺어진 이래 유럽 영토 내 수억 명의 인구가 여권이나 신분증 없이 자유롭게 다닐 수 있게 된 반면에 최근 수년간 지중해는 목숨을 걸고 밀항하는 중동·아프리카 출신자들의 무덤이 되어버렸다.[2] 또한 2016년 영국의 EU 이탈과 미국 내 이민 제한을 주장하는 도널드 트럼프의 대통령 당선이 선진국으로 유입되는 이민과 난민들을 막다른 골목으로 몰아넣고 있다.

일본에서는 2012년에 새로운 외국인 재류 관리 시스템을 도입해 재일조선인들을 비롯한 영주자격을 가진 사람들에 대해 재입국허가제를 간소화했으나, 한편으로는 '유효한 여권'이 없는 조선적 재일조선인, 비정규 체류자들에 대해 관리 단속을 더욱 강화하기 시작했다.[3] 즉, 국경의 벽은 유효한 여권을 갖고 있는 주류 시민들에게는 낮아졌으나, 그렇지 못한 사람들에게는 점점 높아지고 있다. 이것은 상반된 움직임이 아닌 국경의 '스마트화'의 양면이라 할 수 있다. 얼핏 자유로운 이동을 하는 것처럼 보이는 글로벌 엘리트들조차 생체 인식이 포함된 전자 여권과 휴대전화를 이용한 감시 체제하에 있다.[4] 여행

---

2 UNHCR의 발표에 따르면 2016년에 지중해에서 사망한 난민 수는 사상 최악으로 5000명을 넘었다. http://www.unhcr.org/news/briefing/2016/12/585ce804105/mediterranean-sea-100-people-reported-dead-yesterday-bringing-year-total.html.

3 2012년 7월부터 외국인등록법이 폐지되어 외국인등록증 대신에 세 가지의 재류자격(특별영주자/중장기재류자/비정규체류자)으로 구분된 '재류 카드'가 발급되었다.

4 森千香子/エレン·ルバイ編著, 『国境政策のパラドクス』(東京: 勁草書房, 2014), 第1章 참조.

자(tourist)와 방랑자(vagabond)를 구별하는 이동의 양극화[5]는 결코 고정되어 있지 않다. 여행자의 꿈과 욕망을 확대하는 글로벌화는 언제 여행자를 방랑자로 전락시킬지 모른다.

최근 경계연구(Border Studies)의 진전은 앞서 말한 바와 같이 사람들마다 불균질한 국경의 의미와 기능, 중첩되는 경계의 결을 분석할 필요성을 말해주고 있다. 경계의 안과 밖을 미리 설정하는 것이 아니라, 경계 그 자체가 생성되는 배경과 의미, 기능과 효과를 분석하는 시각이 요구되고 있다. 우리의 일상을 형성하고 유지하는 무수한 경계에 대해 "적대적인 차이나 냉담한 무관심을 지속시키지 않는 방법"[6]을 찾으려고 한다. 그래서 경계연구는 "경계가 누구의 무엇을 위해, 혹은 누구에 의해 형성되는가? 그 내부에서 무엇을 지키려고 하는가?"라는 정치학적·윤리학적인 물음을 적극적으로 던진다.

국경 관리의 '스마트화'는 이동하는 사람들에 대해 안전보장화(securitization)를 작동시키는 것과 깊은 관련이 있다. 안전보장화라는 개념을 발전시킨 올 위버(Ole Wæver)에 따르면, 안전보장의 어젠다는 언어 행위(speech act)를 통해 행위 수행적으로 구축된다.[7] 예컨대 "ㅇㅇ가 쳐들어온다", "ㅇㅇ에 감염된다"라는 말을 청중이 들은 순간 행위 수행적으로 그 대상은 안보화된다. 위협에 대한 발화가 바로 안보 행위가 되는 것이다. 이와 같은 안보화 과정은 국가나 사회의 내적 안전을 위해 불안을 창출하고 유지하는 도구화를 불가피하게

---

5   지그문트 바우만, 『지구화, 야누스의 두 얼굴』(한길사, 2003), 제4장 참조.

6   アレクサンダー・C．ディーナー，ジョシュア・ヘーガン，『境界から世界を見る―ボーダースタディーズ入門』，川久保文紀 訳(東京: 岩波書店, 2016), p.24.

7   위버에 따르면, 안전보장화는 정부를 비롯한 안전보장화를 실시하는 행위 주체(securitizing actor), 이를 듣는 청중의 수용, 위협이나 보호의 대상(referent object)이라는 요소들을 통해 수행된다. Barry Buzan·Ole Wæver·Jaap de Wilde, *Security: A New Framework for Analysis*(Lynne Rienner, 1998).

수반하고 있다. 또한 국가주권이나 국민들의 생명과 재산에 대한 물리적 위협만이 아닌, 민족적·종교적 사회집단의 신체적·문화적 차이 또한 예방이라는 이름으로 위협 대상이 된다. 9·11 이후 미국 공항에서 증가한 인종 프로파일링(racial profiling)이 그 대표적인 사례다. 지구화의 결절점으로서의 공항은 자유와 낭만의 장소로 표상되는 한편, 불안전과 위협에 취약한 장소로서 노골적인 감시가 실시되는 곳이다. 공항은 '정보 여과 장치'로서 통과하는 여행자들을 가시적으로 분류한다.[8]

국경의 개방과 봉쇄, 이동의 완화와 규제라는 양면을 동시에 작동시키는 데 있어, 사람들을 특정하고 사회적 위치에 따라 식별하는 여권과 비자, 신분증은 점점 중요한 장치가 되어가고 있다. 여권을 비롯한 신원 확인 제도는 국경을 넘는 순간에만 중요한 기능을 발휘하는 것이 아니라, 주권국가의 질서를 유지하는 데 가장 기초적인 행정 시스템이자 개개인의 정체성을 확인하고 그 사람의 삶의 이력을 갱신해가는 저장 매체이다. 흩어진 개개인들을 국가와 유기적으로 연결 지음으로써 처음으로 '나'의 정체는 제도적으로 인정된다. 예컨대 열 손가락 지문을 통해 출생부터 사망까지 모든 개인 정보를 13자리 번호에 통합하는 지나치게 효율적인 한국의 ID 시스템은 그야말로 '나'의 고유성을 증명하고 일상생활을 지탱하는 강력한 원천이 된다.

이와 같은 문제의식이 특별히 새로운 것은 아니다. 한국에서는 전자주민증에 관한 법안이 통과된 1997년경부터 감시 사회와 프라이버시에 대한 비판적 의견이 제기되었고, 전자여권이 도입된 2008년경에도 반대 담론들이 나타났다. 다만 관리 사회에 대한 일반적인 대항 담론에서는 국가의 감시와 통제가

---

8   デイヴィッド・ライアン/田島泰彦・小笠原みどり 訳,『監視スタディーズ:「見ること」と「見られること」の社会理論』(東京: 岩波書店, 2011), pp.197~198.

이동하는 사람들, 이른바 '떠돌이'들의 관리와 원래 어떻게 맞물려 있는지가 잘 부각되지 않는다. 개인 정보의 전자화로 인한 프라이버시 유출을 논한다면, 그와 동시에 이동하는 사람들을 분류하고 식별하는 여권과 신분증의 근본적 성격을 주목해야 한다. 특히 한국처럼 현재까지도 분단 구조와 반공 담론을 재생산하고 예외 상태를 상태화(常態化)하는 사회에서 이 장치는 사회의 내적 안전을 향한 믿음과 직결되고 있다. 이 문제와 관련된 하나의 대표적인 기록물을 참조해보자. 2000년대 초, 종로 탑골공원 앞에서 감시 사회 도래를 우려해 주민등록증과 지문 날인 반대 집회를 벌이는 젊은 청년 앞에 그건 말도 안 된다며 수많은 할아버지들이 흥분하면서 몰린다. "어떻게 지문을 없앨 수 있는가?" "간첩도 많은데 (지문) 없으면 어떻게 잡아?"[9]

여권과 신분증 등의 장치는 보호적이면서 동시에 감시적인 근대국가의 이중적 성격을 잘 반영하고 있다. 이와 같은 서류는 근대국가에서 개개인의 생명과 재산, 노동과 복지를 보장하는 한편, '표준 국민'을 벗어나는 이들을 걸러내기도 한다. 반복하자면 여기서 중요한 것은 근대국가의 이중성 자체보다는 그 성격이 사람들의 이동을 관리하는 과정과 맞물리면서 강화되었다는 역사적 사실이다. 국제적으로 규격화된 여권 제도나 각국의 역사를 반영한 등록제도는 인종, 민족, 종교, 경제, 또 이데올로기를 기준으로 내부 성원과 이방인을 구획하고 배치하는 효과적인 기술적 장치로 발달했다.

이 책은 사람들의 이동과 사람들 사이의 경계를 관리하는 자기증명(identification)의 장치에 초점을 두고, 그 형성 과정과 위/아래로부터의 수행적(performative) 효과에 주목한다. 첫 순서인 이 장에서는 선행 연구 성과들을 검토하면서 이 책의 개략적인 문제의식을 제시하는 것을 목적으로 한다. 2절에서는 근

---

9 이마리오 감독의 다큐멘터리 〈주민등록증을 찢어라!〉(2001)의 한 장면.

대국가가 가진 기록의 중요성에 주목해 여권과 신분제도의 형성을 검토할 것이며, 3절에서는 동아시아의 맥락, 특히 한반도 분단 체제에서 국적-여권-등록이라는 배타적 시스템이 연동되는 과정에 대해 재일조선인을 사례로 제시한다. 4절에서는 인권 개념의 현재적 함의를 확인함으로써 자기증명의 장치를 통한 감시와 식별, 서열화의 권력을 넘어서는 지평을 모색하려고 한다.

2. 근대국가에서의 기록과 증명

먼저 유럽과 미국에서 여권을 비롯한 도항 문서와 출입국 제도의 변천 과정을 검토한 연구로 존 토피(John Torpey)의 『여권의 발명(The Invention of the Passport)』을 언급해야 할 것이다. 토피는 프랑스 혁명기 이후 20세기에 이르는 과정에서 서류를 통한 이동의 관리가 국가 건설에서 본질적 역할을 했음을 밝혔다. 그는 "자본가의 생산수단 독점"과 "국가의 폭력 수단 독점"이라는 마르크스와 베버의 기본 명제를 따라 근대국가의 발전을 "국가의 합법적 이동 수단의 독점화" 과정으로 파악했다. 근대 이전 종교 단체나 기업과 같은 사적 권력에 의해 내려졌던 이동의 허가와 신원(identity) 확인은 근대국가 발전 과정에서 국가의 독점 사항이 되었다. 서구에서 여권을 통한 이동의 규제는 근세부터 시작되었지만, 오늘과 같은 여권-비자-ID 시스템이 확립된 것은 그리 오래전의 일은 아니다. 예컨대 프랑스 혁명 이전까지 이방인(étranger)이라는 법 개념은 특정 지역 외에서 태어난 자를 의미했고, 비자 제도도 19세기 말 미국에서 중국인을 배척하는 움직임과 함께 등장했다.[10]

---

10   John Torpey, *The Invention of the Passport: Surveillance, Citizenship, and the State*(Cambridge:

이 연구에 따라 여권과 신분증의 등장을 근대국가의 형성과 함께 생각해 볼 때 '기록'의 중요성에 주목하지 않을 수 없다. 막스 베버는 근대국가를 군대와 경찰 기구를 통한 합법적 폭력의 독점과 함께 국내에 대한 행정적 통치 기구로서의 관료제로 특징지었다. 특히 가장 합리적인 지배 형식인 관료제를 '문서'를 통한 행정으로 보고, 그 형식이 사람들의 일상생활 전체에 침투한다고 했다. 그의 말대로 "대부분의 지속적인 작업들이 관리에 의해 관공서에서 이루어진다는 사실을 잊어서는 안 된다".[11] 베버의 관료제 논의는 교회, 군대, 정당, 이익단체 등 모든 근대적 단체에 해당하는 것으로 국가에만 한정되지 않지만, 이와 같은 관료제 행정 기구로서의 근대국가의 특성은 그 후 수많은 국가론으로 발전해갔다. 앤서니 기든스는 베버의 관료제 논의를 바탕으로 해서 푸코의 규율권력을 정보의 코드화를 통한 관리권력 혹은 행정권력의 형태로 재설정했다. 그는 국민국가의 권력의 특성을 정보의 정연한 수집-보관과 이를 통한 재귀적 모니터링 과정, 다시 말하자면 기록 시스템의 자기 언급적인 재생산으로 보았다. 인쇄술의 발달과 더불어 출생과 사망, 혼인과 주거 외에도 질환, 범죄, 이혼, 자살 등에 관한 자료까지 개개인에게 통합시키는 인구 통계의 체계적 일원화는 절대주의 국가에서 국민국가로의 이행을 특징짓는 가장 기본적인 지표 중의 하나가 되었다.[12]

이와 같은 논의를 통해 근대국가가 인구에 관한 통계 수집과 문서화를 필요로 한 요인을 두 가지 방향으로 정리할 수 있다. 하나는 징병과 징세를 위한 기초 자료를 얻는 것으로, 이는 군사적 안정과 경제적 번영이라는 국가 존립

Cambridge University Press, 2000); ジョン・C.トーピー/藤川隆男 訳,『パスポートの発明─監視・シティズンシップ・国家』(東京: 法政大学出版局, 2008).

11 マックス・ウェーバー/世良晃志郎 訳,『支配の諸類型』(東京: 創文社, 1970). p.27.

12 앤서니 기든스,『민족국가와 폭력』, 김적균 옮김(삼지원, 1993), 212~215쪽.

의 기반을 마련하는 것이었다. 통계학이 국가(state)에 대한 지식을 연구하는 학문(statistics)으로 체계화되었던 것도 이 맥락에서 이해할 수 있다. 징병과 징세를 위한 인구조사는 근대 이전의 왕조 국가에서도 부분적으로 실시되었지만, 근대에는 인구 전체가 행정관리(police)의 대상으로 발견된다는 것으로, 영토의 지배보다는 인구의 관리 육성이 통치의 기본이 됨을 의미한다.[13]

이보다 더 중요한 두 번째 측면은 봉건제에서 자본주의로의 이행 과정에서 불가피하게 발생하는 대량의 빈민, 부랑자들의 이동을 파악하고 관리하는 것이다. 즉, 그 어떤 봉건적 소속도 없는 개인=빈민들이 나타나기 시작했을 때 국가는 이들의 존재를 파악하고 구제나 보호의 이름으로 이들의 이동을 관리하기 시작했다. 토피에 따르면 16세기 독일에서는 "국내 평화와 법질서에 대한 위협"을 이유로 걸인, 부랑자, 집시들에 대한 통행증 발행을 금지했고, 영국에서는 "부담이 될 가능성이 있는" 사람들은 누구든 특정 교회 관할 지역을 벗어나지 않도록 의무화했다.[14] 이때 이동의 규제는 영토 내 경제적 이익의 분배와 직접적으로 연결된다. 거꾸로 말하면 빈민과 부랑자들이 산업화 과정에서 생산성을 가진 노동자로 주체화되었을 때 그들의 이동은 처음으로 장려된다.

일본에서는 1902년에 국세조사에 관한 법이 제정되었지만 정밀한 수법을 통한 제1차 국세조사는 1920년까지 기다려야 했다. 그 전까지 인구조사를 담당한 것은 내무성과 경찰 주도하 하층 노동자들의 생활 실태 파악을 목적으로 실시된 세민(細民) 조사였다.[15] 한편 제국 일본의 일대 프로젝트로서의 제1차

---

13   미셸 푸코, 『안전, 영토, 인구』, 오트르망 옮김(난장, 2011).

14   ジョンC.トービー, 『パスポートの発明』, pp.30~31.

15   一番ヶ瀬康子, 「第3章 日本社会事業調査史」, 社会福祉調査研究会 編, 『戦前日本の社会事業調査』(東京: 勁草書房, 1982), p.30.

국세조사(1920)가 조선에서는 3·1 운동의 여파로 실패한 것은 식민지 권력과 주민들과의 불온한 관계를 상징하는 사건이었다. 3·1 운동 직후 일본 당국이 '조선인 여행 단속에 관한 건(朝鮮人の旅行取締に関する件, 1919)'을 발표하고 도항증명서를 통해 이동을 규제하기 시작한 것도 독립운동 확대에 대한 대응책이었다.

이처럼 근대 초기 인구의 파악은 빈민, 부랑자, 식민지민 등 이동의 규제가 필요해진 사람들에 대한 관리의 문제로 볼 수 있다. 인구통계학의 발달은 대외적으로는 주권국가의 영토를 확장하고, 대내적으로는 전쟁을 감당하는 '양민'(선량하고 독립적인 노동자)을 육성하고 기타 위험 요소를 제거하는 과정과 맞물려 있다. 다시 말하면 정상과 비정상의 기준을 표준화하는 데 개인의 존재와 신분을 증명하는 문서가 결정적으로 중요한 역할을 했다. 일본 제국에서 그 경계선은 주로 호적을 통해 그어졌다. 전전-전후에 걸쳐 호적 제도는 '일본 신민'이 된 조선인들을 식별하는 유일한 장치로 기능했다.

다시 토피의 논의로 되돌아가보면, 그는 국민국가를 어떤 사상이나 이데올로기의 산물이 아니라, 호적 증명, 납세 증서, 건강 진단서, 여행증명서 등 기록물을 통한 제도의 거대한 집합체나 행정적 네트워크로 본다. '상상의 공동체'라는 국민국가의 허구성을 강조하기보다는 가시적이고 물질적인 법과 제도, 문서의 중요성을 강조한다. 제라르 누아리엘(Gerard Noiriel) 또한 "법적 등록, 신분 증명의 서류, 법률이야말로 결국은 이민들의 정체성을 결정한다는 점이 종종 간과된다"라고 지적했다.[16] 앞에서 살펴본 것처럼 여권이나 신분증은 번호, 사진, 비자, 출입국 도장 등의 기록을 통해 삶의 이력과 이동의 흔적을 저장하고 축적하는 장치이며, 국가는 이를 개개인을 식별하고 경

---

16 ジョンC.トービー, 『パスポートの発明』, p. 22.

계를 설정하기 위한 자원으로 삼는다. 한편 사람들은 일상적으로 자신의 이름과 나이, 성별, 외모를 확인하는 것과 비슷하게 여권의 색깔과 국적 표시, 날마다 수시로 입력하는 등록번호 등을 통해 자신의 제도적 위치와 정체성을 확인하고 있다.

이 책에서도 이와 같은 관점을 기본적으로 답습하고 있다. 다만 그럼에도 불구하고 서류나 제도 중심적 논의가 개개인의 '정체'를 고정하는 것처럼 읽히는 점에 대해서 우리는 신중해야 한다. 문서와 표시가 자신의 정체성을 결정짓는 것은 아니며, 이미 확립된 정체성을 장식하는 도구도 아니다. 그것은 자신의 정체성을 일방적으로 혹은 전면적으로 규정하지는 않지만, 그 표시가 나타내는 집단에 대한 소속과 역사의식을 일상적으로 쌓아간다는 점에서 수행성을 갖는다. 그것은 정체성(identity)의 획득보다는 끊임없는 자기증명(identification)의 실천 과정으로 볼 수 있다.[17] 'identification'은 보통 '식별'로 번역되는 경우가 많지만 이 책에서는 개인이나 집단을 분류하고 고정화하는 행정권력과 동시에 그 질서를 벗어나는 개인이나 집단의 수행성을 조명하는 차원에서 '자기증명'이라는 단어를 쓰고 있다. 위/아래로부터의 자기증명의 과정이 항상 일치하지 않는 것은 물론이요, 이주민, 외국인, 부랑자 등 '신원확인이 되지 않는' 사람들에게 자기증명이란 일상적인 폭력과 저항의 과정이 될 수 있다.

또한 서류나 제도 중심적 논의에서는 신체에 대한 관심이 결정적으로 빠져 있다는 비판도 중요하다. 마에다 유키오(前田幸男)는 푸코의 통치성(govern-mentality) 개념을 빌려, 여권과 비자를 통한 인구 관리라는 거시적 문제와 함

---

17 비슷한 문제의식을 제시한 선행 연구에는 陳天璽·近藤敦·小森宏美·佐々木てる, 『越境とアイデンティフィケーション』(東京: 新曜社, 2012)가 있다.

께 여권과 비자를 휴대한 사람들의 순치된 태도나 행동(공항 입국 심사나 검색대를 통과할 때의 순종적인 모습), 서류를 가질 수 없는 사람들의 신체성도 포함한 미시적 문제를 연속적으로 검토한다.[18] 앞서 말한 국경의 스마트한 관리 아래 안보화나 프로파일링의 대상이 될 잠재적 가능성을 생각해본다면, 여권이나 비자의 종류나 유무가 자신들의 거동이나 몸짓과도 연동됨을 알 수 있다. 이와 같은 논점은 신분의 증명이 생명을 보장했던 역사적인 국면에도 충분히 적용될 수 있다. 특히 식민과 전쟁, 냉전과 독재하에서 자신들의 내적 질서를 제도화하고 이동 수단을 독점화해온 아시아에서 자기증명 과정의 폭력성은 더 두드러진다.

3. 아시아에서의 식민/냉전/반공의 제도화

앞에서 본 토피의 서양 중심적 논의는 근대국가의 일반적 성격을 이해하는 데 시사점이 크지만, 동아시아의 역사적·현재적 상황을 설명하기에 적합한지 점검해볼 필요가 있다. 그의 논의는 18~19세기 프랑스와 독일의 국민국가의 출입국 행정 과정에 집중되어 있어, 국민/외국인이라는 이분법이 아닌 복잡한 내적 경계를 설정한 식민지 제국의 통치 기술에 관심을 보이지 않고 있다. 그는 기본적으로 서구에서 확립된 모델이 세계의 대부분의 지역으로 확산되

18　前田幸男, 「書評: ジョン・トーピー『パスポートの発明—監視・シティズンシップ・国家』」, ≪国際政治≫, 160(2010), p.182; 前田幸男, 「パスポート・ビザからみた統治性の諸問題: e-パスポートによる移動の加速・管理の深化とアフリカ大陸への封じ込め」, ≪国際政治≫, 155 (2009). 토피는 근대국가의 권력의 침투를 연구하는 데 통치성 개념의 유용성을 언급하면서도, 푸코의 논의에는 신원 확인 기술에 관한 구체적인 논의가 결여되었다고 짧게 정리하고 있다.

었다고 하면서 비서구 사회의 방식은 "다른 세계로 퍼져나갈 정도로 강력하지는 않았다"라는 인식을 드러내고 있다.[19] 그러나 서양/비서양이라는 지리적 구분을 미리 설정하기보다는 서양에서나 아시아에서나 제국주의와 식민지 지배 과정에서 겪었던 광범위한 인구 이동과 식민지 민중과의 접촉을 통해 출입국 행정과 국가 정체성이 확립되었을 가능성은 충분히 있다.

다카노 아사코(高野麻子)의 연구에 따르면, '완전한' 신원 확정 기술로서의 지문법은 19세기 영국의 인도 지배 과정에서 처음으로 실용화되었고, 그 후 순식간에 유럽 각국과 그 식민지 그리고 일본을 경유하고 '만주국'으로 퍼져 갔다. 중일전쟁 시기 노동력 이동의 증가에 따라 만주국 정부는 지문법을 활용한 노동자 등록을 시작했고, 그 후 총력전 체제하에서 주민등록으로 확대해 갔다.[20] 정주보다는 노동력 이동이 많을 수밖에 없는 신생 괴뢰 국가 '만주국'에서 세계 최초의 국민 지문 등록 도입이 적극적으로 검토되었다는 것은 시사점이 크다. 아시아에서 지문을 통한 신원 파악은 민족적·계급적으로 광범위한 노동자들을 완벽하게 장악하고자 했던 식민지 제국의 지배적 욕망과 함께 발전했다. 또한 제국주의 과정은 아니지만, 애덤 매커운(Adam McKeown)의 연구 또한 19세기 이후 태평양을 건너간 중국인 이민들의 존재가 미국의 국경 관리와 출입국관리 제도 형성에 직접적인 요인이 되었음을 밝히고 있다.[21]

이와 같은 내용을 통해 우리는 외부로부터의 유입 인구의 신원 파악이 식민지 제국이나 이민 국가 경영에서 결정적으로 중요한 행정 기술이었음을 확인할 수 있다. 한편 1945년의 제국 붕괴와 동시에 단일민족국가로 정체성을

---

19 ジョンC.トービー, 『パスポートの発明』, p.4.

20 高野麻子, 『指紋と近代: 移動する身体の管理と統治の技法』(東京: みすず書房, 2016), pp.5~13.

21 Adam McKeown, *Melancholy Order: Asian migration and globalization of borders*(New York: Columbia University Press, 2009).

축소한 전후 일본에서는 식민주의적 습성과 새로운 냉전의 논리가 서로 맞물리면서 출입국관리와 신원 관리라는 국가행정에 깊이 침투했다. 1947년에 제정된 외국인등록령, 1951년에 마련된 출입국관리령은 여전히 일본 국적법이 적용되었던 조선인들을 식별하고 강제송환을 용이하게 하는 내용을 포함하고 있었다. 모든 한반도 출신자들을 '조선'적으로 표시해 등록을 의무화한 것은 평화와 민주주의로 거듭난 전후 일본에서 제국주의 전범 국가로서의 역사적 기억을 관리하는 데 필수적인 조건이었던 것이다.

한편 한국의 경우, 출입국 행정상의 배제 대상자는 바로 자신들 내부에 있었다. 도강증, 양민증, 주민증 등 해방 후 남발된 신원 확인 증명서는 과연 누구의 이동을 관리하고 무엇을 식별하기 위한 것이었는가?[22] 1968년 주민등록 제도는 분단과 반공이라는 사상과 체제를 신원 확인 제도에 응축한 결과로 볼수 있다. 현재까지도 서로가 서로를 국가적 실체로 인정하지 않는 상황 속에서 국가보안법을 비롯한 안보 법제는 자기 언급적으로 일상적 분단 체제를 정당화하고 있다. 따라서 유럽과 같은 유연한 시민권(flexible citizenship)이 실현되기 어려울뿐더러 군사분계선으로 구획된 국경은 날마다 사람들의 축소된 심상 지리를 재생산하고 있다. 다만 식민지 제국하에서 형성된 일본과 한반도 사이의 탈경계적인 생활권, 그리고 현재 중국 대륙으로 이어지는 생존의 루트를 통해 영토적 경계와 제도적 장치에서 벗어나는 이들(밀항자, 무국적자, 난민 등)이 끊임없이 배출되어왔던 것도 사실이다. 이와 같은 아시아의 역동적인 역사와 현실, 자기증명의 실천에 대해서는 이 책의 각 장에서 구체적으로 다룰 것이다.

해당 국가의 국적을 증명하는 대외적 문서로서의 여권과 국가의 온전한 구

---

22   이 점에 대해서는 이 책의 2장을 참조.

성원임을 증명하는 대내적 문서로서의 신분증(ID)은 서로 연동되면서 '나'의 제도적 위치를 정해간다. 다시 말해 국가의 완전한 성원권을 가진 주류 시민들에게 국적-여권-등록의 트리아데(Triade)는 모순 없이 일치할 가능성이 크지만 어떤 경계를 건넌 이들에게 그 연동 과정은 복잡하게 얽히는 경우가 많다. 출신국과 거주국의 외교 관계나 국적 제도의 차이에 따라 여권 발급이나 등록에 문제를 겪는 사람들은 수없이 많다. 예컨대 식민, 냉전, 이산이 중첩된 역사를 경험한 재일조선인들에게 국적 확인과 여권 발급은 형식적 절차가 아닌 분단국가의 체제 경쟁을 반영한 정치 그 자체였다. 그 속에서 한반도로 귀국하거나 거주국 일본으로 귀화하는, 즉 영토와 소속을 일치시키는 선택은 재일조선인 사회에 또 다른 이산과 불신의 형태를 낳았다. 그들은 38선 없는 일본에서 비-분단적인 삶을 선택할수록 남북 양쪽에서의 오인과 부인, 낙인에 노출되었다. 이 책의 관점에서 본다면 분단 체제란 즉 국적-여권-등록의 트리아데에서 벗어나는 사람들의 신원과 정체 그리고 사상을 끊임없이 의심하는 체제다. 독재 정권은 그 의심을 적극적으로 활용해 재일조선인들을 체제의 희생양으로 만들었다. 8장에서 보게 되겠지만, 현재까지도 간첩으로 내몰린 사람들은 재심을 통한 자기 회복 과정을 겪고 있다. 피해자들 스스로가 신원의 결백을 증명해야만 하는 분단 체제의 모순적 현실에서 우리는 벗어나지 못하고 있다. "재심이란 무엇인가. 재심이란 대한민국의 떳떳한 국민임을 증명하라 그런 것 아닌가. 내가 그것을 왜 증명해야 하나."[23] 서승의 이 말은 분단 체제하에서 국가를 통한 자기증명 과정이 한계를 가질 수밖에 없음을 말해주고 있다.

---

23 「[원희복의 인물탐구] 서승 일본 리쓰메이칸대 교수 "한국은 어리석은 외교를 하고 있다"」, 《주간경향》, 1181호(2016년 6월 21일).

다시 국적 문제로 돌아가보자. 국제법의 기본 전제에는 "어떤 자가 자국민임을 결정하는 것은 각국의 권한에 속한다"라는 국내 관할 사항 원칙이 있다.[24] 다시 말하면 어떤 자가 어떤 국가의 국적을 보유하고 있는지 여부를 정하는 것은 해당 국가의 국적법이다. 해방 후 남북 정부

사진 1-1 대한민국 여권과 조선민주주의인민공화국 려권

는 해외에 있는 한민족에 대한 주권을 서로 주장해왔다. 1948년 정부 수립 후 제정된 대한민국 국적법은 제2조에서 대한민국 국민의 요건을 "출생한 당시 부 또는 모가 대한민국의 국민인 자" 등으로 정하고 일본의 외국인등록 대상 자인 전체 재일조선인들을 한국 국민으로 삼으려고 했다. 1963년 10월 채택된 조선민주주의인민공화국 국적법도 제1조에서 공민의 범위를 "조선민주주의인민공화국 창건 이전에 조선의 국적을 소유했던 조선인과 그의 자녀로서 본 법 공포일까지 그 국적을 포기하지 않은 자"로 정했으며, 제2조에서 "거주지에는 관계없이 조선민주주의인민공화국의 정치적 및 법적 보호를 받는다"라고 명시했다.[25]

---

24 1930년 헤이그에서 채택된 '국적법의 저촉에 관한 조약'. UNHCR編/有馬みき訳, 『国籍と無国籍』(東京: UNHCR駐日事務所, 2009), p.8.

25 「자료22 조선민주주의인민공화국 국적법을 채택함에 대하여―1963년 10월 9일」, 김준엽 엮음, 『북한연구자료집(제6권)』(고려대학교 아세아문제연구소, 1981). 북한은 1972년 12월 27일에 새로 사회주의 헌법을 제정하면서 "해외에 있는 조선동포들의 민주주의적 민족권리와 국제법에서 공인된 합법적 권리를 옹호한다"(제15조)라고 정했고 1992년 개정된 헌법에서는 "조선민주주의인민공화국 공민이 되는 조건은 국적에 관한 법으로 규정한다. 공민은 거주지에 관계없이 조선민주주의인민공화국의 보호를 받는다"(제62조)라고 규정했다. 헌법이나 국적법에서 해외 공민들의 존재를 확실히 포함하려고 했던 것을 확인할 수 있다. 「조선민주주의인민공화국 사회주의헌법」, 북한법제정보센터(http://

이와 같은 혈통주의 국적법을 근거로 하면 한반도 본국 주민들도 포함해 외국 국적을 취득하지 않은 모든 조선인, 한국인들은 이념적으로는 남북 양 국적법의 적용을 받는 잠재적인 이중국적 상태가 된다. 물론 현실적으로는 남북의 각 주민들은 거주국에서의 국적법 적용을 받을 뿐이다. 그러나 한반도 바깥에 사는 재외동포들의 경우 사정은 그렇게 단순하지 않다. 특히 재일조선인의 경우, 거주국 일본이 냉전 체제하에서 분단국가의 한쪽하고만 관계를 정상화함에 따라 단순한 분단이 아닌 서열 구조를 내포한 분열을 겪었다. 즉, '한국'은 국적, '조선'은 지역명이라는 이중 기준 속에서 자신들의 소속을 일상적으로 확인해야만 했다. 1965년 한일협정 이후 한국 정부와 민단은 여권 발급과 일본 영주권을 미끼로 조선적자들을 적극적으로 포섭했고, 총련에서는 조선 국적의 인정을 일본 정부에 요구하며 국적란 기재를 '한국'에서 '조선'으로 다시 변경하는 운동을 펼쳤다.[26] 이런 역사적 경위를 거쳐 '한국'과 '조선' 표시는 사실상 한반도 남/북 지지자들을 구분하는 지표로 간주되어왔다.

이 상황은 현재도 크게 변함이 없다. 21세기에도 일본에서 유효한 여권을 갖지 못하는 조선적 재일조선인들에게 국적이란 과연 무엇인가. 그들은 일본에서도 한국에서도 조선민주주의인민공화국 국적을 법적으로 인정받아본 적이 없음에도 불구하고 국제 레짐으로서의 대북 제재의 부수적인 희생양으로 호출되고 있다. 2016년 2월 10일, 일본 정부는 독자적인 대북 조치 발동을 발표하면서 조선민주주의인민공화국과 일본 사이의 인적 왕래를 제한했고 조선적자에 대해 일본 출국 시 "북조선으로 도항하지 않겠다"라는 내용이 적힌 서약서에 서명을 요구하기 시작했다.[27] 이처럼 조선적 재일조선인들은 일본

---

world.moleg.go.kr/KP/law/23273?astSeq=582) 참조.

26　이 책 4장 참조.

27　「我が国独自の対北朝鮮措置について」, 일본 수상 관저 홈페이지, http://www.mofa.g

사회에서 더욱 주변화되면서 이동의 가능성도 축소되고 있다. 이를 전제로 할 때 한국에서 그들을 '무국적자'로 상징화하는 것도 이유 없는 일은 아니다. 그들에게 주어진 길은 여전히 남/북/일본 중 어느 하나의 소속을 선택하는 것밖에 없다. 국적-여권-등록이 일치하지 않는 사람들을 국민국가의 배타적인 트리아데로 묶어놓는 방식은 20세기 초부터 지금까지 약화되기는

사진 1-2 2016년 2월 일본 출입국관리국이 발행한 서약서. "출국 후 일본에 재입국할 때까지 북조선으로 도항하지 않겠다"라는 서약 내용이 적혀 있다.

커녕 더욱 정교해졌다. 현재 일본 국가에 갇힌 이들에게 주어져야 할 권리는 과연 무엇인가? 인권인가, 시민권인가? 국적에 대한 권리인가? 그것은 어느 국가가 부여해야만 하는가?

4. 국적의 권리에서 이동의 권리로

이처럼 조선적 재일조선인들이 한일 양국에서 겪게 되는 제도적 봉쇄의 배경에는 한반도와 일본 사이의 얽히고설킨 역사적·정치적 사정이 있다. 이 사정은 2000년대 이후 현실적인 제재의 형태로 재일조선인들의 일상에 영향을 미치고 있다. 2006년 조선민주주의인민공화국의 미사일 발사와 핵실험 발표를 비난하는 유엔 안전보장이사회 결의안에 따라 일본은 본격적으로 사람과

o.jp/mofaj/a_o/na/kp/page4_001766.html(검색일: 2017.4.5) 참조. 서약서와 관련해서 일본 법무성은 2016년 5월 이후 재일조선인 당사자들의 반발과 일부 국회의원들의 비판 의견을 고려해 이를 취소했다.

물품, 돈의 유통을 금지하거나 북한 선박 입항을 금지하는 경제제재를 발동시켰다. 그러나 더 넓은 맥락에서 보면 그것은 소련과 동유럽 붕괴 후 미국을 중심으로 한 글로벌한 '세계 질서의 재편 과정'의 일환으로 볼 수 있다. 특히 9·11 이후 미국은 '인도적 개입'이라는 명목으로 세계 각지에서 군사적 개입을 감행하고 있다. 냉전 시대부터 '테러 지원국'이나 '악의 축'으로 불리던 일부 국가에 대해서는 독재와 인권 탄압 혹은 종교적 원리주의를 이유로 군사적·경제적 제재가 가해졌다.

이와 같은 국제적 '레짐'을 전제로 한일 양 정부는 조선적 재일조선인들을 대북 제재의 연장선에서 바라보는 시선을 숨기지 않고 있다. 또 최근 한국의 연구자들 중에서도 조선적 재일조선인들의 '비타협'적인 '당파성'을 문제 삼으면서, 그들이 겪는 불이익은 그들 스스로의 잘못된 정치적 선택의 결과임을 강조하는 논의가 나오고 있다.[28] 이 논리는 복잡한 자기증명 과정을 필요로 하는 이민/난민들에 대한 특권 담론과 묘하게 맞물리면서 그들의 이동을 차단하고 하나의 장소로 묶어놓는다. 전 지구적 신자유주의 질서를 배경으로 한 자기책임론과 특권론의 프레임은 혐오발화로도 쉽게 확대된다. 출생의 우연성을 사회적 지위의 우월성으로 바꿔치우고 '특권'이나 '위장'이라는 말로 이민/난민들에게 주권의 폭력을 휘두르는 현상은 현재 세계의 곳곳에서 목격되는 21세기의 현실이다.

이 책을 시작하면서 우리는 인권의 규범을 이동의 관점에서 다시 설정할 것을 제안한다. 근대 초기 국가는 이동의 규제나 국경의 폐쇄를 통해 국민국가로서의 내적·외적 경계를 획정하고 이를 증명하는 제도적 정비를 진행했다. 그러나 다민족 제국의 해체와 두 번의 세계대전을 거쳐 글로벌 규모의 민

---

28   이 책 4장, '들어가며' 참조.

족대이동을 경험하면서 우리는 이미 사람의 이동이 걷잡을 수 없는 현상임을 알게 되었다. 『전체주의의 기원』에서 한나 아렌트가 정확히 서술한 것처럼 세계대전 후 대량으로 발생한 난민과 무국적자들은 야만인으로서 거친 들판에 버려졌다. "고향을 떠나자마자 노숙자가 되었고 국가를 떠나자마자 무국적자가 되었다. 인권을 박탈당하자마자 그들은 무권리자들이 되었으며 지구의 쓰레기가 되었다".29

프랑스 혁명에서 획득된 인간=시민=국민이라는 발전적 비전은 20세기의 현실 속에서 거꾸로 국민=시민=인간으로 재설정되었다. 단지 인간이라는 것만으로는 아무런 권리가 발생하지 않았다는 점에서 인권은 원리적인 불가능성을 내포하고 있다. 거꾸로 말하면 이 불가능한 인권을 어떻게 구현할 것인가는 항상 우리에게 과제로 남을 수밖에 없다. 인권은 인간의 본성에서 나오는 것이 아니며 출생을 통해 자연적으로 주어지는 것도 아니다. 출생의 우연을 초월한 '권리를 가질 권리'는 어떤 정치체제하에서만 보장된다. 이 주권과 인권의 딜레마는 20세기 이동의 문제에서 핵심적인 쟁점이 되었다.

제2차 세계대전 후 국제 인권 체제의 정비는 이와 같은 역사적 경험에 대한 선진국의 대응 방식을 나타내고 있었다. 1948년에 제정된 세계인권선언은 15조에서 '국적에 대한 권리', 즉 모든 개인이 국가와의 법적 유대를 가질 권리를 말하고 있다. 누구든지 부당하게 국적을 빼앗기지 않으며, 국적을 다시 취득할 권리가 주어진다는 것은 20세기 초 유럽 사회가 터득한 역사적 교훈이었다. 그러나 개인과 국가 사이의 "진정하고 실효적인 연결(genuine and effective link)"의 존재를 근거로 하는 국적의 권리는 한편에서 냉전과 분단, 이산이라는 '전후'적 질서에서 유일 국가와의 '진정한 관계'를 선택해야 한다는 또 다른

---

29   한나 아렌트, 『전체주의의 기원 1』(한길사, 2006), 489~490쪽.

속박을 가져왔다. 유일한 국가와의 연결이라는 인권의 전제는 이동의 현실을 잘 반영하지 못한다. 과거에 국적을 이유로 인권을 박탈당한 사람들이 다시 국적을 통해 권리를 회복하는 것은 과연 바람직한 길인가? 국적과 여권 소지 여부, 정치 공동체의 자격 조건을 따지기 전에 이동의 권리를 보장하는 것이 '권리를 가질 권리'로 도달하는 지름길이 아닌가?

이와 관련해서 이재승은 '역사적 민족적 유대'라는 개념을 국적취득의 요건으로 국한하지 않고 이동의 자유를 포함한 '고국권'의 요건으로 확장하고 있다.[30] 세계인권선언은 출국권과 귀국권(13조), 그리고 망명권(14조)과 같은 이동의 권리를 규정했다.[31] 특히 귀국권은 전쟁 과정에서 고향을 떠난 유대인을 비롯한 실향민들을 염두에 둔 것이었다. 아시아의 신생 독재국가의 경우, 출국은 오랫동안 학살이나 전쟁으로부터의 피란, 반체제파의 정치적 망명과 국외 추방, 밀항을 통한 노동이동, 정책적 이민 등 비자발적 형태로 이루어져왔지만, 20세기 말 민주화 과정에서 사람들의 여권 취득과 해외 이동은 일반화되었다. 현재 몇 개의 국가를 제외하고 대부분의 국가는 출국하는 권리를 보장하고 있다. 한편 세계인권선언은 타국으로 입국하는 권리에 대해 명시하지 않았다. 냉전 체제하 서양 국가가 사회주의 국가의 반체제파를 적극적으로 받아들일 용의가 없었다는 점이 그 이유로 지적된다.[32]

열린 국경을 전망했던 탈냉전기는 새로운 국경 봉쇄 시대의 시작이었다. 지금도 우리는 국가의 출입국관리에 관한 사항이 전적으로 주권국가의 자유

---

30 이 책 7장 참조.

31 13조 모든 사람은 자기 나라 영토 안에서 어디든 갈 수 있고, 어디서든 살 수 있다. 또한 그 나라를 떠날 권리가 있고, 다시 돌아올 권리도 있다. 14조 모든 사람은 박해를 피해, 타국에 피난처를 구하고 그곳에 망명할 권리가 있다.

32 『国境政策のパラドクス』, pp.54~55.

재량에 달려 있다는 강력한 상식 속에서 살고 있다. 이를 해결하기 위한 여권-비자 시스템이 국제적으로 표준화되고 전자화되어 원활하게 작동하면 할수록 오히려 여기서 제외되는 사람들의 입국권 보장은 점점 어려워지고 있다. 현재 이민과 난민의 증가와 유입은 선진국의 조건을 다시 모색하게 만든다. 18세기에 칸트가 제창한 지구의 공동 소유권이나 보편적인 환대의 의무는 21세기의 과제로 다시 재정립될 수밖에 없다.[33] 입국하는 권리를 비롯한 이동권의 보장은 주권과 인권의 딜레마를 해소하는 데 향후 가장 큰 과제가 될 것으로 보인다. 여행증명서나 재입국허가증, 거주증과 같은 기술적 제도를 경제 논리나 안보 논리에서 해방하고 서류를 갖지 못한 사람들에게 열어나가는 것은 그 가장 가까운 길이자 구체적인 방법이 될 것이다. 근대의 자기증명의 속박을 푸는 것은 여전히 우리에게 긴급한 과제로 남아 있다.

---

33 이마누엘 칸트, 『영구평화론』, 박환덕·박열 옮김(범우사, 2015); 세일라 벤하비브, 『타자의 권리: 외국인, 거류민, 그리고 시민』, 이상훈 옮김(철학과 현실사, 2008), 제1~2장 참조.

해방 이후, '신분증명서'를 통한 개인의 관리와 통치 *

이정은

1. 들어가며

역사적으로 한반도에서 인구의 이동이 가장 급격했던 시기는 해방 이후부터 한국전쟁을 거치는 기간이었다. 일본 본토를 비롯해 구 식민지와 점령지의 조선인들은 한반도로 돌아왔고 반대로 일본인들은 본토로 돌아갔다. 당시 동아시아 지역은 해방된 조선으로 귀환하는 자들과 태평양 전역에서 생활하던 일본인들의 인양(引揚)으로 전례 없는 이동의 과정을 겪었다.[1] 이 과정은

---

*   이 장은 「미군정기 이후 '신분증명서'를 통한 개인의 관리와 통치」, ≪사회와 역사≫, 제
111집(2016)의 내용을 수정·보완한 것이다.

1   인양(引揚)의 사전적 뜻은 "끌어서 높은 곳으로 옮김"이지만, 일본에서는 "패전 이후 식
민지와 점령지에 생활 기반을 가지고 있던 일본인이 본토로 귀환하는 것"을 말한다. 일본
어로 히키아게(ひき揚げ)라고 한다.

식민지민과 피식민지민이 각기 새롭게 영토에 종속되면서 지배 권력과 새로운 관계를 설정하는 것을 의미했다. 이때 통치자들은 영토를 관할하는 하나의 방식으로 수많은 이주자를 등록해 관리하고자 했다.

경계 지어진 영토의 민족국가 체제, 곧 '국가 중심적' 국제 질서 속에서 한 인간의 법적 지위는 최고 당국의 보호에 종속되며, 최고 당국은 그들이 사는 영토를 관할하고 그들에게 각종 증명서를 발부한다.[2] 그렇다면, 해방과 패전이라는 서로 다른 조건에 놓여 있던 조선과 일본, 이 두 민족국가는 새로운 영토로 편입된 사람들에게 어떤 지위를 부여하고자 했을까? 지배 권력은 자국의 관할로 편입된 사람들을 어떻게 식별해서 그들을 국민의 일원으로 등록하고자 했을까?

당시 두 나라의 상황은 정반대였지만 '미국의 지배'라는 동일한 조건하에 놓여 있었다. 일본은 1945년 9월부터 샌프란시스코 강화조약 발효(1952년 4월)까지 6년 반 동안 미국에 의한 전면적인 통치가 이루어지고 있었다. 미국의 점령은 제2차 세계대전의 무조건적인 항복으로 이루어졌지만, 천황을 포함한 기존 기구를 유지하는 간접 통치 방식이었다.[3] 이에 반해, 한반도의 남쪽에는 미국이 소련을 전략적으로 고려하며 급작스럽게 이루어진 직접 통치 방식이 취해졌다. 해방 직후 주권 정부가 없던 한반도에서 미군정은 지역의 민간 사무 활동에 대한 정보와 준비가 부족한 채, 친소 정권 수립의 가능성을 막기 위한 목적으로 통치를 시작했다.[4]

---

2   세일라 벤하비브, 『타자의 권리』, 이상훈 옮김(철학과현실사, 2008), 81쪽.
3   남기정, 「남한과 일본에서의 미국의 점령정책 비교연구」(서울대학교 대학원 석사학위논문, 1991), 32~36쪽.
4   Ernest Frankel, 「주한미군정의 구조」, 김동춘 엮음, 『한국현대사연구』(이성과현실, 1988), 93~94쪽.

이 장에서는 해방 이후부터 주민등록제도가 시행되기 전까지, 남한에서 인민/국민을 파악하기 위한 국가의 관리와 통제 장치, 그리고 개인 스스로가 자신의 존재와 정체성을 끊임없이 증명해야 했던 다양한 제도의 변화 과정을 다룬다.[5] 남한과 일본을 통치하고 있던 연합군 사령부는 한반도로의 귀환자와 일본 본토로의 인양자를 어떻게 파악했고 그들에게 어떤 법적 지위를 부여했는지에 대한 관심에서 출발한다. 특히, 미군정기와 한국전쟁기를 중심으로 '신분증명서'에 한정해 한국에서 현재와 같은 주민등록 체계가 발생할 수 있었던 근원을 찾고자 한다. 이 과정에서 일본은 대규모 인구 이동 이후 강력한 주민 통제 수단을 만든 한국과 달리, '주민표'라는 거주지 파악 제도가 시행된 대조점으로 간략하게 다룰 것이다.

이와 관련된 기존 논의는 크게 두 가지 방향에서 검토할 수 있다. 첫째, 한국과 일본의 미군정기 정책에 대한 비교연구로 한·일 간 귀환 정책을 중심으로 살펴보았다. 이에 대해서는 이연식(2010)과 황선익(2013)의 연구가 대표적이다. 두 번째로 해방 이후 주민등록제도의 변화 과정은 김영미(2007)와 강혜경(2013)의 연구가 매우 중요하다. 분단 체제에서 주민등록증이 주민 통제 수단으로 정착되는 역사적인 과정을 추적한 이 연구들은 한국 사회에서 인민의 등록과 통제의 연원을 실증적인 자료로 밀도 있게 논하고 있다. 이들 역사학 연구가 '한국전쟁기'나 '미군정기와 한국전쟁기'라는 특정 시기를 다루고 있다면, 홍성태(2006, 2007)는 '감시 사회'라는 사회학적인 틀로 주민등록제도를 분석했다.[6]

5　당시에는 국민, 시민, 공민의 개념이 혼용되어 사용되었기 때문에 좀 더 포괄적인 인민 (people)이라는 용어를 사용한다[박명규, 『국민·인민·시민』(소화, 2014)].

6　강혜경, 「한국전쟁기 서울 경찰과 후방치안」, ≪인문과학연구논총≫, 34-2호(2013); 김영미, 「해방 이후 주민등록제도의 변천과 그 성격: 한국 주민등록증의 역사적 연원」,

이 장에서는 해방과 분단, 한국전쟁을 거치는 통시적인 신분 증명의 변화 과정은 물론, 제도의 변화 요인과 인민들의 대응을 구체적으로 살펴볼 것이다. 먼저 2절에서는 태평양전쟁 이후, 한일 양국의 귀환자/인양자의 인구 변화와 정책 차이를 검토하고, 3절에서는 미군정기에 한일 양국 국민을 자국의 영토로 포섭하는 과정의 다양한 증명 장치를 비교한다. 4절에서는 한국전쟁기에 특히 '양민'으로 자신의 존재를 증명해야 했던 장치들과 일본의 주민표 제도의 등장 맥락을 분석하며, 5절에서는 국가에 등록된다는 것이 무엇을 의미하는지 이야기하면서 글을 맺고자 한다.

2. 해방과 귀환/패전과 인양: GHQ의 차별적 귀환 정책

태평양전쟁 이후 자국으로의 귀환자 처리는 구 식민지의 정치 세력과 일본 정부 그리고 미소 점령 당국 모두에게 큰 부담이었으며, 이들 3대 정치 세력의 역학 관계에 따라 귀환 환경은 매우 달랐다. 일본의 식민지와 점령지에서 자국으로 귀환하는 사람들과 일본 본토로 돌아오는 사람들의 거주지 선택권에 대한 재류자격 심사가 필요했고, 그들의 사유재산 처리 문제가 급부상했다. 귀환자들이 안전하게 송환될 때까지 응급 구호 행정을 담당해야 하는 것도 이들의 중요한 역할이었다.

≪한국사연구≫, 136호(2007); 이연식, 「전후 해외 귀환자에 대한 한일 양국의 지원법 비교연구」, 『근현대 한일관계의 제 문제』(동북아역사재단, 2010); 황선익, 「연합군총사령부(GHQ/SCAP)의 재일한인 귀환정책」, ≪한국근현대사연구≫, 제64집(2013); 홍성태, 「주민등록제도와 총체적 감시사회」, ≪민주사회와 정책연구≫, 제9권(2006); 홍성태, 「주민등록제도와 일상적 감시사회」, ≪민주사회와 정책연구≫, 제12권(2007).

조선의 경우에는 국내에 아직 정치 세력화되지 못한 다양한 조직들과 조선총독부, 미군정이 있었다. 조선에 대한 정보가 부족하고 국내 정치 세력을 신뢰하지도 못했던 미군정이 해방 직후까지도 조선총독부 체제를 유지했다는 것은 잘 알려진 사실이다. 일본에는 기존 정부와 미 점령 당국이 공존하고 있었지만, 연합군총사령부(General Headquarters: GHQ)는 '치안 유지' 등을 이유로 일본에 우호적인 점령 정책을 펴나갔다.

당시 GHQ는 일본인과 조선인을 동일한 조건으로 송환하되, 송환자의 소지품과 재산 반입을 철저하게 제한했다. 조선인과 일본 민간인의 휴대 가능한 재산을 1인당 동일하게 1000엔 이상 넘지 않도록 했고, 초과액이나 일체의 금지 품목은 사령부의 지시가 있을 때까지 보관하도록 했다.[7] 이것은 침략 전쟁을 일으키고 패해서 귀국하는 일본인과, 식민 지배의 희생양이었지만 떳떳하게 귀국하려는 조선인의 입장 차이를 고려하지 않은 조치로 문제가 있었다. 이에 대해 조선에서는 재일조선인재산반입위원회가 미군정청에 진정서를 제출했고, 일본에서는 재일본조선인련맹이 귀환 동포를 위한 6개조의 실천을 요구하는 등 저항이 컸다. 그러나 결국 재산 반입 요구는 받아들여지지 않았다.[8]

일본인의 귀환은 1946년 초에 이미 마무리된 반면, 일본에는 귀환을 기다리는 조선인들이 상당수 남아 있었다.[9] 연합군총사령부는 1946년 2~3월부터

---

7 SCAPIN 127(1945.10.12). 일본 장교 1인당 최고 500엔, 하사관 및 병사 1인당 최고 200엔으로 제한했다. 宮崎章, 「占領初期における米国の在日朝鮮人政策」, ≪思想≫, 734(1985).

8 "러취, 재일조선인재산 반입, 조선 선박 반환에 대해 언명", ≪조선일보≫, 1946년 9월 25일 자; "재일본조선인연맹, 일본 정부에 귀환 동포를 위한 6개조의 실천 요구", ≪자유신문≫, 1945년 12월 29일 자; "재일본조선인연맹 서울시지부, 재일동포의 재산 반입에 대해 담화", ≪조선일보≫, 1946년 12월 25일 자.

9 1946년 5월 말까지 일본에서 귀국한 동포는 16만 3367명이고 일본인 철거는 72만 3442

조선인들의 귀환 희망 여부를 등록하게 하고
희망자 전원을 송환할 계획을 세웠다.[10] 당초
계획보다 늦춰졌지만 일본항을 거쳐 부산으로
송환하는 과정을 1946년 9월 30일까지 완료할
계획이었다. 초기에는 하카타(博多) 항구에서
1500명, 센자키(仙崎)에서 500명씩 하루 2000
명을 송환했던 것이 1946년 5월 5일에는 그 수
가 2배로 급격하게 늘어나면서 많은 조선인들
은 귀환자 수용소(Reception Center)에 남겨지
게 되었다.[11] 더구나 북으로의 송환은 적절한

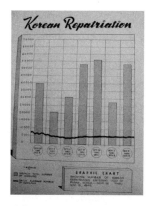

사진 2-1 조선으로의 송환자 수: 일간 ·
주간 그래프(1945.9.28~11.15).
자료: G-2의 주간 · 월간보고, 미공문서관,
RG.554, Box.34.

합의 후에 이루어질 것이라며 북송을 원하는 이들을 일본에서 기다리게 했다.
조선인 죄수들도 구금 기간이 끝날 때까지 송환하지 않는 것으로 했다.[12]

　　GHQ는 조선과 일본으로의 송환자 수를 〈사진 2-1〉과 같이 일간·주간별로
파악했다. 이 자료를 보면, 해방 직후인 1945년 9월 28일에서 11월 15일까지
부산으로의 송환자 수는 하루 평균 5000명에서 7000명에 이르며, 일주일에
적게는 2만 명에서 많게는 5만 5000명이나 되었다.

　　이런 상황은 1946년 말에 항구에 모인 귀국 희망자 수가 GHQ 예상의 1/10
에 불과하게 되면서 급박하게 변한다. 해방 직후에는 수많은 조선인 귀환자

명이었다("귀환 동포 수가 밝혀지다", 《동아일보》, 1946년 5월 26일 자).

[10]　"태평양미국육군총사령부, 재일조선인에 대해 등록 실시", 《조선일보》, 1946년 2월 21
　　　일 자; "태평양미국육군총사령부, 재일동포 귀국 희망자 대우 문제 발표", 《중앙일보》,
　　　1946년 3월 29일 자.
[11]　SCAPIN 927(1946.5.7.) "Repatriation to and from Japan" RG.331. Box.3715.
[12]　SCAPIN 757(1946.2.19.) "Review of sentences Imposed upon Koreans and Certain
　　　Other Nationals" RG.331. Box.3715.

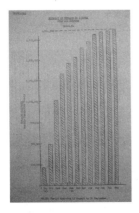

사진 2-2 월별 귀환자 누적 수(1945.9
~1946.8).
자료: G-2의 주간·월간보고, 미공문
서관, RG.554, Box.34.

들이 줄을 이었다면, 귀환이 시작된 지 1년이 넘어서면서부터 그 수는 눈에 띄게 줄어들었다. 〈사진 2-2〉의 1945년 9월부터 1946년 8월까지의 귀환자 누적 수를 보면, 1946년 5월부터 그 수가 둔화되고 있는 것을 확인할 수 있다. 귀환 초반에 월별 귀환자 수가 25만에서 50만 명으로 급격하게 증가했다면, 1946년 5월 이후 8월까지 4개월 동안 단 10만여 명만 귀환한 것으로 조사되었다.

1946년 후반까지 철도 노동자 파업과 조선의 홍수로 수송 수단이 붕괴되어 귀환자 송환이 연기된 점도 연합군총사령부의 계획송환이 빗나가게 된 이유의 하나였지만,[13] 시간이 지날수록 구 식민지민을 패전국 일본인과 다르게 처우하지 않는 귀환 정책은 해방의 감격을 싸늘하게 식혀버렸다. 이것은 단순하게 경제적인 문제가 아니라, 재일조선인에 대한 통제·처우와 연결되면서 귀환 후 생존과 관련된 문제였다.[14]

해방 후 한반도로 돌아온 조선인들은 '전재민', '전재동포'로 불릴 만큼, 조선 사회는 해외 귀환자를 아시아·태평양전쟁의 피해자로 강하게 인식하고 있었다. 귀환 초기에는 각 지역에서 귀환자들을 위한 환영 대회를 개최하며 신국가 건설의 결의를 다질 만큼 호의적이었다. 언론은 국내 원호 단체의 조직 현황과 귀환자의 생활 대책 문제를 집중 보도하며, 귀환자들에 대한 동포애를 강조했다.[15]

---

13   마크 게인, 『해방과 미군정』, 편집부 옮김(까치, 1986).

14   이와 관련해서는 황선익, 「연합군총사령부(GHQ/SCAP)의 재일한인 귀환정책」, ≪한국근현대사연구≫, 64(2013), 175~178쪽 참조.

그러나 겨울이 되자 조선에서 생활이 어려워진 귀환자들은 사회문제가 되기 시작했다.[16] 귀환한 조선인들은 구호 행정 미비로 토굴, 역전, 방공호를 전전하는가 하면, 전염병이나 몰고 오는 '우환 동포'나 범죄 집단이라는 오명을 떠안게 되었다. 귀환자들이 다시 만주로 재이민을 가거나 일본으로 밀항하게 된 것은 사설 원호 단체에 대한 미군정의 감독과 통제 때문이기도 했다. 당시 조선 사회에서는 다양한 정치적 스펙트럼을 지닌 귀환자 원호 단체들이 조직되었지만, 미군정은 조직의 좌경화를 막기 위해 20여 개 단체를 통합해서 만든 전재동포원호회(1946.7)를 대표 단체로 삼았다. 조선인 귀환자에 대한 지원 논의가 주로 보수 우익 계열의 명망가 중심으로 이루어지면서, 조선인 귀환자들은 일본과 같은 독자적인 정치 세력화에 이르지 못하게 되었다.[17]

일본의 경우는 조선에서 돌아간 구 조선총독부 관료와 경제계 인사가 동화협회, 중앙일한협회 등을 조직한 뒤 타 지역 귀환자 단체와 연계해 귀환자 원호, 재외 재산 조사, 보상 지원 요구 등의 활동을 활발히 벌였다. 귀환자들은 초반에는 전쟁 희생자로 여겨지며 그들의 민생 문제가 집중을 받았지만 실제 그들에 대한 사회적 냉대는 심각했다. 일본 본토인들에게는, 자신들이 전쟁 수행을 위해 동원되고 대공습과 원폭으로 만신창이가 된 것과 달리 귀환자들

---

15 "시급한 전재동포의 구출", ≪매일신보≫, 1945년 10월 1일 자; "조선원호단체연합중앙위원회, 재일전재동포귀환촉진 특사 파견", ≪매일신보≫, 1945년 10월 18일 자; "민주의원 공보부장 함상훈, 38이북 학생들의 전입학문제 등 담화", ≪조선일보≫, 1946년 6월 19일 자; "군정청 외무과장, 재일동포귀국 대책 등에 관해 기자회견", ≪서울신문≫, 1945년 12월 22일 자.

16 "전재민의 실태", ≪동아일보≫, 1946년 12월 10일 자; "남로당, 전재동포원호문제에 대한 담화 발표", ≪경향신문≫, 1946년 12월 13일 자; "전재동포원호회위원장 조소앙, 구호방침 제시", ≪동아일보≫, 1947년 1월 4일 자.

17 귀환자 정착 원호에 대해서는 이연식, 「전후 해외 귀환자에 대한 한일 양국의 지원법 비교연구」, 130~141쪽 참조. 이하의 내용은 이 논문을 근거로 작성되었다.

은 외지에서 호사를 누렸다는 미묘한 정서가 있었다. 귀환자들은 그들 나름대로 외지에서 일본 제국의 유지와 팽창에 일조한 집단으로 최소한의 구호를 기대했지만 빈곤한 생활을 해야 했다. 그러나 일본에서는 1945년 11월부터 후생성 사회국에 인양원호과를 설치하고 경제계와 결합하면서 각 지역의 지방인양원호국의 활동이 활기를 띠었다.

조선에서도 미군정기에 과도입법의원에서 일종의 귀환자 원호 법안이라고 할 수 있는 '전재민원호법' 초안이 제136차 회의(1947.9)에서 제안되었으나 심사조차 하지 않았다.[18] 이 법은 1945년 8월 15일 이후 "중국, 일본, 남양 기타 전재 외지에서 귀국한 요원호자와 해(당)전재지에 잔류한 요원호자"(제1조)를 지원 대상으로 삼고자 했지만 월남자들을 대상에서 제외한 것이 문제가 되면서 검토 단계에서부터 흐지부지되고 말았다.

전후 해외 귀환자에 대한 한일 양국의 지원법을 검토한 이연식은, 조선은 피지배자이고 일본은 지배자였던 상반된 입장의 귀환자들이 왜 둘 다 '피해자'라는 인식을 가지게 되었는지를 밝혔다. 그는 양국의 귀환자가 주장하는 '피해'의 연원과 맥락이 다름에도 이를 동일한 층에서 논하는 오류를 범하고 있다고 비판했다.[19] 그러나 귀환자들에 대한 두 나라의 신분 증명과 원호 과정을 보면, 둘 다 피해자가 아니라 오히려 피해자와 가해자의 구도를 바꿔놓는 것과 같은 현상이 발생했다는 것을 알 수 있다.

---

18 이영환, 「미군정기 전재민 구호정책의 성격연구」(서울대학교 석사 논문. 1989).

19 이연식, 「전후 해외 귀환자에 대한 한일 양국의 지원법 비교연구」, 108~111쪽.

3. 남한과 일본으로의 송환 과정

1) 대책 없는 남한으로의 송환

조선인과 일본인의 송환은 GHQ의 계획과 통제 아래 이루어졌지만, 조선에서 일본인의 송환은 구 식민지 행정기관인 조선총독부가 담당했다. 그러나 GHQ는 일본에서 조선으로 송환되는 과정의 행정 책임을 일본 정부에게 부여했다. 이는 조선의 단체가 송환에 관여하는 것을 일체 배제하기 위한 목적이 컸다.[20] 다시 말하면 미군정기에도 송환 행정의 주체는 식민지기와 달라진 게 없었다는 뜻이다.

사진 2-3 **조선으로의 송환선 승선자 명부 일부.**
자료: 미공문서관, "List of Evacuees" RG.313, Box.27.

현재로서는 일본에서 송환된 조선인을 대상으로 발부된 증명서는 찾아보기 어렵다. 대한민국 정부 수립 이전의 자료들은 조선총독부에서 생산한 것들이 대부분이고, 그중에서도 일본인의 인양에 관한 것이 주를 이룬다.[21] 〈사진 2-3〉과 같이 조선인의 송환을 위해서 일본의 하카타와 센자키에서 승선자 명단을 작성하고 등록하는 과정에서 조선총독부가 발부했던 것과 유사한 귀국증명서가 있을 법한데, 아직까지는 확인이 어렵다.

조선인과 일본인의 송환 과정은 여러 차례 연기와 번복이 있었지만, 초기 절차는 미 육군사령부가 작성한 보고서 「송환(Repatriation)」에 잘 나타나 있

---

20 SCAPIN 927(1946.7.9) "Repatriation to and from Korea" 미공문서관 RG.331, Box.3715.
21 국가기록원자료 CTA 0003364, 「조선 거주 일본인 부녀자 인양에 관한 건 및 입국증명서」 (1945).

표 2-1 연합군의 귀국증명서제

1. 승선지로의 계획수송은 오는 24일 재개된다.
2. 승선지에서의 등록(귀국증명서 교부)은 17일 현재 승선 지역에 체류하고 있는 조선인에게 이루어지며 18일 이후에는 절대 이루어지지 않는다.
3. 18일 이후 증명서 없이 승선 지역으로 오는 자는 절대 승선할 수 없으므로 승선 계획의 순서가 될 때까지 반드시 현주소에 있을 것.
4. 각 지역에서 귀국증명서는 수송 계획에 따라 시정 촌장 등 지방장관이 지시하는 자가 교부한다.
5. 대만, 남방 방면으로의 귀환은 아직 허용되지 않는다.

다. 1946년 2월 2일에 작성된 조선인의 송환 절차를 보면, 다음의 6개 항목을 주요하게 고려했다. ① 무기의 밀수 통제, ② 의료와 위생 통제, ③ 화폐 통제, ④ 적절한 주거와 복지시설 규정, ⑤ 가능한 수송 수단을 이용한 송환 분류, ⑥ 목적지까지의 송환자 기록이다.[22]

일본의 조선인이 송환되는 절차는 지역에 따라 차이가 있었다. GHQ는 홋카이도 지역의 조선인과 그 밖의 조선인의 송환 절차를 구분했다. 1945년 8월 15일 이후에도 홋카이도에 남아 있던 조선인들 대부분이 강제 노동자로 탄광지에서 임금이 체불되어 일본인을 위협할 위험이 크다고 보고 가능한 그들의 송환을 서둘렀다. 1945년 11월 내에 14만 명 중 10만 명이 송환되었고, 재산 문제로 남아 있기를 원하는 사람들도 있었지만 탄광 노동자들은 곧 송환되었다.

센자키 항구에 도착한 조선인들의 송환도 비슷한 과정을 거쳤다. 재산을

---

[22] Headquarters, United States Army Military Government In Korea, Foreign Affairs Section, 「REPATRIATION: FROM 25 SEPTEMBER 1945 TO 31 DECEMBER 1945」, 미공문서관 RG.554. Box.34. 이하의 조선인 송환 절차는 이 보고서를 참조했다.

모두 팔아 1000엔을 초과하지 않는 범위에서 돈을 일본의 해운국(海運局)에 맡기고 영수증을 받았다. 송환자들은 2500명이 머무를 수 있는 커다란 건물 두 곳에 나뉘어 개인 소지품 검사를 받았다. 이때 개인에 대한 신분 증명 장치가 필요했다. 그다음 송환자들은 천연두와 장티푸스 주사를 맞고 질병 조사를 받았다. 이 과정이 끝난 다음 배가 뜰 때까지 기다려야 했는데, 보통 6시간에서 길게는 18시간을 기다렸다.

실제로 연합군은 1945년 11월부터 귀국증명서제도를 시행한 것으로 보인다. 당시의 ≪요미우리 신문≫에는 "승선지에서의 등록(귀국증명서 교부)" 등 귀선자들이 주의해야 할 점이 실려 있다. 조선으로의 귀국증명서제도는 승선지에서의 혼란, 전염병의 발생 등으로 중지되어 연합국 군사령부의 지시에 의해 〈표 2-1〉과 같이 실시되었다.[23]

연합군총사령부에서 귀국수송계획의 지침이 발표된 11월 1일까지 일본 정부는 자국민의 귀환에 주력하면서 조선인의 귀국 송환에 대해서는 충분한 대책을 세우고 있지 않았다.[24] 또한 일본 정부가 본토로 강제연행해온 조선인을 귀국시켜야 한다는 도의적 책임감도 없었기 때문에, 선박 부족 등을 이유로 송환에 적극적인 자세를 보이지 않았다.[25] 결국 연합군총사령부는 송환을 기다리는 조선인들에게 적당한 주택과 식량, 의료 시설 등을 제공해 수송이 정체되고 위생 문제가 발생하는 것에 대해 일본 정부가 책임을 지라고 요청했다.[26]

부산에 도착한 조선인들은 미군정과 조선 원호 단체의 안내에 따라 DDT

---

23 "帰鮮者へ注意", ≪日読売報知≫, 1945年 11月 17日.

24 朴慶植, 「解放直後の在日朝鮮人運動(二)」, ≪在日朝鮮人史研究≫, 第2号(1978).

25 金賛汀, 『在日コリアン百年史』(三五館, 1997).

26 "帰鮮は自宅で待機", ≪朝日新聞(大阪)≫, 1945年 11月 4日.

분사를 받고 조선 통화로 환전했다.[27] 조선의 귀환자 수용소에서는 미군정의 허가를 받은 5개의 원호 단체가 송환될 때와 유사한 절차를 담당했지만 송환자들이 목적지까지 가는 길은 험난했다. 송환자들을 위한 철도 티켓이 발행되었지만 많은 사람들은 티켓을 받을 수가 없었고, 송환자들의 수송을 위한 비용이 지불되지 않았으며, 귀환자들은 구호 단체에만 의지하며 심각한 건강상의 위협을 받았다.

이런 일련의 과정을 보면 당시 조선의 원호 단체와 미군정이 귀환자들을 원활하게 파악할 수 있을 만큼의 행정력을 가지고 있었으리라고 상상하기는 어렵다. 그러나 미군정은 남한 주민의 이동을 파악하고 무엇보다도 정부 수립을 위한 남한만의 단독선거를 실시하기 위해서 어떤 형태로든 주민을 등록할 필요가 있었다.[28]

2) 일본의 인양자를 위한 신분 증명

일본은 패전 후 일본인의 인양과 조선으로의 송환자를 선정하는 과정에서 다양한 증명서 제도를 활용했다. 관련 자료들이 공개되어 있는데 여기에서는 일본의 신분증명서의 종류와 내용을 구체적으로 살펴보고자 한다. 미 점령기에 일본인 인양자를 위해 발행된 증명서는 크게 두 종류가 있다. 하나는 일본인의 인양 과정에서 발행된 증명서이고, 다른 하나는 인양자 원호를 위한 증명서이다. 인양에 관한 증명서는 〈표 2-2〉에서 보는 것처럼 인양자의 수송을 위한 수송권, 귀국증명서, 노동관계증명서, 군역관계증명서 등 다양하다.[29]

27　이전에는 500엔이었다가 1945년 11월 25일부터 1인당 1000엔 이상을 소지할 수 있도록 허가하는 것으로 바뀌었다.

28　남한의 단독선거와 인구의 파악에 대해서는 이 책의 3장 참조.

표 2-2 **인양자 원호를 위한 각종 증명서**

구분	종류
수송권	무임수송권, 특별수송승차선증명서
귀국	귀환증명서, 퇴거증명서, 퇴직증명서, 피난민증명서, 이재증명서
노동관계	사원증명서
군역관계	종군증명서, 유용해제증명서(留用解除証明書)
신분	일본인신분증명서
예방접종	흑사병예방주사증명서, 예방주사접종증명서, 종두접종증명서
납세	Certification on paid in full off national taxes

먼저 인양자의 수송을 위한 수송권에는 무임수송증과 특별수송승차선증명서가 있다. 수송을 원활하게 하기 위해서 철도의 무임승차나 선박, 차량의 이동 과정에 필요한 증명서들이다. 〈사진 2-4〉의 무임수송권에는 "戰災로 인해 내지로 이동하는 자로 간이역의 무임수송을 승인한다"라는 내용이 적혀 있고, 이것은 히로시마 철도국의 부산영업소 역장이 발행한 것으로 되어 있다. 이 증명서를 소유했던 사람은 "조선의 인천 남부 서산에서 부산을 경유하여 하카타 항으로 1945년 10월 24일 귀국"하여 돗토리 현(鳥取県)으로 간 것으로 적혀 있다. 〈사진 2-5〉의 특별수송승차선증명서는 조선에 주둔하던 연합국 군정장관 아널드(Archibold V. Arnold)가 발행한 것으로, ① 1명에게 2부로 된 1장이 교부되었고, ② 6년 미만 거주한 자에게는 이 증명서를 교부하지 않았으며, ③ 본 증으로 조선의 거주자였음을 증명했다.

두 번째로 귀국증명서는 종류가 다양하다. 일본으로의 귀환을 증명하는 귀환증명서, 피식민지로부터의 퇴거·퇴직증명서, 피난민과 이재민임을 증명하

---

29   이하의 증명서는 福岡市 博多資料館의 자료(http://hakatakou-hikiage.city.fukuoka.l g.jp)를 참조했다.

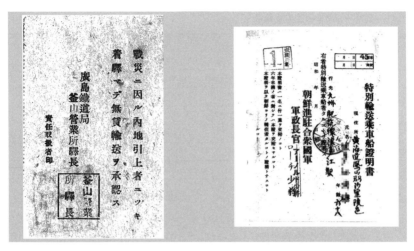

<table>
<tr><td>사진 2-4 철도무임승차권</td><td>사진 2-5 특별수송승차선증명서</td></tr>
</table>

는 피난민·이재민증명서 등이 있다. 〈사진 2-6〉의 피난민증명서는 개개인이 아닌 집단에게 증명서를 발부한 것이다. 1946년 3월 31일에 발부되어 황해도 송화에 거주하는 피난민으로 어른 80명, 어린이 53명임을 증명해준다. 〈사진 2-7〉의 퇴거증명서는 중국 창춘(長春)에 거주했고 본적이 일본 후쿠오카인 자의 퇴거를 1946년 7월 31일 자로 입증하고 있다. 이 증명서가 있으면 수송권이 없더라도 승차권 대용으로 사용할 수 있다고 적혀 있다. 〈사진 2-8〉의 이재증명서는 1946년 4월 25일임에도 발행 기관이 조선총독부로 되어 있는 것으로 보아, 미군정은 이때에도 총독부의 행정 기구를 그대로 이용했음을 확인할 수 있다. 일본인이라는 신분을 증명하는 신분증명서는 중국의 푸순(撫順)시에서 발행한 것으로, 귀국 후 일본인이라는 증명서로 사용할 수 있다고 명시되어 있다.

세 번째로 국경을 이동하는 자에게 중요한 것 중 하나는 예방접종증명서였다. 예방접종증명서는 장티푸스나 콜레라, 종두 및 발진에 대한 예방접종

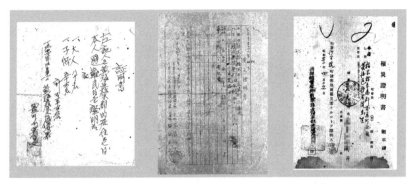

| 사진 2-6 **피난민증명서** | 사진 2-7 **퇴거증명서** | 사진 2-8 **이재증명서** |

이행을 증명하는 것으로, 인양 과정에서 위생과 관련해 매우 중요하게 처리되었다.

그 밖에도 납세증명서, 종군증명서, 사원증명서, 출장증명서 등이 있다. 이 자료들은 증명서의 소지자가 세금을 성실히 납부했고, 군인으로 징병되었으며, 만주철도주식회사의 사원이었고, 수송 의료반으로서 해외로 출장을 간 상태였다는 사실 등을 증명해준다. 이들 증명서는 귀환·퇴거·피난민증명서 등이 없더라도 일본인의 신분을 입증해 인양 과정에 활용되었다.

앞에서 살펴본 대로, 인양이 이루어진 후에 중요한 것은 인양자 원호를 위한 대책이었다. 일본은 인양원호국을 설치해 1946년 3월을 전후로 일본 본국에 거류하고 있던 식민지민의 송환을 완료했다. 이들 원호 대상자를 판가름하기 위해서 각종 증명서가 필요했다. 귀환자들이 전후 일본의 '국민'으로 재출발할 수 있도록 일본은 최소한의 기반으로 생업 자금과 주택을 제공했다. 의회를 중심으로 이루어진 응급 구호 과정의 기본 원칙은 '전쟁 희생 균분'에 있었다.[30] 〈사진 2-9〉의 인양증명서가 필요했고 정착증명서나 졸업인정증명

---

30   安岡建一, 「引揚者と戰後日本社会」, ≪社会科学≫, 44(3)(2014).

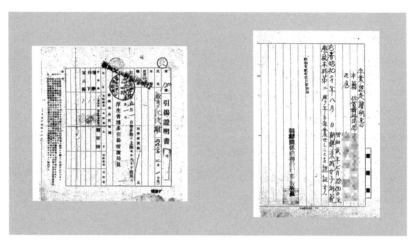

사진 2-9 인양증명서   사진 2-10 졸업인정증명서

서도 원호 사업에 활용되었다. 인양증명서는 하카다 항에 도착한 인양자에게 후생성 하카타 인양원호국이 발부한 것으로, 인양 전 주소와 직업, 가족수를 기입하도록 되어 있다. 〈사진 2-10〉의 졸업인정증명서는 조선경성여자사범학교 본과 2학년 졸업을 인정하는 것으로, 1947년 2월 24일에 조선관계잔무(殘務)정리사무소장이 발행해 인양 원호를 위해 추가로 제출된 것으로 보인다.

이들 증명서는 인양자 원호 대책의 생존과 직결되는 중요한 것이었다. 하나의 예로 현재 일본에 거주하고 있는 일본군 '위안부' 피해자인 송신도 할머니는 일본군이 함께 살자고 해서 일본으로 돌아왔으나 귀국하자마자 버려져 홀로 귀국증명서를 발부받지 못했다. 귀국증명서가 없고 인양증명서가 없으니 인양 원호 대상자에서 제외되어 오랜 시간 혹독한 삶을 견뎌야 했다.

이처럼 일본 정부는 자국민의 인양 과정에서 다양한 증명서로 인양자들을 보호하고 관리했다. 증명서 발부 주체들에서 확인할 수 있듯이, 이것은 미군정과 일본 정부 그리고 피식민국의 긴밀한 협조하에서 가능한 것이었다. 일본인과 조선인의 송환과 귀환 과정에서 적어도 미군정은 양국에 차별적인 정책을 폈다고 할 수 있다. 이런 체계적인 일본인의 인양과 달리, 조선에서는 어떤 제도들을 펴나갔는지 살펴보자.

4. 미군정 이후 신분 증명의 변화

1) 남한의 등록표와 일본의 주민표

미군정은 해방 직후에도 조선인을 파악하는 데에 식민지기의 호적제와 기류제를 그대로 이용했다.[31] 1942년 조선총독부가 제정한 '조선기류령'(제령 제32호, 1942.9.26)은 1944년의 징병제를 성공적으로 수행하기 위한 것이었다. 일제는 본적 중심의 신분 등록 제도인 호적만으로 알 수 없는 거주 이동 상황을 파악하고 호적에 등재되지 않은 거주자를 '발견'해 새롭게 등록할 수 있었다.[32] 기류 신고 결과, 1942년 10월 말에 조선의 기류자는 1000만이 넘는 것으로 조사되었는데, 그 수는 1941년 말 인구의 약 41%에 해당하는 것이었다. 일제 말기에도 기류, 즉 본적지 이외에 일정한 곳에 주소를 두는 것은 보편적인 삶의 형태였으므로 거주지 신고 의무 제도로 일제는 국가의 주민 통제력을 높이고자 했다.[33]

---

31 기류의 사전적인 뜻은 ① 다른 지방이나 남의 집에 일시적으로 머물러 삶, ② 〈법률〉 예전에, 본적지 이외의 일정한 곳에 주소나 거소를 두던 일이다.

32 이명종, 「'조선기류령'에 관한 연구」(한양대학교 대학원 석사논문, 2003).

33 김영미, 「해방 이후 주민등록제도의 변천과 그 성격: 한국 주민등록증의 역사적 연원」, 290쪽.

사진 2-11 **등록표** 앞면(왼쪽)과 뒷면(오른쪽)
자료: 대한민국역사박물관 소장.

그렇다면 미군정은 '조선 기류령'을 어떻게 활용하며 조선인의 이동을 파악했을까? 미군정기 들어 주민을 파악하기 위한 기류 제도는 그 실효성이 대단히 약화되었다. 그 이유를 김영미는 다음의 세 가지로 설명한다.

① 해방 이후 유례없는 인구 변동이 있었고, ② 전시총동원체제 이후 강제 신고는 작동하지 않았으며, ③ 미군정의 소극적인 주민 관리 정책으로 한반도의 인구 변동은 사실상 정확하게 파악되지 못했다는 것이다.[34]

1946년 8월 25일을 기점으로 남조선 지역에서 처음으로 실시된 인구조사 결과에 따르면, 남한의 총인구는 1936만 9270명으로 1944년에 일본이 조사한 인구보다 22% 증가한 것으로 나타났다. 미군정은 이 인구를 1946년 남조선의 확정 인구로 발표했다.[35] 그리고 1947년 1월에 남한만의 총투표를 실시하기 위해 전 주민에게 거주 등록을 하고 등록표를 발급받도록 했다.[36] 남한에서 총선거를 치르기 위해서는 무엇보다도 인구 동태의 정확성을 파악하는 것이 필요했다. 미군정은 등록표의 시행 목적을 "남조선의 합법적인 주민임을 증

---

34 같은 글.

35 在朝鮮美軍政廳 保健厚生部 生政局, 1946,〈南朝鮮(三八度以南)地域及性別現住人口: 一九四六年九月現在〉Hedaquarters, United States Army Military Government in Korea, Department of Public Health and Welfare Bureau of Vital Statistics, Population of South Korea, by Geographical divisioins and Sex, September.

36 미군정기 등록표에 대해서는 김영미,「해방 이후 주민등록제도의 변천과 그 성격: 한국 주민등록증의 역사적 연원」참조.

명하는 동시에 의식을 적의하게 공급하며 생활필수품을 평등하게 분배하기 위한 것"이라고 했다.[37]

하지만 등록표 제도는 남한 인구를 정확히 파악해 식량 배급을 관리하는 것뿐만 아니라 남한 내의 좌익 세력을 색출하려는 목적이 컸다.[38] 미군정은 1946년 9월부터 실시되었던 북한의 공민증에 대응해 남조선의 합법적인 주민임을 증명하는 것이 등록표라고 했다. 등록표에는 개인의 성명, 연령, 몸무게, 신장, 신체적 특징 등 과도한 정보를 표기하고 지문 날인 칸을 마련해 항상적인 검문에 응하도록 했다. 1947년 봄에 시행된 주민의 등록은 주민들의 기류 사항을 재확인하는 것이면서, 동시에 등록표 제도와 연계됨으로써 일제 말기의 기류 제도를 보완하는 새로운 형태의 주민 통제 방식이었다.

이 등록표의 작동이나 효력이 어느 정도였는지 현재로서는 파악하기 어렵다. 다만 1947년 3월부터 발급을 시작했지만 전 국민을 파악할 수 있을 정도로 등록표가 활용되었다기보다 일정 시기에 발급되다 없어진 것으로 보인다. 남한만의 단독정부가 수립된 이후에는 지역별로 다른 형식의 주민 통제를 위한 하부 조직을 재정비해나가기 시작했기 때문이다.

이에 반해 일본에서는 패전 후에도 1914년에 제정되었던 기류법(大正3년 법률27호)을 근거로 해서 주민을 파악했다. 연합군총사령부는 일제 시기부터 지속되어왔고 조선에서도 시행했던 기류 제도를 그대로 존속시켰다.

일본은 연합군에 의한 점령이 끝나기 직전인 1951년에 기류 제도를 폐지하

---

37 "공민의 등록표, 월말까지 면장이 작성", ≪서울신문≫, 1947년 2월 14일 자; "서울시장 김형민, 민선시장 선거 등 시정 문제에 대해 기자회견", ≪경향신문≫, 1947년 2월 20일 자. 이 기자회견에 따르면, 서울 시민은 1947년 3월 5일까지 등록을 마쳐야 등록표를 발행한다고 했다.

38 "안재홍, 식량 배급과 인구 등록 발표", ≪동아일보≫, 1947년 3월 27일 자.

고 주민등록법(법률 제218호)을 제정해 이듬해인 1952년부터 주민표(住民票) 제도를 시행했다. 주민표는 개인이 아닌 세대를 단위로 하는 것으로, 시정촌 내에 주소를 두고 있는 자들을 파악하기 위한 것이다. 주민표에는 이름과 출생년도, 성별, 세대주와의 관계, 호적 관계, 주소, 주소를 지정한 날짜, 주소 변경 이유 등을 신고하게 했다. 이 제도는 호적과 기류를 통합한 것으로, 이것을 기초로 해서 국민건강보험과 국민연금, 식량 배급 신고에 관한 개별 제도들이 이루어졌다. 그러나 샌프란시스코 강화조약 이후, 식민지민에서 하루아침에 외국인이 된 재일조선인에 대해서는 외국인등록령으로 개개인을 파악·관리해 심각한 차별 문제가 발생했다.

2) 한국전쟁기의 강화되는 '양민' 증명

(1) 전재 난민의 이동증명서

미군정기에 남한만의 단독선거와 반공을 위한 주민 파악이 필요했다면, 정부가 수립되고 한국전쟁이 발발하면서 주민에 대한 통제와 관리는 더욱 본격화되었다. 1949년 10월 1일부터 빨치산 토벌 지역에서는 "반국가 사상을 가진 자로부터 양민(良民)을 보호하기 위해" 양민증명서를 발급했다. 전남 화순군에서 그 명칭은 국민증이었고 경북에서는 도민증이었다. 이들 신분증은 모든 주민에게 발급되는 것이 아니라 신원 조회를 거쳐야만 받을 수 있었다. 증명서의 발급 제외 대상은 "군인, 군속, 경찰, 관공리, 공무원"과 "반국가 사상을 가진 자"였다.

한국전쟁 이후 개인의 신분 파악을 위한 증명서는 크게 세 가지로, 시민증, 도강증, 예방주사증이 있다. 한국전쟁 직후, 수도를 이전하고 환도하는 몇 번의 과정에서 서울 시민을 적과 구분하고 사상 검열을 하기 위해, 그리고 원

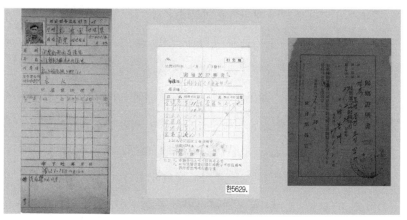

사진 2-12 **피난민증**   사진 2-13 **피난민증**   사진 2-14 **귀향증명서**
자료: 서울역사박물관 소장.   자료: 서울역사박물관 소장.

활한 식량 배급을 위해 서울시는 시민증을 발급했다. 한강을 통행하기 위해
서는 도강증이 필요했고, 농업을 위한 이동이라는 점을 농민복귀증으로 검증
받아야 했다. 전쟁 직후에는 대구와 부산 등지의 피난민을 관리하기 위해 피
난증명서를 발행했고, 서울 수복 직후인 1950년 10월 20일부터 피난증명서를
시민증으로 교체하기 시작했다.[39] 피난을 떠나지 못한 사람들에 대한 사상 검
증이 시민증을 통해 이루어진 것이다.

이동하는 전재(戰災) 난민에게 필요했던 증명서로는 먼저, 서울 시민이 환도
하기 위해서는 경찰국장이 발부하는 귀향허가증을 소지해야 했다. 귀향 허가
는 내무·사회·보건·법무·재무 등 5부 협조하에 유엔민사처(UNCAC: United
Nations Civil Assistance Command in Korea)의 승인으로 이루어졌는데, 각 피
난 지역의 동회장을 경찰서에 등록하도록 했다. 증명서는 서울 재건에 필요
한 기술자나 자신의 자금으로 소유 건물을 복구하려는 자들에게 발부되었을

---

39 "시민증 교부 사무 익일부터 각 동회서 개시", ≪동아일보≫, 1950년 10월 19일 자.

뿐, 증명서가 있다고 해서 서울시의 지원이나 보호를 받았던 것은 아니다. 귀향 여비 일체와 서울 체제 기간 중 숙박과 식비도 본인이 지급하며 귀향 후에는 재산소유관계를 구청에 신고해야 했다.[40]

피난민이 귀환할 때는 피난민증과 피난지의 시장, 면장, 군수가 발행한 귀향증, 전염병예방주사증을 소지해야 했다. 귀향 피난민은 집단행동을 하지 못하도록 분산 이동시켰고, 피난민 통과 지역의 관민은 이동 도로와 급식·숙사 등 편의를 제공해야 했다. 원거주지에 복귀한 피난민 중 주거와 생활 능력을 상실한 자는 군·면 단위로 집단 수용하고 구호를 실시하며 사회부에 보고하도록 했다.[41]

시민증과 관련된 공식 자료는 찾아보기 어렵고 신문 기사를 통해 간헐적으로 파악할 수 있을 뿐이다. 당시 시민증은 1950년 9월 28일 서울 수복 이후 "적의 잠입을 방지하고 제5열을 소탕하여 치안을 확보하기 위한 것"이며 시민증을 소지하지 않은 시민은 "적색반동분자"로 통행에 제한을 받는다고 명시되어 있다.[42] 시민증은 단순히 전시통행증이자 식량 배급의 근거가 아닌 생사를 가르는 목숨과도 같은 것이었다. 시민증 미소지자는 간첩으로 간주되었고 적과 내통한 자가 되었다. 주민들은 항상 자신의 결백을 시민증으로 입증해야 했고 국가의 검문과 검색에 순응하며 죄가 없음을 스스로 밝혀야 했다.

적과 아군을 구별하기 위한 증명서의 발급 못지않게 중요한 것이 피난민을 수용하기 위한 건물을 등록하는 것이었다. 지역의 계엄사령관은 관공서, 은행, 회사 등 일반적으로 알려져 있는 곳 이외에 일반 주택이나 점포, 창고 등

---

40 "경상남도 경찰국, 서울시 주민의 귀환 관련 사무 방침 설명", ≪연합신문≫, 1952년 6월 24일 자.

41 "사회부장관, 피난민 귀환 시 주의사항 발표", ≪동아일보≫, 1951년 2월 28일 자.

42 "시민의 신분보장 시민증 제도 실시", ≪동아일보≫, 1950년 10월 11일 자.

표 2-3 **미 헌병사령부의 포고문**

서울에 입경할 자격을 가진 대한민국 국민은 다음과 같다.
1. 한강 이북에 주둔하고 있는 현역 군인
1. 한강 이북에서 임무를 띠고 있는 경찰관
1. 서울 주재의 직무상 필요한 철도국원
1. 수원·인천·대구·부산 그리고 미 제1군단 CAC에서 발행한 패스를 가진 자
1. 미 제8군사령관, 미 서울지구사령관, 미 서울지구헌병사령관이 발행한 패스를 가진 자
1. 미 서울지구헌병사령관의 서명이 찍혀 있는 고용원증을 가진 자

1952.1.15.

에 건물등록제를 실시해서 관리했다. 경남 지구 계엄사령관은 '피난민 수용에 관한 임시 조치법(1950.9)'을 개정해 늘어나는 피난민 대책으로 건물 등록을 활용했다. '건물 등록표'는 각자가 소유·점유 또는 관리하는 건물을 지역에 무상 등록하는 것으로, 관리자 부재 시에는 지역의 반장이 책임지고 등록할 수 있도록 했다.[43]

(2) 생사를 갈랐던 한강도강증

냉전기의 많은 증명서들이 개인의 생사를 좌우했지만, 살기 위해 만든 증명서가 죽임의 근거가 되기도 했고 증명서가 없어 무리하게 한강을 건너다 죽는 사람들이 속출하기도 했다. 그 대표적인 예가 한강도강증과 보도연맹증이다.[44] 한국전쟁 이후 시민들을 가장 당혹스럽게 만든 것 중의 하나는 전쟁 발

---

43 "김종원 경남지구 계엄사령관, 건물등록제 실시에 대한 담화를 발표", ≪부산일보≫, 1950년 9월 11일 자.

44 보도연맹증과 관련해서 이 장에서는 따로 설명을 할애하지 않는다. 국민보도연맹에 관한 연구로는 김기진, 『끝나지 않은 전쟁, 국민보도연맹』(역사비평사, 2002); 김학재, 「사상 검열과 전향의 포로가 된 국민: 국민보도연맹과 국가 감시 체계」, ≪당대비평≫, 27호

표 2-4 미 헌병사령부의 한강도강증 발급 세칙

1. 영문을 폐지하고 국문으로 2통을 제출할 것
2. 경찰관 및 소방관, 의용소방대원 등은 경찰고문관을 통하여 직접 미 헌병사령부로
   제출할 것
3. 미군 군속 또는 유엔군 종사자는 각기 소속 기관장의 승인을 얻어 직접 미
   헌병사령부로 제출할 것
4. 정부기관 및 시청 산하단체 및 사회단체, 형무소 직원, 재판소 직원, 신문사 기타
   단체는 서울시를 경유할 것
5. 미군부대 종사 청부업자는 구매 계약처의 승인을 얻어 직접 미 헌병사령부로
   제출할 것

1952.1.25.

발 직후 폭파된 한강철교와 인도교일 것이다. 피난민들이 대거 한강철교를
지나는 와중에 폭파되어 많은 무고한 사상자가 발생한 한강은 전쟁 기간 내내
검속의 구간이었다. 한강 도강자에 대한 단속을 강화하던 유엔 CAC는 한강
이용자가 급격히 늘어나자, 1951년 12월 10일에 도강허가증을 발행했다. 1차
로 도강허가증을 발급받은 사람들은 서울시청 직원 58명, 통신 신문사 38명,
세무 관리 22명 등 총 161명이었다.[45] 서울의 관문인 한강을 통과하기 위해서
는 CAC의 도강 증명이 반드시 필요했다.

 서울지구 CAC 사령부가 취급하던 서울 시민들의 여행증 등 제 증명서와
한강도강증은 두 달 뒤인 1952년 1월 16일부터 서울지구 미 헌병사령부가 담
당하게 되었다. 미 헌병사령부는 도강을 더욱 철저히 단속하기 위해 이전에
발행된 증명서를 모두 무효화했다.[46]

  (2004); 강성현, 「한국 사상 통제 기제의 역사적 형성과 '보도연맹 사건', 1925-50」(서울
  대학교 대학원 박사 학위논문, 2012)이 있다.
45 "한강 도강증 발행", ≪서울신문≫, 1951년 9월 12일 자.
46 "서울지구 미 헌병사령부, 여행증과 한강도강증 발급 사무 취급", ≪경향신문≫, 1952년

그러나 서울 시민들은 새로운 증명서가 발부될 때까지 시일이 걸리고 미곡 반입도 순조롭지 못할 것을 우려했다. 이때를 이용해 미곡 매점·은닉이 발생하고 물가는 폭등해 시민들의 생활은 더욱 곤경에 빠지게 되었다.[47] 또한 군경 당국의 삼엄한 경계에도 불구하고 강이 얼고 대통령 3월 귀향설이 돌면서 영등포 방면에 집결한 수십만의 피난민들은 생사를 무릅쓰고라도 한강을 건너려고 했다.

서울경찰국 경비계에 따르면, 도강 사무가 서울지구 헌병사령부로 이관된 지 단 6일 만에 적발 취급된 밀도강자 수는 123명에 달했다고 한다. 얼어붙은 한강을 불법 도강하려던 일가족이 강 중간의 살얼음 지대에서 익사하는 사건이 발생하고 밤섬에서 야간에 수십 명의 피난민들이 도강하려다 적발되는 일이 빈번했다.[48] 급기야 미 헌병사령부는 도강증 발부 요건을 완화해 "물자반입허가증에 한해 당분간 CAC 증명은 유효"하다고 발표했다.[49] 미 헌병사령부는 도강증과 여행증 사무의 신속한 처리를 위해 한강도강증 발급 세칙을 발표했다.[50]

1월 20일 자; "민사처 발행 도강증 무효. 미 서울지구 헌병사령부에서 발부", ≪동아일보≫, 1952년 1월 21일 자. 이 기사에는 다음과 같이 적혀 있다. "이번 우리들이 여행증 및 도강증 발부 사무를 인계받게 된 것은 지난 12월 27일 부로 미 서울지구 사령부에 발송한 188호 공문에 의거하여 단행된 것이다. 앞으로 시민들의 무질서한 한강 도강을 엄격히 억제할 것이나 합법적인 재경자들의 한강 도강 및 여행에 관하여서는 신청서 및 시민증을 대조하여 직결주의로 결재 허가할 것이다."

47   "서울지구 미 헌병사령부, 여행증과 한강도강증 발급 사무 취급", ≪경향신문≫, 1952년 1월 20일 자.

48   "한강 불법 도강에 따른 익사 사고 발생", ≪경향신문≫, 1952년 1월 22일 자.

49   "미 헌병사령부, 한강도강증 및 여행증 발부 요건 완화 조치 발표", ≪자유신문≫, 1952년 1월 20일 자. 미 헌병사령부의 특별 조치는 ① 계엄민사부와 민사부 책임자 발행의 여행증을 소지한 자는 도강을 허가하고 여행증을 소지한 자는 대한민국국군의 징용자와 같이 신분을 보장함, ② 국방부 장관, 계엄민사부장, 국군 군단장, 대한민국 군사단장에 한해서는 여행증을 발행함, ③ 물자 반입 허가증에 한해 당분간 CAC 증명은 유효함 등의 조치였다.

그러나 미 헌병사령부가 도강증을 발급하게 된 지 겨우 3개월이 지나 부정 도강증 방지를 위해 도강신청이유서를 첨부하고 본인의 인장을 지참해 개개 인을 심사하는 방식으로 더욱 엄격하게 변경되었다.[51] 빈번한 도강증의 변경 과 갱신, 심사 수속 과정의 지체 때문에, 서울에 가야 할 사람들은 "3일간이나 여관에 묵어가며 도강증 되기만을 기다리는 형편"이었고 밀도강 또한 성행했 다. 상인들의 출입이 쉽지 않게 되면서 미가(米價)는 하루가 멀다 하고 천정부 지로 올랐지만, 도강증은 식량 반입량이 줄어드는 주요 원인 중 하나였다.[52] 급기야 쌀 배급이 두절되는 사태까지 발생했지만, 미 헌병대는 "군 작전에 필 요한 부문에만 내준다. 서울은 전투 지구요, 한강은 다리가 하나뿐이다. 군 수 송에 지장이 있으면 안 된다"라고 발표했다.[53]

한강도강증은 방학을 맞은 학생들을 위해서는 무제한으로 발급한다고 발 표했다가 신청자가 너무 많자 갑자기 발급을 중지해 원성을 사기도 했다. 그 러나 개학이 다가오자 유엔 CAC는 트럭으로 학생들을 집단 입성시키는 편의 를 봐주어야 했다.[54] 서울시는 미 8군에 서울 시민의 도강 편의 확대를 건의했 지만 여전히 생필품 반입에 곤란을 겪을 만큼 한강 도강은 어려웠다.

한국전쟁 당시 서울의 인구 변화를 보면, 1951년 12월에 67만 명, 1952년 10월에 80만 명, 1953년 5월경에 150만 명에 이를 정도로, 엄격한 도강 심사

---

50 "미 헌병사령부, 한강 도강증 발급 세척 발표", ≪경향신문≫, 1952년 1월 25일 자.
51 "서부지구 미 헌병사령부, 부정도강증 방지 위해 도강증 신청 수속과 양식 변경", ≪경향 신문≫, 1952년 5월 1일 자.
52 "배급 두절로 쌀값 앙등", ≪조선일보≫, 1952년 5월 10일 자.
53 "서울지구 미 헌병대의 도강증 갱신 작업으로 수많은 불편 초래", ≪조선일보≫, 1952년 5월 4일 자.
54 "서울지구 CAC 당국, 학생 대상 도강증 무제한으로 발급하다 중단하여 원성 자자", ≪평 화신문≫, 1952년 7월 25일 자.

62 1부 구획되는 경계

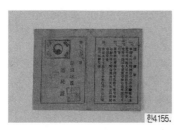

사진 2-15 경상남도 도민증.
자료: 대한민국역사박물관 소장.

사진 2-16 서울특별시민증(1961).
자료: 대한민국역사박물관 소장.

에도 불구하고 비밀 도강이 급증했다.[55] 한국전쟁이 한창이던 때에 한강 도강을 미끼로 한강 파견 순경이 부녀자를 상대로 "몹쓸 짓"을 하기도 했고, 밀도강자들은 나룻배를 이용하거나 도강 패스를 구입하는 데 200환에서 최고 500환까지 소비해야 했다. 부유층은 간단하고 손쉬운 도강 버스나 기차 편을 이용했지만 일반 서민층은 밤섬이나 광나루 같은 먼 길을 돌아서 값싼 나룻배를 이용했다.[56]

1952년 7월 26일 유엔 민사부 서울 경기도지부 사령관은 서울시 직원의 완전 복귀와 일부 시민의 복귀를 9월 15일부터 허용했다. 시민들은 각도 경찰국장의 허가와 각도 유엔 민사부의 여행 허가를 받아 지정된 시일에 돌아와야 했다. 이때 시민증 내지 도민증을 소지하고 있는 자에게는 한강 도항을 허가한다는 발표가 있었다.[57] 밤섬, 양화도, 서빙고, 광나루, 뚝섬 등 다섯 군데의 나루를 통해 강을 건너게 했고, 동회 직원과 경찰이 시민증을 확인하고 농민

---

55 "미군 반대에도 불구하고 정부 대부분 환도", ≪경향신문≫, 1953년 5월 26일 자.
56 "한강 파견 순경. 한강 도강을 미끼로 부녀자 상대 만행", ≪경향신문≫, 1952년 1월 23일 자.
57 "시민증만으로 통과", ≪경향신문≫, 1953년 9월 7일 자; 복도훈, 「전쟁의 폐허에서 자라난 젊음과 공민적 삶의 가능성: 박태순의 장편소설 『어느 사학도의 젊은 시절(1980)』에 대하여」, ≪한국문학연구≫, 제48집(2015), 319~348쪽.

복귀증이라는 도장을 시민증에 날인하며 명부를 작성하도록 했다.[58]

5. 냉전 체제의 지속, 국민의 파악과 통제

1) 한국전쟁 이후, 시민증·도민증의 강화

한국전쟁 이후, 서울시는 국내 질서가 혼란스럽고 월남한 동포들의 신원 파악이 어려운 상황에서 "남한 내의 반국가 불순분자들을 색출, 제거하고 시민의 안녕질서를 유지하기 위하여" 1954년 7월 20일에 「서울특별시 시민증 발급 규칙」을 제정했다. 이것은 1950년에 발행되었던 시민증을 갱신한 것으로 전후 주민 통제 체제를 공고화하기 위해서였다. 시민증은 서울 시내에 거주하는 대한민국 국민으로서, ① 현역 군인 및 국가공무원, 지방공무원으로 시민증 발급을 원하지 않은 자, ② 만 13세 미만의 자, ③ 노쇠 또는 질병으로 영구히 기거가 불가능한 자, ④ 3개월 미만의 시내 거주자 등을 제외하고 시장에게 시민증 교부 신청을 하게 되면 신청자의 관할지 경찰서장이 교부했다.

시장은 시민증 교부 신청이 있을 때에는 지체 없이 시민증을 발급해야 하고, 시민증을 발급받은 자는 이를 항상 휴대해야 하며 관헌의 제시 요구가 있을 때에는 이에 응해야 하는 의무 조항이 있다. 한편 시민증을 발급받고자 하는 자는 소정 양식의 시민증 교부 신청서에 사진 2매를 첨부한 다음, 거주지의 국민 반장, 통장 및 관할 파출소와 경찰서를 경유해 시장에게 신청하도록

---

58 시민의 검증 과정에서 경찰의 역할과 관련해서는 강혜경, 「한국전쟁기 서울 경찰과 후방 치안」 참조.

했다. 그 밖의 사항은 도민증과 같았다.[59] 서울시 시민증 발급 규칙을 공포하면서 14세 이상 남녀 시민 약 60만 명에게 시민증을 갱신·발급했다고 한다.

그러나 간첩 색출을 목적으로 시민증·도민증 제도를 유지하는 데에 대한 비판도 만만치 않았다. 공산당을 색출하기 위한 국민총동원체제를 전쟁이 끝난 후 5년이 지나도록 유지한 것에 대한 비판과, 시민증 제도가 실질적으로 간첩 색출에 기능했다는 이렇다 할 사례가 없는 상황에서 시민증 폐지론은 1957년도부터 계속되었다.[60] 하지만 경찰은 남북통일이 될 때까지 시민증·도민증은 필요하다고 주장했고 자유당 정권도 시민증 폐지 시기상조론을 당무 회의에서 결정하면서 이 제도는 그대로 지속되었다. 시민증은 간첩 색출에 절대적으로 필요하고 불심검문을 할 수 있는 계기가 되며, 간첩 기소의 증거물이면서 간첩이 시민증·도민증을 위조하더라도 경찰이 발견할 수 있는 암호가 있다는 이유에서였다.[61]

더구나 1960년 5·16 군사 쿠데타 이후에 시민들이 스스로 각 경찰서에서 시민증 발급을 자원하면서 시민증·도민증의 폐지는 논의의 대상조차 되지 못했다. 정치적 격변기마다 반공 체제를 내세워 국민을 통제하는 분위기를 시민들은 알고 있었고, 국가로부터 억울한 피해를 당하지 않도록 시민증이 자신의 안전을 도모해줄 것이라고 믿고 있었다. 반공을 국시로 내세웠던 박정희 정권은 이런 분위기에 힘입어 주민 통제를 위한 더욱 확고한 장치들을 만들어 갔다.[62] 이제는 지역 조례가 아닌 법률에 근거한 주민등록제도를 만들었고

---

59 「시민증(市民證)」, 『한국민족문화대백과』(한국학중앙연구원).

60 "시·도민증을 폐지", ≪동아일보≫, 1957년 5월 7일 자.

61 "시·도민증 존속키로, 시기 아직 빠르다고 3일 자유당 당무 회의서 결론", ≪동아일보≫, 1959년 9월 3일 자.

62 5·16 쿠데타 세력은 "혁명 공약"을 발표했으며 첫째 공약은 다음과 같다. "반공(反共)을 국시(國是)의 제일의(第一義)로 삼고, 지금까지 형식적이고 구호에만 그친 반공 태세를

1968년 1·21 청와대 기습 사건을 계기로 주민등록제도의 법제화를 이룰 수 있었다.

2) 권리 없는 의무, 보호 없는 감시

공식적인 신분 증명 제도를 통한 국가권력의 작동 방식은 미시적인 일상생활을 감시하고 통제하기 위한 것이다. 주민을 파악하는 것은 행정 집행의 편의를 위해서라고 하지만, 신분증명서의 발급이 행정기관에서 이루어진 것은 미군정기의 등록표뿐이고 나머지는 모두 경찰이 관여했다. 정부 수립 후인 1949년도에 주민증의 발행과 검열은 경찰이 주도했다. 국민증과 도민증의 검인은 행정기관, 국민회 조직, 경찰기관의 세 조직으로 구성되어 있었다. 도민증의 발급 주체는 행정의 가장 말단에 해당하는 면이었지만, 신분증의 유효성을 입증하는 과정에는 경찰서장과 국민회 지부장의 직인이 필요했다. 경찰서장은 마지막 검인의 주체였다.

시민증의 교부도 각 동회에서 이루어지는 것으로 되어 있지만, 시민증을 동회에 제출하면 경찰관의 심사를 거쳐 발행된다고 명시되어 있다. 자연스럽게 각 동회의 시민증 교부 과정에서 동회와 경찰은 막강한 권력을 행사했다. 시민증 발급을 엄격히 한다며 시간을 지체해 문제가 되었지만 "신분이 분명한 사람은 무조건 시민증을 내주고 신분이 분명치 않은 사람만 재검토"하도록 했다.[63]

그렇다면, 신분이 분명하지 않은 사람은 무엇으로 자신의 존재를 증명해야

재정비 강화할 것입니다."

63 "시민증 발행 사무 저녁 8시까지 집무", ≪경향신문≫, 1950년 11월 3일 자.

했을까? 어딘가에 소속되어야 불안하지 않은 현대 한국 사회의 기원도 여기에 있는 것은 아닐까. 시민증의 발급 절차는 곧 주민의 사상을 검증하는 과정이었다. 주민들은 보증인 2명, 반장·통장, 동회장 그리고 마지막으로 경찰의 심사를 거쳐야만 "선량한 주민"으로서의 자격을 얻을 수 있었다.

시민증을 분실한 사람이 재발급받기 위해서는 3급 이상 고급 공무원 보증인 2명 이상을 세워야 한다고 규정되어 있다. 일반 시민이 3급 이상의 고급 공무원을 보증인으로 세우기는 매우 어려웠을 것이고, 시민증 재발급 과정에서 어떤 거래와 권력이 난무했을지는 쉽게 상상이 가는 대목이다. 실제로 시민증 갱신 발급 과정에 당국이 너무 많은 조건을 내세워 시민들의 비난이 격해지는 사례가 있었다.[64] 예를 들면, ① 구 시민증을 가지고 있더라도 기류계가 없으니 본적지에서 호적초본으로 새로 기류계를 만들어 교부 신청을 하라고 하는 사례, ② 동회 반장이 일괄 취급해야 할 것을 세대주가 직접 파출소에 출두해 처리하라고 하는 사례, ③ 교부 신청 인지대 20환 외에 규정에도 없는 20환을 수수료로 더 받는 사례, ④ 시민증을 발부받았음에도 과거 이적 행위를 한 반역자의 가족이라고 해서 가족까지 부역자 취급을 하는 사례 등이다. 이런 혼란이 발생한 것은 1954년 5월 20일 제3대 국회의원 선거에서 기류지에 있지 않은 유권자들 30만 명을 시민의 의무를 다하지 않은 사람이라며 기류계에서 삭제해버렸기 때문이다.

그러나 시민들은 시민증의 재발급에 협조했고, 협조할 수밖에 없었다. 전쟁 기간에 시민증이 없어서 간첩 혐의를 받아 억울하게 10년 동안 옥살이를 한 청년은 실종된 아들을 찾아 헤매던 어머니가 시민증을 가지고 있었기에 풀려날 수 있었다.[65] 냉전 체제가 지속되고 반공을 국시로 삼은 정부에게 공식

64　"雜音 많은 市民證發給", ≪경향신문≫, 1954년 8월 18일 자.

적인 신분증명서 이외에는 자신을 증명할 수 있는 다른 도리가 없었다. 사상을 의심하고 행동을 의심하고 이동의 경로를 의심하는 국가 앞에 무기력한 개인일 수밖에 없었다.

또한 한번 발급된 시민증은 그것으로 끝나는 것이 아니었다. 파출소에서 정기적으로 일제 검열이 있어서 "선량한 주민"이 되기 위해서는 반장, 통장, 거주지 동회, 소관 경찰관 파출소에서 시민증에 검열 도장을 받아야 했다. 그럴수록 경찰 권력은 더욱 막강해져갔다. 주민을 파악하는 것에서 나아가 공권력이라는 이름으로 월권을 행사했다. 도로 교통을 위반했다고 시민증을 뺏기도 했고, 시민증을 이유로 잡부금을 부과하기도 했다.[66] 이것은 신문에 소개된 사소한 사례에 불과할 뿐이다. 국가권력에 대한 공포와 공식적인 신분증 미소지자에 대한 생사를 국가가 결정하고 판단하도록 되어 있는 상황에서 개인이 할 수 있는 최소한의 행동은 국가에의 등록과 파악의 회로에 들어가서 순응하는 것뿐이었다.

국가의 공식적인 증명서가 "합법적인 주민", "선량한 양민"임을 증명하는 것이라면, 동시에 이는 국가로부터 보호를 받을 수 있는 징표이기도 했다. 전쟁기에 식량 배급을 공평하게 받고 피난지에서 귀향하는 길은 안전하게 보호받아야 했다. 그러나 지역의 조례로 발급받은 시민증·도민증이든, 전 국민에게 고유 번호를 부여해 개인 식별을 편리하게 한 주민등록증이든, 반공 국가 체제를 강화하는 과정에서 이들 제도는 주민들에게 국가로부터 보호받는 존재라는 자각을 심어주기 어려웠다.

---

65 "복역 10년 만의 재심 결정 6·25 당시 시민증 없다고 검거됐던 것", ≪조선일보≫, 1962년 8월 26일 자.

66 "교통 위반으로 시민증 못 뺏는다", ≪동아일보≫, 1963년 12월 3일 자; "市民證更新은 이렇게", ≪동아일보≫, 1954년 8월 7일 자.

미군정이 등록표를 시행할 때부터 그 목적이 주민으로서의 권리 보장과 보호임을 강조했지만, 국가에 등록하는 것과 동시에 보호받는 존재가 된다는 인식은 한국의 주민등록사에서 쉽게 상상할 수 없다. 신분증은 국가권력으로부터 보호받을 권리를 보증하지만, 그보다 먼저 지역의 시민임을, 도민임을 스스로 증명해야 했고 국가의 파악으로부터 누락되지 말아야 했다.

그래서 평생 변하지 않는 개인 식별의 13자리 숫자를 부여받고, 일본에서는 재일조선인에 대한 차별로 문제가 되었던 열 손가락 지문을 찍으면서도, 주민이나 국민으로서 부여되는 권리에는 무감하게 되었던 것이다. 국가로부터 보호받은 경험과 기억이 전무한 국민은 반공 체제를 강화하기 위한 공식적인 신분 확인 제도에 자신을 맡기는 것이, 공권력의 자의적인 행사에 의한 공포에서 벗어나는 길이라고 자각하게 되었다. 이 지점에서 1970년대에 조작된 수많은 간첩단 사건에, 국가에 등록되지 않은 낯선 재일조선인들이 상당수 포함되어 있었다는 것을 상기해볼 필요가 있다.[67]

6. 맺으며

국민에 대한 국가의 등록과 관리의 역사는 근대국가의 출발과 함께 시작되었다. 한국에서 국가가 수행해온 개인의 신분 확인 제도는 가족관계등록제도와 주민등록증제도가 있다. 이들 제도는 개인 멤버십의 증명으로, 국가가 전 인구를 파악·등록하고 관리한다는 것을 의미한다. 이것은 국가가 존재한 이래 늘 있어왔지만, 근대 국민국가에서는 주권자 인민의 평등한 등록이라는 명

---

67   이에 대해서는 이 책의 8장 참조.

분과 주민에 대한 면밀한 파악과 통치라는 목적으로 진행되어왔다.[68]

조선의 해방과 일본의 패전 이후, 미 연합군은 이동하는 조선인과 일본인을 식별하고 파악하기 위해 수많은 증명서를 발급하도록 했다. 이때 두 나라에 일제 시기부터 지속되어온 기류 제도를 그대로 존속시켰지만, 미군정은 남한만의 총선거 실시를 명분으로 남한에서만 새로운 등록표 제도를 시행했다. 개인의 신체 특징과 지문에 이르기까지 과도한 정보를 담고 있던 등록표는 한국전쟁을 거치며 남한의 '선량한 주민'임을 증명하게 하는 다양한 신분증명서를 만들어내어 반공 국가 체제를 강화해가는 데에 일조했다.

식민지로부터 해방된 나라임에도 패전국인 일본인에 비해 더 차별적인 송환과 귀환 과정을 경험한 조선인들은, 미군정기와 한국전쟁을 거치며 일본이 외국인을 대상으로 일상적으로 시행한 차별적인 제도들을 겪었다. 일본은 미 점령에서 벗어난 후, 1952년에 개인이 소지해야 할 증명서가 아닌, 행정적으로 세대 관계를 파악해놓은 주민표 제도를 시행했다. 한국은 전쟁이 끝난 이후에도 간첩을 색출하고 범인을 체포한다는 명분으로 시민증, 양민증, 도민증 등으로 개인을 파악하고 개인에 대한 통제를 강화해왔다.

국민은 남한 체제를 위협하는 자와 그렇지 않은 자로 구분되었고, 더 나아가 모든 국민은 체제 위협의 가능성이 있는 위험한 존재로 확대되었다. 이때 '우리'와 '적'을 구분할 공식적인 신원 증명의 유무야말로 국민으로서의 정체성을 부여받고 체제 내로 포섭 가능한 온전한 존재인가를 판가름하는 기준이 된다. 자신의 신원을 증명하지 못한다면 생존을 보장받기 어려운 상황에 처하게 되는 것이다. 더구나 수많은 증명서를 통해서만 신원을 파악하고 구분

---

68   서호철, 「1890~1930년대 주민등록제도와 근대적 통치성의 형성」(서울대학교 대학원 박사학위논문, 2007).

하는 제도의 허점은 반대로 수많은 억울한 사연들을 만들어내었다.

　전 국민을 고유 번호로 식별하는 주민등록제도가 국가 안보와 총력전 태세의 명목으로 강화되면서, 개인 식별 번호에 의한 개인 정보의 과다한 수집과 통합은 행정 편의 앞에 묵인되어왔다. 이렇게 온순한 양민임을 다양한 신분증으로 검증받던 '우리나라의 특수한 풍경'은 한국전쟁이 끝난 지 60여 년이 지난 오늘날까지도 계속되고 있다. 전시체제와 같은 불안감을 조성하고 국민을 '적색 반동분자'로 몰아세우며 냉전 시기의 체제 대결을 환기해 국민 개개인에 대한 파악과 이념의 분열을 조장하는 방식은 현재도 일어나고 있다.

03

누가 국민이고 누가 유권자가 되는가?
남한의 최초 총선거와 주민의 자격·분류·등록 *

서호철

1. 들어가면서

베네딕트 앤더슨은 국민/민족의 상상과 관련해서 '열린 계열'과 '닫힌 계열'을 애써 구분한 바 있다. 열린 계열이란 자발적이고 자유로운 상상에 의해 구성되고 굳이 외연의 경계를 따지거나 구성원의 수를 헤아리지 않아도 되는 공동체다. 국민국가 건설 과정에서 사람들을 국민/민족으로 뜨겁게 호명하는 민족주의나, 반대로 혼자 신문소설을 읽다가 텅 비고 동질적인 시공간 속에서 서로가 우연히 같은 사회에 속해 있음을 깨닫는 일이 여기 해당할 것이다. 반면 닫힌 계열이란, 무한에 가깝게 많다 해도 이론상 끝까지 정수(整數)로 헤아

---

*   이 장은 ≪사회와 역사≫, 제113집(2017)에 같은 제목으로 실린 논문을 일부 수정한 것이다.

려지고 범주에 따라 분류될 수 있는, 센서스나 업무통계로 파악되는 확정적인 집합이다. 이것은 차가운 국가 통치성(governmentality)의 산물이다.[1]

이러한 두 계열은 물론 극단적인 이념형이다. 현실의 공동체는 거기 속하지 않는 자들과의 구분·대립을 통해 성립하므로, 국민/민족이란 자발적이고 유동적인 상상이 아니라 싸늘하게 안과 밖을 가르는 튼튼한 울타리가 된다. 거시적 차원에서는 '나[我]와 나 아닌 것[非我]의 투쟁' 같은 말을 할 수 있을지라도, 미시적으로는 도대체 누가 집합적 '나'의 일원인지 일일이 헤아리고 확인해야 한다. 결국 어떤 공동체에 속하고 말고는 개인의 의지만으로 극복될 수 없는 일정한 자격(membership)의 문제가 된다. 그러니까 민족주의가 열렬히 지향하는 국민국가와, 센서스와 우생학을 통해 인구를 파악하고 분류하는 냉담한 통치성은 서로 대립하는 것이 아니다. 사회계약론이나 민족주의의 감동적인 구호는 공동체의 모든 구성원의 총합, 일반의지의 구현이 사회 또는 국민/민족이고 반대로 그런 공동체의 한 분자가 시민이라고 말하지만, 현실에서 사회, 국민/민족과 시민 개개인의 관계를 매개하는 것은 어디까지나 국가 관료제, 국가의 통치성이다. 반대로 조사와 등록 같은 통치성의 장치 역시 사람들을 통제하고 감시하는 데만 쓰인다고 할 수는 없다. 선거인명부나 배급 대장, 건강보험증, 운전면허증처럼 등록이 권리나 혜택과 연결되는 경우도 있다. 여권은 그 소지자를 식별해 이동을 감시·통제하는 장치이지만, 반대로 소지자의 해외여행을 가능하게 하고 그를 보호하는 장치이기도 하다. 보편적이고 평등한 투표와 다수결은 현실적으로 민주주의를 위한 최선의 방법이다. 그러나 선거는 선거인과 피선거인의 특정한 자격을 요구하고 모든 (주권) 인민의 파악과 등록을 전제로 할 뿐 아니라, 집합적 의사를

---

[1]   Benedict Anderson, *The Spectre of Comparisons*(Verso, 1998), pp. 29~45.

결정해가는 전체 과정이 '수의 정치(politics of numbers)'에 의해 지배된다. 교육, 경제, 위생, 복지도 결국은 통치성의 문제다.

해방의 감격 속에서 한반도의 다수 인민이 꿈꾼 단일한 독립국가는 끝내 세워지지 못했다. 잠정적일 것이라던 외세에 의한 분할 점령은 냉전의 세계적 확산 속에 점점 고착화되고, 마침내는 전쟁을 초래했다. 1946년 가을 남한의 과도입법의원, 북조선의 인민위원회 선거가, 또 1948년 봄 남한의 단독 총선거와 북한의 헌법 초안 완성이 거의 동시에 진행된 것은 분단 체제 형성의 큰 분기점이었다. 당시 38도선 양쪽에서 진행된 선거란 민주주의를 도입, 정착시키기보다는 분단을 기정사실화하고 외세에 의해 강요된 체제 대립을 내재화하는 장치였다. '민의(民意)'는 평계였고, 정해진 선거 절차가 정당성을 대신했다. 물론 그 절차조차도 대개는 요식적이었다. 그러나 하나의 민족이 두 개의 '국민'으로 분단되어간 것은 바로 그런 절차를 통해서였다. 최초의 선거를 앞두고 남한 사회가 직면한 물음은 이러한 것이었다. 누가 국민이고 누가 유권자인가? (남)조선의 정확한 현재 인구는 얼마인가?[2] 이러한 물음은 당연히 남과 북, 애국과 반역(친일), 좌와 우 같은 뜨거운 이념적·정치적 대립과 연관되었지만, 식민지와 국민국가를 가리지 않는 냉담한 기술적 통치성과도 교직(交織)되어 있었다.

---

2   1948년 대한민국 정부 수립 이전 한반도와 그 주민에 대한 명칭은 '조선'이었고 북위 38도선 남쪽도 '남조선'이라고 불렸지만, 이 장에서는 현재의 관례를 따라 대개 '남한'이라고 쓰기로 한다. 이 명칭 문제는 각주 26에서 다시 살펴보겠다.

2. 조선과도입법의원 선거와 (탈)식민지의 인구통계

1) 미군정의 남한 대표 기구 구상과 조선과도입법의원

미·소가 분할 점령한 한반도의 처리 문제에 대해, 미군정은 남한의 우익 전체 또는 우익과 중도파를 결집한 정무위원회(governing commission)를 선정해서 조선인에 의한 과도정부를 구성한다는 계획을 세우고 있었다. 미·소의 협상이 교착되면서 미군정의 과도정부 구상은 점차 통일 정부에서 남한 단독정부 쪽으로 흘러갔다. 물론 미군정의 반공주의, 즉 당시 남한 내에서 가장 큰 정치 세력이던 조선인민공화국(인공)과 지방 인민위원회를 배제한다는 입장에는 변화가 없었다. 미군정은 좌익을 탄압하는 한편, 인공에 맞설 만한 정치 세력을 구해 이승만과 임시정부(임정) 요인들을 귀국시켰고, 1945년 말 모스크바 회의를 앞두고 급히 독립촉성중앙협의회를 구성했다.[3]

모스크바 회의의 신탁통치 결의 후속 조치를 위한 두 차례 미소공동위원회(미소공위)를 거치면서 미국은 그때마다 남한의 우익·중도를 결집하는 대표 기구 구성을 시도했다. 미·소의 주도권 다툼과 신탁통치안을 둘러싼 찬반 논란 속에 조선인의 집합적 의사는 중요한 변수가 되어 있었다. 1946년 봄 미소공위를 앞두고 임정 세력이 반탁운동을 위해 소집한 비상정치회의는 미군정과 이승만에게 이용되어 '최고정무위원회'로 변형되었고, 미군정은 재빨리 이것을 남조선대한국민대표민주의원(민주의원)으로 명명했다. 민주의원은 미군정의 자문 기구라고 했지만, 실제 기대된 역할은 미소공위에서 남한 정치 세

---

3 정병준, 「주한미군정의 '임시한국행정부' 수립 구상과 독립촉성중앙협의회」, ≪역사와 현실≫, 19(1996) 참조.

력을 대표하는 것이었다. 그러나 좌익 명망가들은 아예 구성에서 배제되었고, 여운형 등 중도좌파는 민주의원을 탈퇴했다. 좌익 세력은 민주주의민족전선으로 결집하면서 미군정과 대립했고,[4] 5월 초 미소공위 결렬로 민주의원도 존재 이유를 잃었다. 3월 1일 공휴일 지정과 차량 우측통행제 정도가 민주의원의 업적이었다.[5]

미소공위 결렬 이후 미군정은 한계가 빤한 민주의원과 이승만과 임정 세력보다는 좀 더 넓게 남한의 중도파를 포섭하려 했고, 중도 좌·우파라고 할 여운형과 김규식의 '좌우합작'의 동의를 구하는 형식을 취해 1946년 10월 12일 법령 118호 '조선과도입법의원의 창설'을 발표했다.[6] 과도입법의원(입법의원)이란 제헌의회 총선거용 선거법을 제정할(제9조) '과도입법기관(제1조)'이었다. 총선거란 당시까지는 아마 통일 정부 수립을 위한 한반도 전역의 선거로 이해되었을 것이다. 그러나 입법의원은 독립된 입법부가 아니라 어디까지나 "정부(미군정─인용자)의 한 기관으로 설치(제3조)"되는 것이었다. 입법의원이 설치되어도 군정청의 권한은 경감되지 않고, 입법의원의 모든 직무와 권한은

---

4   비상정치회의에 대해서는 李庸起, 「1945~48년 臨政勢力의 정부 수립 구상과 '臨政法統論'」, ≪韓國史論≫, 38(1997), 185~190쪽, 민주의원에 대해서는 박찬표, 『한국의 국가 형성과 민주주의』(후마니타스, 2007), 135~138쪽, 179~180쪽 참조.

5   브루스 커밍스, 『한국전쟁의 기원』(일월서각, 1986), 395쪽. 그러나 1946년 말 입법의원 수립으로 대의 기구로서의 역할이 끝났음에도 민주의원 구성원들은 그 이름을 존속시키면서 우익의 선전에 활용했다. 민주의원이 '해산'한 것은 1948년 5·10 선거가 끝나고 입법의원도 해산(5월 19일)한 다음인 5월 29일의 일이었다("民主議院解散式", ≪동아일보≫, 1948년 5월 30일 자).

6   ≪미군정청 관보≫를 보면 법령 118호는 1946년 8월 24일 자이고, 이때 이미 각도 군정청에도 그 내용이 전달되었다. 그러나 정작 이 법령이 '공포'된 것은 10월 12일의 일이다. 법령을 성안(成案)해놓고 좌우합작운동의 '7가지 요망'을 기다려서 수정·공포한 것처럼 보이지만, 실제로는 좌우합작의 건의대로 법안이 수정된 것도 아니다. 김영미, 「1946년 입법의원 선거」, ≪國史觀論叢≫, 75(1997), 141~143쪽; 정용욱, 『해방 전후 미국의 대한 정책』(서울대학교출판부, 2003), 285~298쪽.

군정청의 권한 아래 행사된다는 부연 설명도 있었다(제11조). 그러니까 입법의원 역시 민주의원처럼, 미국이 소련과의 대결에서 유리한 고지를 차지하면서 남한 문제를 처리하기 위해 구상한 형식상의 대의·대표 기구였다. 한 가지 민주의원과 크게 달랐던 것은 입법의원 구성에 전국적 선거가 도입된 점이다. 의원 90명 중 서울특별시와 각 도 대표 45명은 선거하고, 나머지 45명은 미군정에서 임명하도록 했다(제3조).

그러나 미소공위 재개에 대비한 선거 일정은 번갯불에 콩 볶듯이 진행되었고, 엄정한 절차 따위는 거의 무시되었다. 법령 118호가 공포된 것이 10월 12일인데, 당초 미군정은 10월 말까지 민선의원 선거를 끝내고 11월 4일 입법의원을 개원할 예정이었다.[7] 10월 18일 선거 계획표가 좌우합작위원회에 제출되고 24일에 선거 일자가 발표되었지만, 서울에서는 14일부터 선거가 실시되고 있었다. 일부 지방에서는 투표일 전날 밤에야 선거 포스터가 붙었고, 심지어 선거가 종료된 뒤에 중앙정부의 선거 관련 지시 서류가 도착하기도 했다.[8] 9월 초 미군정이 조선공산당을 불법화하면서 촉발된 총파업과 대구에서 시작되어 전국으로 퍼져간 10월항쟁으로 여러 지역의 선거 전망과 일정이 불투명했지만, 그럼으로써 오히려 미군정은 좌익 세력을 선거에서 배제할 수 있었다.

법령 자체도 불비했다. 피선거인의 자격은 선거 직전(까지) 1년 이상 해당 지역에 합법적으로 거주한 25세 이상의 조선인이고 식민지기의 고등관과 부

7　다단계 선거의 지역별 최종 일정은 "民選議員 45名의 各道別定員數決定", ≪경향신문≫, 1946년 10월 25일 자 참조.
8　金英美, 「미군정기 南朝鮮過渡立法議院의 성립과 활동」, ≪韓國史論≫, 32(1994), 269~270쪽; 마크 게인, 『해방과 미군정』(까치, 1986), 69~70쪽; "立法議院民選議員選擧", ≪경향신문≫, 1946년 11월 1일 자.

일협력자 출신은 배제한다고 했지만(제7조), '친일파'의 범위는 좌우합작위원회의 요구보다 훨씬 축소되었다. 또 남녀 구별 없는 보통선거라면서도(제8조) 선거인, 즉 유권자가 누구이며 어떤 자격을 갖는지는 규정하지 않았다. 선거는 리(里)·정[町(洞)]에서 대표 2명을 뽑고[9] 리·정 대표들이 소속 읍·면·구 대표 2명을, 그들이 다시 군(郡)·부(府) 대표 2명을 뽑으면, 이 군·부 대표들이 도별 정원만큼 도 대표를 뽑는 간접선거였다. 보통선거가 이루어진다면 리·정 대표를 뽑는 수준에서였을 텐데, 실제로는 거의 세대주에게만 선거권이 주어졌다. 군정장관 러치(Archer L. Lerch)는 이미 9월 16일 자 전문(電文)에서 이 선거를 '세대주 선거(headman system)'라고 명시했다.[10] 1946년 인구가 111만여 명이던 강원도의 유권자가 17만 5510명으로 "한 집에 성년이 10명이 있어도 투표자는 세대주 1명만에 한한 것이요, 식구가 단 한 사람뿐이라도 세대주면 투표 자격을 허여"했고 "서울시 인구를 120만으로 치고 유권자가 1할 남짓한 14만 명"이었다고 하니,[11] 입법의원 선거의 유권자는 대개 인구 6.5~8.5명당 1명꼴이었던 셈이다. 식민지기의 호적 기준 인구에서 호당구수(戶當口數)가 5.5명 정도인 것과 비교해볼 수 있다.

선거가 닥쳐오자 서울에서는 유권자를 "18세 이상의 남녀로서 1년 이상 서울에 거주"하는 자로, 경기도에서는 "本道內 거주 세대주인 조선인 남자 혹은 여자"로 규정하기도 했지만,[12] 여성의 참여는 대폭 제한되었다. 그래도 유권

9   서울시의 경우 1946년 10월 1일부터 '町'을 '洞'으로 개칭했기 때문에 당시 자료에 용어상의 혼란이 있다("通은 街로 町은 洞으로/ 十月一日부터", ≪동아일보≫, 1946년 10월 4일 자).

10   金英美, 「미군정기 南朝鮮過渡立法議院의 성립과 활동」, 265~266쪽.

11   "立法議院民選議員選擧/監視員의 報告座談會", ≪경향신문≫, 1946년 11월 14일 자; "棄權者가 많다/投票率 겨우 卄퍼-센트", ≪경향신문≫, 1946년 12월 20일 자.

12   "서울特別市서 代議員三名을 選擧/選擧權者는 十八才以上의 世帶主", ≪조선일보≫,

자를 "제국신민인 연령 25세 이상의 남자로서 독립된 생계를 영위하고 1년 이래 府 주민이었으며 또 1년 이래 조선총독이 지정한 府稅 年額 5원 이상을 납부한 자"로 규정했던 식민지기 지방선거와 비교해보면,[13] 입법의원 선거에서는 재산(납세액)에 따라 선거권이 제한되지는 않았다.

하지만 서둘러 추진된 선거, 특히 최초의 리·정(동) 대표 선거는 엉망이었다. 선거인명부의 작성·열람 절차도 없었고, 법령 118호가 규정한 비밀 무기명 투표(제8조) 원칙도 지켜지지 않았다. 많은 곳에서 동·이장이 소수의 가장(세대주)들을 모아 후보를 뽑거나 도장을 받아다 일괄 투표를 했고, 또 동·이장 스스로 당선자가 되었다. 법령 규정과 달리 서울에서는 통(統)에서 대표 1명을 선출, 통 대표가 모여 정회(町會)에서 대표 2명을 선거하는 방식으로 동(정) 대표 576명을 뽑고, 성동·중구·종로로 구성된 갑구(甲區)에서 구 대표 3명, 서대문·용산·마포·영등포의 을구(乙區)에서 3명을 뽑아 그 6명이 무소속 대표 4명을 추가로 선거해 총 10명의 후보자를 만든 다음, 576명의 동 대표가 그 10명 중에서 서울시 의원 3명을 뽑았다. 그래도 구나 면, 군, 도 수준으로 올라가면서는 투표소와 투표함, 투표 명부도 사용되었다. 선거인이 투표지에 후보자의 이름과 주소를 적은 다음 입회인 앞에 놓인 투표함에 넣는 방식이었다.[14]

이렇게 해서 선거로 뽑힌(민선) 의원 45명의 명단이 11월 3일 발표되었다.

1946년 10월 15일 자; "被選擧權者의 資格規程/京畿道部課長會議에서 決定", ≪조선일보≫, 1946년 10월 18일 자.

13 1930년 12월 1일 제령 11호 '府制'(개정) 제9조. 식민지기 부회 선거에 대해서는 김동명, 「1931년 경성부회 선거 연구」, ≪韓國政治外交史論叢≫, 26(2)(2005) 참조.

14 리·정 선거의 실상에 대해서는 마크 게인, 『해방과 미군정』, 107~108쪽; 서울시 선거 절차는 ≪경향신문≫, 1946년 10월 15일, 11월 14일 자; ≪조선일보≫, 1946년 10월 15일 자를 바탕으로 재구성했다. 동 대표들의 최종 투표에는 576명 중 480명이 참여했다. 투표소와 투표함 등에 대해서는 김영미, 「1946년 입법의원 선거」, 146~147쪽 참조.

민선의원은 우익 일색이었고, 전국에 걸쳐 선거와 관련된 잡음이 발생했다. 무엇보다 미군정이 정치적 파트너로 선택한 좌우합작위원회는 선거 결과에 항의하고 10월 항쟁 문제와 관련해 경찰 수뇌의 해임을 요구하면서, 관선의원 추천을 거부했다. 입법의원 개원이 연기되자, 11월 말에 가서 미군 사령관 하지(John Reed Hodge)는 서울시와 강원도의 선거 무효를 선언하지 않을 수 없었다. 서울시는 12월 7일 재선거를 개시해서 12일 개원 전까지 어떻게든 종료할 예정이었지만, 이번에는 동회(洞會)들의 반대와 항의로 선거가 늦어졌다. 그래도 미군정은 8일에 여성 4명을 포함한 중도파 위주의 관선의원 45명의 명단을 발표했고, 12일에는 서울시·강원도 민선의원을 뺀 총 84명(이 가운데 53명 참석)으로 준비 회의가 열려 김규식이 의장으로 선출되었다. 서울시 재선거는 19일부터 실시되었고, 입법의원은 20일에 개원했다.[15]

2) 입법의원 선거의 설계와 인구통계

그나마 민주의원에 비해 입법위원이 훨씬 나은 대표 기구로 인정되고 기능했던 것은 중도파가 일부 포진하기도 했지만, 그것이 밀실 협상이 아니라 문제가 많든 적든 선거를 통해 구성되었기 때문이기도 할 것이다. 그러나 선거란 설계 단계부터 마지막까지 누가, 어떤 다수(과반수, 2/3, 결선투표 등)인지를 따지는 '수의 정치'다. 당시 한반도에서 가장 근본적인 수의 정치는 남과 북의 인구 규모에 관한 것이었다. 조선총독부는 호적·기류(寄留) 제도와 국세조사(國勢調査, 센서스)를 통해 상당한 수준의 인구 정보를 구축했지만, 식민지기

15　정용욱, 『해방 전후 미국의 대한 정책』, 293쪽; ≪경향신문≫, 1946년 11월 26일, 12월 1일, 6일, 8일, 12일, 20일 자 참조.

말의 가혹한 전쟁 동원, 남북 분단, 한반도 안팎 및 38도선 남북으로의 대규모 귀환·이주 등으로 기존 자료를 그대로 이용하기는 힘들었다. 1945년은 간이 국세조사 시기였지만, 미·소군정은 그 점은 무시했다.[16] 그런 중에도 미국은 남쪽이 단순 인구비로 3 대 2, 적어도 7.5 대 5.5의 우위에 있다고 추산했다.[17] 당장 전국 총선거가 치러진다면 남한 내 좌익이 어떻게 움직일지는 자신할 수 없었지만, 그래도 미군정이 한반도 문제의 해결책으로 계속 인구 비례에 따른 총선거를 고집했던 것은 그런 추산에도 근거했을 것이다.

입법의원 선거는 그러한 상황 속에서 이루어졌다. 법령 118호 제3조는 ① 입법의원은 90명의 의원으로 구성되며 그중 45명은 선거로 뽑는데, ② 각도와 서울특별시(이하 '도별')에서 인구 55만 명당 1명 또는 각 주요 단수당 1명의 의원을 뽑되, ③ 도별로 최소 1명 이상의 의원을 뽑고, ④ 이 인구 비례 의원 수에 더해 도별 1명씩의 '전체적(at large)' 대의사(代議士)를 뽑는다는, 알아듣기 힘든 규정으로 되어 있다.[18] 인구 비례의 기준이 되는 도별 인구에 대해서

---

16 그러나 패전국이면서 역시 GHQ의 군정이 실시된 일본에서는 1946년 4월로 예정된 중의원 선거 준비를 위해 1945년 8월 말 각의에서 인구조사 실시를 결정했고, 심각한 종이 부족으로 지방별로 우편엽서 크기의 조사지를, 심지어는 이면지에 등사해서 마련하는 상황 속에서도 1945년 11월 1일 '昭和二十年人口調査'를 실시했다. (日本)總務省統計局 編, 『總務省統計局百年史資料集成 第二卷 人口 中』(1983), pp.811~812.

17 박찬표, 『한국의 국가 형성과 민주주의』, 135쪽; 정용욱, 『해방 전후 미국의 대한 정책』, 211쪽. 남아 있는 자료로 비교하자면 1946년 9월 남한 총인구(〈표 3-1〉의 A)가 19,369,270명이고 1946년 인민위원회 선거 당시 북조선 총인구가 9,410,252명으로[조성훈, 「1946년 11월 북한의 인민위원회 선거 연구」, ≪한국민족운동사연구≫, 22(1999), 447쪽] 대략 2.1 대 1의 비율이다.

18 ②의 '단수(端數, fraction)'란 우수리를 말하므로, 각도 인구를 55만 명으로 나누어 55만 명당 의원 1명을 배정하고, 그 나머지가 상당한 크기가 되는 도에는 의원 1명을 더 배정한다는 뜻일 것이다. '代議士'는 일본에서 중의원 의원을 가리키는 말이다. ③은 인구가 55만 명에 못 미치는 제주도 같은 경우도 최소한 1명의 의원 정수를 배정한다는 뜻, ④는 ②의 인구 비례와는 상관없이 서울특별시와 모든 도에 의원 정수 1명씩을 배정한다는 뜻

그림 3-1 ⓐ1943년 '현주호구', ⓑ1944년 '인구조사', ⓒ1946년 '현주호구'의 비교

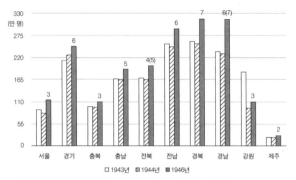

자료: 1943년은 南朝鮮過渡政府 編, 『檀紀4276年(西紀1943年)朝鮮統計年鑑』(1948); 1944·1946년은 在
朝鮮美軍政廳 保健厚生部 生政局, 『南朝鮮(三八度以南)地域及性別現住人口: 一九四六年九月現
在』(1946)를 바탕으로 재구성했다. 1944년 인구는 원자료 자체가 1946년 행정구역에 따라 다시
계산되어 있다(경기도·강원도가 38도선으로 분단되고 서울이 특별시로, 濟州島가 濟州道로 되어
각각 경기도와 전라남도에서 독립). 1943년 인구는 필자가 같은 방식으로 조정했으나, 경기도·
강원도의 38도선 이북 인구는 빼지 못했다. 1943년 강원도 인구가 상당히 많게 나타난 것은 그
때문이다.

는 "官定 인구통계가 완성될 때까지 인구수는 중앙경제위원회에서 時時로 결
정하는 인구수로(제8조)" 한다고 했지만, 당시 신문에서 그러한 인구통계는 찾
아볼 수 없다.[19] 막상 선거가 시작되었을 때 "금번 의원 배정은 1944년 인구통
계를 표준으로" 한다는 보도가 있었으나,[20] 〈그림 3-1〉에서 보듯이 그것도 사
실이 아닌 듯하다.

당시 선거에 활용할 수 있는 전국 인구통계는 세 가지가 있었던 것으로 추
측된다. ⓐ는 식민지기에 가장 많이 활용된, 호적에 근거한 전국 '현주호구(現

으로 읽힌다.

19 중앙경제위원회는 1946년 5월 법령 제90호 '경제통제법'에 따라 설치되어 군정청의 경제
정책 수립, 경제통제 업무를 담당한 기구다. 1947년 5월 위원회에 통계과가 설치되지만,
주로 경제통계 관련 업무를 담당했다. 朴光明, 「미군정기 中央經濟委員會(1946~1948)
의 조직과 활동」, ≪한국근현대사연구≫, 54(2010) 참조.
20 "民選議員 45名의/各道別定員數決定", ≪경향신문≫, 1946년 10월 25일 자.

住戶口)' 계열로, 1948년 남조선과도정부가 펴낸 『檀紀4276年(西紀1943年)朝鮮統計年鑑』에 실린 1943년 말 수치다. 해방 이후로도 호적·기류와 동적부(洞籍簿) 제도는 유지되지만, 그것을 근거로 한 '현주호구'가 매년 집계된 것 같지는 않다. ⓑ는 조선총독부가 1944년 5월 1일을 기준으로 센서스 방식으로 실시한 '인구조사' 결과다.[21] 식민지기 국세조사 인구가 대개 그 전해 현주인구보다 많게 나타나는데, 특이하게 ⓑ가 ⓐ보다 적게 나타난 것은 시대적 상황에서 온 결과가 아닐까 싶다. 그러나 입법의원 선거를 앞둔 1946년 10월 시점에서 보자면 ⓐ와 ⓑ 모두 태평양전쟁 막바지부터 해방 이후까지의 극심한 인구 이동, 한반도의 분단, 행정구역 변경 등을 제대로 반영하지 못한다는 큰 한계가 있었다.

해방 이후 "북위 38도선 이남 조선 내에 현주하는 조선인"만을 대상으로 한 조사로는 ⓒ 미군정청 보건후생부 생정국(生政局)에서 1946년 9월 기준으로 조사한 '현주인구'가 있다.[22] 본래 1946년 8월 15일 오전 9시 현재를 조사 기준 시점으로 정했지만, 8월 1일 제주도가 도로 승격되고[23] 콜레라가 유행하면서 몇 개 도에서 조사가 늦추어졌다. 호적·기류부 등록 사항과 현재 거주가 일치하는 본적·기류지 거주자를 원칙으로 했지만 본적·기류지가 아니라도

---

21 이 조사 결과는 완전한 집계가 이루어지지 못하고 두 권의 간이 보고서로만 간행되었다. 두 보고서는 도별 인구에 대해서는 수치가 조금씩 다른데, 주로 인용되는 것은 『(昭和昭和十九年五月一日)人口調査結果報告』(其/2)의 수치다. 여기서도 그 수치를 따른다.

22 식민지기 위생행정을 담당했던 경무국 위생과가 해방 이후 위생국(1945.9.24. 법령 1호)을 거쳐 보건위생국(1945.10.27. 법령 18호)으로 재편, 다시 '보건위생부'로 명칭이 변경되었으며(1946.3.29. 법령 64호), 각 도에도 보건위생국이 설치되어 있었다. '생정국'은 영어로는 'Bureau of Vital Statistics'로, 혼인·출산·사망 통계를 담당하는 부서였을 것으로 추측된다. 미군정기 위생행정에 대해서는 朴仁純, 「미군정기의 제주도 보건 의료 행정 실태」, ≪濟州島研究≫, 19(2001), 274~281쪽 참조.

23 식민지기 濟州島는 (울릉도와 함께) '島'라는 행정단위로, 전라남도에 속해 있었다.

"定住의 意志로 거주하는 자"와 월남민 등은 현 거주지에서 조사하도록 해서,[24] ⓐ와 ⓑ 어느 계열도 아닌 무원칙한 인구조사가 되었다. 조사 방법도 도별로 조금씩 달랐다. 이 조사는 "보건후생자료 작성에 긴급 필요"해서 실시되었다지만, 그보다는 입법의원 선거를 위한 준비가 아니었을까 싶다.

〈그림 3-1〉의 막대 위에 표시한 입법의원 민선의원의 도별 정원은 ⓒ에 입각한 듯하다. 세로축 눈금 단위를 의원 1인이 배정되는 55만 명으로 잡았으므로, 가령 서울시의 경우 ⓒ를 기준으로 한다면 법령 118호 제3조 ②에 의한 인구 비례 2명에 ④에 의한 전체 대표 1명, 합쳐서 의원 정수가 3명이 됨을 알 수 있다. 막대가 가로 기준선을 많이 넘어서는 경우에는 '단수당(端數當)' 1명이 추가되었다. 다만 ⓒ 인구가 더 많은 전북이 충남보다, 경남이 경북보다 의원 정수가 적은 것은 도 인구를 부·면 등 행정구역 단위별로 다시 나누어 셈하면서 생긴 결과인지, 아니면 다른 정치적 고려에 의한 것인지는 알 수 없다.

3. 유권자 '조선인' 또는 '국민'의 외연과 호적

법령 118호에 명시되지는 않았지만 너무 분명했던 것은 이 법령이 한반도의 38도선 이남에 적용되고, 피선거인과 마찬가지로 유권자도 '조선인'이어야 한다는 사실이었다. 1947년 봄부터 남한에서 추진된 제헌의회 구성을 위한 선거법 입법 과정에서 유권자는 '국민'으로 호명되었다. 그러나 실증적으로 누가 조선인이고 누가 국민인지는 복잡한 문제였다. 여기에는 크게 두 가지

---

24 在朝鮮美軍政廳 保健厚生部 生政局, 『南朝鮮(三八度以南)地域及性別現住人口: 一九四六年九月現在』(1946), 1~2쪽. 한편 '조선기류령'에 따른 '기류'란 90일 이상 거주할 목적으로 본적 외의 장소에 주소 또는 居所를 정한(제1조) 것을 말한다.

층위가 있다.

사회계약론·인민주권설의 철학적 논리와 실제 역사, 정치 과정의 불일치는 국민국가 건설 과정의 보편적 문제다. 논리적으로는 주권자 인민 전체가 참여하는 최초의 총선거로 제헌의회를 구성하고 거기서 헌법을 제정함으로써 국가가 존재하게 된다지만, 현실적으로는 대개 국가와 법률에 의해서만 인민주권의 원칙이 보장되고 주권인민의 범위가 확정된다. 그렇다면 헌법이 있기 전에 헌법제정권력(pouvoir constituant)을 갖는 자는 누구인가? 18세기 말 이래 시민혁명은 여기에 대해 '인민(people)'이나 '민족(nation, Volk)' 등 다소 막연한 집합개념을 제시했지만, 그것들 역시 정치철학의 이론 안에서 정의되는 범주는 아니다.[25] 현실의 국민국가는 전쟁과 혁명으로 기존 왕정이나 식민지 권력을 무너뜨리면서 세워졌고, 따라서 최초의 헌법제정권력은 사회계약을 위해 모인 자연 상태의 인간들이 아니라 옛 권력의 지배 아래 있던, 대개는 이미 집합적 범주로 존재했던 신민(臣民)이었다. 또 시민혁명이 곧바로 보편 참정권을 보장한 것도 아니다. 대개의 국민국가는 재산과 성별에 따라 참정권에 차이를 두었고, 시민과 유권자의 외연은 일치하지 않았다. 보통·평등선거는 민주주의의 당연한 원칙이 아니라 노동자·여성·유색인종의 오랜 투쟁으로 쟁취된 것이며, 서구에서도 20세기 후반에 와서야 특권이 아닌 시민권으로 인정되었다. 다만 한국은 선진국들에서 보통선거가 보편화되는 시점에 식민지에서 해방되면서, 보통·평등·직접·비밀 선거라는 장치 일습을 당연한 제도처럼 부여받았을 뿐이다.

한국만의 사정도 있었다. 식민지기 조선인에게 일본의 국적법은 적용되지

---

25 김성호·최명호, 「1948년 건국헌법 전문(前文)에 나타난 "우리들 大韓國民"의 정체성과 타당성」, ≪한국정치학회보≫, 42(4)(2008), 89~91쪽.

않았으나 그것은 조선인의 국적 이탈을 방지하기 위한 장치였을 뿐, 모든 점에서 조선인은 대일본제국의 신민, 즉 일본인이었다. 일본인이라는 큰 범주 안에 '내지인(內地人, 좁은 뜻의 일본인)'과 조선인, 타이완인 등이 있고, 실제로는 민족의 구분이지만 제국의 법리로는 호적상의 본적지가 조선인 자가 조선인이라고 정의되었다. 일본의 패전으로 제국은 해체되었으나 그렇다고 곧바로 '조선'이나 '대한'이라는 국가가 세워지지는 않았으므로, 이때부터 대한민국(그리고 북조선) 정부가 수립될 때까지 조선인의 국적이 어떻게 규정되었는지는 불분명하다. 당시 38도선 양쪽에서 사용된 '조선'과 '조선인'이라는 개념은 조선왕조나 식민지 조선이라는 옛 정치 질서에 의해 구성되고 채워진 것이었다. 분단 고착화의 예감이 짙어지고 있었지만 그래도 통일정부 수립의 희망이 꺼지지 않은 상황에서, 민족 구성원의 의지와 무관하게 외세에 의해 규정된 '남조선'과 '북조선'이 과연 언제까지 따로 존재할지는 더 문제였다.[26] 조선인들 스스로는 단군까지 거슬러 올라가는 강력한 민족 정체성과 감정을 지니고 있었지만, 선거나 기타 행정을 위한 인민/민족의 범위를 민족주의적 감

---

26 대한민국 정부는 1948년 8월에 수립되었고, 국적법은 12월 20일에 공포·시행되었다. 1945년 8월부터 1948년 12월까지 미군정 등은 조선인을 '조선 국적'으로 취급했지만, 곧이어 보듯이 이 '조선'이란 국가의 명칭은 아니었다(鄭印燮, 「法的 基準에서 본 韓國人의 範圍」, 『社會科學의 諸問題』(法文社, 1988), 661~663쪽 참조). 1947년 7월 입법의원에서 '조선민주임시약헌'을 심의할 당시 '조선'이라는 칭호에 대해 역사상 단군조선 이외의 조선은 "역적의 조선, 치욕의 조선"이라는 비판이 제기되었고, 이에 대해 김붕준 의원은 "조선은 국호가 아니라 법안의 假名詞에 불과"하다고 답한 바 있다(立法議院議會局 編, 『南朝鮮 過渡 立法議院 速記錄(3권)』(驪江出版社, 1984), 39~40쪽]. '조선'인지 '남조선'인지의 문제도 흥미로운데, 분단을 기정사실화하는 쪽뿐 아니라 끝내 통일 정부를 지향하는 쪽에서도 서로 다른 의도로 '남조선'이라는 말을 쓸 수 있었다. 입법의원부터가 정식 명칭은 '조선과도입법의원'이지만, 정작 그 구성원들은 '남조선과도입법의원'이라는 말을 썼다(같은 책 1권, 20~21쪽, 의장 김규식의 개회사와 선서 등). 자신들이 조선 전체의 대표 기구가 아니라 남조선만의 잠정적인 대표 기구라는 점을 의식한 용법이었을 것이다.

정으로 확정할 수는 없었다.

법적으로 누가 조선인인지 여부를 증명하는 실증적 근거는 여전히 식민지기 이래의 가족관계 등록 장치인 호적이었으나, 여기에도 문제가 많았다. 해방 직후 한반도 인구의 5%가량을 차지하던 일본인은 거의 본국으로 돌아갔고 [引揚], 해외의 조선인이 대거 귀환했다. 미·소의 분할 점령으로 남북에 다른 체제가 들어서면서 38도선을 넘는 사람도 많았다. 개중에는 식민지의 호적에 편입되지 않아서 혈통상의 조선인이면서도 그것을 서류로 입증할 수 없는 사람들도 많았고, 월남민으로 북쪽에 있는 호적을 확인·증명할 수 없는 자들도 있었다. 1948년까지의 귀환자·월남민 수는 대략 220~250만 명으로 추산된다.[27] 당시 남한 인구의 10%를 상회하는 규모다.

호적에 기재된 다수 쪽이라고 해서 조선인임이 분명한 것도 아니었다. 한반도의 조선인은 개별적 '탈적(脫籍)' 절차 없이도 해방과 함께 일본 국적을 상실한 것으로 간주되었지만,[28] 하나하나의 경우는 문제가 복잡했다. 한반도 남쪽에 진주한 미군이 맨 먼저 해야 했던 조치 중 하나는 조선인과 재조선 일본인의 분간이었다. 일본인 명의의 재산, 이른바 '적산(敵産)'의 처분을 위해서였는데, 창씨개명으로 조선인 상당수도 일본식 이름을 갖게 된 상황에서 서류만으로 누가 일본인인지를 판별하기는 힘들었던 듯하다. 결국 미군정은 입법의원 선거가 한창이던 1946년 10월 23일 창씨개명을 무효화하는 법령 122호 '조선성명복구령(朝鮮姓名復舊令)'을 공포하고, 이듬해에는 입법의원에 국적법 제

---

27 이연식, 「일본 제국의 붕괴와 한일 양 지역의 전후 인구 이동」, Homo Migrans, 2(2010), 91쪽; 김귀옥, 「해방 직후 월남민의 서울 정착」, ≪典農史論≫, 9(2003), 66쪽.
28 미귀환 일본인과 '敵産' 문제를 다룬 1945년 10월 8일 법령 10호 '일본인의 등기'와 12월 6일 법령 33호 '조선 내 소재 일본인 재산권 취득에 관한 건'은 조선인과 '일본 국민' 또는 '일본 국적자'를 구별했다.

정을 요구하게 된다. 식민지기 '내선결혼'이나 입양 등으로 일본인 호적에 입적된 조선인은 일본인으로, 조선인 호적에 입적된 일본인은 조선인으로 취급되었다. 그들이 적(籍)을 바꾸기 위해서는 별도의 절차가 필요했다. 게다가 미·소에 의해 분할 점령된 남과 북의 호적 사무도 단절되어 있었다.

그런 가운데 암묵적으로 남한만을 대상으로 한 입법의원 선거가 치러졌다. 조선인이어도 38도선 이북의 주민이거나, 남한의 주민이어도 법적으로 조선인임을 입증할 수 없는 자는 유권자가 될 수 없었다. 통일 정부 수립을 위한 과도적 절차라고 포장되었지만, 38도선 양쪽에서 분단 고착화가 차츰 현실화되고 있었다. 군정 당국은 제헌의회 총선거를 위한 보통선거법 제정을 입법의원의 최우선 과제로 부과했다. 1947년 2월 28일 군정장관 러치 명의로 입법의원에 회부된 남조선보통선거법 초안(이하 '러치 초안')에서는 전체 유권자를 '조선인'이나 '조선인민'이라고 지칭했다. 조선인(민)은 "조선 내 또는 조선 외에서 조선인 양친 간에 출생한 자"로 정의되었지만, 덧붙여서 선거인등록 때 각 선거인은 "조선 국적 또는 시민권 이외의 일체의 국적 및 시민권을 이후 영구히 適式으로 포기한다는 것을 확인 또는 정당히 선서"하고 "조선에 대하여 忠順하겠다는 것을 확언 맹세"할 것이 요구되었다. 정부가 수립되지 않은 상황에서 '조선 국적'이라는 말을 쓰고 있는 것과, 선거권이 모든 조선인에게 자동 부여되는 것이 아니라 형식적이나마 국적 및 시민권의 선택과 이중국적의 포기, 충성 맹세 같은 절차를 거치도록 한 것이 주목되는 지점이다.[29]

이후 입법의원은 선거법 제정 과정 내내 전체 유권자, 즉 헌법제정권력을 '국민'이라고 불렀다. "국민으로서 만 20세에 달한 자는 …… 선거권이 있"다

---

[29] "南朝鮮普選法의 全文(草案)/러-취軍政長官 議院에 廻付", ≪경향신문≫, 1948년 3월 14일 자. 러치 초안의 선거인등록 규정에 대해서는 4장에서 다시 살펴볼 것이다. 물론 이런 규정은 이후의 선거 법안에는 반영되지 않았다.

는 식이었다. 한국어에서 집합명사가 아닌 구상명사 '국민'은 정치사회의 자격 있는 구성원인 '시민(citizen)'을 뜻하지만, 그 안에 벌써 국가라는 말을 품고 있어서 미·소군정이라는 당시 상황과는 모순적으로 들리기도 한다. 시민권 또는 국적이 법률에 의해 적극 규정되지 않았다는 점은 총선거를 추진하는 미군정에게는 상당한 부담이었던 듯하다.[30] 1947년 6월 말 입법의원을 통과한 선거법이 9월 3일 정식으로 공포(이하 '입의선거법')되자, 미군정은 9월 말 입법의원에 국적법 제정을 요구했다. 일본인의 재산 귀속 문제가 가장 중요한 이유였고, 선거 준비 문제도 있었다. 그러나 총선거는 국적법 제정보다 일정이 촉박했다. 결국 선거법에서 주권인민을 가리켜 쓰인 '국민'은 1948년 1월 「입법의원선거법시행세칙」('입의세칙')에서 최초로 "① 조선에 호적을 가진 자, ② 조선인 양친 사이에서 출생한 자, ③ 조선인을 부친으로 하여 출생한 자로서 타국의 국적 또는 시민권이 없는 자"라고 정의되었다.[31] 미국이 한반도 문제를 UN에 회부함으로써 총선거를 '감시'하게 된 UN조선임시위원단(이하 UN조위)의 개입으로 입법의원의 선거법과 시행세칙은 1948년 3월 '국회의원선거법'('국회선거법')과 그 시행세칙('국회세칙')으로 개정되지만, '국민'에 대한 이 정의는 그대로 유지된다.

입법의원의 '국적에 관한 임시조례'는 총선거 다음 날인 1948년 5월 11일에

---

30 미군정은 식민지기 조선인의 법적 지위를 일본 'national(국적민)'이지만 완전한 시민적·정치적 권리를 가진 'citizen'은 아닌 자로 이해했다[Opinion #67(1946. 4. 26), 한림대학교 아시아문화연구소 엮음, 『자료 총서 23』(한림대학교 출판부, 1997), 33~34쪽]. 따라서 헌법제정권력인 선거법의 '국민'은 반대로, 단순한 'national'이 아니라 'citizen'이어야 했을 것이다.

31 國史編纂委員會 編, 『大韓民國史資料集 2』(1988), 565~587쪽(영문). 이 「시행세칙」의 내용은 "立法議院議員選擧法施行細則 ①", ≪경향신문≫, 1948년 1월 11일 자 등으로 당시 신문들에 분재되었다.

야 공포되었고, 이것은 그해 말에 가서 제헌의회가 제정한 대한민국 국적법으로 대체되었다. 선거를 위해 현시점의 '국민'이 누구인지만 간단히 밝힌 입의 세칙과 국회세칙에서 한 걸음 더 나아가, 이 두 법령은 처음으로 국적의 취득과 상실, 회복 등의 절차를 규정했다. 그러나 어떤 법령도 러치 초안처럼 시민 개개인에게 국적·시민권의 선택과 선서, 충성의 맹세를 요구하지는 않았다. 국적법 문면에는 드러나지 않았지만 국적을 판별할 궁극적 근거는 여전히 호적이었다. 일차적으로 "조선인 부(모)로부터 출생한 자"가 조선인이라고 규정되었으나, 그 부(모)가 조선인임은 어떻게 입증되는지에 대한 설명은 없었다. 입법의원과 제헌의회 선거 과정에서, 또 대한민국 국적법 제정 과정에서 '조선인'과 '국민'의 정의는 여전히 애매한 채로 남았다.[32]

더 큰 문제는 분단의 고착화였다. 미군정이 추진하는 것이 남한 단독선거임은 점점 분명해졌다. 38도선 남쪽에서만 치러지는 선거에서 러치 초안의 '조선인'이든 입법의원 선거법의 '국민'이든 헌법제정권력은 '민족'과 외연이 일치할 수 없었다. 해방과 함께 외세에 의해 외연이 정해진 남한 주민은 차츰 하나의 정치적·법률적 실체로 변해갔다. 사정은 북조선에서도 마찬가지였다. 1946년 남한의 입법의원 선거에 대응해서 북조선에서는 11월 3일 도·시·군 인민위원회 선거가 치러졌는데, 이 역시 1차 미소공위 결렬 직후부터 소군정에 의해 준비된 것이었다. 인민위원회 선거의 유권자는 "만 20세에 달한 북조선의 일체 공민"이라고 규정되었다.[33] '공민(公民)'은 글자 뜻으로만 보면 '국

---

32 鄭印燮,「우리 國籍法上 最初 國民 確定基準에 관한 검토」,《國際法學會論叢》, 43(2)(1998); 金壽子,「대한민국 정부수립 전후 국적법 제정 논의 과정에 나타난 '국민' 경제 설정」,《한국근현대사연구》, 49(2009); 김성호·최명호,「1948년 건국헌법 전문(前文)에 나타난 "우리들 大韓國民"의 정체성과 타당성」참조.

33 1946년 9월 14일「北朝鮮 面, 郡, 市 및 道人民委員會 委員의 選擧에 관한 規定」(이하 '북조선인위선거규정') 제1조[車洛勳·鄭慶謨 編,『「北韓」法令沿革集〈第一輯〉』(高麗大

민'보다는 더 나은 'citizen'의 번역어다. 선거와 유권자의 지역적 범위를 '북조선'으로 못박은 점이 눈에 띈다. 결국 1946년 이래 38도선 양쪽에서 서로 다른 선거를 거쳐 서로 다른 국가 체제가 구축되었고, 양쪽의 주민은 (대한민국) '국민'과 (조선민주주의인민공화국) '공민'이라는 서로 다른 이름을 갖게 되었다. 식민지기 '민족'이 국민의 결여태였다면, 이제 민족의 분단된 형태로 두 국민이 형성된 것이다. 한국전쟁과 냉전을 거치면서 한반도에서 역사적·문화적·감정적인 하나의 민족과 현실의 두 국민 사이의 분열증적 차이는 더욱 심해질 터였다. 남한의 우익과 월남민 단체는 1948년 총선거를 앞두고 월남민만을 대상으로 하는 특별선거구 설치를 요구했고, 입법의원에서의 논란 끝에 입의 선거법에서는 남한 전체에 1개 특별선거구를 설치하도록 했다. "북조선에 본적을 두고 남조선에 거주하는 자로서 총선거에 際하여 본적지 선거를 희망하는 선거인을 위하여 남조선 전 지역으로써 1개 특별선거구를 설치함(제43조)." 이 조항은 분단과 단독선거라는 현실을 애매하게 얼버무린 남한의 선거 법안에서 38도선 남·북을 언급한 유일한 대목이다. 그러나 특별선거구 조항은 미군정과 UN조위의 반대로 국회선거법에서는 삭제된다. 미군정은 그 대신 월남민으로 본래의 호적 기재 사실을 증명할 수 없는 경우 본인의 신고와 "그 사실을 知悉하는" 성인 남성 2명의 보증서로써 '임시로' 현 거주지를 본적지로 해 호적을 갖도록[就籍] 허용했다.[34] '가호적(假戶籍)'이라고 불리게 되는 이 제

　　學校出版部, 1969), 75쪽]. 이 규정의 내용은 입법의원 선거가 진행 중이던 당시 남한의
　　신문에도 실렸다("北朝鮮地方選擧/ 法令의 內容과 그 細則", ≪경향신문≫, 1946년 10월
　　17일 자 등). 북조선 인민위원회 선거의 진행 과정과 의의에 대해서는 박명림, 『한국전쟁
　　의 발발과 기원 II』(나남출판, 1996), 268-279쪽; 조성훈, 「1946년 11월 북한의 인민위
　　원회 선거 연구」; 전현수, 「1946년 북조선 도·시·군 인민위원회 선거」, ≪대구사학≫,
　　116(2014) 등을 참조.

34　1948년 4월 1일 법령 179호 '호적의 임시 조치에 관한 규정'.

도는 일차적으로 총선거를 우익에 유리하게 끌고 가기 위한 조치였겠지만, 장기적으로 보면 월남민의 사회적 통합에도 기여했다고 하겠다. 그러나 동시에 그것은 단독선거와 마찬가지로 분단을 기정사실로 인정하고 두 국가 체제를 강화하는 조치이기도 했다.

4. 제헌의회 선거와 국민의 분류

1) 선거법 제정 과정과 유권자의 등록

1947년 들어 냉전이 본격화하고 중국 국공내전의 형세가 변하면서 한반도에 대한 미국의 기본 정책은 남한 단독정부 수립으로 굳어져갔다. 미소공위는 재개 이전부터 이미 결렬이 예상되었다. (2차) 공위 결렬 이후 미국은 한반도 문제를 UN으로 가져가 UN 감시하 남북 총선거 실시를 결정하게 하고, 소련의 비협조를 핑계 삼아 "UN 감시가 가능한 지역에서의 선거"를 명분으로 남한 단독선거를 추진했다. 한편 과도입법의원 개원과 1947년 6월 남조선과도정부 수립으로 미군정은 입법·행정 권력을 일부 조선인에게 이양했다. 그러나 그 과정에서 본래 미국이 기대했던 중도파 중심의 광범한 정치 세력과의 제휴는 무산되었다. 남로당은 폭력을 동원한 단독선거 반대 투쟁에 나섰고, 이것은 제주도 4·3 항쟁으로 비화되었다. 결국 5·10 선거는 38도선 이북에 있는 '민족'의 절반을 배제한 채, 또 수만에 이르는 제주도 인민을 '비국민'으로 몰아 학살하면서 진행되었고, 예상대로 이승만과 우익 세력의 승리로 끝났다.[35]

---

35   이상의 내용은 박찬표, 『한국의 국가 형성과 민주주의』, 270~279, 290~295쪽을 참조했다.

그 총선거를 위한 선거법 제정이야말로 입법의원에 기대된 역할이었다. 이 선거법 제정 과정은 크게 두 단계로 나누어진다. 먼저 1947년 2월 말부터 9월 초까지 입법의원에서 선거법이 논의·제정된 단계다. 1947년 2월 말 미군정의 러치 초안이 입법의원에 회부되었다. 입법의원은 선거법기초위원회를 설치해 별도의 선거법 초안을 마련했고('선거위초안'), 3월 25일 제27차 본회의에서 독회를 가졌다.[36] 그러나 입법의원의 선거법 제정이 늦어지자, 러치는 6월 말까지 선거법이 통과되지 않으면 사법부에서 선거법을 자체 입안하겠다고 압박했다. 사법부안의 골자는 4월 20일 발표되었는데, 신문에 부분적으로 실린 것을 보면 내용은 거의 러치 초안 그대로였던 것 같다.[37] 그동안 우익이 주축이 된 입법의원 법제사법위원회는 투표 연령을 높이고 특별선거구를 도입하는 등 선거위초안을 대폭 수정해서 5월 13일 제72차 본회의에 상정했다('법사위수정안').[38] 이에 대해 중도파 관선의원과 여러 정당, 사회단체, 심지어는 미군정 측에서도 반발과 우려를 제기했고, 여론에 밀려 투표 연령 등이 일부 수정된 선거법이 6월 27일 입법의원을 통과했다. 군정청은 몇 가지 추가 수정을 요구했으나 거부되고, 결국 이 선거법은 1947년 9월 3일 남조선과도정부 법률 5호 '입법의원의원선거법(立法議院議員選擧法)'으로 공포되었다(입의선거법).[39] 남한의 총선거 준비를 위해 설치된 중앙선거준비위원회는 1948년 1월 5일 입의선거법 시행세칙을 발표했다(입의세칙).[40]

---

36 선거위초안은 立法議院議會局 編, 『南朝鮮 過渡 立法議院 速記錄(2권)』, 458~461쪽. 이 본회의에서는 러치 초안이 아닌 선거위초안을 법안으로 채택했다(같은 책, 473~474쪽).

37 "司法部 普選法 / 文盲과 痲藥患者 國家扶助者 除外", ≪동아일보≫, 1947년 4월 20일 자.

38 이 시기 입법의원 속기록이 남아 있지 않아 전문은 알 수 없지만, 여러 신문 기사에 쟁점 사항이 보도되었다.

39 ≪미군정관보≫, 1947년 9월 3일 자. 이하 「조선인민대표의 선거에 관한 포고」, 국회선거법, 국회세칙도 모두 해당일자 ≪미군정관보≫를 참조.

2차 미소공위 결렬 이후 미국은 한반도 문제를 UN에 이관했고, 소련의 반대에도 불구하고 1947년 11월 14일 제2차 UN총회에서 UN이 파견한 위원단의 감시 아래 한반도 전역에 걸친 총선거를 실시하여 'National Government'를 구성하도록 한다는 결의안이 채택되었다. 미국의 예상대로 소련이 총선거를 거부한다면 미국은 UN 위원단 즉 UN조위의 '자유재량권'으로 남한 단독선거를 추진할 참이었다.[41] 9개국 대표로 이루어진 UN조위는 이듬해 1월 서울에 도착했다. 소련은 UN조위의 입북(入北)을 거절했다. UN조위는 남한 역시 경찰국가로서 '자유선거'는 불가능하다고 보았지만, 2월 26일 UN소총회에서는 남한 단독선거가 결정되었다. 하지는 3월 1일 '조선인민대표의 선거에 관한 포고'로 "연합국임시조선위원단(UN조위−인용자)과 상의 후 필요하다고 인정하는 개정을 가한" 선거법에 의해 5월 9일 총선거를 실시한다고 발표했다. UN조위는 "언론, 출판 및 집회의 자유라는 민주적 권리가 인정되고 존중되는 자유분위기하에서 선거가 행해질 것이라는 조건에서" 남한의 선거를 참관하기로 결정했다. UN조위는 인원도 소수에다 남한 사회와 총선거에 대한 거의 모든 정보를 미군정을 통해 얻고 있었으므로, 실제 공정한 선거가 이루어지도록 참관, 감시하는 역할은 제한적일 수밖에 없었다. 다만 선거법 검토·확정을 맡은 UN조위 제3분과위는 입의선거법에 대한 전반적 수정 건의를 제출했다. 이 건의는 당시 일간지에 전문이 게재되었는데,[42] 이런 압박에 따라

---

40 입의선거법은 《미군정관보》, 1947년 9월 3일 자. 이하 「조선인민대표의 선거에 관한 포고」, 국회선거법, 국회세칙도 모두 해당일자 《미군정관보》에 따랐다(국가기록원 관보시스템, http://theme.archives.go.kr/next/gazette/viewMain.do). 입의선거세칙에 대해서는 각주 31 참조.

41 姜聲天, 「1947~1948년 「UN朝鮮臨時委員團」과 '統一政府' 論爭」, 《韓國史論》, 35(1996), 212~220쪽.

42 "朝委通過한 總選擧法/修正建議 全文發表", 《경향신문》, 1948년 3월 13일 자. 박찬표

입의선거법 원안은 투표 연령 21세, 특별선거구 폐지 등 좀 더 보통·평등선거에 가까운 방향으로 수정된다. 선거일까지 시간이 빠듯했으므로 일정은 급하게 처리되었다. 3월 17일에는 이렇게 수정된 법률이 남조선과도정부 법률 제175호 '국회의원선거법'으로 공포되고, 22일에는 그 시행세칙도 제정되었다.

그런데 제헌의원 선거에서는 선거인명부를 지방행정기관이 직권에 의해 조사·작성하는 대신 유권자 본인의 사전 등록으로 만들도록 했으므로, '등록대상(유권)자(eligible voters)'와 실제 '선거인등록자(registered voters)'가 달랐다. 아마 당시 미국 어느 주의 것을 참조하지 않았나 싶지만,[43] 애초 러치 초안에서 이 유권자 등록은 유권자가 1) 번호, 2) 날짜, 3) 등록인명, 4) 나이, 5) 생년월일, 6) 출생지, 7) 성별, 8) 주소, 9) 현주소 거주 기간, 10) 전 주소 및 그곳에서의 거주 기간, 11) 호주 성명, 12) 본적지, 13) 직업, 14) 근무처 소재지, 15) 고용주 성명, 16) 현 고용주에게 고용된 기간, 17) 국적 및 시민권, 18) 충순(忠順) 서약 증서 제출 완료 여부, 19) 등록인이 지난번 투표한 일자 및 그 장소, 20) 비고, 21) 등록인, 22) 투표인, 23) 서기의 증약(證約), 서명·날인 등으로 이루어진, 자못 어마어마한 신청서를 써서 내야 하는 것이었다. 이에 반

는 "최종 국면에서 유엔한위(UN조위―인용자)의 개입은 우파 세력의 의도를 좌절시키면서 일체의 선거권 제한 요소를 배제한 실질적 의미에서의 보통평등선거권의 확립을 가져온 계기가 되었다"(박찬표, 『한국의 국가 형성과 민주주의』, 345쪽)라고 평가한다.

43 남북전쟁 이후 18세기 말, 19세기 초에 북부에서는 부정투표와 싸우면서 기성화된 정당의 이해에 대항해서 정치적 개인주의를 옹호하려는 운동이, 남부에서는 흑인들의 참정권을 박탈·제한하고 이전의 노예제로 회귀하려는 백인 우월주의가, 각각 개인별 선거인등록을 낳았다. 남부에서는 여기에 더해서, 유권자가 등록 전에 그 주(州)에 2년 이상, 그 군(county)에는 1년 이상 거주할 것을 요구하거나 문자 해득 테스트를 도입해서 계절노동자가 많은 흑인들의 참정권을 제한했다[Dayna Cunningham, "Who Are to Be the Electors?", *Yale Law & Policy Review*, 9(2)(1991), p.377]. 미국에서는 지금도 개인별 사전 선거인등록을 실시하고 있으며, 이것은 선거 참여율을 떨어뜨리는 큰 원인으로 지적되고 있다.

해 선거위초안에서는 선거구위원회가 행정적으로 선거구별 선거인명부를 작성하도록 했지만, 제정된 입의선거법과 국회선거법은 모두 사전에 유권자가 등록소에 가서 자서(自署)·무인(拇印)하는 방식으로 등록하도록 규정했다. 해방 직후의 혼란과 대규모 인구 이동으로 본적·거주지별 주민의 등록 제도가 불비한 상황에서의 대안이었는지 모르지만, 결국 사람들은 유권자 등록과 투표로 두 차례에 걸쳐 자신의 정치적 의사를 표현해야 했다.[44]

선거인등록은 1948년 3월 30일에 시작되어 4월 16일 마감되었다. 등록 마감을 전후해서 미군정과 각 언론은 등록률이 90%가 넘었다고 보도했다. 1946년 북조선 인민위원회 선거의 99% 이상 등록, 95% 이상 찬성에 필적하는 수치지만,[45] 사실상 미군정과 이승만·한민당 세력을 제외한 남한의 모든 주요 정치 세력이 단독선거를 반대하는 상황이었음을 감안한다면, 조작이나 강제가 아니고서는 나올 수 없는 수치였다. 사실 5·10 총선거에서 우익의 압도적 승리는 미리 결정되어 있었다. 남로당을 비롯한 좌익 세력은 미군정 초기부터 정치 과정에서 체계적으로 배제되었고, 1948년 남한 단독선거에 대해서는 폭력을 동원한 저지 투쟁에 나선 참이었다. 중도파는 단독선거 문제를 둘러싸고 분열을 거듭했고, 김규식, 홍명희와 임정 세력을 대표하는 김구까지가 단독선거에 반대해서 남북연석회의를 위해 북조선을 방문했다. 적극적으로 단독선거를 추진하고 거기 참여한 것은 이승만과 한민당, 월남 세력 등이었다.[46] 따라서 미군정으로서는 우익의 승리가 문제가 아니라, 등록률과 투표율

---

44 1950년의 제2대 국회의원 선거 때부터는 지방단체장이 호적·기류부 등에 따라 관할구역 내의 유권자를 조사해 선거인명부를 작성했다(1950년 4월 12일 법률 121호 국회의원선거법 제12조). 제2회 국회의원 선거에 대해서는 이임하, 「1950년 제2대 國會議員 選擧에 관한 硏究」, ≪史林≫, 10(1994)를 참조.

45 전현수, 「1946년 북조선 도·시·군 인민위원회 선거」, 196쪽.

46 박찬표, 『한국의 국가 형성과 민주주의』, 383~389쪽.

을 높여서 선거의 정당성을 입증하는 것이 문제였다.

3월 하순까지도 전체적인 선거 분위기는 저조했지만, 미군정은 총선거가 완전 독립과 통일을 위한 것이며 선거에 반대하는 것은 비애국적이라는 선전에 나섰다.[47] 그것은 선전인 동시에 협박이고 강제였다. 지방행정기관은 통·반 등 기층 행정조직을 활용해서 경찰, 우익 세력과 함께 각종 홍보와 권유는 물론, 쌀 배급과 선거인등록을 연계하는 등의 방법으로 강압적인 유권자 등록에 나섰다. 반면 좌익은 전국 각지에서 경찰서와 투표소 습격 등 선거 방해를 꾀함으로써, 곳곳에서 격렬한 충돌이 발생했다. 2월 7일부터 5월 14일까지 선거와 관련해서 좌우, 관민 모두 합쳐 사망자 452명, 부상자 766명이 발생했고, 제주도 4·3 항쟁은 이후로도 한참 동안 더 이어지게 된다.[48] 그러나 등록률과 투표율 문제는 근본적으로 불투명했다. 당시 선거뿐 아니라 식량 배급과 관련된 '유령인구'가 일대 사회적 이슈가 되면서 인구조사가 절실히 요구되었지만, 결국 〈그림 3-1〉 ⓒ의 1946년 9월 생정국 조사 이래 전국적 조사는 이루어지지 않았다. 최종적으로 국회선거법에서 "선거구 및 투표구는 1946년 8월 25일 인구조사에 근거하여(제14조)" 설치한다고 한 것은 이 생정국 인구조사를 가리킬 것이다. 5·10 선거 전후 언론 보도나 미군정 보고서에는 인구 추정치가 난무했지만, 신뢰성은 미지수였다.[49] 정확한 작성 시기를 알 수 없지만

---

47 張泳敏, 「미국공보원의 5·10 총선거 선전에 관한 고찰」, ≪한국근현대사연구≫, 41(2007) 참조.

48 '강제 등록' 문제에 대해서는 "强要 91% 自進 9%/選擧登錄과 街頭輿論", ≪조선중앙일보≫, 1948년 4월 15일 자; 姜聲天, 「1947~1948년 「UN朝鮮臨時委員團」과 '統一政府' 論爭」, ≪韓國史論≫, 35(1996), 241~242쪽; 김득중, 「1948년 제헌국회의원 선거 과정」, ≪史林≫, 10(1994); 박찬표, 『한국의 국가 형성과 민주주의』, 390~395쪽; 인명 피해 통계에 대해서는 國史編纂委員會, 『大韓民國史資料集 2』, 756~757쪽을 참조.

49 1947년 12월 31일 오전 0시를 기해 남한 전체 인구조사를 시행할 계획이라는 보도가 있기는 했다("人口實態를 調査/今年末日로 南朝鮮全域", ≪경향신문≫, 1947년 9월 16일

표 3-1 5·10 선거의 도별 선거인등록 현황

시도	자료 1		자료 2			
	1946.9. 현주인구(A)	등록 대상자 (B)	1948.4.1. 추정인구(C)	등록 대상자 (D)	선거인 등록자(E)	등록률 (F)
서울시	1,141,766	617,769	1,247,000	616,000	568,291*	92.2
경기도	2,486,369	1,116,061	2,575,000	1,269,000	1,085,470*	85.4
충청북도	1,112,894	468,632	1,147,000	565,000	461,885	81.8
충청남도	1,909,405	818,457	1,992,000	982,000	794,392	80.9
전라북도	2,016,428	823,166	2,093,000	1,032,000	801,988*	77.7
전라남도	2,944,842	1,186,181	3,058,000	1,508,000	1,106,397*	73.3
경상북도	3,178,750	1,267,862	3,260,000	1,607,000	1,227,597*	76.4
경상남도	3,185,832	1,313,365	3,300,000	1,627,000	1,287,890	79.2
강원도	1,116,836	477,607	1,167,000	575,000	467,554	81.3
제주도	276,148	127,751	108,000	53,000	37,040	69.8
전국	19,369,270	8,216,851	19,947,000	9,834,000	7,837,504	79.7

자료: 자료 1은 국사편찬위원회 엮음, 『大韓民國史資料集 2』, 721쪽; 자료 2는 같은 책, 755쪽을 참조
했다. 또 박찬표, 『한국의 국가 형성과 민주주의』, 395쪽에도 같은 자료가 실려 있다.

UN조위 보고서에 남아 있는, 그나마 가장 믿을 만한 두 가지 자료를 살펴보
면 〈표 3-1〉과 같다.

자료 1은 〈그림 3-1〉 ⓒ의 1946년 9월 현주인구(A)와 그것에 대한 등록 대
상자(B)를 제시했지만, 보통선거여서 나이 말고는 특별히 유권자의 범위를 제
한할 요인이 없는 터에 시도별 B/A가 경상북도 40%에서 서울시 54%까지 큰
차이를 보인다. 한편 자료 2의 C와 D는 원자료에 천 명 단위로 기재되어 있
다. C의 전국 인구는 A 전국 인구에 매년 인구증가율 1.8%로 계산한 인구 자

자). 서울시의 경우 1948년 1월 말 동적부 기준 인구는 166만 1844명인데 3월 18일부터
유령인구 색출을 위해 일제조사를 실시한 결과 146만 7712명으로 감소했다고 한다("대
번 卄萬名 減少/幽靈人口 摘發後의 서울", ≪경향신문≫, 1948년 3월 26일 자). 〈표
3-1〉의 A나 C와 비교하면 상당한 차이가 난다.

연 증가 52만 3240명, 1946년 9월부터 1948년 3월 사이 남한으로 이입된 인구 22만 8369명을 더해서 추정한 것이라는데, 수치가 맞지 않는다.[50] D는 1947년 "국민등록의 750만 개 표본을 분석한 결과에 따라" 선거 연령인 21세 이상 인구 비율 49.3%를 C에 곱해서 얻은 것으로 되어 있다. 이때의 '국민등록'이란 1947년 2월 서울시·경기도에서부터 "본적 주소 성명 직업은 물론 학력 가족 친우 체격 등 상세하고도 광범한" 내용을 조사해 인구를 등록하고 15세 이상인 자에 대해서는 '등록표'를 발급한 것을 말한다. 당시 식량 배급과 관련해 문제가 되었던 인구의 허위·과장 기재, 즉 '유령인구'를 일소하고 치안 목적과 선거에 활용하기 위한 조치였는데, 인구 자료가 여러 가지로 불비한 가운데 그나마 이 등록이 5·10 선거의 등록 대상자 산정에 큰 역할을 했음을 엿볼 수 있다.[51]

한편 자료 1과 자료 2를 비교해보면 서울시 말고는 지역별로 B에 비해 D가 1.2~1.3배 정도 많게 나타나는데, 제주도만은 C, D 모두 A, B의 40%에 불과하다. 4·3 항쟁으로 제주도에서는 5·10 선거 당시 남제주도 1개 선거구에서만 투표가 이루어졌기 때문인데, 그렇게 보면 자료 1은 4·3 전의 자료이고 자료 2는 총선거가 끝나고 5월 24일 미군정이 북제주도 갑·을 선거구의 선거무효를 선언한 뒤의 자료라고 생각된다.[52] A에 대해 도별로 비율이 고르지 않은

---

50 박찬표, 『한국의 국가 형성과 민주주의』, 395쪽. C와 D는 자료 2에 1000명 단위로 기재되어 있고, D는 C의 49.3%(21세 이상)이며, E 수치에 * 표시를 한 것은 무투표 당선된 선거구의 유권자가 포함된 것이다. F는 E/D의 백분율이다. 이 백분율 계산과 D의 서울시, E의 전국 계 등은 엑셀로 계산한 것과 원자료 수치가 조금씩 차이가 난다.

51 "公民證 아니라 『登錄票』/京畿道內는 二月 末까지 發行", ≪경향신문≫, 1947년 2월 14일 자; "까탈스런 "登錄票"/日帝時代도 이런 法 없었다", ≪漢城日報≫, 1947년 2월 14일자 등 참조. 이 국민등록 전반에 대해서는 金榮美, 「해방 이후 주민등록제도의 변천과 그 성격」, ≪韓國史硏究≫, 136(2007) 참조. 북조선 인민위원회 선거 때도 주민의 등록과 공민증 발급을 통해 인구를 조사했다.

자료 1의 B가 혹시 실제 호적·기류부를 조사한 수치일 수도 있겠는데, 아무튼 선거가 끝난 뒤에 나온 것으로 보이는 자료 2가 오히려 도별 인구(C)와 등록 대상자(D)에 대해 천 명 단위의 추정치를 제시한 점도 흥미롭다. 그런데 이 자료 2에서 밝힌 전국의 유권자 등록률은 79.7%, 〈표 3-1〉에는 옮기지 않았지만 등록 대상 유권자 대비 투표율은 71.6%로, 선거 당시 미군정 등에서 선전한 "등록률 90% 이상"과는 큰 차이를 보인다. 정확한 상황은 알 수 없지만, 5·10 선거는 가장 기본적인 전국 인구 자료도 불비한 상태에서 시행되었음을 알 수 있다. 당시 발표된 유권자 등록률이나 투표율 역시 실상을 정확히 반영한 수치이기보다는 선거의 정당성과 성공을 선전하기 위한 화용론적 발화(發話)였던 것이다.

2) '보통선거'에서 유권자의 범위

5·10 선거는 한국에서 최초로 시행된 보통선거다. 그러나 5·10 선거는 물론 그 어떤 선거에서도 '보통선거(universal suffrage)'라는 말과 달리 모든 국민이 선거권을 갖는 것은 아니다. 다시 말해 '국민'과 '유권자'의 외연은 일치하지 않는다. 유권자의 범위에는 이론적인 것부터 현실적인 것까지 여러 가지 제한이 있고, 결국 선거란 국민과 국민 아닌 자를 구분할 뿐 아니라 국민 안에서도 다양한 기준에 따라 선거 자격자(유권자)와 무자격자를 분류하는 장치이기도 하다. 서구의 시민혁명은 모든 인간과 시민의 평등한 권리를 제창했지

---

52   북제주도 갑 선거구는 43%, 을 선거구는 43%의 투표율을 보여 과반수에 미달했고, 결국 1949년 5월에 재선거가 실시되기에 이른다. 제주도의 5·10 선거 상황과 후속 조치에 대해서는 허호준, 「제주 4·3 전개 과정에서의 5·10 선거의 의미」, ≪민주주의와 인권≫, 7(2)(2007)을 참조.

만, 정작 혁명으로 세워진 공화국의 선거는 '능동 시민'과 '수동 시민'을 구분했고, 참정권은 재산 정도, 성별, 연령, 인종, 주거 조건 등에 따라 제한적으로 부여되었다.[53] 서구 국가들에서 노동자와 빈민, 여성, 유색인종의 선거권은 모두 오랜 투쟁의 결과로 쟁취되었고, 그 과정에서 애초 특권이었던 참정권은 보편적 시민권으로 변해갔다. 대개의 국가들에서 여성의 참정권은 20세기 중엽에 와서야 인정되었다.

그러나 한국에서 보통·평등선거는 이런 길고 힘든 투쟁의 산물이 아니라, 처음부터 민주주의의 선험적 원칙처럼 도입되었다. 실제가 어떠했든 법 규정상으로는 과도입법의원 선거에서부터 벌써 보통·평등선거가 '선언'되었고, 5·10 선거를 위한 선거법의 선거위초안은 "국민으로 선거일까지에 연령 만 20세에 달한 자는 성별 교육 정도 재산 유무 및 신앙의 구별이 없이 의원의 선거권이 있음(제1조)"이라고 규정했다. 북조선의 1946년 인민위원회 선거에서도 보통·평등·직접·비밀 선거는 일습의 원칙으로 천명되었다.[54] 어떻든 역사와 현실의 불평등을 생각해보면, 형식적 차원에서나마 노동자·빈민이나 여성의 참정권이 전혀 의문시되지 않았다는 점은 놀랍다. 당시의 한 신문은 "普選

---

53 버나드 마넹, 『선거는 민주적인가』(후마니타스, 2004), 130~131쪽. 선거권의 조건으로 흔히 특정 지역에서의 일정 기간 거주할 것이 요구되는 것도 부동산 소유권·점유권과 관련이 있다는 지적이 있다. 홍석민, 「영국 의회와 복수 선거권의 폐지, 1948」, ≪서양사론≫, 105(2010), 195쪽.

54 북조선인위선거 규정에서는 "만 20세에 달한 북조선의 일체 공민(제1조)"은 여자도 남자와 동등하게(제2조) (피)선거권을 가지며, 인민위원회 선거는 평등선거(제3조), 직접선거(제4조)로 "투표는 절대비밀(제5조)"이라고 규정했다(車洛勳·鄭慶謨 編, 『「北韓」法令沿革集〈第一輯〉』, p.75). 그러나 실제로 선거는 대개의 선거구에서 단독 후보에 대한 찬반투표로 진행되었고, 그것도 찬성은 투표용지를 흰색, 반대는 검은색의 서로 다른 투표함에 넣게 하는 방식으로 진행되었다(조성훈, 「1946년 11월 북한의 인민위원회 선거 연구」, 450, 453~454쪽).

이라고 하면 국민 중 얼마나한 범위에 선거권을 주는가를 뜻하는 것이 아니라 다만 유산무산의 계급적 차별이 없이 다 같이 국정에 참가할 수 있도록 하자 함에 있는 것이니 이 곧 무산계급의 정치적 해방을 의미한 것에 그 역사적 의의가 있"[55]다고 결론지었다.

그러나 식민지기 이래의 여성운동의 방향이나 성취와 무관하게 밖으로부터 주어진 여성참정권의 실상은 공허했다.[56] 입법의원 선거에서는 여성 민선의원은 선출되지 않았고, 우익인 독립촉성애국부인회 계열의 관선의원 4명이 임명되었다. 입법의원의 선거법 심의 과정에서 여성 관선의원 황신덕은 "3천만의 반수나 되는 1천 5백만 조선 여성이 참정권을 얻게 해달라고 결코 무리하게 요구하는 것은 아니지만 …… 현재와 같은 과도기니만큼 …… 가령 4분지 1은 여자 대의원으로 한다는 이러한 편법이 있었으면 좋겠"다고 발언했다. 이미 법률에 분명히 여성의 평등한 참정권을 보장한 터에 여성의 참정권을 '무리하게' 요구하는 것은 아니라는 말은 이상하지만, 사실 제헌의회 총선거에서 여성 대의원이 선출될 가능성은 거의 없었다. 그러나 "이 선거법에 의지해서 이것이 실시가 될 때 가령 여자 대의원이 몇 사람이나 나오느냐" 하는 것은 법 제도의 문제는 아니었다. '편법으로' 여성 의원을 20%까지는 낼 수 있게 해달라는 요구는 법사위수정안에 반영되었으나, 결국 받아들여지지 않았다.[57]

---

55 "總選擧로 自主獨立/選擧法解說/選擧法의 內容", ≪동아일보≫, 1948년 1월 4일 자.
56 일본의 경우도 비슷했다. 20세기 전반까지의 여성참정권 운동이 별 성과를 거두지 못한 상황에서 1945년 10월 GHQ의 5대 개혁지령에 의해 여성참정권이 인정되었다. 1946년 4월 첫 총선거에서 여성 후보 83명 중 무려 39명이 당선되었지만 1947년 총선거에서는 여성 당선자 수가 감소했고, 그들의 의정 활동 역시 실망과 조롱의 대상이 되었다고 한다. 이은경, 「점령기 '여성해방'과 일본 지식인의 반응」, ≪日本硏究≫, 33(2012), 261~264쪽; 이은경, 「전후 일본 남성들의 여성해방 인식」, ≪日本硏究≫, 15(2011), 517쪽.
57 황신덕의 발언은 立法議院議會局 編, 『南朝鮮 過渡 立法議院 速記錄(2권)』, 470쪽; 이상

한편 선거 연령을 몇 살 이상으로 할지는 선거법 제정 과정에서 가장 뜨거운 문제 중 하나였다. 애초 입법의원의 선거위초안은 만 20세 이상인 자는 선거권이 있고 만 25세 이상이면 피선거권이 있다고 정했다(제1조). 그러나 우익이 다수였던 법사위의 수정안에서는 선거권을 25세, 피선거권을 30세로 수정했고, 이에 대해 본회의에서 그것은 "가장 용감하고 정열적인 청년에 대해 정치적 문호를 폐쇄하려는 의도"라는 비판과 "20세 전후의 청년은 이성은 발달되었다고 보나 판단력이 부족"하다는 옹호론이 대립했다. 법사위안에 대한 각 정당과 사회단체의 비판이 이어지는 가운데 본회의 심의 자체가 중단되었다. 결국 입법의원은 6월 9일부터 선거권 연령을 규정한 제1조를 제외한 나머지 조항을 먼저 심의한 뒤 6월 24일부터 이 문제를 집중 심의했고, 6월 27일 제100차 본회의에서 선거권 연령으로 21세, 22세, 23세, 24세를 놓고 무기명 투표까지 실시한 끝에 선거권 23세, 피선거권 25세 개정안을 확정했다(입의선거법).[58] 그러나 UN조위는 다시 선거권을 20세 이상으로 수정할 것을 권고했고, 결국 최종적으로 국회선거법은 선거권 21세, 피선거권 25세로 개정되었다.

식민지기 사회 여러 분야에서 청년들의 역할, 또는 이후 1960년 4·19 혁명 때의 대학생과 고등학생의 참여와 역할을 생각한다면, 20대 전반의 청년들이 "판단력이 부족"하다는 말은 어불성설이었다. 아마 젊은 층의 다수가 좌익을 지지하는 상황에서 "청년층의 정치적 판단이 반드시 건전하다고 단정할 수 없다"는 말이[59] 우익의 더 솔직한 심정이었을 것이다. 그리고 이 점에서만큼

당시의 여성참정권 문제에 대해서는 양동숙, 「해방 후 독립촉성애국부인회의 조직과 활동 연구」, ≪한국민족운동사연구≫, 62(2010) 참조. 5·10 선거에는 19명의 여성이 입후보했지만 단 1명도 당선되지 못했다. 1949년 안동 보궐선거에서 당선된 임영신이 최초의 여성 국회의원이었다.

[58] "選擧法 本格的 討議 進行", ≪경향신문≫, 1947년 5월 15일 자; "말성많던 普選法 通過", ≪경향신문≫, 1947년 6월 29일 자.

은, 선거법 제정 과정에서 미국과 UN의 좀 더 선진적인 표준이 우익의 보수적 입장을 꺾고 관철되었다고 하겠다. 그러나 사실 선거 연령을 몇 살로 정하든, 그것은 생물학적 발달이나 정신적 성숙도에 대한 분명한 근거에 입각하지 않은, 자의적이고 정치적인 결정이다.[60] 이 문제를 더 파고든다면 개인별 차이 또는 고령자에 대한 선거권 박탈 같은 문제에 부딪힐 터였다. "세계 각국은 민법상 성년과 공법상 성년을 동일하게 하여 민법상 성년자를 선거인으로 한다는 것이 통례"라지만,[61] 자신의 재산권 행사와 공적·정치적 책무는 다른 차원이라는 반론이 있을 수도 있다. 계급·성별·인종에 따른 제한이 타파되고 보편 참정권이 확립된 뒤에도, 연령에 따른 선거권 제한은 여전히 보편적인 것으로 남아 있다. 아마 '계몽'을 미성숙(미성년) 상태로부터 성숙 상태로의 이행으로 유비하는 한 그럴 수밖에 없을지도 모른다.

　미성년자, 즉 '미성숙한 자'에 대한 선거권의 제한은 더 나아가, 보통선거의 이상이 갖는 근본적 모순을 감추고 있다. 성년과 미성년, 성숙과 미성숙의 구분은 결국 '모든' 국민이 아닌 '자격 있는' 국민만이 유권자가 되어야 한다는 생각에 근거하는 것이다. 그때의 자격은 시민권처럼 단순히 어떤 사회의 일원이라는 데서 생기는 자격이 아니라, "자신의 이익 그리고 자기와 가장 가까운 사람들의 이익이 걸린 문제에 대해 이성적으로 접근하는 것, 즉 스스로를

59　立法議院議會局 編, 『南朝鮮 過渡 立法議院 速記錄(3권)』, 276쪽.

60　당시 입의선거법(안)의 선거권 연령 23세 이상 규정에 대해 군정청에서 "이 연령 제한은 부당히 높은 듯하오며 현대 민주주의국가의 경향에 반대"된다고 비판하자, 입법의원에서는 "상당히 민주주의적이고 진보적 국가라고 할 수 있는 諾威(노르웨이), 瑞典(스웨덴)은 선거 연령이 23세이고 芬蘭(핀란드)은 24세이고 丁抹(덴마크), 和蘭(네덜란드)은 25세"라는 반론을 편 바 있다(立法議院議會局 編, 『南朝鮮 過渡 立法議院 速記錄(3권)』, 132, 275쪽). 선거권 연령의 임의성에 대해서는 홍석민, 「영국 '청춘 선거권(Y vote, 18~20세)'의 기반, 1969」, ≪영국연구≫, 22(2009) 참조.

61　"總選擧로 自主獨立/選擧法解說//選擧法의 內容", ≪동아일보≫, 1948년 1월 4일 자.

104　1부 구획되는 경계

돌보는 데 필요한 가장 기본적이고 공통적인 자질", 즉 정신적·경제적·사회적 능력에 따라 개개인에게 차별적으로 부여되는 자격이다. 읽고 쓰기는 기본이고, "독립생활을 하는 성인, 가장, 세대주이거나 세금 납부 또는 기타 그모든 요구 사항을 충족시키는 사람"만이[62] '능동 시민'이며, 바로 이런 요구 조건에 따라 19세기의 자유주의는 남성과 세대주, 고용주, 자선의 손길에 종속적일 수밖에 없는 여성, 세대주 외의 가족, 노동자, 빈민, 노예 등을 선거에서 제외했던 것이다. 러치 초안만 하더라도 이렇게 무능력에 의해 선거권이 제한되어야 할 자의 범위를 "등록 또는 투표 당시에 백치, 심신모약자, 정신병자, 급성알콜(酒精)중독 환자, 마약 환자, 등록일 전 6개월 이상 유급 노동 또는 직업에 종사하지 못하고 당국의 扶助를 받은 자, 직업적 걸인, 문맹" 등으로 무척 넓게 잡은 바 있다. 그리고 지금도 미성년자와 함께 금치산자·준금치산자(한정치산자)의 참정권 제한은 당연한 것처럼 인식된다.[63]

3) '비국민', 부일협력자의 선거권과 피선거권

미군은 한반도에 진주한 초기부터 인공과 지방 인민위원회를 배제하고 오히려 조선총독부를 온존시키면서 남한에 대한 간접통치를 꾀했으며, 본격적

---

62   이상 인용문은 존 스튜어트 밀, 『대의정부론』(아카넷, 2012), 169, 185쪽.
63   민법상의 금치산자에 대한 참정권 제한에 대한 반론으로는, 홍남희, 「피성년후견인의 선거권 등 제한에 대한 법적 고찰」, ≪사회보장법연구≫, 4(2015) 참조. 참고로 북조선의 1946년 인민위원회 선거에서는 정신병자와 재판소 판결에 의해 선거권을 박탈당한 자, 그리고 '친일분자'를 배제했는데, 실제 선거에서 배제된 수를 보면 정신병자가 3614명, 재판소 판결에 의한 자가 198명, '친일분자' 575명이었다(전현수, 「1946년 북조선 도·시·군 인민위원회 선거」, 180쪽). 북조선은 친일파에 대해 남한보다 훨씬 엄격한 태도를 취했다지만, 그보다 정신병을 이유로 선거권을 박탈당한 자가 훨씬 더 많았다.

으로 군정 기구를 갖추어가는 과정에서도 식민지기의 관료·경찰 출신을 대거 기용했다. 미군정과 중도파의 제휴가 실패로 돌아가는 가운데, 미군정의 반공·단정 노선을 끝까지 지지한 것도 이승만과 식민지기 친일 지주·기업가·엘리트 출신으로 이루어진 한민당계의 보수 우파였다.[64] 미군정의 이런 정책은 좌익과 중도파 정치 세력뿐 아니라 남한 인민의 광범한 불만과 저항을 낳았다. 특히 배척과 처벌의 대상이 되어야 할 '친일파'들이 다시 미군정의 관료·경찰로 충원되어 권력을 휘두른다는 것은, 일반적으로 용납되기 어려운 일이었다. 따라서 서둘러 진행된 입법의원 선거 과정에서도 어떻게 '친일' 경력자의 입후보를 배제(또는 포함)할 것인지가 첨예한 쟁점이 되었다. 군정청의 입법의원 선거안에 대해 좌우합작위원회는 "친일파, 민족 반역자, 관리(일제시대의 도·府의원, 奏任官 이상의 관리, 악질 경찰), 악질 總代, 謀利輩"의 피선거권을 제한할 것을 주장했지만, 공포된 법령에서는 "① 일제하에 중추원 참의, 도회의원 또는 부회의원의 지위에 있던 자, 또는 勅任官級 및 그 이상의 지위에 있던 자, ② 자기의 이익을 위하여 조선 인민에게 손해를 끼치며 日人과 협력한 자"는 입법의원이 될 자격이 없다고(제7조) 되어 있었다. '주임관 이상'과 '칙임관 이상'은 큰 차이였다. 악질 경찰, 총대(總代), 모리배 등에 대한 제한은 아예 반영되지 않았고, ②에서는 "자기의 이익을 위하여"라는 말이 그 적용 범위를 축소하고 애매하게 만들었다.[65] 친일파, 반민족행위자 처벌에 관한 미군

---

64   박찬표, 『한국의 국가 형성과 민주주의』, 60~71, 102~111쪽.

65   金英美, 「미군정기 南朝鮮過渡立法議院의 성립과 활동」, 261~262쪽. 칙임관은 대개 총독부의 국장급 이상, 주임관은 사무관급 이상으로, 1942년 말 현재 조선총독부와 소속 관서의 조선인 칙임관대우 이상인 자는 38명, 주임관대우 이상인 자(칙임관 제외)는 404명이었다[岡本眞希子, 『植民地官僚の政治史』(三元社, 2008), pp.60, 172~178]. 반면 경찰은 큰 경찰서 서장급인 경시가 주임관, 대개의 경찰서장급인 경부가 판임관이고 순사는 판임관대우의 이원(吏員, 지방 하급 공무원)이어서 관등상으로는 칙·주임관과 비길 바가

정청의 입장은 극히 미온적이었다.[66]

제헌의회 선거법 제정 과정에서도 친일파의 참정권 제한은 첨예한 논쟁거리였다. 입법의원 선거는 유권자에 대해서는 분명한 규정이 없었던 데 반해, 제헌의회 선거법에서는 선거인과 피선거인 모두의 자격이 명문으로 규정되었다. 물론 피선거인의 자격은 좀 더 엄격했다. 연령 제한 외에 여러 국가의 선거법에 보편적인 금치산자 등 법적 능력이 없는 자, 수형자, 그리고 친일관리와 부일협력배에 대한 제한 등이 포함되었다. 본래 입법의원은 친일파 처벌에 관해 별개의 법령을 준비하고 있었으므로,[67] 선거위초안에는 "법령에 의하여 선거권 및 피선거권을 박탈당한 자(제2조 3)"에게는 참정권이 없다고만 규정했다. 아마 법사위초안에서부터 "민족 반역자, 부일협력자, 奸商輩"의 선거권 박탈, "일제시대에 고등관 3등급 이상이나 경찰로 판임관 7급 이상의 직에 있던 자" 등에 대한 피선거권 박탈이라는 상세한 규정이 추가된 듯하고, 미군정의 반대에도 불구하고[68] 그런 규정은 입법의원의 1947년 9월 3일 입의선

아니었으며, (정)총대는 이원도 아닌 정(=동)의 대표로 말단의 행정 보조기관이자 일부 주민 대표 성격도 갖는 존재였다(서현주, 「京城府의 町總代와 町會」, ≪서울학연구≫, 16(2001)]. 그러나 실제 인민의 생활 감각으로는 중앙 부서의 높은 관리보다 순사나 정총대가 훨씬 더 나쁘고 미운 존재였을 것이다.

66 같은 시기 북조선인위선거 규정은 ① 중추원 참의·고문, ② 도회·부회의원, ③ 조선총독부 및 도의 책임자로 근무한 조선인, ④ 경찰, 검사국(檢事局), 재판소의 책임자로 근무한 조선인, ⑤ 자발적 의사로서 일본을 방조할 목적으로 일본주권에 군수품 생산, 기타의 경제자원을 제공한 자, ⑥ 친일단체의 지도자로서 열정적으로 일본제국주의를 방조 활동한 자 등을 '친일분자'로 규정했다(車洛勳·鄭慶謨 編, 『「北韓」法令沿革集〈第一輯〉』, 75쪽).

67 이에 대해서는 李剛秀, 「南朝鮮過渡立法議院의 親日派肅淸法 硏究」, ≪한국독립운동사연구≫, 22(2004) 참조.

68 이에 대해 군정청은 "일반 관리와 경찰관과의 이러한 차별은 현재 비교적 소수의 경찰관에 영향이 미치겠지만 정부를 충성스럽고 능률 있게 섬겨온 有能忠誠한 公僕들에게 反映될 것"이므로 "일제시대의 일반 관리와 경찰관과의 자격의 차등은 여하하든 이러한 관직에서 행한 악질적 행위가 증명됨에 따라 좌우되어야 할 것"이라고 주장했다(立法議院議

거법에서까지 유지되었다. 입의선거법 제2조에서 선거권이 없다고 규정한 대상은 다음과 같다.

1. 금치산자, 준금치산자, 心神喪失者 및 마약 환자
2. 자유형의 선고를 받고 그 집행 중에 있거나 또는 집행을 받지 않기로 확정되지 아니한 자
3. 1년 이상의 자유형의 선고를 받았던 자로서 그 집행을 종료하거나 집행을 받지 않기로 확정된 후 3년을 경과하지 못한 자. 단, 정치범은 제외함
4. 법률에 의하여 선거권이 박탈 또는 정지된 자 및 민족 반역자, 부일협력자 또는 간상배로 규정된 자

2와 3은 수형자, 집행유예자에 대한 규정이고, 4가 친일파·부일협력자 배제 조항이었다. 3의 단서인 '정치범 제외'는 반대로 식민지기의 독립운동가를 일본 제국의 실정법을 위반한 범죄자로 취급하지 않기 위한 조치였다. 그러나 입법의원이 1947년 7월 2일 통과시킨 '민족 반역자, 부일협력자, 전범, 간상배 처단 특별법'은 11월 27일 군정청에서 인준을 보류함으로써 사실상 폐기되었고,[69] 그런 상황에서 UN조위는 누군가를 민족 반역자, 부일협력자, 모리배 등으로 규정할 성문법률이 없다는 이유로 4의 수정을 건의했다. 결국 최종의 국회선거법에서는 3의 정치범에 대한 단서가 삭제되고, 4 대신 "일본 정부로부터 爵을 받은 자", "일본제국국회의 의원이 되었던 자"가 추가되었다(제2조). 이 두 범주에 해당하는 자는 극히 소수였다.[70] 그나마 일제시대 판임관

會局 編, 『南朝鮮 過渡 立法議院 速記錄(3권)』, 133쪽).
69   박찬표, 『한국의 국가 형성과 민주주의』, 336~337쪽.
70   '일본 정부로부터 爵을 받은 자'란 1910년 8월 29일 (일본)황실령 제14호 '조선귀족령'에

이상의 경찰관 및 헌병, 헌병보 또는 고등경찰이었던 자와 밀정, 중추원 참의 이상, 부회나 도회 의원, 고등관 3등급 이상의 지위에 있던 자나 훈7등 이상을 받은 자(기술관·교육자 제외)에 대한 피선거권이 제한(제3조)되었으나, 역시 친일파처벌법이 인준 보류된 상황에서, 또 미군정의 단독선거, 반공 노선과 맞물려 친일 엘리트로 이루어진 한민당이 차츰 정세를 장악해가는 상황에서 과연 이런 인물들을 선거 과정에서 제대로 걸러낼 수 있었는지는 의문이다. 대한민국 정부가 수립된 뒤 1948년 9월 22일 법률 3호 '반민족행위처벌법'이 공포되어 반민족행위특별조사위원회가 구성되기도 했으나, 이듬해 6월 이승만 정권은 이 법을 폐기했다. 제2대 국회의원 선거부터는 친일파에 대한 피선거권 박탈 규정도 사라지게 된다.

4) 등록과 기표: 맹인과 문맹자의 선거 참여

제정된 입의선거법은 모두 유권자가 사전에 등록소에 가서 자서·무인함으로써 선거인등록을 하도록 규정했다. 그런데 문제는 그 등록 내용을, 또는 적어도 서명은 자기 손으로 직접 적어야 한다는 '자서' 규정이었다. 이것은 부정투표를 막기 위한 방편이라고는 하지만, 문맹률이 상당히 높은 당시 상황에서 다수 민중의 참정권을 실질적으로 박탈하는 결과를 가져올 수 있었다.[71] 물론

따라 선정된 '조선 귀족'으로, 王·公族 외에 조선 왕실의 근친, 대한제국의 고위 관료로 '일한병합'에 공이 있는 자 등이었다. 수작(受爵) 당시 박영효 등 후작 6명, 백작 3명, 자작 22명, 남작 45명이었고, 작위는 장남에게 계승되었다. 이후 여러 가지 이유로 작위를 박탈당하거나 반납한 자들이 있었다. 한편 조선인으로 일본 제국 국회의원이었던 자는 식민지기를 통틀어 박영효, 이진호(이상 귀족원), 박춘금(중의원) 정도에 불과했다.

71 정확한 조사와 통계가 없는 가운데, 식민지기 이래로 전인구의 80%가 문맹이라고 흔히 이야기되었다. 다만 이것이 일본어에 한한 것인지 아니면 한글까지를 포함하는 것인지는 불분명하다. 5·10 선거와 조선인의 문맹률 문제에 대해서는 임송자, 「미군정기 우익 정

문맹자를 선거에서 배제하는 것은 단순한 정치적 계산인 것만은 아니다. 앞서 살펴본 '자격 있는' 유권자라는 민주주의의 원칙론이 있기 때문이다.[72] 또 정작 5·10 선거로 가장 이득을 보게 될 미군정과 우익은 어떻게든 선거 참여율을 높이려는 입장이었으므로, 문맹자의 배제가 반드시 어느 정치 세력에 유리했다고 잘라 말하기는 힘들다.

UN조위는 이 점에 대해 문맹자의 가족 등이 등록을 도와줄 수 있도록 하라고 권고했고, 수정된 국회선거법에서 이 부분은 "自署하거나 문자를 解得하는 증인 2인 앞에서 拇印함으로써 이를 행함"으로 수정되었다. 국회세칙에서는 "선거인등록의 서명은 국문, 한문, 국한문 혼용에 한함. 拇印으로써 자서에 代할 때에는 그 사유를 등록표 용지 비고란에 기입하고 증인 2인이 서명 날인하여야 함"이라고 했다. 이 세칙에 첨부된 등록표 양식은 현재 영어본만 남아 있는 듯한데, 그 뒷면의 주의(REMARKS) 3)에는, "등록자가 문맹일 때는 서기가 증인이 보는 앞에서 등록자의 이름을 쓰고, 등록자는 등록표에 拇印하며, 서기와 증인 모두 서명 날인할 것"이라고 했다.

선거인등록은 그렇게 다른 사람의 도움을 받아서 마친다지만, 투표는 더 큰 난제였다. 비밀투표의 원칙이 보장되려면 문맹자의 투표를 누가 도와줄

치 세력과 우익 학생단체의 문해·계몽운동」, ≪한국민족운동사연구≫, 79(2014); 임송자, 「이승만 정권기 문해 교육 정책과 문맹 퇴치 5개년 사업」, ≪史林≫, 50(2014)를 참조.

[72] 존 스튜어트 밀은 문맹자가 선거에 참여하는 것은 "말을 할 줄 모르는 아이에게 선거에 참여하도록 하는 것이나 마찬가지"라고 비판한 바 있다(존 스튜어트 밀, 『대의정부론』, 168~169쪽). 그런 원칙을 끝까지 밀고 간다면, 의무교육이 시행된 뒤에도 문맹으로 남아 있는 자는 일종의 범죄자처럼 취급될 수도 있다. 러치 초안은 문맹자를 무능력으로 인해 선거·투표에서 배제되는 무자격자에 포함했다. 이 "문맹이라는 말에는 순전히 육체적 불구의 이유로 투표용지 기재를 읽지 못하거나 기표하지 못하는 까닭에 무자격이 된 맹인 및 聾者 같은 자는 포함치 아니"하며(제3조), "육체적 불구로 인하여 투표지에 기입할 수 없는 투표 적격자"는 다른 방법으로 투표할 수 있도록 했다(제10조).

사진 3-1 **입의세칙의 투표용지 양식**[73]　　　　사진 3-2 **최종적 국회세칙의 투표용지 양식**

수는 없기 때문이다. 투표용지에 입후보자의 이름이 미리 인쇄되어 있고 거기 표시하는 형식이라면 글씨를 쓰지는 못해도 읽을 수만 있다면 투표할 수 있겠지만, 선거인이 자기가 찍고자 하는 입후보자의 이름을 직접 써야 한다면 문제는 더 커진다. 러치 초안에서는 "투표인이 기입 또는 기표"라고 했지만, 선거위초안부터는 "투표는 선거자가 자기 意中 있는 의원 후보자의 성명을 自書하여 가지고 나와 직접 투표용지를 투표함에 투입하여 행함"이라고 규정했다. 즉, 글씨를 쓸 수 없는 사람은 사실상 투표를 할 수 없게 된 것이다. UN조위는 이에 대해서도 "읽지 못하거나 쓰지 못하는 자에게도 투표권이 허여되"어야 하며, 무교육자의 투표를 돕기 위해 투표장마다 입후보자의 성명에 一, 二, 三 같은 표식을 붙이고 입후보자 사진도 게시할 수 있도록 하라고 권고했다. 결국 최종적 국회선거법에서는 후보자 이름이 먼저 기재된 칸에 '기

73　國史編纂委員會, 『大韓民國史資料集 2』, 585쪽. 오른쪽에서 두 번째 칸 '후보자(candidate)' 라고 한 곳에 찍고자 하는 후보 이름을 쓰고 세로 점선을 따라 접은 다음, 맨 왼쪽 난의 부분을 지시대로(This edge shall be put in the slit) 접어서 왼쪽에서 두 번째 칸 절개된 선(slit)에 끼워 넣게 되어 있었다.

표'하는 방식으로 바뀌었다. 후보자 이름을 읽을 수 없는 사람들은 후보자의 번호를 파악해서 기표하도록 했는데, 번호 역시 아라비아 숫자나 한자를 피해서 〈사진 3-2〉에서 보듯이 '작대기' 기호로 표시했다. 5, 6도 마찬가지 형태로 썼으므로 이것은 로마숫자도 아니다. 입의세칙의 투표용지에서는 가운데 네모 속에 후보자 이름을 적게 한 데 반해, 국회세칙에서는 작대기와 후보자 이름이 표시된 칸 아래에 기표하게 했다.

문맹률이 높았던 당시 읽거나 쓰지 못하는 사람의 투표는 인구 상당수와 관련된 문제였지만, 읽거나 쓰지 못하는 또 다른 범주가 있었다. 장애인의 선거 참여는 지금까지도 여러 가지 면에서 쉬운 문제가 아니지만, 당시 입법의원에서 의제로 다루어진 특별한 경우는 맹인이었다. 입법의원의 선거법 제정 과정에서 맹인은 명시적으로 선거권 제한 대상으로는 언급되지 않았다. 그러나 문맹자에게 적용된 "유권자는 유권자인데 자기 권리를 행사 못하는 사람은 자기가 자기 권리를 행사 못하는 것이지 그 권리를 박탈한 것은 아니"라는 묘하게 편리한 논리는,[74] 맹인에게는 적용하기 힘들었다. 만약 점자를 익혀 사용할 수 있는 맹인이 투표할 권리를 요구한다면, 점자 투표용지를 마련해서 그들이 투표할 수 있게 해주는 것이 국가의 책임일 터였다. 이것은 "자기가 자기 권리를 행사 못"한다는 식으로 떠넘길 수 있는 문제는 아니었다.

입의선거법이 발표된 뒤 일부 맹인들이 점자 투표에 관한 진정서를 입법의원에 제출했다. 지금 한국에는 약 3만 명가량의 맹인이 있는데 그들은 국립맹아학교에서 점자 교육을 받아서 그것으로 의사표시를 할 수 있다는 점, 과거 식민지기에도 맹인은 한글 점자로 투표를 했다는 점, 국립맹아학교에서는 투

---

74 立法議院議會局 編, 『南朝鮮 過渡 立法議院 速記錄(2권)』, 465쪽. 문맹자의 투표 문제에 대해 문맹자가 유권자냐 무권자냐 하는 김돈 의원 질의에 대한 김붕준 의원의 답변이다.

표소에 투표용지와 점자기를 비치해서 투표에 아무 지장이 없도록 하겠다는 점 등을 담은 것이었다. 전국의 맹인 3만 명이 모두 점자를 안다는 것은 사실이 아니었지만, 식민지기에 점자 투표가 이루어졌던 것은 사실이다.[75] 그러나 점자 투표를 위해서는 준비와 비용이 만만치 않았다. 모든 투표소에 점자기와 점자 투표용지를 마련할 필요는 없겠지만, 정확한 전국 인구수도 조사되지 않은 상황에서 어느 선거구 어느 투표소에 점자기가 필요한지 따위를 알 수 있을 리 없었다. 입법의원은 갑론을박 끝에 이 문제를 중앙선거위원회로 넘겼다. 결국 국회선거법에서는 "맹인 선거인은 가족 또는 자기가 선택한 자 1인과 동반하여 투표용지에 표를 하고 투표용지를 봉투에 넣는 데 원조하게(제34조)" 하는 방법을 택했다.[76]

---

[75] 맹인 진정서에 대해서는 立法議院議會局 編, 『南朝鮮 過渡 立法議院 速記錄(5권)』, 1~7쪽 참조. 1926년 일본에서 남성들만의 '보통선거'가 도입되면서 기표는 일본어와 한자뿐 아니라 로마자로도, 맹인은 점자로도 할 수 있도록 했다. 이에 대해 조선에서는 로마자와 점자까지 되는데 조선문(한글) 기표는 왜 안 되는가 하는 비판이 일기도 했다("(社說)朝鮮文投票는 無效/狹量의 一例", ≪동아일보≫, 1926년 6월 20일 자; "(社說)朝鮮文은 無效", ≪동아일보≫, 1930년 2월 1일 자). 1939년 경성부회 선거 때 남대문소학교 선거장에 점자기 2대와 점자표를 비치했다는 기사가 보인다("點字器를 備置/棄權을 防止", ≪매일신보≫, 1939년 5월 13일 자).

[76] 결국 시각장애자가 가족 등의 대리 기표가 아닌 직접 기표를 통해 투표할 수 있게 된 것은 1992년 12월의 제14대 대통령선거부터다. 점자 투표용지는 비용도 더 많이 들고 또 일반 투표용지와 다른 점자 용지를 사용하게 되면 소수인 맹인 유권자의 투표 성향이 노출되는 문제가 있어, 후보자별로 돌출선을 양각한 반(半)접이식 플라스틱 커버에 투표용지를 끼우는 방식으로 처리했다고 한다. "시각장애자 投票보조구 첫 사용", ≪동아일보≫, 1992년 11월 27일 자.

5. 맺으면서

국민국가 건설은 인민주권이라는 원칙과 민족주의의 뜨거운 호명을 통해 영토 내의 인민을 '국민'이라는 공동체로 통합하는 과정이다. 이 과정은 실제 로는 혁명이나 전쟁 같은 정초적 폭력으로부터 촉발되지만, 헌정 질서의 논리 에서는 제헌의회를 구성하는 최초의 선거가 맨 앞자리에 놓인다. 그렇게 보 자면 남한의 "5·10 선거는 제헌의회를 구성하는 선거인 동시에 최초의 보통 선거"[77]로 평가될 수 있다. 그러나 그것이 과연 '국민국가'에 걸맞은 인민의 주 권 행사, 민주주의의 첫걸음이었는지는 의문이다. 해방 이후 한반도 문제를 다루면서 미군정은 유난히 자유선거를 강조했지만, 미·소군정기 한반도에서 선거란 민주주의의 장치이기보다는 분단을 기정사실화하고 체제 대립을 내 재화하는 동원의 장치였다. 흑백 투표함을 놓고 99% 등록과 95% 찬성을 이 끌어낸 1946년 북조선의 인민위원회 선거가 민주주의와 참여보다는 사회 세 력의 동원, 인민의 통일, 국가 공식 이념과 정책의 침투를 통한 정치교육의 수 단, 그리고 새로운 출발이기보다는 이미 이루어진 이행을 확인하는 일종의 의 식(儀式)이었다면,[78] 남한의 1948년 총선거도 다르지 않았다. 미국은 '자유선 거'라는 보편주의적 무기를 구사했지만 그 내용을 채우지는 않았다. 그것은 오히려 "자유민주주의 형식의 폭력적 부과"[79]라고나 할 만한 것이었다.

민주주의나 권력의 정당성 문제와는 별개로 국가 통치성은 선거 과정을 통 해 훨씬 더 확대되었고, 더 중요한 역할을 떠맡게 되었다. 외연이 모호한 민족

---

[77] 박찬표, 『한국의 국가 형성과 민주주의』, 322쪽.

[78] 박명림, 『한국전쟁의 발발과 기원 II』, 268~271, 279쪽.

[79] 이삼성, 「동아시아의 20세기와 미국, 그리고 한국민주주의」, 《민주주의와 인권》, 4(1)(2004), 39~40쪽.

을 상상하는 일과 달리, 선거란 누가 정당한 유권자이고 누구는 아니며 의원 수는 몇 명으로 하고 선거구와 투표구는 어떻게 획정하는가 하는, 꼼꼼하다 못해 치졸하기까지 한 '수의 정치'다. 선거구 획정의 자의성이나 그것을 둘러싼 여러 정치 세력 간의 협잡에 가까운 협상을 가리키는 '게리맨더링(Gerrymandering)'이라는 말은 잘 알려져 있지만, 그것이 아니더라도 선거의 토대를 이루는 것은 한편으로는 정치적 이해타산과 거래, 다른 한편으로는 선거 준비를 위한 인구의 조사와 등록, 분류 같은 관료제 행정의 통치성이다.

제헌의회 선거를 준비하면서 남한 사회는 남한의 현재 인구는 얼마이며, 누가 국민이고 누가 유권자인가 하는 기술적·행정적 물음에 직면했다. 국민국가 건설 과정이란 애국인가 반역(친일)인가, 남인가 북인가, 좌인가 우인가 하는 큰 물음들뿐 아니라, 인구가 얼마고 선거권의 연령 제한을 어떻게 해서 그중 몇 명을 유권자로 할 것이며, 무자격자는 어떻게 따로 분류해내는가 하는 작고 기술적인 물음에 대답해가는 과정이었다. 반대쪽에서 보자면, 개개인은 호적이나 등록표, 선거인명부에 등록됨으로써, 또는 한 장의 투표용지를 통해 비로소 한 사람의 주권 인민, '국민(citizen)'이 될 수 있었다. 선거에서 구체적으로 국민과 유권자의 범위를 결정한 것은 이 공동체의 구성원이고자 하는 개개인의 견결한 의지가 아니라, 호적상의 나이, 현주소와 거기 거주한 기간, 장애나 문맹의 여부같이 우연하고 사소한 조건들이었다. 그러한 관심을 가지고 이 장에서는 남한의 입법의원과 제헌의회, 두 차례의 선거 과정을, 주로 법령의 제정 과정과 법조문을 통해 살펴보았다. 실제의 선거가 어떻게 치러졌고 현장에서는 법조문이 어떻게 해석되거나 무시되었는지를 밝혀내는 훨씬 더 어려운 작업은 다음으로 미뤄둘 수밖에 없겠다.

2부

국민과 난민 사이

04

한일협정 체제하
재일조선인의 국적과 분단 정치 *

조경희

1. 조선/한국의 비대칭성

재일조선인 문제를 생각하는 데 있어 국적과 법적 지위 문제는 오래된, 그러나 여전히 핵심적인 주제이다. 식민과 냉전, 탈냉전에 이르는 근현대의 격변을 반영하고 있을 뿐만 아니라 재일조선인들에 대한 한반도 남북과 일본의 국가적 개입과 배제의 과정을 고스란히 보여주기 때문이다. 특히 '조선적'자들에 대해 한국 정부가 오랫동안 진행해온 분단 정치는 재일조선인의 국적 문제의 현재성을 응축해 보여준다. '조선적'이란 해방 후 일본에 남은 한반도 출신자들에게 일본 정부가 일률적으로 부여한 외국인등록상의 표시이다. 일본

---

* 이 장은 조경희, 「한일협정 이후 재일조선인의 국적과 분단 정치」, ≪역사문제연구≫, 34(2015)의 내용을 수정·보완한 것이다.

이 한반도의 '유일한 합법적 정부'로 인정한 대한민국 국적을 취득하지 않고, 지금까지도 이 '조선' 표시를 유지하는 사람들을 우리는 '조선적'으로 부르고 있다. 최근 '조선적'자에 대한 한국 정부의 여행증명서 발급 거부 관행에 대해 재일조선인 당사자들이 소송을 제기하면서[1] 조선적자들의 위치를 재해석하고자 하는 글들도 발표되었다.[2] 그런데 한편에서 분단국가의 현실을 배경으로 여전히 조선적자들이 겪는 제도적 불이익은 그들 개개인의 선택의 불가피한 결과로만 해석되는 경향이 있다. 이러한 해석의 바탕에는 재일조선인[3]들이 한반도 남과 북, 일본이라는 세 국적 중에서 동등하거나 자유로운 선택을 할 수 있었다는 잘못된 인식이 깔려 있다.

이와 관련해서 최근 조관자는 "조선적의 유지 여부는 최종적으로 개개인의 정치적 신념과 삶의 방식에 근거하는 문제"라고 하면서 "반미, 반한 의식이 투철한" 조선적자의 입국을 거부하는 한국 정부 입장에 이해를 보이고 있다. 그는 조선적자들을 정치적 행위 주체로 바라보지 않고 "일본과 한국 보수 정권의 민족적 피해자"로만 그려내는 담론들을 비판하면서 재일조선인 스스로가

---

1 1990년에 제정된 남북교류협력법 제10조는 "외국 국적을 보유하지 아니하고 대한민국의 여권을 소지하지 아니한 외국 거주 동포가 남한을 왕래하려면 여권법 제14조 1항에 따른 여행증명서를 소지하여야 한다"라고 정하고 있고, 이 규정이 조선적 재일조선인들에게 여행증명서를 발급하는 법적 근거가 되어왔다. 2000년 6월 남북정상회담과 남북 장관급 회담을 거쳐 간편한 양식으로 발급이 가능해졌지만, 2000년대 후반 보수 정권하에서 여행증명서 발급 거부 건수가 급증했다. 2009년 이후 이와 같은 처분의 합법성에 대한 소송과 진정이 제기되었다.

2 이재승, 「분단 체제 아래서 재일 코리안의 이동권」, ≪민주법학≫, 제52호(2013); 조경희, 「남북 분단과 재일조선인의 국적: 한일 정부의 '조선적'에 대한 해석을 중심으로」, ≪통일인문학≫, 제58집(2014); 정인섭, 「조선적 재일동포에 대한 여행증명서 발급의 법적 문제」, ≪서울국제법연구≫, 제21권 1호(2014); 조관자, 「재일조선인 담론에 나타난 '기민의식'을 넘어서: '정치적 주체성'을 생각하다」, ≪통일과평화≫, 7집 1호(2015).

3 여기서 '재일조선인'은 '조선적'자만이 아니라 국적과 한반 소속, 정체성에 관계없이 식민지 지배의 영향으로 건너간 한반도 출신자와 그 후손들을 가리킨다.

먼저 '민족 수난자'라는 기존의 역사상에서 벗어날 것을 제안한다.[4] 여기서 조관자가 당사자들의 '정치적 주체성'을 강조하는 논리는 스스로 불이익을 감수하라는 자기책임론을 바탕으로 하고 있다. 이와 같은 관점은 결과적으로 냉전 체제하에 형성된 남·북·일본이라는 세 국가 사이의 구조적 불균형을 간과하게 만들고 있다. 조관자의 말대로 '조선'과 '한국'을 둘러싼 호명은 항상 정치적이었으나, 재일조선인들에게 반쪽만의 법적 지위를 승인한 한일협정 체제하에서 이 호명들이 동등한 적대 관계에 있었던 것은 아니다. 북일 관계가 여전히 정상화되지 않는 상황에서 현재도 '조선'과 '한국'은 매우 비대칭적인 호명일 수밖에 없다. 조선적 재일조선인들의 한국 입국 요구는 이와 같은 비대칭적 적대 관계를 시정하고 자신들의 역사성을 간직하면서 고국을 방문할 정당한 권리를 찾으려고 하는 문제의식을 바탕으로 하고 있다.

이러한 문제의식을 역사적으로 파고들어 더 발전적으로 이끌어가기 위해 이 장에서는 재일조선인 사회의 분단 과정을 국적 문제에 초점을 맞춰 검토할 것이다. 최근 10년간 한일회담 외교문서가 공개되면서 재일조선인의 법적 지위와 관련해 새로운 연구 성과가 나오고 있다. 이성은 재일조선인 전후사의 출발점으로서의 14년에 걸친 한일법적지위협정[5] 교섭 과정 검토를 통해 민족주의적인 대립과 협력, 북한에 대한 인식과 대응의 차이라는 두 가지 요소가

---

4   조관자, 「재일조선인 담론에 나타난 '기민의식'을 넘어서」, 207쪽. 그는 조선적자들의 정치적인 '피타협성', '편향성'을 문제 삼고 이를 스스로 돌아볼 때 '종북' 비판을 극복할 수 있다고까지 말한다. 논리적 근거 없이 조선적자들을 "반미, 반한의식이 투철"하다고 단정 짓는 것도 문제지만, 재외동포들의 정치적 성향을 이유로 고국으로의 이동을 막는 것이 정당하다고 보는 안보 논리야말로 그의 논문에 일관된 문제점이다.

5   정식 명칭은 "대한민국과 일본국 간의 일본국에 거주하는 대한민국 국민의 법적 지위와 대우에 관한 협정"으로 1951년 10월 예비회담 이후 7차에 걸친 교섭 끝에 1965년 6월 22일 타결되었다.

서로 얽히면서 교섭이 진행되었음을 밝혔다. 국적과 관련해서 이성은 "한국 측이 재일조선인 보호를 위해 나름의 노력을 기울였던 것은 틀림없다"라고 하면서도, 한일 양국이 겉으로는 치열하게 대립하면서도 실제로는 '국적선택 권'과 '귀화'를 통한 재일조선인의 '일본인화'라는 공동 목표를 추구했다고 말하고 있다.[6] 즉, 재일조선인의 자손을 귀화시켜 문제를 해결하려는 점에서 양국은 공감대를 형성하고 있었던 것이다.

또한 요시자와 후미토시(吉澤文壽)는 한일 양국이 협정을 통해 추구한 것은 ① '선량'한 조선인의 '한국인'화, ② 귀화 장려를 통한 '일본인'화, ③ '악질'한 조선인의 (인도적) 추방이었다고 하면서, 최종적으로는 국민국가 시스템 속에서 경계적인 존재인 재일조선인들을 '소거'할 것을 추구했다고 정리하고 있다.[7] 이성과 요시자와의 연구에서는 한일 정부가 정치적·경제적 국익을 내세운 대립 구도에서 총련계 재일조선인과 조선학교라는 '공통의 적'을 둘러싸고 서서히 접근해갔던 과정을 알 수 있다. 결국 한일 정부는 재일조선인 중 한국 적자에게만 '협정영주'라는 재류자격을 부여하는 형태로 합의를 보았고, 이는 그 후 재일조선인 사회의 분열과 법적 지위의 서열화에 크게 작용했다.

이 장은 선행 연구가 다루지 않았던 한일협정 이후 1970년대 초반까지 한일 정부의 '협정영주'허가[8] 신청과 국적 변경에 대한 개입 과정을 중심으로 검

---

6 이성, 「한일회담에서의 재일조선인의 법적 지위 교섭(1951~1965)」(성균관대학교 박사학위청구논문, 2013).

7 吉澤文壽, 『日韓会談 1965: 戦後日韓関係の原点を検証する』(高文研, 2015), p.153.

8 당시도 지금도 일반적으로 '영주권'이라는 말이 사용되지만 일본 법률상에서는 어디까지나 권리가 아닌 법무성이 허가한 영주자 재류자격이다. 한일법적지위협정 내용문에서도 '협정영주권'이라는 용어는 없고 해당자들은 "영주허가의 신청을 할 자격을 가지고 있는 자"로 규정된다. 이와 관련해서 1965년 당시 일본 법무성은 한일협정 후 법적 지위에 관한 문답식 책자를 발간해 '영주권'에 대한 일본 정부의 입장을 상세하게 설명했다. 즉, "'외국인의 입국 재류에 관한 사항은 일국 주권의 완전한 자유재량에 속한다'고 하는 확립

토한다. 2절에서 해방 후 재일조선인의 국적 처리에 관한 기본적인 흐름을 살펴본 후, 3절에서는 한국 정부의 외교문서를 통해 1965년 이후 재일조선인의 국적 변동과 '협정영주'허가 신청과 관련된 한일 정부의 개입 과정을 살펴보겠다. 4절에서는 조선적 서환(書換)운동[9]의 전개 과정 검토를 통해 65년 체제가 재일조선인 사회에 어떤 분단 정치를 작동시켰는가를 고찰할 것이다. 이를 통해 재일조선인의 국적 문제의 이중적·복합적 성격을 분단국가의 비대칭성과 함께 밝히고자 한다.

2. 일본 외국인등록 체제와 재일조선인

일본 식민지 지배의 결과 조선인들은 일본 국적을 부여받았으나 호적을 통해 일본인과 구분되었다. 조선인들은 1909년 민적법, 1923년의 조선호적령 (조선총독부령 제154호)에 따라 일본 호적이 아닌 조선 호적에 편입되었다.[10] 이

된 국제관습법상의 원칙에서 외국인은 자국 이외 나라에 입국하거나 재류할 권리는 없기 때문에 '영주권'이라는 호칭은 정확치 않"으며, "일정한 요건을 갖춘 한국인"이 "일본 정부에게 영주를 허가받을 권리가 있다"는 뜻에 한해 '영주권'이라는 말을 쓰겠다고 했다. 한편 영주권을 취득하려고 하지 않는 자에 대해서는 정부가 "자유롭게 그 재류, 대우를 정할 수 있다", "익혀 먹든지 구워 먹든지 자유"라는 거친 표현으로 일본 정부의 재량권을 강조했다. 池上努, 『法的地位200の質問』(京文社, 1966), pp.9~10, 30, 167. 여기서는 인용하는 경우를 제외하고 '협정영주허가'라는 말을 쓴다.

9 외국인등록 국적란 서환 문제에 관한 일본 행정 처리의 변천 과정에 대해서는 김영달의 선구적인 성과가 있다. 金英達, 『日朝国交正常化と在日朝鮮人の国籍』(東京: 明石書店, 1992). 이 장에서는 한국 측의 외교문서를 포함해서 당시와 현재의 쟁점을 연결해 재구성할 것이다.

10 조선호적에 관한 자세한 논의는 坂元真一, 「敗戦前日本国における朝鮮戸籍の研究: 登録技術と徴兵技術の関係を中心として」, ≪青丘学術論集≫10(1997) 참조.

호적의 차이는 해방 후에도 일본에 남은 조선인들에 대한 제도적 차별의 근거가 되었다. 일본 정부는 1945년 선거법 개정으로 조선인들을 일방적으로 국정 참정권에서 제외했고,[11] 1947년 5월 2일에 공포된 외국인등록령을 발포해 조선인들을 따로 관리하는 제도적 기반을 마련했다. 이때 일본 정부가 일률적으로 부여한 등록상의 표시인 '조선'은 국적이 아닌, 지역적 기호로서의 의미를 가졌다.

외국인등록령 제11조는 "대만인 중 내무대신이 정하는 자 및 조선인은 이 칙령의 적용과 관련해서 당분간 이들을 외국인으로 간주한다"라고 하면서 등록을 의무화해 증명서의 상시 휴대와 제시 의무를 강요했고, 이를 어긴 경우 6개월 이하의 징역, 금고, 벌금 등의 형벌을 과했으며, 강제 퇴거에 대해서도 명시했다. 10월까지 52만 9907명의 조선인이 등록했다.[12] 조선인들은 "기술상 일본 국민이지만 일본 시민이 아닌"[13] 이중 구속적인 상태가 유지된 것이다.

또한 등록령은 제3조에서 외국인의 입국을 금지했고 GHQ는 이미 1946년에 "본국으로 귀환한 비일본인"의 일본으로의 재입국을 금지하고 있었다.[14] 식민지 시기에 형성된 조선인들의 탈경계적인 생활권(圈)은 어느 날 갑자기 차단되었다. 계속되는 불균형적인 경제구조와 한반도의 정치적 무질서 아래 내버려진 조선인들에게 이러한 조치는 식민주의의 연장이자 또 다른 가족 이

---

11 1945년 12월의 중의원의원선거법 개정을 통해 "호적법의 적용을 받지 않는 자의 선거권 및 피선거권은 당분간 이를 정지한다"라고 정했다.

12 竹前栄治・中村隆英監修/松本邦彦訳, 『GHQ日本占領史16 外国人の取り扱い』(東京: 日本図書センター, 1996), p.82. 원래 자료는 GHQ/SCAP가 편찬한 "History of the Non-military Activities of the Occupation of Japan, 1945~1951"이다.

13 같은 책, p.80.

14 SCAPIN-927, 「引揚に関する総司令部覚書」(1946.5.7), 大沼保昭 編, 「≪資料と解説≫出入国管理法制の成立過程 3」, ≪法律時報≫, 50-6(1978), p.146.

산을 초래했다. 일본으로의 입국은 밀입국의 형태로 진행되었고 이러한 악순환은 일본 사회에서 조선인들을 감시와 치안의 대상으로 만들 것을 부추겼다. 이때 외국인등록령 실시에는 이와 같은 밀입국자를 발견, 방지하는 목적이 포함되었다.[15]

1952년 4월 28일, 연합국과 일본이 체결한 샌프란시스코 강화조약이 발효되면서 일본 정부는 조선인들을 정식으로 외국인등록 대상자로 삼았다. 조선인들은 자신의 의사와 무관하게 일본 국적에서 이탈하고 진정한 외국인이 되었다.[16] 외국인등록법은 형식적으로는 1947년에 제정된 외국인등록령을 대신하는 것이었으나 실질적으로는 한국전쟁 발발 이후 밀입국해온 다수의 조선인들에 대한 단속 강화라는 목적을 갖고 있었다. 특히 지문날인제도 도입은 증가하는 밀입국자들의 등록증 위조 방지를 위한 새로운 감시 시스템의 의미를 가졌다. 제2차 세계대전 전후 처리를 목적으로 연합국과 일본이 체결한 강화조약은 일본의 전쟁 책임을 묻는 것이지, 식민지 지배 책임 추구의 성격을 갖는 것은 아니었다. 패전국의 구 식민지인 한반도 두 정부에게는 회의에 참석할 권리도, 조약에 서명할 권리도 주어지지 않았다. 당시 재일조선인을 자국민으로 삼으려고 했던 한반도의 주권이 인정되지 않는 자리에서 재일조선인의 법적 지위는 일방적으로 규정된 것이었다. 이렇게 해방 후 일본에 남은 조선인의 법적 지위는 '해방 민족'으로서의 정당한 대우를 얻지 못한 채 지극히 타율적인 성격을 가지게 되었다.[17]

---

15 예컨대 1948년 7월 이후에는 외국인등록증과 식료 구입 통장과의 조합을 실시해 이중등록, 부정등록 등이 발견된 자 3만 8952명에게는 식료 배급을 정지하는 등의 조치를 취했다. 森田芳男, 『在日朝鮮人処遇の推移と現狀』(東京: 法務研修所, 1955), p.81.

16 1952년 4월 19일 법무부 민사국장 통달 제438호 「평화조약 발효에 따른 조선인·대만인 등에 관한 국적 및 호적 사무의 처리에 대하여」는 "조선인 및 대만인은 내지에 재주하는 자도 포함하여 일본의 국적을 상실한다"라고 규정했다.

강화조약에 앞서 1951년 10월 4일에는 일본 '출입국관리령'이 제정되었으나 GHQ와의 의견 충돌로 인해 재일조선인들은 출입국관리령 대상자에서 제외되었다.[18] 강화조약 발효 이전에 재일조선인의 국적 문제를 처리하지 못했던 일본 정부는 법무부 민사국장 통달이라는 낮은 행정적 조치를 통해 조선인들의 일본 국적을 상실하게 하고 일반 외국인들과 마찬가지로 출입국관리와 외국인등록의 대상으로 만들었다. 다만 일반 외국인들처럼 외국 여권을 가지고 일본에 입국한 경위가 없는 조선인들은 "일본 국적 이탈 등으로…… 상륙 수속을 밟지 않는 외국인"에 해당되며 별도의 재류자격 형태가 필요했다. 따라서 일본 정부는 소위 '법126호'로 불리는 임시적인 법을 제정하여 "따로 법률로 정하여 그 자의 재류자격 및 재류 기간을 결정할 때까지 재류자격 없이 본방에 재류할 수 있다"[19]라고 규정했다. 이렇게 해방 이전부터 일본에 체류하던 조선인들은 '여권을 갖지 않는 외국인'이라는 기묘한 존재로 일본 출입국관리체제에 편입되었다. 이런 불안정한 지위는 그 후에 발생하는 재일조선인들의 법적·제도적 어려움의 근원이 되었다.

이 과정에서 한반도의 분단 상황 또한 재일조선인들에게 깊이 개입하기 시작했다. 해방 후 냉전 질서 아래 형성된 한일 협력 관계와 그 완성으로서의 1965년 한일협정 체제는 이러한 재일조선인의 상황을 이분화하고 고착화하는데 결정적으로 작용했다. 한일 정부는 법적 지위를 안정화하기 위한 '협정

---

17 당초 GHQ/SCAP는 일본에 재류한 조선인들을 '해방 민족'으로 취급할 것을 지시했으나 그 법적 규정은 불명확한 것이었다. '해방 민족' 규정에 대한 현실적인 적용 과정에 대해서는 김태기, 「GHQ/SCAP의 대재일한국인 정책」, ≪국제정치논총≫, 제38집 3호 (1998) 참조.

18 森田芳男, 『在日朝鮮人処遇の推移と現状』, pp.124~125.

19 '포츠담 선언의 수락에 따라 발생되는 명령에 관한 건에 근거하는 외무성 관계 제명령의 조치에 관한 법률'(1952년 4월 28일 법률 제126호).

영주' 해당자를 한국적자, 즉 한국의 재외국민등록증이나 여권을 가진 자로 한정했다. 일부에게만 영주자격이 주어짐으로써 재일조선인의 국적은 본국 정부와 민족 단체의 정치적 개입의 대상이자, 재일조선인 사회의 갈등의 요인 이 되었다.

3. 한일협정 체제와 국적을 둘러싼 분단 정치

1951년 10월 예비회담으로부터 시작한 한일협정 교섭 과정에서도 재일조선인의 국적을 대한민국으로 확정하는 문제는 한국 정부의 국가 정통성과 연관되는 핵심적 과제였다. 한국 정부는 1948년 12월 20일, 국적법을 공포해 대한민국 국민의 요건을 "출생한 당시 부가 대한민국의 국민인 자"로 정했고 1949년 6월에는 '재외국민등록령'(11월 24일에 '재외국민등록법' 제정)을 제정해 8월부터 등록 업무를 준비하기 시작했다. 1949년 1월 설치된 한국 주일대표부 대사 정환범은 GHQ에 서한을 제출해 재일조선인들은 대한민국 정부 수립과 함께 자동적으로 국적을 회복한 것이며, 따라서 국적선택권을 필요로 하지 않는다는 입장을 전달했다.[20]

한편 주일한국대표부에서는 일본 정부가 조선인들에게 일률적으로 부여한 '조선'이라는 기호를 '대한민국'으로 바꿀 '현실적 필요성'을 느끼고 있었다. 재일조선인들의 대부분은 한반도 남쪽 출신이었으나[21] 해방 후 재일조선인들

---

20   金太基,『戰後日本政治と在日朝鮮人問題 : SCAPの対在日朝鮮人政策 1945~1952年』(東京: 勁草書房, 1997), pp.632~635.

21   1950년의 제2차 외국인등록 조사의 통계에 따르면 총 53만 3236명 중 3만 9418명을 제외한 모두가 한반도 남쪽 출신자였다(竹前栄治 · 中村隆英監修, 『外国人の取り扱い』,

중에서 큰 세력을 키운 것은 재일본조선인련맹(조련)이었다. 1949년 12월에서 1950년 1월까지 2차 외국인등록이 실시되었는데, 당시 주일대표부는 일본 정부가 '조선'이라는 용어를 쓰는 것에 대해 강력히 항의하면서 그 용어가 "북조선 공산주의 정부가 사용하는 것"으로 "장기간에 걸친 일본 지배"와도 연결된다면서 '한국' 혹은 '대한민국'을 쓰도록 일본 정부에 지시할 것을 SCAP에게 요구했다.[22] 또한 1950년 1월 6일 민단본부 또한 일본 법무총장에게 「외국인 등록증명서 갱신에 관한 의견서」를 보내 "조선의 명칭은 독립국가 대한민국의 존엄을 손상하는 것임으로" 국적란에는 "'대한민국' 국호로 통일할 것"을 요망했다. 이에 대해 일본 정부는 SCAP의 공식적 지시가 있기 전까지는 '대한민국'이라는 이름을 쓰는 것에 소극적이었으나 2월 20일 총사령부의 각서에 따라 '한국', '대한민국'의 명칭 사용을 허락하는 내용을 결정했다.[23]

일본 법무성은 1950년 2월 23일에 법무총재 담화를 발표해 "일부의 강한 요망도 있고 등록 촉진을 위해서도 적당하다고 생각되므로 앞으로 '조선'이라는 용어를 대신해 '한국' 혹은 '대한민국'이라는 용어를 사용해도 지장이 없는 것으로 한다. …… 금후 새로 발급하는 등록 사무에서도 본인 희망에 따라 '조선'에서 '한국' 혹은 '대한민국'이라 기재시킬 방침"을 밝혔다. 동시에 "이는 단지 용어의 문제이며 실질적인 국적의 문제나 국가 승인의 문제와 전혀 무관하며 '조선인', '한국인', '대한민국인'의 어느 용어에 따라 그 사람의 법률적 취급을 달리하는 것은 아니다"라고 강조했다.[24] 국제법의 기본 전제에서는 "어떤

---

p.128).

22   「朝鮮の名称として韓国を使うこと(Use of Han Kook as Designation of Korea)」, 주일대표부는 이미 1949년 4월에 한국 국적을 확인하는 각서를 SCAP 외교국으로 보냈다. 竹前栄治·中村隆英監修, 『外国人の取り扱い』, p.82, 89.

23   이 과정에 관해서는 森田芳男, 『在日朝鮮人処遇の推移と現状』, pp.82~84 참조.

24   自由民主党政務調査会, 『外国人登録の国籍欄の書換問題について』, p.16.

자가 자국민임을 결정하는 것은 각국의 권한에 속한다"라는 국내 관할 사항 원칙이 있으며,[25] 일본 정부도 애초에는 재일조선인 국적 기재 문제에 대해 내정불간섭의 입장을 취했다.

그러나 이런 방침은 한일조약 협상 과정에서 바로 변하게 된다. 평화조약이 발효된 1952년경부터 일본 정부는 사실상 대한민국만을 인정했고 1965년 6월 22일에 한일기본조약이 맺어지면서 대한민국을 정식으로 한반도의 '유일한 합법적 정부'로 승인하게 된다. 이에 따라 일본 법무성은 1965년 10월 26일에 '정부통일견해'를 발표해 '한국'에 관해서는 "오랜 동안에 걸쳐 유지되고, 그리고 실질적으로 국적과 같은 작용을 해온 경위 등에 비추어 볼 때, 현 시점에서 보면 그 기재는 대한민국의 국적을 가리키는 것이라고 생각하지 않을 수 없다"[26]라는 입장을 밝히게 된다. 10월 29일 아사히신문 사설에서는 "이번 정부의 통일 견해는 재일조선인에 대한 외국인등록증명서의 국적란 해석에서 참으로 갑작스런 180도의 전환을 나타내고 있다. 이제까지 국적란의 '조선', '한국'의 기입이 일종의 용어, 부호에 지나지 않다고 했더니 '한국'에 한해서는 하루아침 사이에 '국적을 나타내는 것'으로 바뀐 것이다"라고 비판했다.[27]

그렇다면 한일협정이 체결되면서 한일 정부는 재일조선인 국적 문제에 어떻게 구체적으로 개입해갔는가? 1966년 1월 17일 한일법적지위협정이 발효되면서 그 후 5년간 한국적자들에 한해 '협정영주'자격 신청이 접수되었다. 협정은 1945년 8월 15일부터 계속해서 일본에 거주한 한국적자 1세, 2세들에게

---

25 이 책 1장 3절 참조.
26 「외국인등록상의 국적란의 '한국' 또는 '조선'의 기재에 관하여」(일본 법무성 1965.10.26), 한영구 외 엮음, 『현대 한일관계 자료집 1(1965년~1979년)』(오름, 2003), 82쪽.
27 日本社会党朝鮮問題対策特別委員会 編, 『祖国を選ぶ自由: 在日朝鮮人国籍問題資料集』(東京: 社会新報刊, 1970), p.8.

영주자격을 부여했고 교육, 생활보호, 국민건강보험 그리고 퇴거강제 조건 등
에서 우대를 받도록 정했다. 그러나 1968년 초반 시점에서 신청자는 재일조
선인 중 대체로 10% 정도에 불과했다. 당사자들의 인식 부족, 서류와 절차의
번잡함과 함께 심사 과정의 엄격함도 거론되었다. 일본의 구청에서 수리된
영주허가 신청 서류는 출입국관리사무소로 돌려져 입국심사관이 외국인등록
부와 신청자의 '재일' 경력에 대해 심사를 했다.[28] '협정영주'허가와 함께 신설
된 일본 출입국관리특별법[29]은 제3조 2항에서, 입국심사관 및 입국경비관은
신청자 조사가 필요할 경우 "관계인에 대해 출두를 요구하고 질문을 하거나
문서 제시를 요구할 수 있다", "공사(公私) 단체에 조회하여 필요한 사항의 보
고를 요구할 수 있다"라고 규정했다. 즉, '협정영주'를 허가하는 입국심사관,
입국경비관을 비롯한 일본 법무성이 막강한 권한을 쥐고 있었다.

한일 정부는 1967년 7월 20~21일에 걸쳐 협정영주자격과 관련해서 제1차
실무자 회담을 가졌다. 한국 내부에서는 신청자 자신과 민단의 소극적 태도
와 함께 일본에 대한 불만이 오르고 있었다. 즉, ① 영주권 신청을 형식적으로
만 해석하고, ② 서류를 복잡화하고 불친절하고 강압적인 태도로 신청인의 의
욕을 저하시켰으며, ③ 역사적인 배경과 그 후의 경력을 고려해 호의적으로
대한다고 했으나 실제 그 효과가 나지 않았다는 점 등을 거론하고 영주권 신
청의 간소화를 주장했다. 예를 들어 재일조선인 중에는 해방 후 혼란으로

---

28 김상현, 『재일한국인』(어문각, 1969), 334쪽. 이 책은 국회의원 김상현의 「재일교포 문
   제 조사 보고서」를 토대로 한 것으로 1968년 재일 사회의 상세한 내용이 기록되고 있다.
   김태기는 이 보고서를 계기로 한국 정부의 민단 조직에 대한 관심이 높아졌다고 평가했
   다[김태기, 「한국 정부와 민단의 협력과 갈등 관계」, ≪아시아태평양지역연구≫, 제3권
   1호(2000), 84쪽].
29 정식 명칭은 '일본국에 거주하는 대한민국 국민의 법적 지위 및 대우에 관한 일본국과 대
   한민국 간의 협정 실시에 의한 출입국관리특별법'으로 1965년 12월 17일에 제정되었다.

1947년의 첫 외국인등록이 누락된 경우가 많아 거주 경력상의 공백으로 간주될 수 있었다. 이에 대해서는 해방 후 조선인들은 '전승국민(戰勝国民)'이라는 인식하에 외국인등록 자체에 반대했고, 또 일본 스스로도 1952년까지 조선인들을 일본인으로 취급했기 때문에 제1차 외국인등록 여부를 문제 삼지 말 것을 요구했다.[30]

'협정영주' 신청과 법적 지위 전반에 관해서 한일 양국은 지속적으로 실무자와 장관급 회의를 열었다. 1969년 8월 도쿄에서 진행된 법무장관회담에서는 ① 신청자가 2회의 외국인등록을 필한 경우에는 새로운 사실 조사 없이 협정영주를 허락하고, ② 1945년 이후 입국자의 경우 영주허가 심사 기준 완화하고, ③ 협정영주자 재입국허가를 배려하고, ④ 협정영주자 가족의 입국 및 체류에 대해 인도적으로 고려한다는 내용에 합의했다.[31] 그러나 일본의 협조에도 불구하고 한국 외무부에서는 실무자들 간 공동위원회 설치에 대해 부정적이었다. 그 배경에는 재일조선인 귀국 사업과 조선대학교 인가 문제 등 한일 간 외교 마찰이 있었고, 일본의 한반도에 대한 이중외교 정책을 "기본 조약을 위배하는 듯한 처사"로 보는 근본적인 불신이 있었다.[32]

한편 같은 시기에 박정희 정권이 주력하기 시작한 것은 민단을 중심으로 한 재외국민 조직강화사업이었다. 이 시기 민단은 내부에서도 파벌 투쟁과 부정부패, 만성적 재정난과 일관성 없는 지도 방침, 단원들의 기회주의적인 성향과 민족운동의 부재 등으로 인한 조직력의 약소함이 심각하게 거론되고

---

30 「한일 간의 법적지위협정 시행에 관한 양해 사항 확인 문제」, 1967.7, 동북아주과, 등록번호2440-2441, 외교문서(P-0005).

31 「재일한국인의 법적 지위 향상을 위한 한·일 간 법무장관 회담」, 1969.8.19~20, 등록번호3355, 외교문서(P-0007).

32 "두 다리 걸친 일의 대한 자세", ≪경향신문≫, 1967년 9월 9일 자.

있었다.[33] 한국 정부는 1962년 이래 중단 상태에 있었던 '재외국민 지도위원회'를 폐지해, 1969년 2월 13일 외무장관을 위원장으로 둔 '재외국민 지도 자문위원회'를 설치했다. 그 직후 2월 19일, 중앙정보부가 "본국과 교포 간에 야기되고 있는 교포의 당면 근본 문제 해결을 위하여 교포 간부 인사를 본국에 초치 광범위하고 솔직한 토의와 개편"을 할 것을 외무부에 지시해 재일거류민단강화 대책회의 조직화로 이어지게 되었다. 8월 6~9일 서울 워커힐에서 진행된 회의에 민단 측에서는 단장 이희원 외 83명이 참석했으며, 교민청 신설, 국회 옵서버 파견, 공관과 민단 조직의 질서 체계, 한국학교 설립, 협정영주 신청 등에 대해 토의했다. 한국 정부와 민단은 서로가 "반공을 기본 성격으로 하는 대공 투쟁을 위한 조직"으로서 재일동포 사회를 망라하는 새로운 민단을 육성할 것을 합의했다.[34]

박정희의 측근이었던 이후락은 중앙정보부장을 맡기 전인 1970년 1월 주일대사로 취임했다. 그는 주일공관장과 민단 간부들을 소집하고 '협정영주' 신청에 모든 힘을 다하고, 민단이 주체가 되어 총력을 기울인다는 기본 방침을 세웠다. 신문 보도에 따르면 그는 "민단 단원 중 밀항 등 신분상의 결함으로 신청을 못한 5만 명에 대해서도 일단 신청만 하면 남은 문제는 외교적으로 해결하겠다"라고 하면서 각 영사관마다 진행에 차질이 생기면 해당 공관장을 문책하겠다고 했다.[35] 1970년 11월 말 '협정영주' 신청자 수 24만 3265명으로 목표의 62.1% 수준이었다. 조선적자를 포함한 미신청자 31만 1502명의 원인 배경은 ① 밀입국자 등 신상 문제로 주저하는 자 15만 명, ② 총련 간부 및 직원과 그 가족 8만 명, ③ 북송 가족으로 보복을 두려워하는 자 5만 명, ④ 중립

---

33   鄭哲, 『民団在日韓国人の民族運動』(東京: 洋々社, 1967).

34   「재일민단 강화대책회의」, 1969.8.6~9, 동북아주과, 등록번호3358, 외교문서(P-0007).

35   "영주권 신청 강력추진 주일공관장 민단간부 합동회의", ≪경향신문≫, 1970년 8월 29일 자.

계 방관자 2만 1500명, ⑤ 무지몽매한 자나 중병자 1만 명으로 정리되었고, 민단과 공관을 통한 홍보 및 계몽 사업이 급무라고 했다.[36]

같은 해 10월, 이후락은 일본 외무대신과의 회담에서도 영주허가 신청 촉진에 대한 협력을 요구하고, 기한이 1971년 1월 16일까지라는 것을 통보하는 우편물을 발송하도록 요청했다. 이에 대해 일본 국무대신 고바야시(小林武治)는 국회에서 "너무 지나친 행위"라면서 시청에 포스터를 붙이거나 라디오에서 홍보하는 정도는 가능하다고 했다.[37] 기본적으로 일본 정부는 재일조선인의 국적 문제에 대해서는 '내정불간섭' 혹은 '국내법 관할 사항'이라는 원칙을 고수하는 입장을 강조했고, 한국 측의 과도한 협조 요청과 혁신계 정치인 및 총련계 재일조선인들의 반발에도 "외국인의 국적은 각국의 법으로 정한다", "일본이 관여할 사항이 아니다"라는 형식논리만을 반복했다. 결국 1971년 1월, 민단은 "총련의 허위 선전"과 "일본 당국의 비협조"를 주된 이유로 들어 협정영주 기간 연장을 외무부에 건의했으나[38] 끝내 실현되지 않았다.

이성이 밝혀낸 것처럼 한일협정 교섭 과정에서 일본 출입국관리국은 재일조선인 전체에 대해 '통일된 취급'을 해야 한다는 전제 아래 한국의 국적증명서 없이 일본의 외국인등록만을 조건으로 영주허가를 주어야 한다고 주장하고 있었다. 출입국관리국의 쓰루오카(鶴岡千仞)는 충분한 원조금을 주고 귀국을 장려하는 한편, 본인의 의사로 일본에 남은 자들에 대해서는 치안상 문제가 생기지 않도록 한국 재외국민등록 등의 조건을 가하지 않고 동등하게 대우

---

36 「1971년 1월 16일 이후 재일한국인의 법적 지위 개선 문제」, 1970.12.14, 등록번호 3959, 외교문서(P-0008).

37 「第63回国会法務委員会」, 第4号(1970.10.13).

38 「재일동포 영주권 신청 기간 연장 조치 건의」, 1971.1.5, 등록번호3959, 외교문서(P-0008).

할 것을 제안한 것이었다. 조선인들을 직접적으로 관리하는 일본 출입국관리국 나름의 합리적인 판단이었던 것으로 보이나 재외국민등록이 재일조선인들을 파악하는 유일한 방법이라고 여겼던 한국 정부의 입장에서는, 국민등록이 영주권 부여의 전제 조건이 되어야 광범위한 재일조선인들을 포섭할 수 있다고 보고 반대했다.[39]

재일조선인의 취급을 둘러싼 한일 정부 간의 온도차는 기본적으로 협정 체결 후에도 계속되었다. 즉, 한국은 분단 자체를 부인하고 재일조선인들을 반공 조직화하고자 했지만, 일본은 분단 상태를 인정하고 정치적 갈등이 일본에 전이되는 것을 가급적 피하고자 했다. 그러나 일본 정부가 예상했던 재일 사회의 내부 분열은 한일협정을 통해 이미 되돌릴 수 없는 방향으로 확대되어가고 있었다. '협정영주' 신청을 위해 한국적으로 전환하는 자들이 많아지면서 총련의 운동은 영주 허가 신청 저지라는 수동적 형태에서 보다 적극적인 국적 서환(書換)운동으로 전환하게 된다.

---

[39] 이성, 「한일회담에서의 재일조선인의 법적 지위 교섭(1951~1965)」, 108~114쪽. 이 점에 대해서는 당시 민단 내부에서도 비판이 있었다. 민단 간부로 활동하던 정철은 다음과 같이 썼다. "한국 국적 취득을 거부하는 자라고 해도 한국 정부는 국민으로서 보호 대책과 처우 문제를 강구했어야만 조선에서의 유일한 합법 정부로 입증되었을 것이다. …… 기본 자세를 애매하게 했기 때문에 한일회담이 타결되면 조총련하 동포들이 불리해진다고 선전해 민단에 가입시키려고 하는 비겁한 정책을 보였고 민족적 자세와 입장에서 과오를 범했으며 필요 이상으로 불안감을 조장하는 결과가 되었다"(鄭哲, 『民団在日韓国人の民族運動』, pp.102~103).

4. 조선적 서환 운동과 그 귀결

이미 한일회담 교섭 과정에서 한일 정부는 전체 조선인들을 사실상 한국 국적자로 취급하는 제도적 기반을 마련했다. 1958년 2월에 대한민국 민법이 공포되자(1960년 1월 시행) 일본 법무성은 조선적/한국적을 막론하고 재일조선인의 실무 처리에 대해서는 일률적으로 한국 국적법을 적용했고, 혼인, 상속, 입양, 농지 소유권 취득, 일분국유 및 공유지 등기 등의 일상생활의 법적 절차에 대해서도 대한민국 법률을 따르도록 정했다.[40] 일본 정부와 한국대표부는 행정절차를 위해 '한국적 증명서'의 제출을 조건으로 삼았기 때문에 대부분 남쪽 출신인 재일조선인들은 고향에 있는 부모를 만나거나 장례에 참석하기 위해, 또는 부동산 등기 등을 위해 '한국'으로 개재 변경을 하는 경우가 있었다. 식자 능력이 없는 사람이 지인에게 출생신고를 부탁했더니 개인의 의사와 무관하게 '한국'으로 기재되었거나 등록 갱신 시에 행정적 혼란으로 본인도 모르는 사이에 변경된 경우도 있었다.[41]

또한 법적 지위 협정은 제3조 '협정영주'허가를 얻은 자들에 대해 '퇴거강제' 조건을 대폭 완화했고, 한일 정부는 이미 퇴거강제 수속이 시작된 경우에도 영주허가 신청을 한 경우에 따라 강제송환을 '자제할 방침'에 합의했다.[42]

---

[40] 1960년 6월 6일 법무성민사국은 후생성 인양원호국 서무과장 앞으로 보낸 회답 문서에서 "조선인의 혼인, 입양, 기타 행위에 대해 법례 규정에 따라 본국법에 준거할 경우에서의 본국법이란 우리나라가 사실상 승인한다고 인정되는 대한민국의 법률을 가리키는 것으로 따라서 당해 조선인이 남선인임과 북선인임을 구별할 것 없이 모든 한국민법을 적용하는 것이 상당하다"[日本社会党朝鮮問題対策特別委員会 編,『祖国を選ぶ自由—在日朝鮮人国籍問題資料集』, p.4]라고 적었다.

[41] 在日朝鮮人総連合会中央常任委員会社会経済部,『在日朝鮮人の国籍問題に関する資料』(東京: 在日朝鮮人総連合会, 1966), p.16;「外国人登録に関する件」,≪第51回国会法務委員会≫, 제8호(1966.2.24).

1951년에 제정된 출입국관리령은 제24조에서 퇴거강제에 해당되는 항목을 상륙 허가를 받지 않는 자, 재류 기간을 초과하는 자, 외국인등록령 위반자, 마약취체법 위반자뿐만 아니라 나병 환자, 정신장애자, 빈곤자, 방랑자, 신체 장애자까지 포함해 규정했다. '협정영주'자격은 이와 같은 사회적 약자들을 퇴거강제 대상으로 삼지 않았으며, 또 형벌과 관련해서도 7년을 넘는 죄를 범하지 않는 한 퇴거강제 대상에서 제외했다. 따라서 강제송환을 피하기 위해 외국인등록을 '한국'으로 전환하는 사례들도 충분히 있을 수 있었다.[43]

앞서 본 것처럼, 1965년 이전까지 일본 정부는 공식상 외국인등록 국적란 기재를 "단지 용어의 문제"이며 "실질적인 국적의 문제나 국가 승인의 문제와 전혀 무관"하다는 입장을 취했기 때문에,[44] 재일조선인들 자신도 애초에는 이 국적란 기재에 민감하지는 않았을 것이다. '한국'에서 '조선'으로의 변경을 바라는 자들에 대해서는 거절하기 어려운 사례에 한해 출입국관리국장의 재량으로 "개인적으로 인정하고 지시"를 했다고 한다.[45] 그러나 1965년 한일협정 체결 후 일본 법무성이 제시한 '정부통일견해'는 한국은 '국적'으로 인정하는 반면 '조선'은 편의 기재이기 때문에 "외국인등록중의 국적란을 국적 표시에서 편의 기재로 바꿀 수는 없다"라는 내용을 포함했다.[46] 다시 확인하자면 일

---

42 「일본국에 거주하는 대한민국 국민의 법적 지위와 대우에 관한 대한민국과 일본국 간의 협정에 대한 합의의사록」, 제3조 제4항.

43 日本社会党朝鮮問題対策特別委員会 編, 『祖国を選ぶ自由』, p.174.

44 自由民主党政務調査会, 『在日朝鮮人の国籍問題に関する資料』, p.16.

45 출입국관리국장 야기 마사오(八木正男)는 국회에서 "단지 명칭의 문제니까 특별히 위원회를 열고 의견을 수집하고 결정하기보다는…… 창구에서 적힌 글씨를 서환하는 것만으로 본인이 큰 행복을 느낀다면 그것도 괜찮다고 생각해서 내가 등록과장한테 이야기를 듣고 나의 책임으로 결재를 했다"라고 발언하고 있다. 「外国人登録に関する件」, ≪第51回国会法務 委員会≫, 第8號(1966.2.24).

46 「외국인등록상의 국적란의 '한국' 또는 '조선'의 기재에 관하여(1965.10.26)」, 「외국인등

본 정부는 1950년 시점에서 국제법의 원칙에 따라 '조선'이든 '한국'이든 용어의 문제에 지나지 않다는 입장을 취했지만, 1965년 이후 '한국'에 관해서는 국교정상화 전인 1965년 이전으로 소급해, 이를 사실상의 국적으로 인정하는 이중 기준을 취한 것이다.

'정부통일견해'가 발표된 직후인 1965년 10월 25일, 총련은 도쿄에서 '조선 국적요청자대회'를 열어 수천 명의 조선적 서환을 요구하는 사람들과 '조선국적요청자연락회의'를 결성해 "조선민주주의인민공화국의 재외공민"으로서의 정당한 권리를 인정하라는 요청서를 일본 법무대신 앞으로 보냈다. 11월 5일에는 조선민주주의인민공화국 외무성도 성명을 내고 "일본 정부의 비우호적인 적대 행위"를 규탄하고 "국제법의 제 원칙에 따라 재일조선공민의 기본적 인권을 무조건 보장"할 것을 촉구했다.[47] 그 후 수년간 조선적을 회복하려고 하는 움직임들이 각지에서 나타났다.´후쿠오카 현(福岡県) 기타큐슈 시(北九州市)에서는 1965년 11월 말까지 248명이 조선으로의 기재 변경을 신청했고, 도쿄 도(東京都) 아라카와 구(荒川区)의 재일조선인들이 집단 신청을 실시하기도 했다.[48] 총련 중앙에서는 각현 본부 위원장 앞으로 조선적 전환 신청 절차에 대한 자세한 내용을 적은 문서를 보냈다. 신청이유서 작성 요령은 다음과 같다.

록증명서의 국적란의 기재에 관하여 '한국'에서 '조선'으로 바꾸는 것을 인정하지 않는 이유(일본 법무성 1965년 10월 26일)」, 한영구 외 엮음, 『현대 한일관계 자료집 1』, 82~83쪽.

47   이상의 내용은 日本社会党朝鮮問題対策特別委員会 編, 『祖国を選ぶ自由』, pp.161~174 참조.

48   ≪アカハタ新聞≫, 1965.12.7, 1966.1.20, 日本国会図書館, 『新聞記事クリッピング: 在日朝鮮人(1965~1983)』.

① 언제 어떻게 '한국'으로 전환되었는지 구체적으로 기입: 일본 시정촌 직원이나 민단 간부가 자신의 허락 없이 변경한 사실, 혼인, 상속, 밀항자 신원인수, 고향 방문, 특별재류허가를 얻기 위해, 선원수첩을 받기 위해 등 일본당국에서 '한국' 변경을 강요받은 사실을 적을 것.

② 조선민주주의인민공화국 국적법에 따라 조선 국적을 갖고 공화국 공민으로서의 긍지와 명예감을 갖고 생활해왔다는 것, 현재까지 한 번도 자신의 의사로 '한국 국적'을 희망한 사실이 없음을 명확히 할 것.

③ 이미 이전부터 조선 국적변경을 요구해왔다는 사실, 더 이상 치욕적인 '한국'으로 살아갈 수는 없음으로 즉시 변경을 원한다는 내용을 적을 것.

④ 유의점: '한국'에서 '조선'으로 변경한다는 표현을 피하고('한국'을 국적으로 인정하게 되기 때문), 좌경적 언사는 피하고, 애원하는 듯한 이유서도 피할 것. 표현은 부드러워도 당연한 권리로서 요구하는 입장을 관철할 것.[49]

1967년 3월 25일 시점에서 조선 국적 전환 운동 지지를 결의한 전국의 지방단체는 총 137의회에 이르렀으며,[50] 1970년 8월부터 10월 사이에 법무성에 인가 신청을 하지 않고 독자적으로 서환을 진행한 건은 23지자체에서 420건 있었다.[51] 가장 잘 알려진 것은 후쿠오카 현 타가와 시(田川市)의 사례다. 1970년 8월 14일 사회당 출신의 타가와 시 시장 사카타(坂田九十百)는 재일조선인 이판복 등 14명의 신청을 수락해 '한국'에서 '조선'으로의 기재 변경을 처음으

49　總聯中央常任委員会社経部,「内外反動の『永住権申請』と『韓国国籍』強要策動を反対排撃して朝鮮国籍に改めるための運動を一層強化することについて」, 自由民主党政務調査会,『在日朝鮮人の国籍問題に関する資料』, pp.42~44.

50　日本社会党朝鮮問題対策特別委員会 編,『祖国を選ぶ自由』, p.11.

51　「재일교포의 외국인등록상의 국적란 환서」, 1970.10.9, 등록번호3957, 외교문서(P-0008).

로 인정했다. 법무성이 타가와 사장에게 14명의 국적 기재를 '한국'으로 되돌리라는 직무 집행명령을 내리자 오히려 각지의 혁신계 시장들의 반발을 불러일으켜 혁신 세력과 법무성 간의 대립으로 발전했다. 외국인등록법 제10조 2항에는 "시정촌의 장은 등록 원안의 기재가 사실과 부합되지 않을 때는 그 기재를 정정해야 한다"라고 명시되어 있고 혁신계 시장들은 이 조문을 충실히 따랐을 뿐이라고 주장했다. 이 조선적서환운동에는 사회당을 비롯한 기존 혁신 세력들뿐만 아니라 젊은 신좌익 활동가들도 부분적으로 연대했다. 당시 재일조선인 중국인들과 함께 출입국관리투쟁을 벌였던 쓰무라 다카시(津村喬)는 재일조선인의 국적 문제가 냉전 체제가 심화된 1970년대 정치 상황을 깊은 수준에서 규정하고 있음을 간파하고 일본 내 지역 투쟁이라는 차원에서 이에 개입했다.[52]

한국 외무부에는 일본 각지의 재외공관에서 지자체의 움직임들이 수시로 보고되었고, 총영사들이 지자체장들과 직접 면담을 해 설득하러 나서기도 했다. 한편 재일조선인 중에는 자신이 대한민국 국적을 갖는 것인지 일본 법무성에 조회를 하거나,[53] 한국 대사관에 직접 국적이탈에 관한 내용증명을 제출하는 경우가 있었다. 1970년 11월에 송부된 아키타 시(秋田市)에 사는 현부자 등 7명의 국적이탈서는 "조선민주주의인민공화국 공민으로서의 자각과 긍지를 갖고 생활해왔"고, 한국적을 이탈하고 조선적을 취득하오니 오늘부터 귀국(貴国)과 아무런 관계가 없음을 통보"한다는 동일한 내용으로 적혀 있다. 그

---

52 津村喬, 「〈在日〉の言説: 田川市における朝鮮国籍書換えをめぐって」(1971), 『歴史の奪還: 現代ナショナリズム批判の論理』(東京: せりか書房, 1972). 이에 대해서는 조경희, 「아시아적 신체의 각성과 전형: 1970년대 일본 신좌익 운동과 쓰무라 다카시」, 권혁태·조경희 엮음, 『두 번째 전후: 1960~1970년대 아시아와 마주친 일본』(한울, 2017), 9장 참조.

53 「劉正述ほか四名の大韓民国国籍の有無について」, 1970.9.5, 등록번호3957, 외교문서 (P-0008).

들이 모두 여성이라는 점에서 볼 때 조선적 남자와 결혼한 여성들이 한국적을 이탈하고 조선적 서환을 하고자 했던 것으로 짐작할 수 있다. 이 한 사례를 통해 재일조선인 사회의 분위기를 거론하기는 어려우나, 일본에서도 한국에서도 부계혈통주의가 국적법의 상식이었던 시절 재일조선인 여성들의 국적과 소속은 남편이 속하는 커뮤니티에 좌우되었던 것으로 보인다.[54]

이 과정에서 일본 법무성은 새로운 통달을 발표하고 대한민국 여권이나 협정영주허가를 받지 않은 자들 중 제3자로 인해 '한국'으로 오기(誤記)된 경우에 한해 경위진술서와 함께 '조선'으로 서환할 수 있도록 하는 사실상의 완화책을 내놨다.[55] 이 상황을 우려한 한국 공사 강영규가 입관국장 요시다(吉田健三)를 찾아가 해명을 요구했더니 요시다는 "완화했다는 것은 오보이며 법무성의 국적변경에 관한 기본 방침에는 하등의 변경이 없음을 강조"했다. 일본 법무성의 입장으로는 소수의 예외들을 규칙화하는 것이 더 합리적인 조치라고 생각했을 것이다. 1970년 8월에서 11월까지 약 6287건의 '조선' 서환 신청 수가 있었고 그중 1262건이 이미 접수된 상태였다.[56]

1971년에 들어 법무성은 민사국통달 제1810을 내려 재일조선인들 중 ① 대한민국 국민등록을 하지 않고, ② 대한민국의 정식 여권을 소지하지 않고, ③ 신청자 본인이나 부친이 협정영주허가를 신청하지 않는 경우에 한해서 '조선'

---

54 예컨대 1966년 국회에서 일본 법무성 입관국장은 "'한국' 등록 여성이 결혼하면 시댁 집안 전부 등록란에 '조선'이라고 써 있다. 그래서 자주, 집에서는 물론 지역 동포들도 말들이 많아서 곤란하다. 어떻게든 서환해주었으면 좋겠다고 집요하게 말해서 원칙대로라면 쉽게 허락하면 안 되겠지만 우리 쪽에서 서환해도 된다고 허가를 내린 경우도 있다"라고 발언하고 있다. 「外国人登録に関する件」, ≪第51回国会法務委員会≫, 第8号(1966.2.24).

55 「外国人登録原票の国籍欄の記載を『韓国』から『朝鮮』へ訂正することの申立てをする場合の提出書類について」(一九七〇年九月二六日付管登甲第6883号入国管理局通達).

56 金英達, 『日朝国交正常化と在日朝鮮人の国籍』, p.74.

으로의 기재 변경을 허락했다. 결과적으로 혁신계 시장들과의 대립 구도는 서로의 타협으로 마무리되었다. 현재까지도 이 세 가지 조건을 충족하기만 하면 외국인등록(현 재류카드) 국적란을 '조선'으로 전환할 수 있있으며 실제로 조선적으로 전환한 사례들이 존재한다.[57] 다만 이 모든 조건에 해당되는 자는 극소수일 것으로 추정된다. 한일협정 체제가 50년간 지속된 상황에서 한국의 국적 표시-국민등록-여권 발급이라는 일련의 절차는 이미 재일조선인들에게 고향 방문을 비롯한 해외 이동을 보장하는 강력한 시스템으로 확립되었기 때문이다.

5. 맺으며

이상 본 것처럼 한일협정과 '협정영주'자격의 신설은 한국적 재일조선인들의 법적 지위를 진전시킨 한편, 재일조선인 사회에 첨예한 대립 구도를 만들어놓았다. 한국 정부와 주일대사관, 그리고 민단 집행부는 일본의 외국인등록 행정을 분단 정치와 연결해 적극적으로 활용했고, 총련에서는 이에 항의해 등록증 기재를 '한국'에서 '조선'으로 재변경하는 국적 서환 운동을 전개했다. '협정영주' 신청은 한국 정부의 입장에서는 한일 간 외교 관계의 정상화와 더불어 재일조선인들을 재외국민으로 포섭하는 절호의 기회가 되었다.

협정영주 신청 마감일인 1971년 1월 16일 시점에서 신청자는 35만 1955명에 달해,[58] 재일조선인들 중 '조선'과 '한국'의 수는 역전하게 되었다. 그 후로

---

57 「일본 출신의 '한반도 대표 선수'로 사는 것: 오리엔티어링 북한 국가대표 리경사」, ≪일다≫, 2014년 7월 11일(http://www.ildaro.com/sub_read.html?uid=6745).

58 ≪朝日新聞≫, 1971.6.32; 日本国会図書館, 『新聞記事クリッピング: 在日朝鮮人(1965~19

도 한국적을 취득한 자는 꾸준히 증가하여 1978년에는 전체 재일 통계 65만 3913명 중 협정영주자 38만 6137명, 대한민국 국민등록자 35만 2439명을 기록했고, 1975년부터 총련계 재일조선인들을 대상으로 시작된 모국방문사업은 1979년까지 총 2만 2890명이 참가했다.[59] 민단에서는 성묘단모국방문추진위원회를 꾸리고 조직적으로 동원을 시작했으며, 모국방문상담소를 조선인 밀집 지역에 설치하여 누구나 자유롭게 출입하도록 하는 등 홍보 사업을 강화해나갔다.

1970년대 초 민단이 명실공히 유신 체제를 지탱하는 반공 조직으로 거듭나는 과정에서 민단 내부에서도 분열과 대립이 심화되었다. 한국 정부와 민단 집행부는 민단 내 반독재 민주화 세력을 '불순 용공 세력'으로 몰아 추방했고 이들의 일부는 현재까지도 국내에서는 반국가 단체로 규정되고 있다. 다만 국적 문제만을 본다면, 한국 정부의 외교문서에는 '협정영주' 신청이 마감된 1971년 이후 재일조선인의 국적 기재에 관한 내용은 더 이상 나타나지 않는다. 1965년부터 1971년이라는 '협정영주' 신청 기간에 집중적으로 벌어진 국적을 둘러싼 분단 정치는 그런 점에서 확실히 1965년 한일협정의 부산물이었다.

과연 재일조선인들에게 국적이란 무엇이었는가? 이 장의 내용으로 본다면 재일조선인들에게 국적은 인권이나 민족자결권의 근거보다는 분단 체제하 경쟁의 도구이자 어느 한 체제로의 소속을 증명하고 담보하는 의미가 컸다.

---

83)』.

59 「민단 중앙본부 '현황' 보고서」, 1979.5, 교민1과, 등록번호13919, 외교문서(2009-92). 모국방문사업은 1975년부터 2002년까지 진행되었으나 1980년대 이후 그 수는 줄어들었다. 민단이 공표한 총 인원은 5만 9710명이지만 이것도 외무부 문서보다 부풀려진 수치다. 김성희, 「1970년대 재일동포모국방문사업에 관한 정치사회학적 연구」(서울대학교 대학원 석사논문, 2013) 참조.

한편에서 분단국가의 국적을 둘러싼 정치 과정은 결과적으로 냉전 시대를 통해 재일조선인들이 결집력을 유지, 활성화하는 제도적 근거가 되기도 했다. 또한 일본 외국인등록이라는 외적 장치를 통해서만 증명되었던 자신들의 국적과 소속을 스스로 결정하는 계기가 되었다고도 할 수 있다. 일본 외국인등록중 국적란의 한국/조선 표시는 사실상 한반도 남/북 혹은 민단/총련 지지자들을 구분하는 지표로 간주되었으며, 일본 사회에서의 정주가 현실적인 길이 되었던 1970년대 이후 1990년대 초반까지도 한국적/조선적자의 수는 증가해 갔다.

1981년 일본이 유엔난민조약에 가입을 하면서 조선적자들에게도 영주자격이 인정되었고 1991년 '출입국관리특례법'을 통해 서로 다른 영주자격은 '특별영주'자격으로 일원화되었다. 그러나 한일협정 체제를 통해 이미 제도적 조건을 갖춘 한국적과 달리, 이른바 '주관적 국적'으로서의 조선적의 위치는 일본 사회에서 점점 불안정성을 띠게 되었다. 세계적인 탈냉전기에 접어들면서 남북 관계와 북일 관계의 변화에 따라 조선적의 수는 점점 줄어들었으며, 식민과 냉전의 정치 과정에서 방치되어온 조선적자들의 법적 지위의 어려움은 다른 나라에서 유사한 사례를 찾을 수 없는 역사적 특수성을 갖게 되었다.

글머리에서 언급한 바와 같이 1990년대 이후 한국 정부는 남북 교류의 일환으로 조선적자들에게 한국 입국의 길을 부분적으로 열기 시작했다. 그러나 여권을 대신하는 '여행증명서' 발급 시 조선적자들에게 한국적 취득 서약을 조건으로 하는 영사관의 관행은 또 다른 포섭의 시작이었다. 한국 여권을 발급받기 위해서는 일본 법무성이 관리하는 외국인등록(현 재류카드) 국적란 기재를 먼저 '한국'으로 표시해야 한다는 주일한국영사관의 오래된 관습이야말로 현재까지 계속되는 한일 간의 식민적·냉전적 '특수 관계'를 잘 보여준다. 한일 간에 마련된 국적-국민등록-여권 발급이라는 일련의 특화된 시스템은

'유효한 여권'을 통한 안정적인 해외 이동을 원하는 재일조선인들이 택할 수밖에 없는 길이 되었다. 이처럼 재일조선인들이 한국 여권을 손에 쥔다는 것은 정치적인 선택이 아닐 수가 없다.

이 과정에서 조선적의 의미는 사상적으로 점점 변화되거나 분화되어갔다. 즉, 1970년대와 마찬가지로 조선민주주의인민공화국 재외공민임을 자처하는 조선적이 있는 한편, 끊임없이 선택을 강요받는 상황에 대해 "A에서 B로 선택의 계기를 자기 안에 가지려고 하지 않는"[60] 조선적자들 또한 재일조선인의 현실을 반영하게 되었다. 중요한 것은 이 두 흐름의 내적 연관성을 인식하는 일이다. '무국적자'로 표상되는 후자만을 '안전한' 약자로 받아들이는 남한의 국내용 인도주의를 벗어나, 우리는 재일조선인의 국적 문제를 한반도 남북과 일본의 역사적 현실 속에서 자리매김할 필요가 있다. 재일조선인들이 '조선'과 '한국' 어느 한쪽을 여전히 선택해야만 한다면, '한국'이 압도적으로 유리한 위치를 차지하게 된 역사적 경위, 그리고 재일조선인들에게 한국적 선택을 강요해온 분단국가의 비대칭 구조에 대해 더 면밀한 검토가 요구된다. 이 장은 그것을 위한 기본적 작업이 될 것이다.

---

60 김석범, 「지금 '재일조선인'에게 '국적'이란 무엇인가?」, 이규수 옮김, ≪실천문학≫, 53호(1999년 봄). 재일조선인 1세 작가 김석범은 조선적을 "북도 남도 아닌 준(準)통일 국적"으로 해석하고 그 역사적 상징성을 주장해왔다. 김석범은 1997년 2세 작가 이회성의 한국 여권 취득과 그의 1970년대 한국행에 관한 수기의 신빙성을 둘러싸고 그를 첨예하게 비판했고 그 논쟁은 최근까지도 이어지고 있다. 金石範, 「李恢成『地上生活者(第四部・第五部)』を読む」, ≪抗路≫, 創刊号(2015).

05

오키나와의 조선인
배봉기 씨의 '자기증명'의 이중적 의미를 중심으로 *

김미혜

1. 강제된 '자기증명'

일본은 과거 수많은 조선인을 일본에 강제연행했다. 오키나와도 예외는 아니었다. 제2차 세계대전 말기에 일본은 많은 조선인들을 군인, 군 부역자(軍夫)나 노무자 그리고 '위안부'로 연행했다. 그러나 해방 이후 오랜 시간이 흐르도록 '오키나와의 조선인'에 대한 본격적인 실태 조사는 이루어지지 않았다. 이런 공백을 메우기 위한 시도는 1972년이 되어서야 시작되었다. 그해 8월 15

---

*   이 장은 2013년 6월 28~30일에 오키나와 대학에서 개최된 '제5회 동아시아 비판 잡지 회의'의 제3세션 '현대사 재고: 냉전하의 정치, 문화, 생활'에서 행한 보고 및 잡지 ≪イオ(이어)≫, 2013년 10~11월 호에 게재된 글(「배봉기 씨를 통해서 본 남북 분단과 재일조선인 현대사」)을 대폭 수정·가필한 것이다. 또한 이 글은 초고를 일본어로 썼으며 도쿄대학 대학원 김백주 조교수가 번역을 도와주었다.

일부터 9월 4일까지 '제2차 세계대전 시 오키나와 조선인강제연행학살진상조사단(이하 '진상조사단')'이 본격적인 실태 조사를 한 것이 처음이었다.[1]

이 '진상조사단'의 조사와 오키나와 주민들의 '증언 수집'으로 오키나와 전투(이하 오키나와 전)의 조선인 문제에 대한 조사가 일정 부분 성과를 거두게 되었다.[2] 그러나 일본군이 오키나와에 연행한 조선인이 수천 명인지 수만 명인지는 여전히 추정의 범위를 벗어나지 못하고 있다. 실제로 얼마나 많은 조선인이 연행되었고, 몇 명이 죽임을 당했으며, 또 몇 명이 귀국했는지, 그리고

---

1   「제2차 세계전쟁 시 오키나와 조선인 강제연행 조사 보고서」(1972년 10월). 조사단은 오키나와에 배치된 육군의 근무 부대, 해군의 설영대(設營隊), 군 직속 토건업자가 끌고 온 근무자, '위안부' 등 다양한 강제연행의 형태 그리고 조선인에게 강요된 운송, 진지 구축, 참호 파기 등의 고역에 대해 밝혔다. 조사단은 오키나와 전을 경험한 주민들에게서 많은 증언을 수집했고 구메지마(久米島) 사건 등 조선인들이 학살, 희생된 사건의 실태 조사에 성과를 남겼다.

2   오키나와 문학 연구자인 신조 이쿠오(新城郁夫)는 1972년 8월 22일 자 ≪오키나와 타임스≫에 크게 실린 '제2차 세계대전 시 오키나와 조선인강제연행학살진상조사단'의 조사 내용을 담은 「또 하나의 오키나와 전의 실체」라는 특집 기사를 소개하면서, 강제연행에 의해 오키나와에 끌려온 조선인에 대한 기억이 분출하듯이 공적인 장에서 거론되기 시작한 중요한 시기가 바로 이 '진상조사단'이 오키나와를 방문한 1972년 8월이라고 지적했다. 바로 그것은 '오키나와가 일본이란 국가로 재통합이 된 직후였으며 베트남 전쟁의 전진기지가 되는 군사 상황이었다. 이런 시대 속에서 스스로 가담하는 전쟁 책임의 현재와 과거를 되묻는 계기가 되어 그동안 오키나와 주민들의 역사 인식에서 공백이 되어 있었던 조선인 '위안부'와 '강제조선인'에 대한 기억이 되살아났다고 신조는 분석했다. 또한 신조는 '오키나와인 전체'가 체험한 오키나와 전의 방대한 증언을 수집하고 기록한 오키나와현사 편집과정에서 조선인들의 존재가 누락된 것을 인정한 당시 오키나와현 사료편집소 소장 오오시로 다쓰히로(大城立祐)의 말에 주목하고 오키나와현사를 거론했는데, 신조가 지적한 것처럼 1974년에 편찬된 『沖縄県史第9巻 沖縄戦記録 2』에는 1971년에 출간된 『沖縄県史第9巻 沖縄戦記録 1』보다 조선인 '위안부'와 '강제연행 조선인'에 관한 기술이 많이 늘어난 것을 확인할 수 있다. 신조는 이 역사 인식, 역사 기술의 변화에서 중요한 점은 전쟁에 가담한 '오키나와인'의 '국민'화, '신민'화에 대한 반성으로서 '강제연행 조선인', '조선인 위안부'가 의식화된 것이라고 지적했다. 新城郁夫, 「奪われた声」, 『到来する沖縄』(インパクション, 2006), pp.135~137.

오키나와에 잔류한 사람들이 얼마나 되는지를 분명히 밝혀낼 수 있는 종합적인 자료는 발견되지 않았다. 그래서 각종 피해와 희생에 대한 증언을 뒷받침할 수 있는 자료 발굴 등의 실태 조사는 이후에도 계속되어야 할 과제로 남아있다.

여기서 주목할 것은 '오키나와 조선인'에 대한 첫 조사가 1972년 오키나와의 시정권이 미국에서 일본으로 반환된 것을 계기로 이루어졌다는 사실이다. 즉, 시정권이 일본으로 반환됐다는 사실은 일반적인 오키나와 주민들과 달리 오키나와 내부에 소속되어 있지만 그동안 가시화되지 않았던 '오키나와의 조선인'이라는 존재들이 일본의 국내법에 의해 '가시화'된다는 것을 의미했다. 그런 점에서 1972년의 오키나와 시정권 반환은 해방 전과 해방 후에 걸쳐 오키나와에 살았던 강제연행된 조선인들의 지위와 신분에 현저한 변화를 초래한 사건이었다고 할 수 있다.

실제로 1972년 5월 15일, 오키나와의 시정권이 일본으로 반환되자 일본 정부는 1945년 8월 15일까지 도일했다는 사실을 확인할 수 있는 오키나와 거주 조선인에게 '재류특별허가'를 내린다는 조치를 취했다. 일본이 패전을 맞기 전에 도일했다는 것을 증명해줄 사람과 신병인수인을 제시하는 것이 조건이었다. 이 의무를 다하지 않는 자는 '불법재류'자로서 한국에 강제송환한다는 것이었다.

시정권이 반환된 뒤 3년이 지난 1975년 10월, 한 조선인 여성이 강제송환을 피하기 위해서 입국관리소에 자신이 오키나와에 '위안부'로 연행되어온 조선인이라고 신고했다. 그 여성의 이름은 배봉기 씨, 현재 일본군 '위안부' 피해자임을 가장 먼저 밝힌 인물로 알려져 있는 사람이다. 당시의 신문은 태평양전쟁 시기에 오키나와에 연행된 후 30년 만에 '자유'를 얻었다고 말하는 전 일본군 '위안부' 피해자인 조선인 여성(배봉기 씨)에 대해서 이렇게 보도하고 있다.

태평양전쟁 말기에 오키나와에 '위안부'로 연행되어 종전 후에는 불법재류자 형태로 쥐 죽은 듯이 몸을 숨기며 살아온 조선 출신의 나이 든 여성이 이번에 나하(那覇) 입국관리사무소의 특별한 배려로 30년 만에 '자유'를 얻었다. 당시에는 '일본인'이었지만 지금은 외국인. 여권도 비자도 없기 때문에 강제송환 대상이었지만 '불행한 과거'가 고려되어 한국 정부의 양해를 얻은 후에 법무성은 이번에 특별재류허가를 부여했다. 노파는 입국관리소의 심사를 통해서 "나는 '우군(友軍)'에게 속았다", "전쟁터에서의 '일'이 부끄러워서 전후 본국에 돌아갈 수 없었다"라고 연행 당시의 일이나 심경을 면면히 말한다. 오키나와 전에 강제연행된 조선인의 증언을 직접 얻은 것은 이번이 처음이다.[3]

배봉기 씨는 시정권 반환과 더불어 자신이 강제송환될 수 있다는 이야기를 자신과 마찬가지로 도카시키(渡嘉敷) 섬에서 '위안부'가 되어 살아남은 벗인 가즈코 씨(익명)에게서 듣게 된다. 외국인등록을 하지 않으면 한국으로 강제송환된다는 이야기를 들은 가즈코 씨가 배봉기 씨에게 이 같은 사실을 전했다고 한다.[4] 또 신경통이 악화되어 더 이상 일을 할 수 없게 된 배봉기 씨를 염려한 고용주가 동네 사무소에 상담한 결과 생활보호를 신청하게 되었는데, 배봉기 씨의 호적이 한국의 충청남도에 있다는 것이 확인되자 배봉기 씨의 재류자격이 문제가 된 것도 이유 중의 하나였다.[5]

---

3 ≪琉球新報≫, ≪沖縄タイムス≫, ≪高知新聞≫(1972年 10月 15日).

4 山谷哲夫, 『沖縄のハルモニ』(1979), p.89, 신조 씨의 증언. 배봉기 씨는 가즈코 씨가 오키나와에서 죽었다고 말했는데, 가즈코 씨가 결혼해서 가정을 꾸렸기 때문에 그녀의 행복한 가정생활을 파괴하지 않기 위해서 죽은 것으로 해서 감쌌다고 한다. 배봉기 씨는 가즈코 씨가 전후 어떻게 살았는지 증언을 남기고 있다. 여성가족부 권익증진국 복지지원팀, 『오키나와 거주 일본군 위안부 피해자 배봉기 증언: 연구보고서: 배봉기의 歷史이야기』(여성가족부 권익증진국 복지지원팀, 2006년), 89~91쪽.

어떻게 해서든 한국에 강제송환되는 것을 피하고 싶었던 배봉기 씨는 과거에 일했던 식당의 주인 사위가 되는 신조(新城) 씨에게 신병인수인이 되어줄 것을 요청한다. 신조 씨는 배 씨가 그동안 얼마나 고생했는지를 잘 알았을 뿐 아니라 신조 씨 장모(義母)의 음식점에서 오랫동안 설거지 등 일을 도와주었던 인연이 있었다. 결국 신조 씨는 배봉기 씨를 위해서 입국관리사무소에 제출할 탄원서를 쓰고 신병인수인이 될 것을 승낙했다. 이렇게 해서 배봉기 씨는 입국관리사무소에서의 취조를 거쳐 법무성의 재량에 의해 재류특별허가를 얻게 되었고 강제송환을 면하게 된다. 다시 말하면 배봉기 씨는 이때 처음으로 '재일조선인'으로 '등록된' 것이다.

1915년에 충청남도 신례원에서 태어난 배봉기 씨의 가족은 식민지 조선의 가난을 이기지 못하고 뿔뿔이 흩어졌다. 빈곤 때문에 고향인 충청남도 신례원을 떠난 뒤 1943년 말에 함경도 흥남에서 부산, 시모노세키(下關)를 거쳐 가고시마(鹿児島)에서 일본군과 함께 오키나와로 끌려왔다. 1944년 11월, 게라마(慶良間) 제도의 도카시키(渡嘉敷) 섬에 도착한 배봉기 씨는 두 달 후에 개설된 위안소에서 '위안부'가 되었다.[6] 오키나와 전의 격화로 인해 일본군에게 이끌려 오키나와 주민들과 함께 도카시키 섬의 깊은 산속에서 취사반으로서 혹사를 당하던 중에 1945년에 패전을 맞았다. 이후 배 씨는 미군의 포로가 되어서 이시카와(石川) 수용소에 수용되었다.

---

5   川田文子, 『イアンフと呼ばれた戦場の少女』(2005), pp.12~13.

6   일본군 '위안부'로서 필설로는 다할 수 없을 정도로 가혹한 인생을 살 수밖에 없었던 배봉기 씨의 인생의 편린이 르포, 다큐멘터리, 수기 등 다양한 매체를 통해서 소개되고 있다. 山谷哲夫, 『沖縄のハルモニ』(1979); 川田文子, 『赤瓦の家—朝鮮から来た従軍慰安婦』(1987); 福地曠昭, 『オキナワ戦の女たち: 朝鮮人従軍慰安婦』(海風社, 1992). 전 한국정신대문제대책협의회 윤정옥(尹貞玉) 공동 대표의 인터뷰 기사, 박수남(朴寿南) 감독의 다큐멘터리 〈アリランの歌〉 등도 참조.

수용소를 나온 후부터 이어진 패전 후의 삶에 관해서 배 씨는 많은 증언을 남기지 않았다. 그러나 생전에 배 씨는 "속아서 이국 땅에 끌려오고 이국 땅에 버려졌다", "패전 후가 더 힘들었다"라고 말한 바 있다.[7] 식민지의 밑바닥에 있던 조선인 여성이 해방 이후에도 고향에 못 돌아가고 이국 땅에서 살아남기 위해 얼마나 숨죽이며 마음을 굳게 다잡고 살아가야 했을까? 그 고통은 감히 상상할 수 없을 정도였을 것이다. 그러한 배봉기 씨가 1975년에 자신이 '위안부'로서 끌려온 '조선인'이라고 '자기증명'을 해야만 했다. 배 씨가 일본으로 재통합된 오키나와에서 강제송환을 피할 길은 그것밖에 없었다. 스스로의 '생존'을 위한 신고였던 것이다. 다시 말하면 배봉기 씨는 일본 정부에게 '위안부'였다는 것을 밝힐 것을 제도에 의해 강요받은 것이다.

2. 식민 지배와 '잔류 오키나와 조선인'

배봉기 씨의 신고는 앞서 인용한 보도에서도 알 수 있듯이 많은 충격과 파문을 일으켰다. 이는 오키나와에 강제연행된 일본군 '위안부'의 존재가 전후 30년 만에 확인됐음을 뜻하는 것이었기 때문이다. 이후 배봉기 씨는 1970년대에 '발견'된 일본군 '위안부' 피해자였던 조선인으로서, 1991년에 커밍아웃한 김학순 씨가 일본 정부를 고소한 것을 계기로 고조된 일본군 '위안부' 문제

---

7   배봉기 씨의 전후에 대한 이야기는 다음과 같은 자료와 문헌, 인터뷰 들을 참조해 구성했다. 여성가족부 권익증진국 복지지원팀, 『오키나와 거주 일본군 위안부 피해자 배봉기 증언: 연구보고서: 배봉기의 歷史이야기』; 川田文子, 『イアンフと呼ばれた戦場の少女』(2005); 山谷哲夫, 『沖縄のハルモニ』(1979); 전총련오키나와현본부 김수섭, 김현옥 씨와의 인터뷰(2013.5~), "ハルモニの遺言 元「従軍慰安婦」ペ・ポンギさんの戦後" 1~6, ≪琉球新報≫, 1998年 6月 18~23日.

의 진상 규명,[8] 일본 정부의 바람직한 배상을 요구하는 운동 담론에서 중요한 위치를 차지하게 된다.[9]

그런데 앞에서 본 바와 같이 배봉기 씨의 커밍아웃 과정을 살펴보면, 우리는 배봉기 씨가 '위안부' 피해자였다는 사실과 함께 또 다른 중요한 사실을 깨닫게 된다. 그것은 전후 오키나와에 조선인들이 살아남아 있었다는 사실, 그리고 그 '잔류 조선인'들의 법적 지위가 일본 본토의 재일조선인들의 그것과는 차이가 있었다는 사실이다. 특히 오키나와가 일본에 반환되기 전, 즉 미군의 지배 아래 조선인이 어떻게 취급되었는가라는 중요한 문제에 대해 지금까지 오키나와나 일본은 물론 재일조선인 사회에서도 인식되거나 회고된 적이 거의 없었다.

---

8 조선 근현대 여성사 연구자인 송연옥(宋連玉)은 1991년에 김학순 씨가 한국에서 처음으로 '위안부'였다고 밝히고 나서며 일본 정부를 고소한 배경에는 "한국 사회의 민주화에 따른 인권 의식의 고양과 여성운동의 진전"이 있었으며, "민주화에 의해서 한국 사회에서 민주적 제 권리가 보장됨과 동시에 봉인되어 있었던 과거의 역사 재평가가 진행된 시대의 변화"와 관련이 있다고 지적했다. 宋連玉, 金栄 編著, 『軍隊と性暴力: 朝鮮半島の20世紀』(現代史料出版, 2010).

9 배봉기 씨의 존재에 대해서는 1990년대 말까지만 해도 한국에 거의 알려지지 않았다. 오키나와를 찾아 간 첫 연구자인 윤정옥이 1980년과 1988년 두 차례에 걸쳐 배봉기 씨를 찾아가 신문에 연재 기사("끌려간 사람들", ≪한국일보≫, 1980년 8월 29일, 9월 3일 자)가 났고, 야마타니(山谷哲夫)의 『沖縄のハルモニ』를 재구성해 ≪주간중앙≫이 1982년 8월 15일, 29일에 연재 기사를 냈지만 널리 알려지지는 않았다. 친일파들이 권력을 틀어쥐고 있었던 군사독재 정권하에서 일본군 '위안부' 희생 문제는 식민지주의와 젠더, 섹슈얼리티가 얽힌 문제로서 가부장제 이데올로기가 강고한 한국 사회에서는 오랫동안 봉인되었고, 많은 '위안부' 희생 여성들이 사회적으로 침묵을 강요받았던 배경이 있었다. 또한 배봉기 씨의 경우, "배봉기 씨를 지원한 것이 '조총련 사람들'이었기 때문"이라는 남북 분단의 이데올로기가 직접 영향을 미쳤다는 점을 함께 고려해야 할 것이다. 이것은 필자가 1999년에 토카시키 섬으로 가는 배 안에서 혜진 스님한테 직접 들은 것인데, 2002년에 발행된 『나눔의 집 역사관 핸드북 10』에도 배봉기 씨가 "스스로를 밝힐 때에 (북한을 지지하는) 조총련의 지원을 받았기 때문에 한국에서는 그녀의 존재가 거의 알려지지 않았다"고 적혀 있다.

앞의 배봉기 씨의 사례에서 본 것처럼 미군 통치기를 거쳐 오키나와의 시정권이 일본에 반환된 뒤부터 오키나와에 강제연행되어왔다가 살아남은 조선인들의 존재가 밝혀지게 되었고 그 법적 처우에도 변동이 생겼다. 이 문제에 대해 처음으로 본격적으로 논한 연구자는 고바야시 소메이(小林聰明)이다.[10] 고바야시는 오키나와의 시정권이 일본에 반환됨에 따라 변화한 오키나와 조선인들의 법적 지위 문제와 관련해, 1965년에 한일 정부 사이에 체결된 협정영주권이 오키나와 거주 조선인에게 적용되지 않았던 과정을 한국의 외교문서를 통해서 분석했다. 고바야시는 류큐민정부가 파악하고 있었던 1971년 5월 당시의 오키나와 조선인들 216명이 명시된 재류외국인명부를 한국 외무부가 입수한 사실을 밝히고, 그 명부에서 해방 전부터 오키나와에 재류하는 조선인의 존재를 밝혀냈다. 고바야시는 명부에서 확인된 이 조선인들이 협정영주권 해당자가 되기 때문에 한국 정부가 협정영주의 권리를 해방 전부터 오키나와에 거주하는 이들 조선인에게 적용하도록 일본 정부와 더 적극적으로 교섭해야 했는데 그러지 못했다는 점을 지적하면서 한국 정부의 소극적이고 무책임한 외교 활동을 비판했다.

임경화(林慶花)도 전후 오키나와에 잔류한 조선인 문제에 주목했다. 임경화는 식민지 시대부터 오키나와에 잔류한 조선인이 전후의 냉전 시스템 속에서 방치되고 발견되는 과정을 '국가의 논리'와 '주민의 논리'라는 관점에서 분석했다.[11] 고바야시가 오키나와 잔류 조선인의 법적 지위 문제에 관한 논의를 시정권 반환기인 1971년에 이루어진 한일 정부 교섭에 한정하고 협정영주권이 적

10 　小林聰明, 「発見, 忘却される沖縄のコリアン: アメリカ施政権下沖縄における朝鮮半島出身者の法的地位をめぐって」, ≪ワセダアジアレビュー≫, No.15(2014).

11 　임경화, 「오키나와의 아리랑: 미군정기 오키나와 잔류 조선인과 남북한」, ≪대동문화연구≫, 제89집(2015).

용되지 않은 과정을 검증한 데 비해, 임경화는 외교문서뿐 아니라 각종 신문, 잡지 등의 기사를 발굴해 1965년의 한일협정 체결 때부터 이미 오키나와 거주 조선인들이 스스로의 처우 개선을 요구했으며 오키나와에 잔류한 조선인은 배봉기 씨의 신고 이전인 1966년에 이미 발견되었다는 점을 밝혀냈다.

임경화는 오키나와 잔류 조선인의 존재가 1965년 전후, 즉 재일조선인 법적 지위에 관한 한일교섭이 진행되던 시기에 이미 확인되었음에도 무시되었고, 그 후 1972년의 오키나와 반환 시에 재차 관심을 받게 되었다고 지적했다. 한국 정부가 조선총련이 오키나와에 진출할 것이라는 위기감을 느꼈기 때문이었는데 이를 한국 정부에 의한 '국가 논리'라고 지적한 임경화는 오키나와에 진출한 조선총련과 민단의 대립을 상세하게 분석함으로써 남북 분단의 정치가 오키나와 조선인 문제에 어떻게 개입했는지를 밝혀냈다. 그는 또한 1960년대에 발견된 조선인 16명의 명부를 각종 신문과 '진상조사단'의 조사 등을 통해 작성했는데, 그 명부에는 이름과 출생지 이외에 패전까지의 행적과 패전부터 조사 당시까지의 행적을 정리해 강제연행과 기타 이유로 오키나와에 오게 된 '잔류 조선인'들의 행적을 밝혔다.[12]

이상에서 본 것처럼 고바야시와 임경화의 연구는 모두 지금까지 가시화되지 않고 공백으로 남아 있던 전후의 오키나와 '잔류 조선인'들의 문제를 다루었으며 특히 오키나와 조선인의 존재를 방치하고 저버린 한국 정부의 국가 책임에 대해 외교문서와 다양한 자료를 구사해서 밝히고 비판했다는 점에서 의의가 크다.

---

[12] 이 명부에는 배봉기 씨 행적도 들어갔는데 배봉기 씨가 '75년 특별영주허가 취득'이라고 썼다. 배봉기 씨가 받은 자격은 '재류특별허가'이며 특별영주권이 아니다. '재류특별허가'란 불법재류한 자가 법무장관의 재량으로 강제송환을 면하고 부여받는 재류자격에 불과하다. 또한 '특별영주권'는 1991년 11월이 되어서야 시행되었다.

이 장에서는 이 선행 연구의 성과를 답습하면서도 '자기증명'이라는 시각에서 해방 후 오키나와에 잔류된 조선인의 문제에 접근해보고자 한다. 배봉기 씨의 사례가 명시해주듯 '자기증명'을 강제한 국가 폭력의 모습을 밝히는 것은 오키나와 조선인 문제를 파악하는 데 피할 수 없는 과제다. 이는 오키나와 시정권이 반환되는 와중에 조선인들을 또다시 차별, 배제하기 위해 만들어진 강제된 '신고'가 역설적으로 오키나와에 남겨진 조선인들이 강제연행된 이들, 식민지 지배의 유산이라는 사실을 법적 구조를 통해서 스스로 폭로하는 결과를 불러왔기 때문이다.

오키나와 전에서 희생된 조선인들의 전모와 살아남은 오키나와 잔류 조선인들의 처우 문제에 대해서는 아직 밝혀져야 할 것들이 많다. 이를 위해서는 지금까지 밝혀진 오키나와 전과 관련된 군인 군속과 포로 명부 등의 사료 상황을 정리해야 한다. 그리고 명부가 이끄는 '자기증명'의 가능성과 불가능성에 관해서 고찰하는 한편, 일본의 패전 전과 패전 후에 걸쳐 관철된 '자기증명'의 일관성을 살펴보고자 한다. 또한 1945년 이후 미군에 의해서 오키나와의 조선인이 어떠한 관리 아래 놓여 있었으며, 그리고 그것이 오키나와의 시정권이 반환된 뒤 일어나는 변화 과정에서 어떤 문제를 일으켰는지를 지적하면서 다음의 과제를 밝혀볼 것이다.

일본군 '위안부' 피해자였던 배봉기 씨로 상징되는 오키나와의 조선인에게 강제된 '자기증명'의 현실을 통해서 그들에게 관철된 식민주의와 남북 분단 그리고 냉전 시스템의 폭력이 어떠한 것이었는지를 밝히는 '근거'(grund)에 접근한다. 층층이 겹쳐진 폭력에 노출되어온 오키나와 조선인의 역사를 대면하다 보면, 자기증명을 하라는 폭력에 노출된 존재들이 거꾸로 이와 같은 폭력의 억압성과 차별성을 자연스럽게 드러낸다는 사실을 알 수 있다. 오키나와의 조선인들에게 자기증명을 강제하면 할수록 식민 지배의 폭력과 국가 폭력

의 민낯이 더 명확히 드러나게 된다. 이를 통해 역사를 굴절시키고 훼손하려
는 다양한 시도들에 맞설 수 있게 되고, 그 주장들을 무효화할 수 있는 다양한
논리들을 손에 넣을 수 있게 된다.

3. 명부로 보는 '자기증명'

1) 군인 군속 명부

오랫동안 공백으로 남아 있는 전후 오키나와 조선인의 역사를 살펴보는 단
서를 찾아내려고 할 때 오키나와 전에 징용된 조선인 군부(軍夫), 일본군 '위안
부' 전사자 및 생존자에 관한 실태를 파악하는 것은 여전히 중요한 과제이다.

오키나와 전이 격화된 1944년, 국민징용령에 의해서 오키나와 전에 강제로
징용된 조선인들은, 남자들은 '군부'로서 잔인하게 혹사당하고 또 여자들은
'위안부'로서 참혹하게 성을 유린당했다. 이루 다 표현할 수 없는 전시 폭력에
의해서 신체와 정신이, 인간의 존엄이 파괴된 많은 조선인이 오키나와라는 이
국땅에서 목숨을 잃었다.

얼마나 많은 조선인들이 끌려와 오키나와 전에서 희생되었는지에 대해서
밝혀져야 할 것들이 여전히 많다. 그러나 오키나와의 주민들, 일본과 한국의
시민 및 연구자 그리고 재일조선인들에 의해 진상 규명 노력이 꾸준히 진행되
어왔다.

첫 번째 계기는 앞서 소개한 1972년 8월의 '진상조사단'에 의한 재일조선인
과 일본인의 합동 조사였다. 또한 박경식의『조선인강제연행의 기록(朝鮮人強
制連行の記録)』출간을 시작으로 1960년대 후반부터 시작된 조선인 강제연행

에 관한 조사가 1990년대 이후 한국의 민주화와 함께 활발하게 진행되었다. 민주화 이후 한국의 피해자들이 적극적으로 증언하고 일본 정부를 향한 배상 운동에 나섰기 때문이다. 이런 사회적 흐름의 변화와 함께 전쟁 피해자에 관한 자료나 명부 조사가 적극적으로 진행되었다.

1990년대에 들어서자 일본 정부는 강제연행과 관련한 조선인 명부를 한국 정부에 넘겼다. 다케우치 야스토(竹内康人)[13]는 2010년에 방문한 강제동원조사지원위원회에서 열람한 강제동원된 군인 군속 명부를 상세하게 정리, 분석하고 그 개요를 밝혀냈다.[14] 또 다케우치의 연구를 바탕으로 오키나와에 군인 군속으로서 동원된 32군 '특설수상근무대'를 비롯해 조선인 군부에 관해서 조사한 오키나와 '한의 비' 모임(沖縄「恨之碑」会)의 오키모토 후키코(沖本富貴子)가 오키나와 전의 조선인 명부를 조사, 정리했다.[15]

얼마나 많은 사람들이 연행되고 얼마나 많은 사람들이 죽음으로 내몰렸으며 얼마나 많은 사람들이 생존한 것일까? 또한 그 생존자들 중에 고국으로 돌아갈 수 있었던 사람들, 오키나와에 남겨진 사람들은 얼마나 있었는가? 이 질문들은 '수(数)'에 대한 물음인 동시에, 묻혀진 '이름'의 존재에 대한 물음이

---

13 일본 하마마쓰에서 고등학교 교사로 지내면서 역사 연구를 하는 연구자이다. 강제동원진
    상규명네트워크(強制連行真相究明ネットワーク) 회원.

14 竹内康人 編, 『戦時朝鮮人強制労働調査資料集 2: 名簿・未払い金・動員数・遺骨・過去清算
    』(神戸学生青年センター出版部, 2012), p.11. 다케우치가 조선인 군인 군속 명부를 분석
    한 결과, 소속 부대명, 배치 인수가 대략 판명되었다. 또한 2015년에 『戦時朝鮮人強制労
    働調査資料集』(증보·개정판)을 통해 사망 시기나 사망지가 밝혀졌다.

15 沖本富貴子, 「沖縄戦と朝鮮人連行その1」, 軍夫研究会(2015.5.30). 오키나와 '한의 비'는
    오키나와에 강제동원되어 포로수용소를 거쳐 귀국한 강인창 씨를 중심으로 한국과 오키
    나와의 시민들이 협력해, 아카(阿嘉) 섬에서 사망한 동료들과 아시아 태평양전쟁에서 희
    생된 한반도 출신자들을 추모하기 위한 운동을 벌렸고 1998년 8월 12일에 '태평양전쟁·
    오키나와 전 피징발자 한의 비'를 경상북도 영양군에 건립했다. 2006년 5월 13일에는 오
    키나와현 요미탄(読谷) 촌에도 같은 비가 세워졌다.

기도 했다. 따라서 이 질문에 대답을 주는 명부 조사는 참으로 중요한 작업이
었다.[16]

이들의 끈질긴 조사로 인해 수천에서 만 명까지 추정되어온 오키나와 강제
연행 조선인들의 구체적인 수가 명부[17]에 의해 확인되었다.

오키나와에 동원된 조선인 수는, 다케우치의 정리에 따르면 ① 육군에서
판명한 군인 군속은 3191명, ② 해군에서 판명한 수가 272명이다. 육군, 해군
군인 군속으로 오키나와에 동원된 조선인은 3463명인 것으로 확인된다.

그렇다면 오키나와 전에서 사망한 조선인은 얼마나 될까? 1971년에 일본
정부는 후생성이 작성한 구일본군재적조선출신자사망자연명부[18]를 한국 정
부에 넘겼는데, 다케우치는 이 명부와 함께 각지에서의 조사와 문헌, 자료를
종합해서 '강제연행기 조선인 사망자 명부'로 정리를 했다. 그 명부에 따르면
오키나와의 사망자는 628명이라고 한다. 이것은 다케우치가 '평화의 주춧돌
(平和の礎)'[19]에 새겨진 조선인(433명, 2007년 현재), 전몰선원조사표(戰沒船員調

---

16   1993년에 일본 정부가 한국 정부에 넘겨준 군인 군속 명부와 관련한 사료는 다음과 같
     다. "피징용사망자연명부" 21,692명, 육군 "유수명부" 114책 160,148명, 해군 "군인이력
     원표" 21,420명, 해군 "군속신상조사표" 79,358명, 육군 "병적·전시명부" 20,222명, 육군
     "공원명표등"(군속공원) 2,102명, 육군 "군속선원명부"(육군군속선원) 7,046명, 육군 "병
     상일지"(육군군인 군속·진료기록) 851명, 육군 "임시군인 군속계" 46,164명, 육군군 "부
     로명표"(포로군인 군속) 6,942명. 이들 대부분은 후생성 원호국 관련 자료이며 주요한 명
     부는 ① 육군 "유수명부", ② 해군 "군인이력원표", ③ 해군 "군속신상조사표"이고 이들
     명부만으로 26만 명 정도 된다(竹内康人 編, 『戰時朝鮮人强制労働調查資料集 2: 名簿·未
     払い金·動員數·遺骨·過去清算』).
17   앞의 명부 중 오키나와에 동원된 조선인에 관한 명부는 ① "선박(오키나와)유수명부", ②
     "제3항공군(남서)제4항공군(비도)제6비행사단(호주)제32군(오키나와)유수명부", ③ "도
     서·도서군유수명부"이다(竹内康人 編, 『戰時朝鮮人强制労働調查資料集 2: 名簿·未払い
     金·動員數·遺骨·過去清算』).
18   한국에서는 "피징용사망자연명부"라는 이름으로 정리되었다.
19   1995년에 완성된 '평화의 주춧돌'은 오키나와현의 "태평양전쟁·오키나와 전 종결 50주년

査票)의 조선인 명부 등 다른 원자료를 포함한 8종의 자료를 참조해서 정리한 것이다.[20] 여기에 오키모토가 "오키나와 '한의 비' 모임"이 독자적으로 입수한 명부 등의 자료를 보태서 조사한 이름을 찾아내어 보완한 결과, 2016년 5월 9일 현재 오키나와에서 사망한 것으로 확인된 조선인의 수는 모두 908명이 된다. '평화의 주춧돌'에 새겨져 있는 이름이 2014년 6월 현재 447명인데, 다케우치와 오키모토가 찾아낸 908명이라는 숫자를 감안할 때 '평화의 주춧돌'에 조선인 희생자 수가 제대로 반영되어 있지 않다는 사실을 알 수 있다.[21]

여기서 '자기증명'이라는 관점에서 '평화의 주춧돌'에 새겨진 이름에 대한 문제를 살펴보자. 오키나와 남부 마부니(摩文仁) 언덕에 세워진 평화의 주춧돌에 새겨진 447명의 이름은 신원이 밝혀지고 오키나와 전에서 사망했다는 정부의 '공적인 증명'이 인정된 사람들이다. 다케우치와 오키모토가 찾아낸 희생자가 908명이라는데, 즉 달리 말하면 비석에 이름이 새겨진 자들 이외에 여전히 많은 희생자들이 발견되지 않고 '인정'받지 못한 채 방치되고 있다는 것을 의미한다. 오키나와현은 사망의 '공적 증명'이 없으면 주춧돌에 이름을 새기지 못한다며 신청 자체의 수리를 거부하고 있다고 한다.[22] 이는 일본 정부가 조선인들의 생사와 귀환 등에 대해 조사하고 확인하는 작업을 포기하고 있다는 의미이다. 강제적으로 연행되어온 조선인들이 객지에서 전사한 것을

사업"의 일환으로 만들어졌다. 오키나와현은 조선인의 각명(刻名)을 위해서 1996년도부터 2003년도까지 예산을 책정하고 한국의 명지대 홍종필 교수에게 위탁했다. 홍 교수의 정력적인 작업으로 2004년까지 423명의 이름이 새겨졌는데, 2004년도 이후부터는 오키나와현이 위탁 업무를 중단했다. 홍 교수는 2010년까지 한국의 국내 일간지에 주춧돌 각명 작업을 지속할 것을 호소하는 광고를 게재했는데, 그 결과로 2008년까지 23명, 2010년에 1명이 추가되었다. 그러나 그 이후 각명 작업은 완전히 중단되었다.

20   沖本富貴子, 「沖縄戦と朝鮮人連行その 1」, p.6 재인용.
21   沖本富貴子, "「平和の礎」に朝鮮人犠牲者刻銘作業を推し進めよう"(軍夫研究会, 2016.5.9).
22   ≪沖縄タイムス≫, 2016年 10月 6日; ≪琉球新報≫, 2016年 10月 6日.

'자기증명'하라는 이 폭력적인 국가 논리는 배봉기 씨한테 강요한 '자기증명'의 논리와 일맥상통한다. 죽은 자에게까지 '자기증명'을 강요하는 일본 정부의 폭력은 일관된 식민주의 폭력으로서 현재까지 관철되고 있다. 그뿐이 아니다. 평화의 주춧돌은 식민지 시기에 연행되어온 조선인 희생자임에도 불구하고 '조선민주주의인민공화국'과 '대한민국'이라는 2개의 비석에다가 갈라놓고 이름을 새겼다. 이북 출신자와 이남 출신자로 갈라놓았다고 하지만 객지 오키나와에 끌려온 그 시절에는 존재하지 않았던 나라였으며, 그들이 돌아가고 싶어 하고 죽으면서도 그리워했던 나라는 분단된 두 나라가 아니었다. 오키나와 전에서 희생된 조선인들은 살아서는 돌아가지 못하고, 죽어서는 분단된 나라에 분류되어 '귀속'당했다. 이러한 분단 인식을 가지고 오키나와 전에서 희생된 조선인들에게 당신은 어느 나라 출신이냐는 물음을 백 번, 천 번 던져보아도 이에 대한 '자기증명'은 절대 불가능할 것이다.

2) 포로, 송환자에 관한 명부

오키나와 주민들이 '철의 폭풍(爆風)'으로 묘사할 정도로 온 섬이 초토화가 된 처참한 전투 속에서도 간신히 살아남은 조선인들이 존재했다. 그들 중 많은 사람들이 고향으로 가는 귀환선을 탔고, 또 일부는 오키나와에 머물렀다. 이들의 귀환 상황이나 일본이 패전한 후의 행방을 알아내기 위한 조사에서 미군의 관계 자료는 매우 유효하다.

1991년 4월 2일, 일본의 주요 신문사들은 국립국회도서관에 소장되어 있는 GHQ의 자료 속에서 여성을 포함한 약 1600명의 조선인 명부가 발견되었다고 보도했다.[23] 기사에 따르면, 이 명부는 1946년 2월 14일 자 문서로서 오키나와 기지 사령부가 태평양군 총사령관에게 보낸 '전쟁포로 명부'였다.

이 명부가 더욱 주목을 받은 것은 군인 군속 명부에 조선인 여성의 이름이 포함되어 있었기 때문이었다. 군인 군속 명부에 여성의 이름이 발견되기는 이번이 처음이었다. 국회의원 모토오카 쇼지(本岡昭次)가 이 자료를 분석한 바, 마지막 글자의 발음에서 여성이라고 확인할 수 있는 이름이 51명, 여성으로 보이는 이름이 47명이었다고 한다. 이들 여성은 일본군 '위안부'가 아닐까 추측되었다. ≪류큐신문(琉球新聞)≫은 같은 날짜 기사에서 "'위안부'로서 군대의 각 주둔지에 배치된 것으로 보이는 여성에 관한 증언은 많이 있지만, 지금까지 명부 등 문서 자료가 발견되지 않았다"며 '위안부' 연행을 뒷받침하는 자료의 발견이라고 평가했다.[24]

같은 해 10월 19일 자 ≪마이니치신문(每日新聞)≫은 '진상조사단'이 강제연행자 명부 12만 6000명분을 공표했다고 보도했다. 신문은 그중에 일본군 '위안부'일 가능성이 매우 높은 조선인 여성만의 명부도 함께 포함되어 있다고 소개했다. 기사에 따르면, 이 명부는 국회도서관이 마이크로피시로 소장하고 있는 GHQ 기록문서 속에서 발견된 것으로 오키나와 기지 사령부가 작성한 "조선인 송환 초기 명부"라는 제목이었다.[25] 날짜는 1945년 10월 31일로 표기되어 있으며 미군이 오키나와에서 포로로 잡은 일본군 관계자 속에 있었던 조선인 여성 165명만을 기록한 명부로 본명과 일본 이름이 병기되어 있을 뿐만 아니라 본적지나 번지까지 상세하게 기재되어 있다고 한다.

한편, 1992년 재미 연구자 방선주는 논문 「미국 자료 한인〈종군위안부〉고찰」에서 미국이 제네바 조약 제77조에 의해서 태평양전쟁 때 당시 미국의 포로가 된 일본인 명부와 개개인에 대한 조사 서류를 일본 정부에 반환했다는

---

23   ≪朝日新聞≫, 1991.4.2; ≪琉球新報≫, 1991.4.2.
24   ≪琉球新報≫, 1991.4.2.
25   ≪每日新聞≫, 1991.10.19.

것을 밝혔다. 그 명부의 정식 명칭은 "List of Japanese Prisoner of War: Records Transferred to the Japanese Government"로 날짜는 1954년 12월 17일로 되어 있다. 미국은 6권으로 제본된 약 17만 9498명의 성명, 인식 번호만이 기재된 신상 조서를 340상자에 분납해서 반환했다고 한다.[26] 이 명부에는 일본인 이외의 이름도 포함되어 있는데, 성이 '金(Kim)'인 사람만 해도 900명에 이르며, '金山(Kaneyama)'나 '金田(Kaneda)' 등 식민지 시대 창씨개명된 이름으로 기재된 자까지 포함하면 조선인은 만 명 이상에 이른다고 한다. 여성 이름도 있는데, 방선주는 그 대부분이 간호보조원이나 '위안부'였을 것이라고 추측하고 있다. 일본에 반환된 340상자를 모두 검증해야만 그중 몇 명이 군인이고 몇 명이 노동자이며 몇 명이 '위안부'였는지를 알 수 있다고 방선주는 지적했는데 그와 관련해 와다 하루키(和田春樹)가 1994년 10월 8일에 후생성 사회원호국이 원명표를 정산, 점검해서 작성한 보고서의 내용을 소개했다.[27] 와다에 따르면 보고서는 원명표 자료가 "연합군이 작성한 영문 자료로 개인마다 출신지, 직업 등을 기재한 개인별 카드"이며, 이 명표의 총수가 16만 4395개임을 밝히고 있다. 앞에서 본 미국 정부가 일본 정부에 반환한 340상자의 명부 총수와는 1만 5000명 정도 차이가 있는데, 이 포로 명부가 전체의 어떤 부분을 차지하고 있는지는 자료의 성격을 밝히지 않으면 알 수 없다.

방선주는 이 자료의 성격을 알기 위해서 본인이 소장하고 있는 미군의 포로 명부, 포로 심문서와 비교해가면서 고찰하고 있다. 그중에서 오키나와에서 본국으로 송환된 한반도 출신자 명부로서 "Headquarters Okinawa Base Command, Okinawa Prisoner of War Camp No.1"이라는 보고서를 제시하

---

26 方善柱, 「美國資料 韓人〈從軍慰安婦〉考察」, ≪國史館論叢≫, 第37号(1992), p.221.
27 和田春樹, "政府發表文書にみる「慰安所」と「慰安婦」: 『政府調査「慰安婦関係」関係資料集成』を読む", 「慰安婦」問題調査報告書」(1999).

고 있다. 이에 따르면 오키나와의 조선인 수용소(제1~8)에 수용되어 있던 비전투원 1587명이 이 송환자 명부에 들어 있다. 방선주가 지적한 이 명부가 바로 1991년 4월에 GHQ 기록문서에서 발견되었다고 ≪류큐신문≫이 보도한 여성을 포함한 조선인 명부일 것이다. 필자도 국회도서관에서 이 명부를 참조한바, 명부의 인원은 정확히 1587명이어서 방선주가 소장하고 있는 명부와 같은 자료임을 확인할 수 있었다. 방선주는 이것과는 별도로 오키나와에서 한국으로 송환될 예정이었던 조선인 위안부 147명의 명부의 존재에 대해 소개하며, 이것은 1954년도의 포로 송환자 총명단, 즉 6권의 명부에는 포함되어 있지 않다고 지적한다.[28] 다시 말해 앞의 보고서에서 본 후생성 명표에는 없는 명부라는 것이다. 여기사 한 가지 유의할 점은 포로 명부와 송환자 명부를 따로 구별해볼 필요가 있다는 것이다. 나중에 언급하겠지만 이를테면 배봉기 씨는 포로수용소가 아닌 민간인수용소에 수감이 되었다. 이것은 포로수용소뿐 아니라 민간인수용소에 수용된 조선인들이 있었다는 것을 말하는데, 민간인수용소에 있다가 귀환선을 탄 사람들의 명부는 포로 송환자 명부에는 당연히 포함이 안 될 것으로 추정된다.

와다에 따르면 이 147명의 명부도 전술한 모토오카 의원이 국회도서관에 소장되어 있는 GHQ 문서에서 1991년 8월 10일에 발견했으며,[29] 또한 방선주 논문에는 언급이 없었지만 앞에서 본 것처럼 '진상조사단'이 발견했다고 하는 165명의 조선인 여성만의 송환 명부 역시 국회도서관에 소장되어 있는 GHQ 문서에서 발견되었다. 여기서 일단 정리를 해보자면 보고서 "Headquaᴨers Okinawa Base Command, Okinawa Prisoner of War Camp No. 1"에는 ① 모

---

28 방선주, 「美國資料 韓人〈從軍慰安婦〉考察」, p.223.

29 和田春樹, "政府発表文書にみる「慰安所」と「慰安婦」: 『政府調査「慰安婦関係」関係資料集成』を読む", p.30. 이 명부의 자료명은 "BOX1967, NO.LS40637~40638"이다.

토오카가 국회도서관에서 발견했고 방선주가 소개한 47명의 조선인 여성의 이름으로 추축이 되는 명부가 있고, ② '진상조사단'이 발견한 65명의 명부가 있다. 필자가 확인한바, 이 165명의 명부 제목은 "KOREAN WOMEN TO BE EVACUATED TO THE HOMELAND"이고, 명부의 마지막 페이지에는 17명의 조선인 남성 명부 "KOREAN MEN TO BE EVACUATED TO THE HOME-LAND"가 이어져 있어 조선인 여성과 남성의 수를 합산하면 82명의 조선인들이 명부에 기록되어 있음을 알 수 있다.[30]

최근에 나온 연구들 중에 이 미군의 자료에 주목한 것이 홍윤신(洪允伸)과 호사카 히로시(保坂廣志)의 연구다. 홍윤신은 1994년에 스탠포드대학교 후버 연구소의 왓킨스가 수집한 오키나와 필름에서 발견된 "Report of military activities"(1945.10~11, 군정활동보고), 11월 13일 자 공문서 "Routing of Liberty Ship GABLES"(리버티 선 게이블스 호의 루트 결정 명령) 등에서 오키나와의 조선인 귀환 과정에 대해 소개를 하고 있다.[31] 홍윤신에 따르면 군정활동보고의 10월 보고서에는 "오키나와 본도에서 모아진 40명과 다른 류큐열도에서 온 110명의 조선인 위안부가 귀국을 기다리고 있다"라고 기록되고 있으며, 11월 보고서에는 "그녀들은 나하(那覇)에서 휴식을 취한 후 본국으로 돌아갔다"라고 기록되어 있다. 이 보고서가 가리키고 있는 것이 전술한 1945년 10월 31일 자 "조선인 송환 초기 명부"에 있던 165명의 여성들인지 아닌지는 알 수가 없으나 홍윤신도 앞서 살펴본 HQ 문서에 있는 조선인 송환자 명부에 대해 언급

---

30 자료 이름은 BOX1967, NO. LS40642. 이 명부는 "Headquaⁿrs Okinawa Base Com-mand, Okinawa Prisoner of War Camp No. 1"와함께 오키나와대학의 와카바야시 치요(若林千代)와의 공동 조사에 의해 입수되었다.

31 保坂廣志, 『沖縄戦捕虜の証言: 鍵穴から戦場を穿つ―』, p.471, 473; 洪允伸, 『沖縄戦場の記憶と「慰安所」』(インパクト出版会, 2016), pp.416~418.

했다.[32]

홍윤신과 호사카의 연구는 게이블스호의 운행 목적을 명시한 루트 결정 명령에 대해 언급하고 있는데 그에 따르면 이시가키섬(石垣島)과 미야코섬(宮古島)에서 각각 205명과 458명의 조선인을 태우고 요코하마항으로 향하도록 지시하고 있다.[33] 호사카는 이외에도 오키나와에서 하와이로 보내진 535명이 직접 인천항에 귀환했다고 밝히면서 1945년의 귀환자 총수를 2798명으로 추정한다.[34]

이상에서 신문 보도와 선행 연구, 필자의 공동 조사를 통해 현재 밝혀지고 있는 군인 군속 명부와 미군의 포로 명부의 종류와 성격, 그리고 송환자 명부에 대해 살펴보았다. 최근 미군 관계자료 조사에서 미군 상륙 직후에 포로가 되어 심문을 받고 송환된 조선인 병사 41명의 심문조서[35]가 발견되었다는 보도가 있었던 것처럼, 1954년에 미국이 일본 정부에 보냈다는 17만 9498명의

---

32 洪允伸, 『沖縄戦場の記憶と「慰安所」』, p.416. 홍윤신은 이 명부의 총수를 164명이라고 하고 그중에 남성이 17명, 여성이 147명이라고 구분했다.

33 保坂廣志, 『沖縄戦捕虜の証言: 鍵穴から戦場を穿つ』(柴峰出版, 2015), p.471; 洪允伸, 『沖縄戦場の記憶と「慰安所」』(インパクト出版会, 2016), p.417.

34 保坂廣志, 『沖縄戦捕虜の証言―鍵穴から戦場を穿つ―』, p.471. 호사카에 따르면, 1945년 6월 13일부터 8월까지 오키나와에서 하와이로 535명의 조선인이 보내졌다는 것이 미군 자료를 통해서 밝혀졌다고 한다. 그러나 왜 그들이 하와이로 보내졌는지는 분명하지 않다. 충청일보는 하와이 징용 포로 정보지 ≪자유한인보≫(3호)와 함께, 2780명(추정)분의 포로 명부의 발견에 관해서 보도했는데, 기사에 따르면, 명부에는 포로의 성명, 주소 등과 함께 여성의 이름도 기재되어 있다고 한다. "그녀들 중에는 간호부였던 사람도 있겠지만, 일제 때에 군대와 함께 위안부가 따라다녔던 사실이 있기 때문에 이들 명부 중에 위안부가 있을 가능성도 있다"라고 보도했다. "ハワイ徴用捕虜の哀歓を込めた情報誌再び発見", ≪한겨레신문≫ 온라인 일본어판, 2013.12.3(http://japan.hani.co.kr/arti/politics/16171.html).

35 保坂廣志, 『沖縄戦捕虜の証言―鍵穴から戦場を穿つ―』(柴峰出版, 2015), pp.434~466. 이에 대해서 ≪琉球新報≫(2016.4.1)는 "부대에서 학대, 탈주", "조선 출신 일본병의 조서 입수", "상륙 직후 미군 심문: 본도 최초의 포로인가?"라는 제목으로 보도했다.

포로 명부와 1990년대 초에 일본 정부가 한국 정부에 넘겼던 포로 명부 그리고 같은 1990년대 초에 '위안부' 관련 자료 발굴 과정에서 국회도서관에서 발견된 명부들을 대조해 무엇이 같은 명부이고 다른 것인지, 중복되는 것과 빠진 것이 무엇인지 자세하세 분석해야 할 것이다.[36]

오키나와 위안소에 관한 본격적인 조사 연구를 정력적으로 진행해온 홍윤신은 한국 정부가 '위안부'로 등록한 215명의 명부 중에서 신고 당시의 인터뷰 내용을 검토한 결과, 4명이 오키나와에 동원되었던 것으로 판명되었다고 지적한다.[37] 홍윤신은 GHQ 자료 등의 발굴 작업은 매우 중요한 작업임은 틀림이 없으나 통계 자료만으로는 오키나와 전쟁의 조선인과 조선인 '위안부'의 실태를 정확히 파악하기 어려울 것이라고 지적한다.[38] 조사 대상이나 범위,

---

36 일본 정부가 한국 정부에 넘겨준 26만 명의 군인 군속 관련 명부 중에 육해공 '부로명표' (포로 군인 군속) 6942명이라는 것이 있는데, 이것이 1954년에 미국 정부가 일본 정부에 반환한 6권, 340상자 속의 조선인 명부 속에 포함되는 것인지 확인해야 할 것이다. '위안부'에 해당하는 내용을 정리한 후생성의 조사 결과 개요는 남녀별 내역(남자 16만 3566명, 여자 829명)과 여성의 출신지별, 직업별 내역을 기술하고 있는데, 민족별 내역이 없기 때문에 이 후생성 보고서만으로는 2개의 명부를 조합하는 데 무리가 있다『政府調査 「慰安婦関係」関係資料集成 4』(龍渓書舍, 1998), p.363]. 보고서에는 조선인 출신 19명 중 위안부가 10명으로 분류되어 있는데, 보고서에 오류가 없다면 방선주가 지적하고 모토오카가 발견한 147명의 명부(No.LS40637~40638), '진상조사단'이 국회도서관에서 발견한 165명(No.LS40642) 및 1587명 중 약 90명의 여성은 포함되어 있지 않다는 것이 된다. 340상자 이외에 다른 명부가 존재하는지, 명부 이외의 자료, 문헌, 증언 등을 계속 조사할 것이다.

37 洪允伸,『沖縄戦場の記憶と「慰安所」』, p.419.

38 홍윤신은 특히 '위안부' 관련 실태 조사는 전면적으로 오키나와 주민들의 증언 조사에 의존할 수밖에 없다고 지적하고 있으며, 130개소의 위안소를 찾은 1992년에 시작한 위안소맵 조사 활동이나, 1980년대부터 시작한『浦添市史』등을 비롯해『読谷村史』,『玉城村史』와 같은 오키나와의 시정촌사(市町村史)의 기록들 그리고 1997년에 배봉기 씨가 생활했던 토카시키 섬에 세워졌던 '아리랑의 비', 2006년에 세워진 '한의 비', 2008년에 미야코 섬에 건립된 '아리랑의 비 및 여자들에게'와 같은 비석들을 중요한 선행 조사 기록으로 평가하고 있다. 같은 책, pp.420~421.

방법에서 다양한 시행착오가 있을 수밖에 없는데, 그러한 의미에서 앞으로의 조사와 관련해 한 가지 언급해두고자 한다. 그것은 포로 명부와 연관이 있는 '수용소'의 성격에 관한 것이다. 이 절에서 확인한 바와 같이 1990년대부터 발견되고 있는 명부는 군인 군속 및 포로와 관련된 명부이다. 배봉기 씨는 도카시키 섬에서 함께 온 다른 '위안부' 희생자였던 여성들 5명과 함께 포로수용소인 야카 수용소에서 민간인 수용소인 이시카와 수용소로 옮겨져 수감되어 있었다. 이는 조선인들이 민간인 수용소에도 수감됐음을 말해준다. 배봉기 씨처럼 군인 군속과 떨어져서 민간인 수용소에 수용된 여성들이 더 있었을 것이라는 추측이 가능한데, 오키나와에 끌려온 조선인들이 어떻게 잔류하게 되었는지 그 행적을 알기 위해서도 오키나와에 미군이 상륙한 뒤 1년 동안 대부분의 오키나와 '주민'들이 수용되어 있었다는 민간인 수용소에 관한 조사가 이루어져야 할 것이다.[39]

4. 미군 통치하 '재오키나와 조선인'이라는 불가능한 위치

배봉기 씨는 민간인 수용소에 오키나와 주민들과 함께 수용되었다. 앞서 포로수용소 명부를 확인하는 과정에서 송환 명단의 존재를 확인한 것처럼 일본이 패한 후 오키나와의 포로수용소에 수감된 많은 조선인들은 GHQ가 행한 계획이송, 송환사업의 일환으로 고향에 송환되었다. 그러나 민간인 수용소에 수감된 '주민'들 중에는 송환되지 않았던 사람들이 있었던 것으로 보인다.

---

[39] 민간인수용소에 관해 필자가 참조한 최근 연구는 다음과 같다. 七尾和晃, 『沖縄戦と民間人収容所』(原書房, 2010).

배봉기 씨는 왜 민간인 수용소에 수감되었을까. 어떤 경위로 수용되었을까. 배봉기 씨와 함께 이시카와 수용소에 수감된 다른 여성들의 행방은 어떻게 되었을까. 배봉기 씨처럼 오키나와에 잔류했을 가능성이 높지 않을까. 오키나와에 잔류하게 된 조선인들의 잔류 경위나 이유 그리고 전후 오키나와에서 어떻게 살았는지, 많은 물음이 여전히 해소되지 않은 채 남아 있다. 미군이 오키나와를 점령한 후 만든 고아원에서 '위안부' 피해자였던 여성들의 보살핌을 받았다는 오키나와 주민들의 증언이 있다. 민간인 수용소, 고아원에 관한 최근의 연구들은 조선인 여성들이 미군의 관리하에 고아원 등에서 일했었다는 사실을 밝히고 있다.[40] 앞서 언급한 '진상조사단'은 조사 과정에서, 오키나와 전에서 살아남은 조선인들이 미군의 군속으로서 일하면서 오키나와에 잔류하게 된 사실과 '위안부' 피해자였던 조선인 여성이 미군 점령기에는 미군을 상대로 '매춘'을 할 수밖에 없었던 무거운 사실과 대면하게 된다. 소설 『긴네무 집(ギンネム屋敷)』은 바로 이러한 조선인 남성과 조선인 여성의 비극을 그렸다.[41] 또 『완가우마리아 오키나와(わんがうまりあ沖縄)』[42]라는 수기에는 필자인 도미무라가 실제로 만난 '매춘부' 하나코(花子)가 일본군 '위안부' 피해자 조선인이었으며, 그녀의 언니 또한 '위안부' 피해자로서 자살했다는 잔인한 고통과 괴로움을 토해내는 과정을 기록했다. 두 작품 다 오키나와인들과 조선인들이 맺은 관계성을 드러냈는데, 오키나와의 문학은 이러한 조선인들의 '빼앗긴 목소리'를 문학이라는 수법으로 '증명'했다. '명부'에는 없는 조선인들이 미군 통치기의 오키나와에서 살아 있었다는 것, 그리고 이 '빼앗긴 목소

---

40 浅井春夫, 『沖縄戦と孤児院—戦場の子供たち』(吉川弘文館, 2016)의 제4장 「田井等孤児院と日本軍「慰安婦」問題」 참조.

41 又吉栄喜, 『ギンネム屋敷』(集英社, 1981).

42 富村順一 獄中手記, 『わんがうまりあ沖縄(新粧版)』(拓殖書房, 1993).

리'가 빼앗긴 채로 묻어 있다는 것을 오키나와의 문학은 고발하고 있다.[43]

오키나와 잔류 조선인들 중에는 조선인 군부나 '위안부'로 끌려왔다가 간신히 살아남아 잔류한 조선인 외에도 어쩔 수 없이 식민지 지배하의 조선을 떠나 남양군도로, 남양군도에서 오키나와로 이동하면서 거주하게 된 조선인들도 존재했다. 임경화는 이러한 행적을 가진 조선인들이 한일협정이 맺어진 시기에 '무국적자'로 살아온 자신들의 처우에 관해 오카모토 아키히코(岡本昭彦)가 전한 ≪동아일보≫ 기고 글, "沖繩에 버려진 無國籍 韓國人"(1966.1.18)을 필두로, 1960년대 말의 신문에서 보도된 잔류 조선인들의 존재를 소개했다.[44]

한편 호사카 히로시(保坂廣志)도 앞에서 소개한 책에서 오키나와 전 이전부터 오키나와에 거주하고 있었던 조선인의 존재에 대해서 언급하고 있다. 호사카는 1943년 3월에 사법성이 주관해 북은 가라후토부터 남은 오키나와까지 전 조선인 남자들을 대상으로 지역별 징병적령자조사를 실시했다는 히구치 유이치(樋口雄一)의 선행 연구를 인용하면서, 이 조사 내용을 보면 오키나와 전 이전에 오키나와에 거주한 조선인들 인원수를 어느 정도 파악할 수 있다고 했다.[45] 오키나와에 해당하는 조사 내용을 보면 나하지방재판소 소관의 현내 57동네 중 12동네에 '재일(재오키나와)조선인' 59명이 거주하고 있었다는 것을 알 수 있다. 또한 1930년에는 오키나와의 조선인들이 '조선부조회'를 발족했

---

43 新城郁夫, 「奪われた声の行方」, 『到来する沖縄』(インパクト出版会, 2008). 신조는 여기서 '빼앗긴 목소리'를 '위안부' 피해자인 여성들의 목소리로 한정했으나, 이 장에서는 조선인들의 목소리로 인용했다.

44 임경화, 「오키나와의 아리랑: 미군정기 오키나와 잔류 조선인과 남북한」, 556~560쪽; ≪동아일보≫, 1966.1.18, 1966.1.27, 1966.6.2, 1966.7.12; ≪琉球新報≫, 1965.5.15; ≪沖縄タイムス≫, 1972.8.26.

45 保坂廣志, 『沖縄戦捕虜の証言—鍵穴から戦場を穿つ—』, pp.434~436; 樋口雄一, 『皇軍兵士にされた朝鮮人』(社会評論社, 1991), pp.50~51 재인용.

고 많을 때는 40~50명의 사람들이 모이는 일도 있었다고 하는데, 이들 역시 전쟁 때 오키나와 방위대에 동원되었을 것이지만 그들이 일본 패전 후에 민간인 수용소에 갇혔는지 다른 대원들과 함께 포로수용소에 수감되었는지 밝혀지지 않고 있다고 지적했다.[46] 앞으로 식민지 시대에 남양군도나 대만으로 이동한 조선인들의 행적까지도 시야에 놓고 조사할 필요가 있을 것이다.[47]

이처럼 전후에 오키나와에 잔류한 조선인들의 존재를 확인하게 되면서 연구의 관심은 그들이 놓여 있었던 미군 점령하의 구조, 특히 외국인 관리 체제로 옮겨가게 된다.

미군 통치기 오키나와에서의 외국인 정책에 관한 연구는 조선인뿐 아니라 대만인, 필리핀 등 다른 외국인에 대한 연구와 함께 이루어져야 하지만 이에 대한 연구는 아직 축적되어 있다고 말하기 어렵다.

도이 도모요시(土井智義)는 류큐열도의 '비류큐인'에 대한 식민지 통치 방식과 관련해 지배를 받는 사람들에게 설정된 '국민(류큐인)'과 '외국인(비류큐인)'이라는 차별적인 주체 편성에 초점을 맞추어 고찰하고 미군 통치기의 '외국인' 관리 체제 등을 조사했다. 이러한 도이의 정력적인 연구에 의해서 미군 통치기 오키나와에서 '외국인'이 어떻게 차별화되어갔는지, 그 기본적인 구조적 틀을 개관할 수 있게 되었다.[48]

---

46   保坂廣志,『沖縄戦捕虜の証言―鍵穴から戦場を穿つ―』, p.436.
47   今泉裕美子,「朝鮮半島からの「南洋移民」: 米国議会図書館蔵南洋群島関係史料を中心に」,
     『アリラン通信』, 32号(2004). 김수섭 씨에 따르면, 1972년 9월에 열린 총련 오키나와 본부 결성식에 참석한 오키나와 동포들 중에 자신이 가족들과 함께 대만으로 이민을 갔다가 오키나와로 오게 되었다는 증언을 하는 사람도 있었다고 한다.
48   土井智義,「米国統治期の在沖奄美住民の法的処遇について―琉球政府出入管理庁文書を中心として―」,≪沖縄県公文書館研究紀要≫, 第16号(2014);「米軍統治期の「琉球列島」における「外国人」(「非琉球人」)管理体制の一側面: 1952年7月実施の永住許可措置を中心として」,≪沖縄県公文書館研究紀要≫, 第15号(2013);「米軍統治期の沖縄における「外国

그러나 도이가 주로 조사 대상으로 삼고 있는 것은 미군 통치기 류큐열도의 '외국인' 문제의 효시였던 1950년대 전반의 '일본인 건설 노동자'의 유입 및 송환 정책 등이며, 식민지 지배에 의해서 생긴 조선인이나 대만인 문제는 다루지 않았다. 도이의 연구는 미군 통치하의 오키나와라는 국민국가와는 다른 단위에서의 '국민'과 '외국인'의 편성에 주목하고 있으며, 종래의 주권을 갖는 국민국가에 포함할 수 없는 '주체'의 편성 문제를 어떻게 가시화하고 분석할 수 있는가에 초점을 맞추고 있다. 그로 인해 전후 오키나와에서 전개된 미국의 통치가 어떠한 것이었는지에 대해서는 많은 시사를 주지만, 오키나와의 특수한 법 제도의 맥락에서 조선인 문제를 어떠한 위치에 놓고 고찰할 수 있는지의 문제는 여전히 과제로 남아 있다.

이런 과제가 있다는 것을 전제로 하면서도 다음으로는 미군 점령하의 오키나와에서 시행된 출입역관리와 법령을 분석한 도이와 앞서 소개한 고바야시 소메이의 연구 성과에 초점을 맞추어, 전후 오키나와의 조선인이 미군 통치하에서 어떠한 관리 체제하에 놓여 있었는가 하는 문제를 확인해보고자 한다. 오키나와가 미군 점령하에 놓인 1945년 4월, 태평양구역사령관 겸 남서제도군 정부 총장이었던 C. W. 니미츠(Chester William Nimitz)가 미군 해군 정부포고 제1호를 발포해 류큐열도에서의 일본의 모든 행정권, 사법권을 정지하고 정치 및 관할권을 군정부총장에 귀속시켰다. 이로 인해 그때까지 일본국 법령으로 출입국관리에 관한 효력이 미치고 있었던 내무성이 전폐되고 임시적인 기간 류큐열도의 출입관리권은 군정부에 의해 진행되었다.

人」参政権問題: 「非琉球人」をめぐる参政権の歴史について」, ≪日本学報≫, 第30号(2011); 「米軍占領期における「国民」/「外国人」という主体編成と植民地統治: 大東諸島の系譜から」, ≪沖縄文化研究≫(法政大学沖縄研究文化研究所), 38号(2012); 平成22年大学院生調査研究助成成果報告会(2011).

1950년 12월, 미국은 류큐 군정부를 폐지하고 류큐열도 미국 민정부(USCAR)를 설립해 민정부 행정 법무부에 '세관 및 출입관리사무소'를 설치하고 출입관리 업무를 이행시켰다. 오키나와에 입역하는 외국인이 증가함에 따라서 출입국관리체제를 정비하기 시작한 민정부는 1952년 2월에는 민정부령 제67호의 공포에 의해서 경찰국을 설치하고, 경찰국 내부 분과로서 '출입역관리과'를 설치했다. 여권 발급, 여행 서류의 검열, 출입신청서 수리 및 조사 등의 업무와 신분증명서, 출입국허가서의 발행, 불법입국자의 송환 수속 등이 USCAR 이민과의 직접적 지휘하에 운영되었다.[49]

미군 통치기에 오키나와에서 전개된 '외국인' 관리 체제가 어떠한 것이었는지를 생각할 때 중요한 법률이 두 가지 있다. 하나는 1953년 1월에 제정된 류큐열도 미국 민정부 포령 제93호 '류큐열도출입관리령'(이하 포령 제93호)이고, 다른 하나는 다음 해인 1954년 2월에 공포된 미국 민정부 포령 제125호(이하 포령 제125호)이다. 이것은 미군이 오키나와 점령 이래 처음으로 피점령자에 대해 '국민'('류큐주민')과 '외국인'('비류큐인')의 구별을 획정한 포령이며, "비류큐인의 류큐열도 출입에 관한 관리 및 수속, 등록의 제정"을 목적으로 하는 것이었다. 이 포령은 '류큐주민'과 '비류큐인'과 함께 '주류군 요원(Occupation Personnel)'에 대해서도 정의를 내리고 있으며, '주류군 요원'의 출입관리 등에 관해서는 '비류큐인'을 관리하는 법에서 벗어나 군의 규정에 따를 것을 규정하고 있다. 또한 '비류큐인'의 재류자격의 종류나 강제송환의 사유, 연령 제한 없는 '외국인등록(alien registration)' 등도 정하고 있다.[50]

그러면 '류큐주민'과 '비류큐주민'이라는 규정은 구체적으로 어떤 내용을 담

---

49   『琉球における出入域管理』(法務局出入管理局, 1968), pp.6~8.

50   土井智義, 「米軍統治期の「琉球列島」における「外国人」(「非琉球人」)管理体制の一側面: 1952年7月実施の永住許可措置を中心として」, pp.33~34.

고 있었을까? '류큐주민'이라는 것은 ① "1945년 9월 2일 이전부터 북위 29도 이남의 류큐열도에 거주한 자"와 "호적상 주소를 류큐열도 내에 두고 동시에 1945년 9월 2일 이후 영주 목적을 갖고 류큐열도에 들어오는 것에 대하여 부장관의 허가를 받은 자"였다. 다시 말해 '류큐주민'이라는 것은 호적이나 국적에 관계없이 일본 패전 전부터 '류큐열도'에 사는 주민과 '류큐열도'(오키나와현 또는 가고시마 현 오오시마 군)에 호적을 둔 자로서 미군이 주체가 되어서 실시한 송환정책 및 같은 정책 종료(1949년 3월) 후에 섬에 와서 미군부장관에게 영주허가를 받은 자를 가리킨다. 한편 '비류큐인'이라는 것은 주로 기지 건설 공사 등의 이유로 1950년부터 '본토'에서 넘어온 노동자이며, '류큐열도'에 호적을 두고 있더라도 미군부장관에게 영주허가를 받지 않은 한 '류큐열도'에서 태어나서 자란 후 전쟁터에서 귀환한 자라 할지라도 지문 날인이나 '외국인등록증'의 상시 휴대 등의 의무를 지게 되었고 '비류큐인'이라는 '외국인'의 범주에 들게 되었다.[51]

도이는 이 시기 '류큐열도'에 있어서의 '외국인' 관리 문제를 고찰할 때 유의할 점으로 '국민'과 '외국인'을 구분 짓는 경계선이 일본 국적의 유무에 있지 않다는 사실을 지적하고 있는데, 이것을 오키나와의 조선인에 적용하면 어떻게 될까? 고바야시에 따르면, 1952년 9월 2일 이전부터 일본에 사는 조선인은 일본 국적을 상실하고 조선적을 갖는 외국인이 되었는데, 이 제93호에 따르면 "패전 이전부터 오키나와에 사는 한반도 출신자는 '류큐열도 거주자'이며 외국인등록의 대상이 아니었다"[52]. 즉, 제93호에서 규정하고 있는 '류큐주민'에 대한 최초의 정의, 법적으로는 호적이나 국적에 관계없이 전쟁 전부터 '류

---

51   같은 글, p.34.
52   小林聡明, 「発見, 忘却される沖縄のコリアン: アメリカ施政権下沖縄における朝鮮半島出身者の法的地位をめぐって」, p.44.

큐열도'에 사는 주민으로서 간주되었다는 것을 의미한다.

그러나 다음 해인 1954년 2월에 공포된 포령 제125호는 포령 제93호와 크게 차이가 있었다. 주된 차이점은 93호에서는 '류큐인' 취급을 받은 전쟁 전부터 계속 거주하고 있던 '비류큐인'과 1945년 9월 2일 이후 입역하여 거주하는 '비류큐인'을 외국인등록의 적용 해당자로 한 것이다.[53] 포령 제125호는 이 '류큐주민' 규정을 "류큐열도에 본적을 두고 동시에 류큐에 현재 거주하고 있는 자"로 한정하고, 이 요건을 충족하는 '류큐주민'과 '미군 요원' 이외의 모든 사람을 '비류큐인'으로 규정했다. 즉, '류큐열도'에 호적을 갖고 있는지의 여부에 따라 피점령자에 대해 '류큐주민'과 '비류큐인'의 구별을 획정하게 된 것이다. 그 결과, 1954년 2월 이후 '류큐열도'에 호적을 갖고 있지 않은 사람들이 '비류큐인'으로서 '외국인' 관리 제도의 구속을 받게 되었다. 주된 대상자는 1953년 12월에 시정권이 반환된 아마미(奄美)의 적을 갖고 있는 자나 전쟁 전부터 오키나와에 거주하는 '본토(本土, 일본)'적을 갖고 있는 자, 구 식민지인, 또한 '류큐인'이라는 차별을 피하기 위한 이유 등 여러 가지 사정으로 일본 본토로 적을 옮긴 오키나와 출신자들도 '비류큐인=외국인' 취급을 받게 된 것이다.

포령 제125호의 시행으로 인해 미군 요원이나 류큐에 적을 둔 자를 제외한 모든 외국인들의 출입과 재류는 이 포령의 적용을 받게 되었다.[54] 조선인도 예외 없이 포령 제 125호의 대상사가 된 것이다. 이처럼 미군 통치기의 '류큐열도'에서의 외국인 문제는 일본 본토의 '재일조선인' 등 구 식민지 출신자를 주된 대상으로 하는 내용과는 달랐으며, 미군 통치기 오키나와에서의 '외국인'에 대한 차별적인 관리 체제 속에서 오키나와에 호적을 갖고 있지 않은 자

---

53   『琉球における出入域管理』, p.10.
54   같은 책, p.10.

는 '비류큐인'으로서 지문 날인을 수반하는 재류허가증명서(외국인등록)의 상시 휴대, 융자나 장학금 제도, 참정권에서의 배제 등 차별적인 대우를 강요받았다.[55] 이 외국인관리제도는 시정권 반환 후에도 '외국인'의 범위가 변경되었을 뿐 지속되었다. 말할 것도 없이 미군 점령하의 오키나와에서 보다 복잡하고 특수한 오키나와의 식민지 통치하의 상황 속에서 조선인은 '해방 민족'으로서의 대우를 받지 못하고 차별적이고 폭력적인 외국인관리제도에 편입되었다.

5. 맺음을 대신하여: '재오키나와 조선인'의 시각에서 오키나와 사와 동아시아사를 다시 쓰기

1972년 5월 15일, 미국 통치하에 놓여 있던 오키나와의 시정권이 일본으로 반환되었다. 일본 정부는 같은 해 4월 27일 '오키나와의 복귀에 따른 법무성 관계법령 적용의 특별조치 등에 관한 정령'을 교부했다.[56] 7개의 장과 부칙이 있는 이 '정령'에는 입국관리관계의 조례도 포함되었는데, 일본 정부는 이 법에 따라 오키나와 거주 외국인들의 출입국관리에 대한 경과 조치를 정했다. 이로 인해 미군 통치기에 류큐열도출입관리령(제125호)의 관리하에 있던 오키나와 거주 조선인들의 법적 지위는 또다시 변화를 겪게 되었다.

오키나와 시정권이 일본으로 반환된다는 정세를 파악한 한국 정부는 1965

---

55 土井智義, 「米軍統治期の「琉球列島」における「外国人」(「非琉球人」)管理体制の一側面: 1952年7月実施の永住許可措置を中心として」, p.36.

56 「沖縄の復帰に伴う法務省関係法令の適用の特別措置等に関する政令(昭和47年政令第95号)」(法務省所管法令).

년에 체결된 재일조선인의 법적 지위인 협정영주권의 신고 기한이 다가오는 1971년이 되어서야 일본 정부에게 오키나와 거주 '한국인'에게 협정영주권을 적용할 것을 요구하기 시작했다. 시정권 반환으로 인한 총련의 오키나와 진출에 대한 위기감을 가졌기 때문이다.[57] 고바야시가 밝힌 것처럼 류큐 정부가 한국 외무부에 넘겨준 '류큐재류외국인명부'[58]에는 국적이 'KOREA'로 적힌 216명의 존재가 명시되었는데, 그중에는 해방 전부터 오키나와에 거주하는 자가 포함되어 있었다.[59] 오키나와 시정권이 반환됨으로써 이들의 재류자격의 법적 근거는 적어도 본토의 조선인, 대만인들의 재류자격과 같은 법 126-2-6호가 되어야 했다.[60]

---

57 임경화는 시정권 반환 후 오키나와에서의 총련과 민단의 주도권 쟁취 문제를 상세히 다루었다. 임경화, 「오키나와의 아리랑: 미군정기 오키나와 잔류 조선인과 남북한」, 561쪽~573쪽 참조.

58 小林聡明, 「発見, 忘却される沖縄のコリアン: アメリカ施政権下沖縄における朝鮮半島出身者の法的地位をめぐって」. 필자가 확인한 바에 따르면, 이 명부는 외교문서 「오키나와반환에 따르는 거류동포문제」의 자료군 속에 소장되어 있다.

59 명부에는 이름, 생년월일, 상륙 월일 등의 사항 외에 국적을 명기하는 칸이 있는데 국적란은 한자가 아닌 알파벳으로 'Korea'라고 적혀 있다. 명부 작성일이 시정권 반환 직전인 1971년 5월 15일 현재라는 점을 감안하면, 한일조약 효력이 미치지 않았던 오키나와에서 'Korea'를 전부 '한국'으로 취급한 것은 섣부른 판단이었다고 할 수 있다. 특히 패전 전부터 오키나와에 거주한 자들의 국적은 조선적일 가능성이 높다. 류큐 정부에서 이 국적 문제를 어떻게 취급했는지도 금후 과제가 될 것이다.

60 1952년 4월 28일의 샌프란시스코 강화조약 발효와 동시에 공포·시행된 법126-2-6은 다음과 같이 재류자격을 규정했다. "일본국과의 평화조약에 기초하여 최초의 효력 발생일에 있어서 일본 국적을 이탈한 자로, 1945년 9월 2일 전부터 이 법률이 시행될 날까지 계속 본방에 재류하는 자(1945년 9월 3일부터 이 법률이 시행되는 날까지 본방에서 출생한 그 자식을 포함함)는 출입국관리령 제22조 2 제1하의 규정에 구애됨이 없이 다른 법률이 정하는 그 자의 재류자격 및 재류 기간이 결정되기까지 계속하여 재류자격을 가질 필요 없이 본방에 재류할 수 있다(日本国との平和条約の規定に基づき最初の効力発生の日において日本国籍を離脱する者で, 昭和20年9月2日以前からこの法律施行の日まで引き続き本邦に在留する者(昭和20年9月3日からこの法律施行の日までに本邦で出生したその子を含

한국 정부는 1971년 4월 16~17일과 10월 11~12일의 두 차례에 걸쳐 진행된 '재일한국인의 법적 지위 등에 관한 한일 실무자 회담' 안에서 오키나와 반환에 따르는 거류 동포 문제를 놓고 일본 정부와 논의하고, 한편으로는 두 번의 오키나와현지 조사 등을 통해서 협정영주권 적용 문제를 교섭했다.

그러나 일본 정부는 협정영주권의 신고 기한이 이미 끝난 상황과 오키나와 거주 조선인의 특수한 사정을 고려한다고 하면서 "소위 126 해당자라고 인정되면 일반영주권을 부여"하겠다는 조건을 내밀어 한국 정부가 요구하는 협정영주권 신청 기간 연장을 끝내 거절했다.[61] 사실상 오키나와에서는 강제송환, 국민건강보험, 재입국허가의 면에서 일반영주권보다 더 '안정적인' 협정영주권이 해당 대상자들에게 적용되지 않았다. 일본 정부는 오키나와 시정권이 반환을 계기로 1971년 1월부터 재오키나와 외국인들의 취급 문제를 논의하기 시작했고, 그 논의 과정에서 한국 정부가 패전 전부터 거주하는 오키나와 조선인들에게도 협정영주권 적용을 요청해 올 것이라는 예상을 미리 하고 이 문제에 대응하기 위한 논리를 준비하고 있었다.[62] 이 논의 과정에서 주목할 것은 1945년 9월 2일 이전부터 오키나와에 거주, 잔류한 조선인들에게 법 126-2-6을 적용할 생각은 없다는 내용들인데, 일본 정부가 오키나와에 잔류한 조선인들의 문제를 어떻게 인식하고 그들에 대한 식민주의 책임 문제를 어떻게 회피하려고 했는지 일본 정부의 국가 논리를 자세하게 분석하는 것은 긴요

　　む)は、出入国管理令第22条の2第1項の規定にかかわらず、別に法律が定めるところによりその者の在留資格及び在留期間が決定されるまでの間、引き続き在留資格を有することなく本邦に在留することができる]."

61　　小林聡明,「発見, 忘却される沖縄のコリアン: アメリカ施政権下沖縄における朝鮮半島出身者の法的地位をめぐって」, p.46.

62　　「沖縄関係出入域、外国人の法的地位 在沖縄外国人の法的地位(1)」(外務省記録 自34年4月28日至47年4月28日).

한 작업이다. 27년간의 미군 통치기 외국인관리제도에서의 구 식민지 출신자들의 취급 문제를 포함해 시정권 반환 후의 오키나와 거주 조선인들에 대한 일본 정부의 국가 논리와 식민주의를 밝히기 위한 외교문서 분석은 향후 과제로 남겨두고자 한다.[63]

선행 연구에서는 협정영주권 적용 문제에서 적극적인 외교 활동을 펼치지 못한 한국 정부의 책임을 비판하는 데 비중을 두었으나, 협정영주권 자체가 갖는 한계성, 즉 충분한 식민지 지배에 대한 책임과 청산 없이, 한반도의 분단 모순을 내포한 타협의 산물인 협정영주권에 대한 비판적 검증 없이 협정영주권이 꼭 오키나와의 조선인들에게 적용되어야 했다는 식의 주장에 대해서 유보하지 않을 수 없다. 협정영주권은 본토 재일조선인의 경우 법126-2-6의 해당자이자 '한국적'자만을 적용 대상으로 정했다. 즉, 당시만 하더라도 과반수를 차지한 '조선적' 재일동포들은 이 협정영주권 대상에서 제외되었고 이것을 빌미로 '국적'을 바꾸도록 알선·추천하는 움직임까지 나타났다. 다시 말하면 협정영주권 적용 문제가 '한국적'과 '조선적'이라는 '국적' 문제를 더욱 첨예화시켰으며, 식민지 시대부터 일본에 재류해온 재일조선인들 간에 돌이킬 수 없는 분열을 낳게 했다. 남북 분단의 논리가 식민지 청산 문제보다 상위에 놓이고 식민지 청산의 올바른 해결에 큰 걸림돌로 작용한 것이다. 우리는 이 남북 분단의 논리가 오키나와에도 관철되었던 사실을 외면해서는 안 될 것이다.[64]

1975년 10월, 자신이 일본군 '위안부' 피해자임을 신고한 배봉기 씨는 결국

---

63 오키나와 조선인들의 법적 지위를 둘러싼 일본 정부의 논리 검증에 대한 작업은 별도의 글로 준비 중이다.
64 김수섭 씨의 증언에 따르면, 1972년 당시에도 오키나와에 '조선적' 동포들이 존재했다고 하고, 『民団30年史』에서도 조선적 동포가 15명 있다고 기록하고 있다(1976년 6월 말 기준).

재류기간 1년의 재류특별허가를 부여받았다.[65] 이후 배봉기 씨의 신병인수인은 신조 씨부터 김수섭, 김현옥 부부로 바뀌었고 배봉기 씨가 세상을 떠나는 날까지 이 두 사람이 배봉기 씨를 보살피게 되었다. 재류기간 1년이란 재류자격을 1년만 인정한다는 것인데, 배봉기 씨는 재류특별허가 갱신을 위해 해마다 입국관리국을 찾아가야 했다.

재류특별허가는 결코 일본 정부가 제공한 '혜택'이 아니었다. '외국인등록' 자체가 차별적인 관리 제도이며 차별적 대우를 '법적'으로 획정하는 것이지만, 특히 이 재류특별허가는 무엇보다 배봉기 씨와 같은 오키나와에 강제연행된 조선인들한테 적용된 조치로서는 불충분한 것이었다.

1991년 11월 1일, 일본 정부는 '일본국과의 평화조약에 기초하여 일본의 국적을 이탈한 자 등의 출입국관리에 관한 특례법 제3조'[66]를 시행한다. 이로 인해 해방 이전부터 일본에 거주하는 동포들과 그 자손들 중 '법26-2-6' 해당자, '협정영주자', '영주자'들이 '특별영주권'을 부여받게 되었다. 여기에는 협정영주권 해당자에서 제외된 조선적 재일조선인들도 포함되었다. 앞서 본 것처럼 오키나와에 거주하는 조선인들 중 '법126-2-6' 해당자들에게는 협정영주권이 주어지지 않고 일반영주권을 부여하겠다는 조치가 내려졌는데 비로소 특별영주권 부여 대상이 됨으로써 다른 구 식민지 출신자들과 같은 법적 지위를 얻을 수 있게 되었다. 그러나 배봉기 씨의 경우, 그녀에게 특별영주권이 주어지지 않았음은 분명하다. 왜냐하면 배봉기 씨는 이 법이 시행되기 약 2주 전인 1991년 10월 17일에 세상을 떠났기 때문이다.

---

65 여성가족부 권익증진국 복지지원팀, 『오키나와 거주 일본군 위안부 피해자 배봉기 증언: 연구보고서: 배봉기의 歷史이야기』, 8쪽.

66 「日本国との平和条約に基づき日本の国籍を離脱した者等の出入国管理に関する特例法(平成3年法律第71号) 第3条」.

시정권 반환을 계기로 일본군 '위안부'로 끌려왔다고 스스로 신고할 수밖에 없었던 배봉기 씨의 '고백'을, 강요된 '자기증명'이라는 시각을 통해 살펴보았다. 이 과정에서 배봉기 씨와 같은 조선인들이 해방 후에도 오키나와에 생존하고 있었고 그들이 식민주의, 전시 성폭력, 동아시아 냉전, 남북 분단이라는 층층이 겹쳐진 폭력에 노출되어온 단면을 살펴볼 수 있었다. '재오키나와 조선인(在沖朝鮮人)'의 시각을 통해 오키나와사와 동아시아사 그리고 재일조선인사를 다시 써나가야 할 과제는 여전히 우리 앞에 무거운 숙제로 남아 있다.

06
무국적 사할린 동포의
대한민국 국적 확인 소송의 내용 및 의의

윤지영

1. 들어가며

일제강점기에 사할린으로 이주했다가 고국으로 돌아오지 못한 동포의 수
는 약 4만 3000명에 이른다. 이들 중 상당수는 일본이 1938년에 제정한 '국가
총동원령'에 의해 강제징용되었고 식민지 체제의 특성상 일본 국적을 가지고
있었다. 그러나 1945년 패전으로 일본은 본국으로 철수하면서 일본인만 귀환
시켰고 조선인은 사할린에 남겨두었다. 그렇다면 한반도 출신이지만 일본 국
적을 가졌고 사할린에 남게 된 조선인들, 그리고 그들의 2세, 3세(이하에서는
통칭 '사할린 한인'이라 부른다)는 러시아인인가, 일본인인가. 아니면 조선민주주
인민공화국 국민인가, 대한민국 국민인가.

제2차 세계대전 직후 구소련은 조선인을 무국적자로 간주했다. 그러나 이
는 어디까지나 러시아 국적법에 따른 것이다. 즉, 러시아 국적법이 무국적자

라고 선언한다고 해서 무국적이라는 사실이 확정되는 것은 아니다. 국제법 혹은 한국법이나 일본법에 의해 이들의 국적은 한국이나 일본일 수도 있는 것이다. 이를 따지는 것은 의미가 있다. 왜냐하면 국적이 밝혀진다면 최소한 자국민에 대한 조치로서 각국 정부는 법적 책임을 져야 하기 때문이다. 그렇다고 국적이 모든 것을 결정하는 것은 아니다. 자국민이 아니더라도 자국 내의 체류 여부나 혈통은 사할린 한인의 지위에 영향을 미칠 수 있다. 이하에서는 먼저 사할린 한인에 대한 러시아 정부의 법적 조치와 이에 따른 사할린 한인의 제도적 지위의 변천 과정을 살펴보고, 이후 대한민국 정부를 상대로 제기된 국적 확인 소송을 중심으로 사할린 한인의 국적과 현재 지위는 어떠한지 검토하고자 한다.

2. 사할린 한인에 대한 러시아 정부의 법적 조치

일본이 패망한 후 구소련은 사할린을 수복했다. 그러면서 1946년 초여름부터 구소련 정부는 사할린에 남게 된 조선인의 거주 등록을 실시했다. 거주신고서에는 본적지와 민족 주체성(남조선 혹은 북조선)도 기재하도록 했다. 이 증명서는 구소련 영토에서 살아가는 데에 매우 중요한 것이었다. 재일조선인의 외국인등록증명서와 마찬가지로 식량 배급, 사망, 출생, 혼인, 취업, 직업별 등급이 이 증명서에 의해 식별되었다. 이후 구소련은 소련인과 결혼한 조선인은 강제적으로 소련 국적을 취득하도록 해 소련 시민권을 교부했다.[1] 그러나 구소련은 국적법 제8조 "소련 영토 내에 거주하는 자로서 이 법에 의하여

---

1   현규환, 「재소 한국인의 사적 고찰」(해외교포문제연구소, 1972).

소련 국민이 아니면 자신과 외국과의 관계에 대한 증명을 하지 못하는 자는 무국적자로 간주한다"라는 규정을 들어 한인들을 전부 무국적자로 취급해 강제억류 조치했다.[2] 이 무국적의 상태라는 것은 소련 헌법 제18조 "소련 시민은 노동의 권리, 즉 노동의 양과 질에 따라 보수를 받는 보장된 직업을 얻을 권리를 가진다"라는 조항이 적용되지 않음을 의미한다. 또 거주나 이전의 자유도 보장하지 아니함을 의미한다.

1950년대 초부터 구소련 당국은 사할린 한인들에게 소련 국적이든 북한 국적이든 그 어느 하나의 국적 선택을 요구하기 시작했다. 구소련은 사할린 한인들을 자국민으로 수용할 정책상의 이유로 소련 국적 취득을 원하는 한인들에게는 모두 소련 국적을 부여했다. 상당수의 사할린 한인이 소련 국적을 취득했는데, 그 이유는 소련인들과 동일한 대우를 받고 싶었고, 또 생활수준의 향상과 가족의 안정을 도모하려면 소련 국적 취득이 불가피했기 때문이었다. 소련 국적을 취득하지 않은 사람은 비공민으로 간주되었으며 여러 가지 차별이 주어졌고, 특히 무국적자는 사회주의, 공산주의를 고의로 증오하고 적성국인 일본이나 한국을 동경하는 위험분자라고 인식되어 감시의 대상이 되었다.[3]

---

2   정청래, 「한일청구권 협정이 남긴 과제들: 위안부 피해자, 재한 원폭 피해자, 사할린 한인 문제를 중심으로」(정청래의원실, 2013). 그러나 앞서 현규환의 논문에서는 "북조선인민공화국적을 취득하고 싶은 자에게는 특별한 고려를 하여 재화태(樺太) 조선인의 지도적 지위가 주어지고 북한과의 서신, 전신, 전화 등의 편의, 직업상의 무차별 채용 실시 교육기관의 평등한 이용이 소련인과 다름없이 주어졌다. 즉, 소련 헌법 제123조 '소련 시민은 민족 인종에 관계없이 경제생활 문화생활 및 사회적 정책적 생활의 모든 부문에서 평등한 권리를 갖는다'에 준하는 대우가 보증되었던 것이다. 그러나 남한이 출생지이고 그에 따른 국적상의 선택이 불명확한 상태에 놓여 있는 조선인에 대해서는 소비에트 동맹공화국이 인정하지 않은 지역의 주민으로서 이를 취급하고 본인의 의사가 확정될 때까지 무국적인으로 한다는 것이었다"라고 언급하고 있다. 그러면서도 바로 다음 단락에서는 사할린 한인 전부를 무국적자로 취급했다고 적고 있다. 이 장에서는 학계의 대체적인 입장에 따라 사할린 한인을 모두 무국적자로 간주한 것으로 본다.

한편 1948년 북한 정권이 수립되자 북한에서 파견된 선전 요원들의 권유로 많은 사할린 한인들이 북한 국적을 취득하기 시작했다. 이는 남한으로의 귀환 가능성이 희박한 상황에서 그래도 북한을 선택하는 것이 귀환에 유리할지도 모른다는 민족의식에서 비롯된 것이기도 하고, 북한이 사할린 한인 정책상 사할린 한인들의 의사나 그들의 출신지를 불문하고 이들 모두를 북한의 공민으로 만들려는 정책을 고수했기 때문이기도 하다. 특히 북한은 1963년과 1964년 사이에 사할린 한인들에게 북한으로의 이주를 회유했다. 북한에서는 무시험으로 대학을 다닐 수 있다고 선전해 많은 사할린 한인들이 북한으로 이주하기도 했다. 그 결과 1960년 사할린 한인 중 소련 국적자는 25%, 북한 국적자는 65%, 무국적자는 10%에 이르렀다. 그러나 사할린 한인들은 점차적으로 북한 국적을 포기하게 되는데 그 이유는 북한에서의 유학 또는 취업 기간을 마치고 돌아갈 때 북한 당국이 사할린으로의 출국을 허용하지 않았고, 탈출 시도 과정에서 체포된 자의 행방불명 등 일련의 소식이 사할린 한인 사회에 알려지면서 사할린 한인들의 북한에 대한 인식이 바뀌었기 때문이다. 또한 소련에서 자식들의 교육을 위해 북한 국적을 포기했지만 무엇보다 북한 당국이 한국 방문을 허락하지 않을 것이라는 점이 북한 국적을 이탈하게 된 직접적인 원인이 되었다고도 한다.[4]

구소련이 해체되고 구소련 내 민족 간 갈등 및 난민 문제가 발생하면서 새로 들어선 러시아 정부는 이 문제를 해결하기 위해 러시아 연방 시민법에 다음과 같은 규정을 두었다. "구소련 시민권자로서 시민법이 발효하는 시점(1991.11.28)에 러시아 연방 영토에 영구 거주하는 모든 자는 러시아의 시민으

---

3   정청래, 「한일청구권 협정이 남긴 과제들: 위안부 피해자, 재한 원폭 피해자, 사할린 한인 문제를 중심으로」(정청래의원실, 2013).

4   노영돈, 「사할린 한인에 관한 법적 제 문제」, ≪국제법학회논총≫, 37호(1992).

로 인정된다. 단, 금후 1년 안에 러시아 연방 시민권을 거부하는 경우는 예외로 한다."[5] 이 법 조항에 따른다면 사할린 한인은 자동적으로 러시아 시민으로서 지위와 권리를 보장받게 된다. 시민권과 국민의 권리가 어떤 차이가 있는지, 시민권의 보장으로 차별이 없어진 것인지 정확히 알 수는 없다.

3. 무국적 사할린 한인의 대한민국 국적 확인 소송

1) 소 제기의 배경

2009년 시민단체와 동포들을 중심으로 사할린 동포 문제를 해결하기 위한 '사할린 희망 캠페인단'이 꾸려졌고, 2010년 5월에는 사할린 동포 지원 변호인단이 사할린을 방문했다. 방문 후 사할린 동포 지원 변호인단은 2건의 소송을 기획했다. 무국적 사할린 동포를 대리한 대한민국 국적 확인 소송과 러시아 국적 사할린 동포를 대리한 위로금 지급 각하 결정 취소 소송이 그것이다. 이 두 소송은 사할린 한인들에 대한 대한민국 정부의 책임과 역할을 확인하려는 취지에서 제기되었다. 특히 국적 확인 소송은 무국적자라는 신분이 대한민국 법제하에서도 유효한 것인지 확인하기 위함이었다.

2) 사건의 경위

원고의 아버지는 1910년 5월 18일, 원고의 어머니는 1924년 1월 3일 각 경

---

5   김인성, 「러시아 연방의 소수민족 정책」, ≪민족연구≫, 6호(2001).

상남도에서 태어나 일제강점기 때 사할린으로 강제징용되었다가 귀국하지 못하고 사할린에 남게 되었다. 원고의 부모는 사할린에 거주하던 1954년 1월 10일 원고를 낳았다. 원고의 부모는 러시아 국적을 취득하지 않은 채 1977년 2월 17일, 1983년 1월 7일 각 사망했다. 원고는 러시아 국적을 취득해서는 안 된다는 부모의 뜻에 따라 태어나서 지금까지 무국적 상태로 사할린에 거주해 왔다. 이에 원고는 부모의 유언에 따라 대한민국을 상대로 대한민국 국민임을 확인하는 소를 제기했다.

3) 쟁점[6]

일단 이 사건의 가장 큰 쟁점은 무국적 동포가 대한민국 국민인지 여부다. 그런데 이 쟁점을 논하기 전에 먼저 동포가 무엇인지 알아야 한다. 동포가 무엇인지, 어디까지 동포로 볼 것인지 명확하게 규정한 법은 없다. '재외동포의 출입국과 법적 지위에 관한 법률'은 재외동포를 "① 대한민국의 국민으로서 외국의 영주권을 취득한 자 또는 영주할 목적으로 외국에 거주하고 있는 자, ② 대한민국의 국적을 보유했던 자(대한민국 정부 수립 전에 국외로 이주한 동포를 포함한다) 또는 그 직계비속으로서 외국 국적을 취득한 자 중 대통령령으로 정하는 자"로 정의하고 있으나(제2조) 당해 정의에 따르더라도 동포가 무엇인지 해석이 필요하다. 이론이 없지는 않지만 이 장에서는 대체적인 견해에 따라 '국적을 불문하고 한민족의 혈통을 지닌 자'로 정의하겠다. 이러한 정의에 따르면 무국적 동포는 '국적이 없는 한민족의 혈통을 가진 자'로 해석된다. 이

---

6   윤지영, 「무국적 사할린 동포의 대한민국 국적 확인」, 《민주사회를 위한 변론》, 104호 (2014) 중 일부를 발췌, 정리한 것이다.

사건에서 피고 대한민국은 원고가 대한민국 국민이 아니라고 주장했다. 그러나 그 논거는 원고가 제출한 증거들, 즉 원고의 부모가 조선인이었고 원고는 러시아에서 태어나 무국적 신분으로 살아왔음을 입증하는 서류들[7]을 믿을 수 없다는 것이다. 이 사건에서 피고 대한민국은 무국적 동포가 대한민국 국민인지 여부에 관해서는 간접적으로나마 인정하는 태도를 보였다. 그러나 국적이 문제가 된 다른 사건들을 보면 피고 대한민국의 태도는 일관되지 않다.

국적법은 출생에 의한 국적 취득에서 혈통주의를 원칙으로 하고 있다. 국적법 제2조 제1항은 "다음 각 호의 어느 하나에 해당하는 자는 출생과 동시에 대한민국 국적(國籍)을 취득한다. ① 출생 당시에 부(父) 또는 모(母)가 대한민국의 국민인 자, ② 출생하기 전에 부가 사망한 경우에는 그 사망 당시에 부가 대한민국의 국민이었던 자, ③ 부모가 모두 분명하지 아니한 경우나 국적이 없는 경우에는 대한민국에서 출생한 자"라고 정하고 있다.

혈통주의를 취하는 국적법에 있어서는 국적법 제정 당시의 국적자를 정한 경과 규정이 필요하다. 경과 규정은 국적 취득의 출발점이 되기 때문이다. 특히 독립-피보호-피병합-외세 군정-분단(재독립) 등으로 점철된 대한민국 역사로 말미암아 대한민국 국적을 설정하는 것이 일반적인 규정들만으로는 불충분하다. 따라서 대한민국 국적법의 경우 경과 규정의 필요성은 더욱 높다. 그

7 　대한민국과 러시아는 '외국 공문서에 대한 인증의 요구를 폐지하는 협약'(이하 '아포스티유 협약')의 가입국이다. 아포스티유(apostille) 협약은 협약 가입국 사이에서 공문서의 상호 간 인증을 보다 용이하게 하기 위해 외국 공관의 영사 확인 등 복잡한 인증 절차를 거치지 않고 공문서 발행 국가가 이를 확인하는 것으로 그 효력을 인정하는 협약이다. 이에 따라 협약 가입국이 발행한 공문서는 당해 협약 가입국의 아포스티유 확인만 받으면 대한민국에서 대한민국 공문서와 동일한 효력을 인정받게 된다. 원고는 러시아 정부가 발행한 원고 부모의 각 사망증명서, 원고의 출생증명서, 원고의 러시아 무국적 상태 거주권에 각 아포스티유 확인을 받아 증거로 제출했다.

런데 국적법이 제정된 1948년 12월 20일 당시의 시점에서 누가 당초의 대한민국 국민인가를 결정하는 경과 규정이 국적법을 비롯한 그 어디에도 없다.[8] 국적법을 제정할 때 한국인, 즉 대한민국 국적자의 범위를 어디까지로 할 것인가가 반드시 유의되어야 했다. 구체적으로 첫째, 남한의 한인, 둘째, 북한의 한인, 셋째, 재외 한인 중에서 국적법 제정 당시 어느 범위까지 한국 국적을 가지는지 명확히 해야 했다. 이런 논의와 경과 규정이 없기 때문에 무국적 동포의 국적 논란이 벌어지는 것이다.

무국적 재외동포의 국적이 대한민국이라는 점에 대해 학계는 대체로 입장을 같이하는 것으로 보인다. 다만 그 이유는 저마다 다르다. '남조선과도정부 법률' 제11호(국적에 관한 임시조례, 1948년 5월 11일 제정) 제1조는 "본 조례는 국적법이 제정될 때까지 조선인의 국적을 확립하야 법률관계의 귀속을 명백히 함을 목적함", 제2조는 "좌의 일에 해당하는 자는 조선의 국적을 가짐. ① 조선인을 부친으로 하야 출생한 자, ② 조선인을 모친으로 하야 출생한 자로서 그 부친을 알 수 없거나 또는 그 부친이 아무 국적도 가지지 않은 때", (3~4조는 생략), 제5조는 "외국의 국적 또는 일본의 호적을 취득한 자가 그 국적을 포기하거나 일본의 호적을 이탈한 자는 단기 4278년(서기 1945년) 8월 9일 이전에 조선의 국적을 회복한 것으로 간주함"이라고 명시하고 있는데, 국적법과의 관계에서 이 조례의 계속적 효력을 인정하는 입장에서는 조례에 의해 조선 호적에 있는 자와 일본 호적에 있었다가 이를 이탈한 자는 조선 국적자가 되고 이 조선 국적자는 국적법 제정 이후 한국 국적자로 자동 전환되었다고 본다.[9] 반면 조례의 계속적 효력을 부정하는 입장에서는 조선인이라는 민족적

---

8 노영돈, 「사할린 한인에 관한 법적 제문제」, ≪국제법학회논총≫, 37호(1992), 138쪽.

9 정인섭, 「우리 국적법상 최초 국민 확정기준에 관한 검토」, ≪국제법학회논총≫, 43권 2호(1998).

정체성에서 한국 국적을 인정할 수 있다고 본다. 다만 국적법의 입법적 불비를 지적하며 국적법을 개정할 것을 지적한다.[10] 한편 호적에 등재하는 것으로 대한민국 국민의 자격을 정하는 것은 인정하면서도 이러한 국적법에 문제가 있다고 지적하며 국적으로서 한인을 분류하는 것에 대해 이의를 제기하는 견해도 있다.[11]

그런데 대한민국 정부 수립 후 국회에서의 국적법의 제정 과정을 보면 재외동포들을 대한민국 국적자로 보지 않는 듯하다. 국적법 제정 과정에서 해외에 거주하고 있는 동포와 그 후손들이 모두 대한민국 국적을 가질 수 있도록 하자는 의견이 주장되었으나 채택되지 않았기 때문이다. 또 국적법 제정 과정에서 법제사법위원회는 "이 법안 중 제1조를 제외한 각 조문 중 대한민국의 국민을 한인으로 수정하고자 하며 그 이유는 법률의 소급효를 일반적으로 인정하지 않는 것이 관계이므로 대한민국 국민이라고 할 때 이 법 제정 이전에 출생한 자에 대한 구제책이 없으므로 이를 한인이라고 수정하여 이 법 제정 이전에 출생한 한인은 이를 국적을 가진 것으로 추정하려는 것"이라는 수정 이유를 달아 수정안을 제시했다. 그런데 본회의에서는 이 위원회 수정안이 삭제되고 다시 원안대로 가결되어 공포, 시행되었다. 이러한 국회의 태도는 재외 한인을 대한민국 국민에서 적극적으로 배제한 것으로 해석된다.[12]

반면 정부는 일관된 태도를 보이고 있지 않다. 조선적 재일동포에 대한 여행증명서 발급이 거부된 사건에서 정부는 이들을 무국적자의 지위에 있는 것으로 본 반면, 대한민국 국적자와 결혼한 조선적 재일동포가 무국적자임을 전

---

10   노영돈, 「재일한인의 국적」, ≪백산학보≫, 83호(2009).
11   이철우·이호택, 「한인의 분류, 경계 획정 및 소속 판정의 정치와 행정」(서울대 통일평화 연구원 국내학술회의, 2009).
12   노영돈, 「재일한인의 국적」 재인용.

제로 F-2 체류자격을 신청한 사안에서 조선적 재일동포는 대한민국 국민이므로 F-2 체류자격을 받을 수 없다고 했다. 한편 이 사건에서도 피고인 대한민국은 무국적 사할린 동포는 대한민국 국민임을 인정하지만, 원고가 무국적이라는 점, 동포라는 점에 대한 추가적인 입증(예컨대 호적에의 기재)이 필요하다고 했다.

그런데 정부는 독립운동가의 경우 호적이 없더라도 무국적자나 외국인으로 취급하지 않는다. 일제강점기에 해외로 망명해 1948년 국적법 발효 전에 사망하거나 외국 국적을 취득한 독립운동가를 무국적자 또는 외국인으로 가정하고 이들에게 대한민국 국적을 찾아주자는 취지의 법률안 3개가 2005년에 발의되었는데, 정부는 "무국적 상태에서 사망한 경우 일제시대 호적에 기재되지 아니하면 일응 무국적자가 되나 호적은 국적의 득실 등을 절차적으로 정리하는 행위에 불과한 것으로 일제시대 조선인을 부로 하여 출생했다면 국적에 관한 임시조례에 의하여 미군정하의 조선의 국적을 가지므로 우리 국민"이라는 입장을 밝혔다.

한편 대법원은 조선 국적을 취득 후 북한법에 의해 북한 국적을 취득해 중국 주재 북한대사관에서 해외공민증을 발급받은 자의 지위에 관해서, "조선인을 부친으로 하여 출생한 자는 '남조선과도정부법률' 제11호 국적에 관한 임시조례의 규정에 따라 조선 국적을 취득했다가 제헌헌법의 공포와 동시에 대한민국 국적을 취득했다 할 것이고, 설사 그가 북한법의 규정에 따라 북한 국적을 취득하여 중국 주재 북한대사관으로부터 북한의 해외공민증을 발급받은 자라 하더라도 북한 지역 역시 대한민국의 영토에 속하는 한반도의 일부를 이루는 것이어서 대한민국의 주권이 미칠 뿐이고, 대한민국의 주권과 부딪치는 어떠한 국가 단체나 주권을 법리상 인정할 수 없는 점에 비추어 볼 때, 그러한 사정은 그가 대한민국 국적을 취득하고 이를 유지함에 있어 아무런 영향을 끼칠 수 없다"[13]라고 판시한 바 있다.

반면 조선적 재일동포에 대한 여행증명서 발급 거부 처분이 문제된 사안에서 서울고등법원은 "대한민국 여권의 발급 대상은 대한민국의 국적을 취득한 자로 제한됨이 원칙이고, 무국적의 외국 거주 동포는 여권법의 적용 대상이 아니다"라고 해서 무국적 동포를 무국적자로 판단한 바 있다.[14] 참고로 이 사건의 상고심에서 대법원은 무국적 동포의 국적에 대해서는 별도로 판단함이 없이 조선적 재일동포는 구 남북교류법상 여행증명서를 소지해야 대한민국에 왕래할 수 있다고만 판단했다.[15]

4) 이 사건에 대한 법원의 판단

사할린 거주 한인의 이주 경위와 국적 취득 과정 등에 비추어 보면 사할린에 강제 이주된 한인은 대부분 일제 강점기에 일본에 의하여 강제 동원되지 않았더라면 1948. 7. 17. 제정된 헌법(이하 '제헌헌법'이라 한다)의 공포와 동시에 당연히 대한민국의 국적을 취득했을 것이다.

제헌헌법 제3조는 대한민국의 국민되는 요건은 법률로써 정한다고 규정하여 국적법률주의를 천명하고 있었다. 한편 제헌헌법 제정 당시에는 국적법이 제정되어 있지 않았으나 제헌헌법 제100조는 현행법령은 이 헌법에 저촉되지 아니하는 한 효력을 가진다고 규정하여 1948. 12. 20. 법률 제16호로 국적법이 제정되기 전까지는 「남조선과도정부법률」 제11호 국적에 관한 임시조례(이하 '임시조례'라 한다)에 의하여 국적관련 법률관계가 규율되었다. 임시조례

---

13   대법원 1996.11.12. 선고 96누1221 판결.
14   서울고등법원 2010.9.28. 선고 2010누3536 판결 참조.
15   대법원 2013.12.12. 선고 2010두22610 판결.

는 제2조에서 조선의 국적을 가지기 위한 요건을 규정했는데, 그중 제1호에서 조선인을 부친으로 하여 출생한 자는 조선의 국적을 가진다고 규정하여 혈통주의를 원칙으로 했고, 이러한 혈통주의는 1948. 12. 20. 법률 제16호로 제정된 국적법(이하 '제정 국적법'이라 한다)에도 이어져 제정 국적법 제2조 제1호는 출생한 당시에 부(父)가 대한민국의 국민인 자는 대한민국의 국민이라고 규정하고 있었다(이 규정 내용은 1997. 12. 13. 법률 제5431호로 개정된 국적법 제2조 제1항 제1호의 내용이 '출생한 당시에 부 또는 모가 대한민국의 국민인 자'로 개정되기 전까지 계속 유지되었다). 한편 임시조례 제2조 제2호는 조선인을 모친으로 하여 출생한 자로서 그 부친을 알 수 없거나 또는 그 부친이 아무 국적도 가지지 않은 때, 제3호는 조선 내에서 출생한 자로서 그 부모를 알 수 없거나 또는 그 부모가 아무 국적도 가지지 않은 때, 제4호는 외국인으로서 조선인과 혼인하야 처가 된 자(다만 혼인 해소에 의하여 외국에 복적한 자는 제외한다), 제5호는 외국인으로서 조선에 귀화한 자(다만 귀화의 요건 급 귀화인의 권한은 별로 법률로서 정한다)를 규정하고 있었다.

이와 같은 제헌헌법과 제정 국적법에 따르면 사할린으로 강제 동원된 한인으로서 임시조례 제2조 각 호에 정한 요건에 해당하는 사람은 조선의 국적을 가지고 있다가 제헌헌법의 공포와 동시에 대한민국 국적을 취득한다. 그리고 그 자녀, 특히 조선인을 부친으로 하여 출생한 자는 제헌헌법 공포 전에 출생한 경우 임시조례 제2조 제1호에 의하여 조선의 국적을 취득했다가 제헌헌법의 공포와 동시에 대한민국의 국적을 취득하고(대법원 1996. 11. 12. 선고 96누1221 판결 등 참조), 제헌헌법 공포 후에 출생한 경우 임시조례 제2조 제1호 또는 제정 국적법 제2조 제1호에 따라 출생과 동시에 대한민국 국적을 취득한다.

5) 이 판결의 의미 및 한계

이 사건 판결은 무국적 동포의 국적을 법리적으로 밝힌 최초의 판결이다. 기존에 북한 국적자에 대해서는 판결이 있었지만 무국적자에 대한 판결은 존재하지 않았기 때문이다. 더 나아가 무국적 동포가 대한민국 국민이라는 점을 확인했다는 점에서 이 사건 판결은 중요한 의의를 가진다. 법원은 임시조례의 계속적 효력을 인정하면서도 호적에의 등재 여부를 따지지 않았다는 점에서도 의의가 있다. 호적에의 등재 여부를 따지게 되면 이를 입증하기 어려운 대부분의 무국적자는 대한민국 국민이 아니라는 결론에 이르기 때문이다.

그럼에도 불구하고 여전히 한계는 존재한다. 법원의 판결대로라면 자발적으로 러시아의 국적을 취득한 사할린 동포는 대한민국 국민이 아니게 된다. 그러나 현재 남아 있는 무국적 사할린 동포의 수는 극히 적다. 현실적인 이유로 절대다수의 동포가 러시아 국적을 취득했기 때문이다. 또한 법원의 판결대로라면 본인의 의사에 반해 국적을 취득한 자, 예컨대 재중 동포 역시 대한민국 국민이 아니게 된다. 참고로 재중 동포는 대한민국 국민이 아니라는 판결은 이미 존재한다. 그러나 다른 나라의 국적 취득 여부를 가지고서만 대한민국 국민인지 여부를 판단하는 것은 우리의 복잡하고 슬픈 과거사를 망각하는 것이다. 특히 일제강점기 이후 이어진 러시아, 북한, 중국, 일본과의 일그러진 정치적 관계를 동포들에게 무책임하고도 폭력적으로 전가하는 것이다. 애초에 동포 전체에 대해 대한민국 국적을 부여하려 했던 논의 과정 및 제한적이나마 복수국적이 허용되는 현행 국적법을 고려한다면 무국적자인지 여부를 불문하고 대한민국 국민임을 확인하는 것도 의미가 있다. 그런 의미에서 「외국국적 동포의 국적회복 등에 관한 업무 처리 지침」은 눈여겨볼 만하다. 이 지침은 중국 국적 동포를 포함한 외국 국적 동포들의 국적회복을 인정하고 있기 때문이다. 그러나 이 지침은 정부가 국가정보원장과의 협의를 거쳐 신원 조회, 체류 동향 조사를 할 수 있게 하고 있다. 또한 이 지침에는 신청의 근거만 있을 뿐 이에 대한 심사나 허가 기준이 없다. 결국 이 지침에 따르면 정부가 원하는 동포나 국민을 선별적으로 받아들일 수 있게 되는 것이다.

대한민국 국민으로 본다고 해서 모든 문제가 해결되는 것은 아니다. 조선의 핏줄이라는 정체성을 유지하는 사람들에게 반쪽짜리 정부의 국민임을 확인하게 하는 것은 강요일 수도 있는 것이다. 예컨대 조선적 재일동포 중에는 역사에 대한 인식에서 의도적으로 대한민국 국적을 취득하지 않는 자도 있다. 또한 '남북교류협력에 관한 법률' 제10조(외국 거주 동포의 출입 보장)는 "외국 국적을 보유하지 아니하고 대한민국의 여권(旅券)을 소지하지 아니한 외국 거주 동포가 남한을 왕래하려면 여권법 제14조 제1항에 따른 여행증명서를 소지하여야 한다"라고 정하고 있고, 여권법 제14조 제1항은 "외교부장관은 국외 체류 중에 여권을 잃어버린 사람으로서 여권의 발급을 기다릴 시간적 여유가 없는 사람 등 대통령령으로 정하는 사람에게 여행 목적지가 기재된 여권을 갈음하는 증명서(이하 '여행증명서'라 한다)를 발급할 수 있다"라고 해서 같은 대한민국 국민에 대해서도 출입국의 자유를 제한할 수 있는 권한을 정부에 부여하고 있다. 결국 지금과 같은 법제하에서는 대한민국 국민임을 확인받더라도 다시 차별을 당하는 역설적인 상황이 발생하게 된다. 이 부분을 반드시 재고해야 한다.

한편 사할린 한인의 국적은 일본이라는 주장도 있다. 일본 법무성 민사국장은 샌프란시스코 평화조약 제2조 a항 "일본은 조선의 독립을 승인하고, 제주도·거문도·울릉도를 포함한 조선에 대한 모든 권리, 권원 및 청구권을 포기한다"라는 조문에 근거해 1952년 4월 19일 "조선인 및 대만인은, 내지에 존재하고 있는 모든 사람을 포함하여 일본 국적을 상실한다"라고 통지했고, 일본 최고재판소는 이 통지가 합헌이라고 판결했다. 그런데 이에 대해 샌프란시스코 평화조약 제2조 a항은 영토에 관한 것으로 국적은 이와 별개의 문제이고, 일본국 헌법 제10조는 "일본 국민의 요건은 법률로 정한다"라고 규정하고 있는데 행정통지만으로 일본 국적을 상실시킨 것은 위헌이자 세계인권선언 제15조 제2항 "누구도 자의적으로 그 국적을 빼앗기거나 그 국적을 변경할 권리를 부인당하는 일은 없다"에 위배된다는 것이다.[16]

4. 결론: 대한민국 정부는 어떤 조치를 취하고 있나

판결대로라면 무국적 사할린 한인은 원래부터 대한민국 국민이다. 따라서 대한민국 정부는 재외국민에 대한 국가의 책무를 이행해야 한다. 대한민국헌법 제2조 제2항은 "국가는 법률이 정하는 바에 의하여 재외국민을 보호할 의무를 진다"라고 정하고 있기 때문이다. 현재 재외국민에 관한 법률로는 '재외동포의 출입국과 법적 지위에 과한 법률', '재외국민의 교육 지원 등에 관한 법률', '재외국민등록법'이 있다. 그런데 실제 이 판결 이후 대한민국 정부가 재외국민등록을 위한 절차를 밟고 있는지 확인이 되지 않고 있다. 또한 무국적 사할린 한인들에게 여권을 발급하고 대한민국에의 출입권을 보장하고 있는지도 확인이 되지 않고 있다. 다만 사할린 한인의 영주귀국사업에 관한 이렇다 할 소식이 없는 것을 보면 새로운 조치를 취하고 있는 것 같지는 않다. 1994년 3월과 7월, 정부는 두 차례의 한일 정상회담 시 러시아 정부와 협의를

---

16   최경옥, 「사할린 동포의 한국과 일본에 있어서의 법적 지위」, ≪헌법학연구≫, 18권 4호 (2012).

거쳐 조속히 해결 방안을 마련하기로 합의하고, 한일 실무 회담을 통해 영주귀국자를 위한 '100명 수용 요양원 및 500세대 입주 아파트 건립'에 합의했으며, 이후 사할린 한인 1세대에 대한 영주귀국사업을 2010년에 실질적으로 완료했다. 영주귀국의 요건을 '65세 이상, 독신, 무연고자'로만 한정함으로써 오히려 이산가족을 유발한다는 비판이 있었음에도 불구하고 아무런 조치를 취하지 않고 있는 것이다. 판결의 취지에 따라 1세대뿐만 아니라 2세, 3세에 대해서도 영주귀국을 위한 적극적인 사업이 필요하다. 또한 현재 있는 재외국민에 관한 법률은 그 내용이 극히 적다. 헌법이 정하는 취지에 맞게끔 재외국민을 보호하기 위한 적극적인 법률 제정이 필요하다.

3부

자기증명의 실천들

07

분단 체제하 재일 코리안의 이동권
고국권을 제안하며

이재승

1. 문제적 사례들

이동의 자유는 좋은 삶의 필수 요소이며 모든 권리의 기초다.[1] 역사적으로 이동의 자유를 통해 인간은 토지와 신분적 속박에서 벗어나 근대사회로 이행하게 되었다. 오늘날 이동권은 각국의 헌법뿐만 아니라 중요한 인권 문서에서 권리로 정립되었다. 국내적 수준에서 이동권은 장애인의 이동권을 제외하면 권리로서 의미를 점차 상실해가지만, 초국가적인 이동권의 정치적·경제적

---

1 Human Rights Committee, General Comment No. 27, Freedom of Movement(Art.12), para. 1., U.N. Doc CCPR/C/21/Rev.1/Add.9(1999), http://www1.umn.edu/humanrts/gencomm/hrcom27.htm(검색일: 2013.5.28); 크랜스턴은 이동의 자유를 통해서 노예와 시민의 차이를 파악하고 있다. Maurice Cranston, *What are Human Rights*(The Bodley Head, 1973), p.31.

중요성은 두드러지고 있다.

이러한 이동권을 남북 관계에서도 상상해보자. 분단 체제의 법으로서 국가보안법과 남북교류협력법은 남북한 체제를 가로지르는 이동을 인권으로 상정하지 않는다. 분단 체제는 이산가족의 상봉을 인도주의적 시혜[2]로서 추진하지만 가로지르기를 중대 범죄로 규정하고 상대의 주민을 여전히 획득하려고 한다. 주권적 탐욕은 남북한 사이에서 교류를 유도하면서 동시에 부정하는 배경을 이룬다. 그러나 이동의 자유는 어디까지나 권리의 문제이다. 통일이 왕래를 바탕으로 서로 이해하고 격차를 해소해가는 과정이라면, 남북한 주민이 남북을 가로질러 이동권을 향유하는 것이 통일의 첩경이다. 지난 1세기 동안에 일제강점, 분단과 전쟁으로 인해 한반도에서 대규모 비자발적 이동이 발생했다. 비자발적인 대량 이동을 겪은 남북한 주민 모두에게 고향으로 돌아갈 권리가 존재한다. 꼭 고향을 두고 떠나간 자와 떠나온 자만이 귀향권을 가진 디아스포라인 것이 아니다. 근본적으로 말하자면 한반도에 살며 분단으로 고통받는 민족 전체가 디아스포라임이 분명하다. 남북 관계에서 이론적으로, 그리고 실무상으로도 이동권을 다양한 형태로 발전시켜야 할 필요가 있다. 실향민뿐만 아니라 새터민 문제도 해결해야 할 중요한 현안이다. 남북한 당국이 상호 협력을 통해 방문권이나 정주권을 제도화할 수도 있지만, 지리멸렬한 대결 국면에서 남한 당국이 선제적으로 분단 법제의 벽을 허물어버림으로써 그 권리의 실현을 대폭 앞당길 수도 있겠다.

재일 코리안들의 이동권 실상도 남북한 주민들과 다르지 않다. 분단 법제

---

2   비전향 장기수의 송환은 단순히 남한 체제의 관용을 과시하는 인도주의 문제가 아니라 장기수들의 권리 문제였다는 점을 놓쳐서는 안 된다. 인도주의와 권리의 구별선에 대해서는 조시현, 「일본군 '위안부' 문제가 인도주의 문제인가?: 한·일 정부의 최근 입장에 대하여」, ≪민주법학≫, 제49호(2012), 165~195쪽.

가 출입국을 주권국가의 국내 문제로 간단히 규정함으로써 국제인권법의 취지와 동떨어진 법적 잣대로 재일 코리안의 삶을 재단하기 때문이다. 삶의 형식으로서 분단 체제는 해외 코리안들의 삶조차 낱낱이 포박함으로써 분단 장애를 가중시킨다. 여기서 분단 장애란 분단 체제를 정상화하는 이데올로기와 관행이 남북 관계에서 정상적인 사고를 배제함으로써 초래된 집단적 발달 정지 상태를 의미한다. 이러한 분단 장애를 가장 심각하게 앓고 있는 세력은 분단 체제의 당국자들이다. 이들에게 재일 코리안은 남다른 정체성과 향수를 가진 디아스포라가 아니라 분단 체제의 호모 사케르(homo sacer)이고 보로금(報勞金, 간첩 검거 실적에 따른 포상금)의 원천이었다. 그래서 권위주의 시대에 그 많은 간첩 사건들이 거리낌 없이 조작될 수 있었다. 다행히 지난 2005년 이후 노무현 정부가 과거사기구를 발족해 재일교포 유학생 간첩 사건들의 진실을 규명함으로써 재심 재판에서 좋은 흐름을 만들어왔다.[3]

필자는 과거 청산 작업을 인권 옹호적으로 확산시키고 동시에 분단 체제를 극복하는 논의의 일단으로서 재일 코리안의 이동권을 검토하겠다. 우선 재일 코리안의 이동권과 관련해 최근의 문제적 사례를 제시하고, 이 문제들을 해결하기 위해 이동권의 연혁을 추적하고, 국제인권법상 이동권 법리를 살펴보고, 마지막으로 제시된 사례를 해결하고자 한다.

사례 1

정영환 씨는 조선적(朝鮮籍)[4]을 가진 재일 코리안이다. 그는 국내 비정부 단

---

3   김덕진, 「역사의 상처를 만나다: 재일한국인 조작 간첩 사건 피해자들의 징역 182년」, ≪가톨릭뉴스 지금여기≫, 2011년 3월 16일 자, http://www.catholicnews.co.kr/news/articleView.html?idxno=4968(검색일: 2013.5.28).
4   재일 코리안 중 다수는 한일국교정상화(1965) 이후에 한국적을 취득했으며, 나머지는 여

체들로부터 재일교포 문제와 관련한 학술 행사에 발제자로 초청받았다. 그는 한국을 방문하기 위해 오사카 총영사관에서 여행증명서의 발급을 신청했다. 영사관 측은 국적 변경을 종용했으나 그는 이를 수용하지 않았다. 당국은 과거에 정 씨가 이른바 반국가 단체인 한통련 의장 손형근 씨와 회합했으며, 또한 북한에서 개최된 범민족대회에 참여했다는 사실을 들어 여행증명서의 발급을 거부했다.[5]

사례 2

김정사 씨는 한국적 보유자로서 고국에 유학 와 서울대학교 법과대학에 재학 중이던 1977년에 간첩죄로 체포되었다. 고문과 허위 자백을 기초로 조총련과 연계된 간첩으로 기소되어 10년형을 선고받고 2년 4개월 복역 후 석방되어 일본으로 돌아갔다. 그는 최근 국방부과거사위원회와 진실화해위원회의 진실 규명에 힘입어 재심에서 무죄판결을 받았다.[6] 이로써 국가보안법에 입각한 과거의 처벌도 자의적이었음이 증명되었다. 그러나 그는 2년간의 수감으로 인해 신고 의무(일본법에 따르면 해외에 나간 영주권자는 매년 출입국 당국에 신고할 의무가 있다)를 이행하지 못해 협정영주권[7]을 상실했다.[8]

전히 조선적을 보유하고 있다. 조선적은 해방 이후 일본이 식민지 출신의 조선인의 일본 국적을 일괄해서 박탈하고 새롭게 부여한 적이다. 엄밀히 말해 조선이라는 나라는 없으므로 조선적은 국적이 아니라 지리적·민족적 기원에 대한 표시에 불과하므로 조선적 보유자는 무국적으로 간주된다. 자세한 내용은 정인섭, 『재일교포의 법적 지위』(서울대학교출판부, 1995), 89쪽 참조.

5 서울고등법원 제1행정부 2010.9.28.선고 2010누3596 판결(여행증명서발급거부처분취소).

6 대법원 제1부 2013.5.22. 선고 2011도13603 판결.

7 협정영주권은 한일국교정상화 이후에 대한민국 국적을 가진 재일교포들에게 부여된 특수한 영주권을 의미하며, 이는 식민지 시대의 역사적 과정을 반영하는 것이므로 일반 외국인이 보유하는 재류권이나 영주권보다는 두터운 보호를 제공한다. 이는 나중에 특별영

사례 3

한국적 보유자인 손형근 씨는 김대중 전 대통령이 유신 체제를 반대하며 일본에서 정치 활동을 하던 시절에 유신 반대 운동을 위해 결성한 한민통(한국민주회복통일촉진국민회의, 한통련의 전신)에 참여했다. 한민통은 1977년 김정사 사건에서 반국가 단체로 규정당한 이래로 현재까지 그러한 법적 규정을 벗어나지 못했다. 손 씨는 지난 노무현 정부에서 재일교포 유학생 간첩 사건들의 진실을 규명하기 위한 국방부과거사위원회의 조사에 응해 방문한 적이 있으나 정권 교체 후 다시 입국금지자로 분류되었다. 그가 일본을 벗어나 해외로 여행하기 위해서도 한국 정부의 여권이 필요한데 한통련 관련 활동을 이유로 한국 정부는 여권 발급도 거부하고 있다.[9]

사례 4

고강호 씨는 한국적을 가진 치과 의사이며, 부인 리미오 씨는 조선적을 가

주권으로 통합된다.

8 김정사 씨의 인터뷰는 "고문으로 조작된 간첩들… 모국 사랑한 죄밖에 없어", 《한겨레신문》, 2011년 6월 12일 자, http://www.hani.co.kr/arti/international/japan/482326.html(검색일: 2013.5.28).

9 한통련 손형근 의장은 "김정사 씨 등에 대한 무죄판결은 기쁜 소식이지만 이것으로 끝났다는 듯한 분위기는 잘못이다. 우리들에게는 아직 끝나지 않았다. 한통련에 대한 '반국가 단체' 규정의 부당성에 대해서도 일체 언급이 없다"라고 강조하며 판결의 문제점을 지적했다. 또 현재도 한통련 회원에 대해 주일한국영사관이 여권 발급을 거부하거나 기간을 제한하는 등 인권침해 사례가 20여 건에 이른다고 밝혔다. 손 의장은 자신의 소송에 대해, "외교통상부가 아무런 이유도 밝히지 않고 여권 발급을 거부했다가 내가 여권발급거부처분취소 소송을 제기하자 부랴부랴 엉뚱한 이유를 만들어 '반국가 단체인 한통련의 의장에 취임하여 장기 3년 이상의 형에 해당하는 죄를 범하고 국외로 도피하여 기소중지된 사람에 해당한다'고 주장했다"라며 당국의 부당한 처사를 지적했다. "김정사 무죄판결, 우리들에게는 아직 끝나지 않았다", 《통일뉴스》, 2011년 9월 28일 자, http://www.tongilnews.com/news/articleView.html?idxno=96167(검색일: 2013.5.28).

진 의사다.[10] 부부는 의료 환경이 열악한 북한에서 의료봉사 활동을 펼쳐왔으며 현재에도 북한에 대한 의약품 지원 사업을 계속하고 있다. 고 씨는 과거 북한 체류 중에 북한 당국에 고분고분하지 않았던 사정 때문에 현재 북한에 입국할 수 없는 처지이며, 리미오 씨는 조선적으로 인해 현재 남한에 입국할 수 없다. 부부가 남북에서 각기 이동권을 제한당하고 있다. 고 씨는 분단 조국의 국적을 몹시 불편하게 여기고 차라리 무국적자가 되기로 했다. 일본의 특별영주권을 가지고 일본에서 살고 있는 고 씨는 국적 포기가 자신의 일상생활에 불이익을 야기하지 않는다며 국적 이탈을 신청했으나 당국은 이를 거부했다. 고 씨는 국적포기소송에서도 패소했다.[11]

2. 이동권의 연혁

1) 방문권

초국가적 관계에서 이동권의 기본적 형태는 여행권(ius peregrinandi), 방문권 혹은 환대권(right of hospitality)이다.[12] 이러한 권리는 외국의 공공질서를

---

10 리미오 씨의 인터뷰는 "북한엔 약만 먹어도 살 수 있는 환자 많아요", ≪경향신문≫, 2008년 5월 21일 자, http://news.khan.co.kr/kh_news/khan_art_view.html?artid=200805211649425&code=900315(검색일: 2013.5.28).

11 서울행정법원 2012.3.16. 선고 2011구합28998 판결(국적이탈신고반려처분취소 등), 서울고등법원 2012.8.28. 선고 2012누10248 판결, 대법원 2012.12.28. 선고 2012두21611 판결.

12 환대에 대해서는 임마누엘 칸트, 『영구 평화론』, 이한구 옮김(서광사, 1992), 36쪽; 세일라 벤하비브, 『타자의 권리』, 이상훈 옮김(철학과현실사, 2008), 50쪽 참조.

해치지 않는 한, 외국을 방문하고 일시적으로 체류하고 현지인이나 당국으로부터 적으로 취급되지 않을 권리를 의미한다. 이 권리는 오래전부터 인정되었지만 유럽의 항해와 식민지 개척기에 급부상했다. 방문권은 당연히 쇄국의 관행에 맞서 권리로서 옹호되었지만, 제국주의적인 형태와 보편주의적 형태로 대립했다. 비토리아가 방문권을 침해할 시 원주민을 정복할 수도 있다는 제국주의적 입장을 취했다면, 라스 카사스는 원주민이 스페인 침략자들을 축출하기 위해 전쟁을 개시할 권리를 가진다고 주장했다.[13] 칸트는 자신의 시대에 횡행하던 제국주의적 만행을 주목하며 식민지 침탈의 근거로 남용되는 정주권(ius incolatus)을 비판하고 환대권을 세계시민법(ius cosmopoliticum)으로 옹호했다.[14] 방문권이 다른 나라에 대한 개인의 인권으로서 일반적으로 옹호된 데 비해, 정주권은 처음부터 특수한 조건 아래서만 인정되었다. 정주권은 원칙적으로 기존의 원주민 집단이나 국가의 동의 없이는 확립될 수 없다. 과거에 유럽 열강이 발견과 점령의 방법으로 집단적 정주를 강행했다면, 오늘날의 정주권은 유리한 경제사회적 여건을 찾아 국경을 넘어 이동하고 생활하는 제3세계의 이주민들의 주요 관심사로 전환되었다. 현재 외국인의 정주는 주권국가의 국내 문제로 맡겨져 있지만 대체로 일정한 조건 아래서 그들에게 정주와 귀화를 허용하고 있다.[15]

---

13   Francisco de Vitoria, "On the American Indians", *Political Writings*(Cambridge University Press, 1991), pp.231~292; 라스 카사스는 1562년에 서인도 위원회에 보내는 문서에서 그와 같은 취지로 말했다. 이성형, 「라스 카사스: 정의를 향한 투쟁」, 이성형 엮음, 『라틴 아메리카의 역사와 사상』(까치, 1999), 75~97쪽.

14   Garret Wallace Brown, *Grounding Cosmopolitanism*(Edinburgh University Press, 2009).

15   정주권에 관한 역사적 탐구는 James A. R. Nafziger, "The General Admission of Aliens under International Law", *American Journal of International Law*, Vol. 77(1983), p.804 참조.

2) 출국권

영국의 클래런던 헌령(Constitution of Clarendon 1164)은 가톨릭 사제들의
출국을 국왕의 허가 사항으로 규정한다.[16] 헨리 2세는 혼란기에 영국에서 세
력을 확대했던 가톨릭교회를 압박하기 위해 그러한 방침을 도입했다. 1215년
영국의 대헌장(Magna Carta)은 출국과 귀환을 권리로 규정한다.[17] 아마도
1555년의 아우구스부르크 종교화의는 출국권의 국제적 의미를 만들어낸 법
제사의 사건이라고 할 수 있다.[18] 루터의 종교개혁 이후에 신성로마제국 황제
칼 5세는 슈말칼덴 동맹(루터파 제후들의 연합)과 종교화의를 체결했다. 종교화
의의 기본 원칙은 '제후의 영토에는 해당 제후의 종교만이 허용된다'(cuius
regio, eius religio)는 제후종교주의였다.

제후종교주의는 루터파 제후들에게 가톨릭 제후와 동등한 권한을 확보해
주었고, 더불어 세속 제후들에게 자신의 영토 안에서 거주민의 종교를 결정할
권한을 부여했다. 타협 형식으로서 종교화의는 통일적인 종교에 입각한 신성

---

16 클래런던 헌령(憲令)은 헨리 2세가 전임자인 국왕 스티븐이 실정하는 사이에 가톨릭교회
가 세력을 확장하자 교회의 권한을 견제하기 위해 제정한 영국의 근본법(fundamental
law)이다. 헨리 2세는 클래런던 재판령(Assize of Clarendon 1166)을 제정하는 등 커먼
로(common-law) 형성에 주춧돌을 놓았다. 클래런던 헌령 제4조에 따르면, 왕국의 대주
교, 주교, 사제들은 국왕의 허가 없이는 왕국을 떠나는 것이 허용되지 않는다. 그들이 떠
날 수 있지만 돌아올 때에는 왕이나 왕국에 어떠한 해악이나 피해를 일으키지 않겠다는
점에 대해 왕을 만족시킬 정도로 보증을 제공해야 한다.

17 대헌장 제42조: 왕국의 공익을 위한 전시 중의 단기간을 제외하고는 앞으로 모든 사람은
짐에게 충성을 지키는 한, 적법하게 모든 육로와 수로를 통해 안전하게 짐의 왕국을 떠나
고 돌아올 수 있다. 단, 왕국의 법률에 따라 구금된 자, 법익을 박탈당한 자, 짐의 적대국
에서 온 자는 제외되며 여기에는 적대국과 거래하는 상인이 포함된다.

18 Peter G. Danchin, "The Emergence and Structure of Religious Freedom in
International Law Reconsidered", *Journal of Law and Religion*, Vol.23(2007/2008),
p.455.

로마제국이라는 고전적인 관념을 근본적으로 붕괴시켰다. 제후종교주의는 루터교의 지위를 확보해준 것이지만 개인에게 종교의 자유를 인정하지는 않았다. 그러나 화의는 신민들에게 가산을 처분하고 가솔을 데리고 동일한 신앙을 가진 제후의 영토로 출국할 권리(ius emigrandi)를 부여했다.[19] 이 원칙은 칼뱅파를 포함해 30년전쟁 후 베스트팔렌 조약(1648)에서 재확인되었다. 그러나 개인의 신앙의 자유는 지배적인 정치와 지배적인 종교로부터 끝없이 이탈하고자 한다. 신대륙으로 이주해 동일한 신앙의 공동체를 건설하더라도 이탈의 계기는 영구적으로 생성된다. '교회와 국가의 분리'라는 자유주의적 원칙조차도 특정한 기성의 국가와 교회로부터 이탈하기 위한 방편이다.[20]

출국권은 역사적으로는 플라톤의 〈크리톤〉에서 아테네의 관행으로 등장했다.[21] 근대 정치철학자들은 이 문제를 사회계약의 주제로 본격적으로 다룬

---

19 종교화의 제24조: 우리 선제후, 제후, 등족들의 신민들이 구교이든 아우구스부르크 교파이든 어디에 속하든지 자신들의 종교를 이유로 우리들, 신성로마제국의 선제후, 제후, 등족들의 영방, 선제후령, 도시나 소읍을 떠나 자신의 처자와 함께 다른 장소로 이주하여 그곳에서 정착하고자 하는 때에는 예로부터 그 지역에서 통용되어온 바 적정한 농노보속금과 세금을 납부한 이후라면 재산의 매각은 이의 없이 허용되며, 그들의 명예와 의무도 손상을 받지 않을 것이다.

20 '교회와 국가의 분리'(separation of church and state)는 제퍼슨의 용어이며, 프랑스에서는 laïcité로 알려졌다. 법학자 옐리네크는 개인의 신앙의 자유를 이러한 견지에서 옹호한 로저 윌리엄스를 인권선언의 기원으로서 강조한다. 옐리네크·부뜨미, 『인권선언 논쟁』, 김효전 옮김(법문사, 1991); John Jr. Witte, "That Serpentine Wall of Separation", *Michigan Law Review*, Vol.101(2003), pp.1869~1905.

21 "…… 우리는 아테네인들 가운데 누구든 원하는 사람에게는 다음에 대해서 허용함으로써, 성인이 되어 나라에서 행하여지는 일들과 법률인 우리를 지켜본 다음에, 우리가 그의 마음에 들지 않을 경우에는 자신의 것을 갖고서 어디든 원하는 곳으로 떠날 수 있다는 것을 우리는 공표하고 있지. 또한 우리와 나라가 마음에 들지 않는다면, 여러분 가운데 누군가가 식민지로 이주하기를 원하건 또는 다른 어떤 곳으로 가서 거류민으로 살기를 원하건 간에, 자신의 것들을 갖고서 어디든 자기가 원하는 그곳으로 가는 것에 대해 법률인 우리 가운데서 어느 조항도 방해가 되거나 금지하고 있지 않아."(크리톤, 51d). 플라톤, 『에우

다.[22] 로크는 모든 인간은 자유롭고, 평등하고, 독립적으로 출생했으며, 어느 누구도 자신의 동의 없이는 타인의 정치적 권력에 복종하지 않는다고 전제한다. 따라서 자연 상태에서 개인들의 합의를 통해 시민사회가 탄생한다는 것이다. 나아가 로크는 미래 세대에 태어날 아이도 선조들이 만들어놓은 사회와 책무에 구속되는지 문제와 관련해 부모 세대는 자식 세대를 구속할 수 없고 각 개인은 판단력을 갖춘 성인이 되면 자유인으로 자신이 복종해야 할 정부를 스스로 결정한다고 주장했다.[23] 루소도 로크의 입장을 계승하고 있다.

왜냐하면, 모든 사람은 성인이 되어 자기 자신의 지배자가 되면, 어떤 것에 의해서도 폐기될 수 없는 하나의 권리에 의해, 자기를 그 사회의 일원으로 만드는 그 계약을 자유롭게 파기하고 그 계약이 효력을 발휘하고 있는 그 나라를 떠날 수 있기 때문이다. 분별력을 갖게 된 후, 그가 그의 조상들로부터 물려받은 맹세를 묵묵히 인정하고 있는 것으로 생각되는 것은, 단지 그가 그 나라에 머물러 있기 때문이다. 그에게는 부친의 토지에 대한 모든 권리를 버릴 권리가 있듯이 나라를 버릴 권리가 있다. 더구나 출생지는 자연이 그에게 준 선물이므로, 그의 출생지를 버린다는 것은 그 자신의 일부를 버리는 것이다. 엄밀히 말해서, 만일 개인이 법률의 보호권을 얻기 위하여 자발적으로 자기 나라의 법률에 복종하지 않는 한, 그는 자신의 위험으로 자기가 태어난 나라에 머물고 있는 것이다.[24]

티프론, 소크라테스의 변론, 크리톤, 파이돈』, 박종현 옮김(서광사, 2003), 235쪽.

22 Frederick G. Whelan, "Citizenship and the Right to Leave", *The American Political Science Review*, Vol.75(1981), p.647.

23 John Locke, *Second Treatise of Government*(1689), sec.121.

24 장 자크 루소,『에밀』, 민희식 옮김(육문사, 1995), 660쪽.

국제법학자 바텔(Vattel)도 사회계약 이론가의 입장을 답습하고 있다.[25] 바텔은 사람들이 복종하기로 동의했던 헌법을 다수가 전복한 상황에서 소수의 이탈권을 옹호하고 동시에 후속 세대의 이탈권도 수긍한다.

사무엘 시대에 유대인의 사례처럼 만약 자유인민의 다수가 자신들의 자유에 신물이 나서 스스로 왕의 통치에 복종하기를 원하는 반면, 어떤 시민들은 자유를 맛보았기에 이를 더욱 소중하게 여기고 포기하지 않으려 하기 때문에 비록 그들이 다수의 뜻을 꺾지 못하더라도 결코 새로운 정부에 복종하지 않을 것이다. 이들은 사회를 떠나고 사회는 해체나 재혁신의 과정을 겪게 될 것이다. 그들은 어디든지 떠날 권리를 가지며, 토지를 팔고 그들의 모든 재산을 갖고 떠날 권리를 가진다(국제법 제1권 제3장).[26]

우리는 앞에서 자녀들은 부모가 구성원인 사회에 진입할 권리를 가진다고 논증했다. 그러나 모든 개인은 자유롭게 태어났으며, 시민의 아들은 분별력 있는 나이에 이르렀을 때 그가 출생에 의해 우연히 살고 있는 사회에 참여하는 것이 그에게 좋은지 아닌지를 숙고할 수 있다. 그가 만일 그 사회에 머무는 것이 자신에게 이익이 되지 않는다고 판단한 때에는 그 사회를 떠날 권리를 가진다(국제법 제1권 제19장).[27]

이탈권은 근대 유럽의 정치적·종교적 소용돌이와 식민지 개척으로 인한

---

25 이에 대해서는 Jane McAdam, "An Intellectual History of Freedom of Movement in International Law: The Right to Leave as a Personal Liberty," *Melbourne Journal of International Law*, Vol.12(2011), p.27.

26 Emerich Vattel, *The Law of Nations or the Principles of Natural Law*(Carnegie Institution, 1916), Book I, Chap.3, §33.

27 Vattel, *The Law of Nations or the Principles of Natural Law*, Book I, Chap.19, §220.

7장 분단 체제하 재일 코리안의 이동권 209

대규모 인구 이동 과정에서 강화되었다.[28] 이러한 이탈권은 국적을 보유할 권리와 더불어 제2차 세계대전 이후에 새로운 문제로 본격적으로 부상했다.[29]

3) 미국법상 국적포기권

사회계약의 논리로서 국적포기권은 놀랍게도 미국에서 제도로 정착했다. 미국인들은 사회계약의 관념에 따라 동의를 매개로 국가를 형성하고 또한 동의의 철회로써 국가에서 이탈할 수 있다고 생각했다. 네덜란드의 '독립선언'(Plakkaat van Verlatinghe 1581)[30]이 근대에 집단적 국적이탈을 실현한 최초 사례라면, 미국독립선언은 그 후속편이었다. 남북전쟁 후 권리장전을 헌법에 추가하는 국면에서 미국의회는 국적이탈법(Expatriation Act of 1868)을 제정했다. 이 법은 "국적이탈권(right of expatriation)은 만인의 자연적이고 타고난 권리로서 삶, 자유, 행복 추구의 권리를 향유하는 데 없어서는 안 된다"라고 규정했다.[31] 미국인들은 미국 자체가 국적이탈권을 기초로 성립한 나라였다는

---

28 1791년 프랑스 헌법도 '이동하고 머물고 떠나는 자유'(la liberté d'aller, de rester, de partir)를 인권으로 규정했다. Ladan Boroumand, "Emigration and the Rights of Man: French Revolutionary Legislators Equivocate," *The Journal of Modern History*, Vol.72(2000), pp.67~108.

29 라우터팩트도 제2차 세계대전 말미에 소크라테스와 키케로를 원용하면서 이탈권을 인권으로 제시했다. Hersch Lauterpacht, *An International Bill of the Rights of Man*(Columbia University Press, 1945), p.131.

30 '충성철회법'(Act of Abjuration) 정도로 옮길 수 있겠다. 네덜란드의 독립선언은 가톨릭 제국인 스페인 왕국에 대한 집단적 이탈권의 표현이다. 독립선언은 일종의 폐기(abjuration)를 담고 있다. 네덜란드의 종교개혁과 스페인 독립 과정에서 알투지우스는 이탈권 개념을 논리적으로 확립했다. John Witte Jr., "Natural Rights, Popular Sovereignty, and Covenant Politics: Johannes Althusius and the Dutch Revolt and Republic," *University of Detroit Mercy Law Review*, Vol. 87(2010), p.565.

점을 밝히고 이를 미국인의 본질적인 자유로 이해한다.[32] 심지어 미국에서 시민은 국가와 관계를 자발적으로 끊을 수 있지만, 국가는 결코 그럴 수 없다는 점에서 미국의 시민권에만 존재하는 개인주의적인 비대칭성을 강조하기도 한다.[33] 1930년 헤이그 국제법위원회에서 미국 대표 밀러는 다음과 같이 말했다.

> 지난 한 세기 동안 우리나라의 정책은 국적이탈권이 모든 사람의 타고난 자연적 권리라는 것이다. 충성이 의무인 것은 맞지만 그것은 개인을 구속하고 개인으로 하여금 새로운 나라와 새로운 삶에까지 지고 가야 하는 사슬이 아니다. 새로운 집을 꾸린 나라에 충성을 바치고 그곳에서 국민의 의무와 권리를 자발적으로 수용하는 때에 옛적의 충성은 벗어버릴 수 있는 것이다. 그가 새로운 유대를 인수하면 낡은 유대는 사라진다. 이 원칙은 사소한 것은 아니며, 언어, 공식, 표현의 문제가 아니다. 인간의 권리의 원칙이자 종으로서 인류의 자유의 원칙이다.[34]

미국은 자발적 국적포기제도를 완비하고 있다. 1952년 미국의 '이민국적

---

31 미국의 국적이탈 법리의 역사에 대해서는 Edwin M. Borchard, "Decadence of the American Doctrine of Voluntary Expatriation," *American Journal of International Law*, Vol.25(1931), pp.312~316.

32 Donald K. Duvall, "Expatriation under the United States Law, Perez to Afroyim: The Search for a Philosophy of American Citizenship," *Virginia Law Review*, Vol. 56(1970), pp.408~456; Gary E. Endelman, "Renunciation of U.S. Citizenship: An Update," *Immigration Briefings*, 96-7(1996), p.1.

33 Schuck & Smith, *Citizenship without Consent: Illegal Aliens in the American Polity*(1985), p.87. 인용은 Endelman, "Renunciation of U.S. Citizenship: An Update."

34 Hersh Lauterpacht, *An International Bill of the Rights of Man*(Columbia University Press, 1945), p.129.

법'(The Immigration and Nationality Act)에 따르면, 미국 시민권을 포기하려는 개인은 외국에서 미국 외교관원이나 영사관원 앞에서 미국 시민권을 공식적으로 포기하고, 이러한 포기가 국무부가 정한 방식에 부합하면 그 개인은 국적을 벗어난다.[35] 국적포기자는 외교관원이나 영사관원 앞에서 다음과 같이 선서해야 한다. "나는 이로써 모든 권리와 특권 그리고 모든 충성과 헌신의 의무들과 함께 미국 국적을 절대적으로 그리고 완전히 포기한다."[36]

전시 상황이라면 미국인은 국내에서도 국적을 포기할 수 있다. 이 경우 포기가 국방의 이익에 반하지 않는다는 법무부 관리의 확인이 필요하다. 물론 포기가 강요에 의한 것이라면 포기는 무효가 된다. 이 원칙은 제2차 세계대전 중에 수용소에 있던 일본계 미국인들의 국적포기 사건에서 확인되었다.[37] 외국에 대해 충성을 선언하고, 외국 군대에 입대하거나 외국 선거에 투표하거나 다른 나라의 시민으로 귀화하는 미국인은 국적을 사실상 포기한 것으로 추정된다. 이러한 방식으로 국적을 상실한 자는 이의신청을 제기할 수 있다. 미국 법은 미국에서 저지른 범죄의 처벌을 회피하기 위해 국적을 포기하는 것을 용

---

[35]   INA §349(a)(5), 8 U.S.C.A. §1481(a)(5).

[36]   이러한 포기선서는 외국에서 출생한 사람이 미국 국적을 취득하고자 할 때 하는 충성선서(Oath of Allegince)에 대응한다. 충성선서는 지금까지 속했던 나라에 대한 충성의 완전하고 절대적인 포기, 미국 헌법과 법의 수호와 방위, 그리고 미국 방위를 위해 집총, 비전투 복무 등의 이행을 내용으로 한다. 충성선서 형식은 다음과 같다. "나는 다음과 같이 선서한다. 지금까지 내가 신민이나 시민으로 속해왔던 외국 군주, 통치자, 국가, 주권에 대한 모든 충성과 맹세를 절대적으로 완전히 포기한다. 미국 헌법과 법률을 국내외의 적으로부터 수호할 것을 선서하고, 미국에 대해 충성과 복종을 맹세한다. 나는 법이 요구한 때에는 미국을 위하여 무기를 들 것이다. 법이 요구하는 때에는 미국 군대에서 비전투 역무를 수행할 것이다. 법이 요구하는 때에는 민간의 지휘에 따라 국가적으로 중요한 업무에 복무할 것이다. 나는 자유롭게, 어떠한 회피의 의도나 심리적인 유보 없이 이 의무를 인수한다. 신이여 굽어 살피소서." Code of Federal Regulations Section 337.1.

[37]   ACHESON, Secretary of State v. MURAKAMI et al., 176 F.2d 953(1949).

납하지 않는다. 범죄를 저지르고 수형 중인 재소자도 국적을 포기할 수 없다.

자발적 포기가 유효하기 위해서 다른 나라의 국적을 취득해야 하는지가 문제가 된다. 독일과 같이 독일 국적을 취득하고자 하는 자는 자신의 국적을 먼저 포기할 것을 요구하는 때에는 기술적으로 무국적 상태가 존재할 수도 있다. 국적포기가 특히 무국적방지협약의 취지와 양립하는지가 문제이다. 딘 러스크 미 국무부장관은 무국적자가 될 권리를 인정하지 않는다는 입장을 천명하기도 했다.[38] 그러나 '이민국적법'은 포기의 조건으로서 다른 나라의 국적 취득을 규정하지 않는다.[39] 판례나 이민국도 국적포기의 조건으로서 다른 나라의 국적의 취득을 요구하지 않는다. 데이비스 사건에서 법원은 다른 나라의 국적을 취득하지 않더라도 국적을 포기할 수 있게 했다.[40]

미국에서 국적을 포기해 무국적자가 된 몇몇 사례들이 있다. 앞서 언급한 데이비스는 제2차 세계대전에 미군 전투기 조종사로 참전해 민간인이 거주하

---

[38] 러스크는 다음과 같이 말했다. "실제로 이민국적법 제349조는 출생이든 귀화든 미국 국민이 된 사람은 다른 나라의 국적을 자발적으로 취득하는 경우에만 미국 국적을 상실하는 것으로 단순하게 수정되어야 한다. …… 무국적 상태는 국제법과 국제관계에 해롭다. 나는 모든 사람이 국적에 대한 권리를 가지고, 국적을 변경할 권리를 가진다는 세계인권선언에 전적으로 공감한다. 그러나 사람이 자발적으로 무국적자가 될 인권을 보유한다고 믿지 않는다." Arlene Tuck Ulman, "Nationality, Expatriation and Statelessness," *Administrative Law Review*, Vol. 25(1973), p. 126.

[39] 미 국무부 매뉴얼은 다음과 같은 사항을 주지시키고 있다. "a. 미국 시민권을 포기하거나 그러한 시민권을 포기할 의도로 법정의 국적이탈 행위를 하려는 사람은 이미 외국 국적을 보유하거나 시민권의 포기 후에 조만간 다른 나라의 국적을 확실하게 취득하는 경우가 아니라면 그가 무국적자가 되며 그에게 심각한 고난이 발생할 수도 있다는 점을 이해해야 한다. 그가 다른 국적을 보유하지 않는 때에는 포기자는 무국적자가 된다. 그가 외국에서 영주권자의 지위를 보유할지라도 그는 국적 없이 그 나라에 계속 거주하는 데 난관에 봉착할 수도 있다." 7 FAM 1215 STATELESSNESS RESULTING FROM LOSS OF NATIONALITY, U.S. Department of State Foreign Affairs Manual Volume 7. Consular Affairs(CT:CON-262; 08-06-2008).

[40] Garry Davis v. District Director, INS, 481 F. Supp. 1178(1979).

는 도시를 폭격하라는 명령에 끔찍한 공포를 느끼고 전후에 파리에서 세계시민을 자처하며 세계여권(世界旅券) 운동을 주도했다. 졸리는 월남전을 반대하고 병역을 거부하기 위해 캐나다로 가서 미국 영사 앞에서 국적을 포기하고 무국적자가 되었다.[41] 슬레이터는 레이건의 대외 정책을 비판하며 호주에서 국적을 포기하고 무국적자가 되었다.[42] 어찌했든 포기자가 무국적 상태의 불편함이나 불이익을 진지하게 고려한 후 의도적인 무국적자나 주권적 이방인(Sovrien)[43]이 되겠다고 한다면, 미 당국은 이를 수용하고 있다.

4) 귀환권

일반적으로 귀환권(right of return)은 전쟁, 식민지, 합병, 영토 변경 등의 사정으로 인해 고향을 떠나 무국적자나 난민 또는 다른 국가의 국적을 취득한 디아스포라들이 고국과의 관계에서 갖는 권리다. 이러한 권리는 제2차 세계대전 이후에 디아스포라의 권리로서 본격적으로 부상했다. 한국 현대사에서 식민 지배, 분단, 전쟁 등 비자발적인 이동 요인을 주목한다면 코리안 디아스포라의 귀환권도 국적법, 국가승계법, 국제인도법, 국제인권법, 난민법의 관점에서 검토해야 한다.[44] 한반도 내에서의 6·25 전쟁의 피난민(내적 디아스포

---

41 "Draft dodger loses U.S. citizenship," *Windsor Star*, November 10, 1971.

42 "A Man Without A Country, Literally—Ex-U.S. Citizen Has Become A Drifter Among Nations," *Seattle Times*, November 27, 1992, http://community.seattletimes. nwsource.com/archive/?date=19921127&slug=1526849(검색일: 2013.5.28).

43 'Sovrien'은 미국 국적을 포기하고 무국적자가 되어 무국적의 권리를 옹호하는 한지안이라는 인물이 sovereign과 alien을 결합하여 만든 조어이다. Clark Hanjian, *The Sovrien: An Exploration of the Right to Be Stateless*(Polyspire, 2003).

44 Gail J. Boling, "Palestinian Refugees and the Right of Return: An International Law Analysis," *BADIL - Information & Discussion Brief*, Issue No.8(January 2001).

라)의 권리도 이러한 각도에서 고려해야 한다.

디아스포라들은 대체로 정치적·경제적 곤경에 처해 있기 때문에 자신의 귀환권을 적시에 적절하게 인정받지 못하는 경우가 많다. 귀환권과 관련해서 주목할 만한 실례들은 이스라엘, 독일, 스페인, 팔레스타인 디아스포라들이다. 이스라엘은 그 자체로 유대인의 집단적 귀환권을 기초로 건설된 국가다. 나아가 이스라엘 정부는 1950년에 귀환법(Law of Return)을 제정해 유대인과 그 자손들에게 이스라엘 국적을 부여했다. 독일은 제2차 세계대전 후에 국적에 관한 포괄적인 헌법 조항[45]을 두었으며, 독일통일 이후에는 민족적 근거를 기반으로 구 공산권에 거주하던 독일계 디아스포라에게도 국적을 부여했다. 스페인은 내전과 프랑코 독재 치하에서 정치적·경제적 동기로 해외로 이주한 스페인계 후손에게 국적을 부여하는 '역사기억법'(Ley de Memoria Histórica)을 제정했다.[46] 내전 과정에서 대규모 난민이 발생했던 세르비아는 2004년 국적법(제23조)에서 세르비아계 후손이나 해외에 거주하는 세르비아 민족은 서면 선언의 방식으로 국적을 취득하게 했다.

귀환권과 관련해 국제적으로 가장 뜨거운 대목은 팔레스타인 디아스포라이다. 원래 팔레스타인에 거주하던 이들은 이스라엘 건국 과정, 1948년 이스라엘·아랍 전쟁, 1967년의 6일전쟁 와중에 이 지역을 집단적으로 탈출했다.[47]

---

[45] 기본법 제116조 ① 이 기본법에서 말하는 독일인이란 법률에 다른 규정이 없는 한, 독일 국적을 가진 자이거나, 1937년 12월 31일 현재 독일국 영역 내의 망명 또는 피추방자 또는 그 배우자나 비속으로 받아들여진다. ② 1933년 1월 30일에서 1945년 5월 8일까지의 기간 중 정치적·인종적 또는 종교적 이유에서 국적을 박탈당한 구 독일 국민과 그 비속은 신청에 따라 다시 귀화된다. 1945년 5월 8일 이후 독일 내에 주소를 가졌고 반대 의사를 표명하지 않는 한 이들은 국적을 상실한 것으로 간주되지 아니한다.

[46] Concesión de la nacionalidad española a descendientes de españoles, http://www.solidaridadintergeneracional.es/public/index.php?pid=ayudas&fayuda=5205(검색일: 2013.5.28).

주변 아랍국에서 난민 생활을 하는 이들은 자신의 고향땅에 귀환할 권리를 가지고 있지만 이스라엘이 그들의 귀환을 막고 있다.[48] 남미로 이민 간 일본계 디아스포라도 일본 사회에 대해 일정한 귀환권을 행사할 수 있을 것이다. 그러나 팔레스타인 사람들의 사례를 제외하고는 대부분의 귀환권은 고국에서 취업 활동 아니면 재귀화를 지향하므로 그 해법은 비교적 단순하다. 코리안 디아스포라는 식민 지배, 남북 분단, 전쟁 때문에 상이한 체제로 퍼져 상이한 생활 방식을 영위하기 때문에 고국과의 관계에서 귀환권의 양상도 단순하지 않다.

재일 코리안의 귀환권을 해명하는 데에 고국권(故國權) 개념을 제안해본다. 여기서 고국은 사전적으로 남의 나라에 있는 사람이 자신의 조상 때부터 살던 나라를 지칭하는 말이다. 고국은 재일 코리안의 현재 국적(한국적이든 조선적이든 일본적이든)과 관계없이 그들의 역사적·민족적 유대를 통해서 확정된다. 재일 코리안의 조상이 근현대사에서 한국적을 보유했다는 사정, 즉 역사적·민족적 유대가 있다는 사실을 통해 원천적 지위로서 고국권이 그들에게 인정된다. 이러한 지위는 국적 판단에 기준이 되는 "진정하고 실효적인 연결(genuine and effective link)"[49]과도 어느 정도 중복된다. 그러나 여기서 역사적·민족적

---

47 Kurt Reng Radley, "THE PALESTINIAN REFUGEES: THE RIGHT TO RETURN IN INTERNATIONAL LAW," *American Journal of International Law*, Vol.72(1978), pp.586~614; John Quigley, "Displaced Palestinians and a Right of Return," *Harvard International Law Journal*, Vol.39(1998), p.171; Andrew Kent, "Evaluating the Palestinians' Claimed Right of Return," *University of Pennsylvania Journal of International Law*, Vol.34 (2012), p.149.

48 유엔 총회는 팔레스타인 사람들의 귀환권을 두 차례나 확인했다. A/RES/194(III) Dec.11. 1948; A/RES/3236(XXIX). Nov.22. 1974.

49 세계인권선언 제15조상의 국적에 대한 권리(right to nationality)는 개인과 국가 간에 진정하고 효과적인 연결점이 존재하는 때에 발생한다. 1955년 국제사법재판소(ICJ)는 노테

유대나 고국권은 국적취득이나 회복만을 겨냥한 것이 아니라 널리 이동의 자유를 설명하기 위한 방편이다. 역사적·민족적 유대에 입각한 고국권은 자유권위원회가 일반논평 제27호에서 밝힌 특별한 유대(special ties)나 특별한 권리로도 해석될 수 있다. 일반논평 제27호는 귀환권의 기초로서 국적 그리고 특별한 유대로서 영주권 두 가지를 거론한다. 그러나 역사적·민족적 유대에 입각한 고국권을 귀환권의 기초로서 추가해야 한다. 이러한 고국권의 원형은 독일, 스페인, 세르비아, 이스라엘의 법제에도 잠재되어 있다. 디아스포라가 거주지에 영주권자로서 머물고자 할 때에는 영주권이 귀환권의 근거로서 중요하지만 되돌아가고자 할 때에는 국적이나 고국권이 결정적인 의미를 가진다. 재일 코리안의 원래의 고국은 분단되어 있기 때문에 이들에게는 남북한이 동시에 고국권의 대상이다.[50] 어찌했든 남한이나 북한이나 코리안 디아스포라를 전리품으로 상정하거나 각각의 분단 법제로 이들의 삶과 행위를 재단하려는 대신에 고국권의 원활한 향유에 조력해야 한다. 고국권을 보유한 자에게는 다양한 수준의 귀환권을 보장해야 한다. 그것은 단순 입국이나 여행

봄 사건(Nottebohm Case)에서 "국가 관행, 중재 결정 및 법원 판결 그리고 학설에 따르면, 국적은 상호적인 권리와 의무의 존재와 더불어 결속의 사회적 사실, 즉 생활, 이익, 정서의 실질적인 연결을 그 기초로 삼는 법적인 결합"이라고 말했다. 노테봄은 독일 국적자로서 과테말라를 거점으로 수십 년간 사업을 수행했는데 1939년에 국적을 리히텐슈타인으로 바꾸고 과테말라로 입국하자 제2차 세계대전 상황에서 과테말라는 노테봄을 적성 국가 국민(독일인)으로 간주해 강제로 수용하고 재산을 몰수했다. 리히텐슈타인은 과테말라 정부를 상대로 외교적 보호권을 행사하고자 했다. 그러나 국제사법재판소는 과테말라의 주장을 수용했다. "Nottebohm (Liechtenstein v. Guatemala)," *International Court of Justice*, http://www.icj-cij.org/docket/index.php?sum=215&code=lg&p1=3&p2=3&case=18&k=26&p3=5(검색일: 2013.5.28).
50 일본 국적을 가진 코리안은 남북한과 일본을 상대로 고국권을 보유하지만 조선적이나 한국적을 가진 재일 코리안은 남북한에 대해서 고국권을 보유하며, 일본에 대해서는 영주권의 맥락에서 귀환권을 보유한다.

뿐만 아니라 취업 및 정착과 재귀화에까지 미친다. 코리안 디아스포라의 국적재취득을 중심으로 사고할 이유가 하나도 없다.

우리의 재외동포법은 코리안 디아스포라 전체에 대해 재귀화나 재정착을 목표로 하지 않지만 한국사의 특수성을 반영하는 낮은 수준의 고국권을 제도화했다. 그러나 재외동포법이 한국 국적을 가진 외국 영주권자인 재외국민과 외국 국적 동포만을 재외동포라 규정하고, 무국적 고려인이나 조선적 동포들을 범주적으로 배제한 대목은 합리적이지 않다.[51]

3. 국제인권법상 이동권 법리

1) 국제적인 문서

이동권을 규정한 국제적인 문서는 세계인권선언(제13조),[52] 시민적·정치적 권리규약(제12조)[53]이 대표적이다. 기타 제네바 협약(제1협약 제63조), 미주인권

---

[51]　제2조(정의) 이 법에서 "재외동포"란 다음 각 호의 어느 하나에 해당하는 자를 말한다. ① 대한민국의 국민으로서 외국의 영주권을 취득한 자 또는 영주할 목적으로 외국에 거주하고 있는 자(이하 "재외국민"이라 한다), ② 대한민국의 국적을 보유했던 자(대한민국 정부 수립 전에 국외로 이주한 동포를 포함한다) 또는 그 직계비속으로서 외국 국적을 취득한 자 중 대통령령으로 정하는 자(이하 "외국 국적 동포"라 한다).

[52]　제13조(2): 누구든지 자신의 나라를 포함하여 어떠한 나라든지 떠날 권리를 가지며, 자신의 나라로 귀환할 권리를 가진다.

[53]　① 합법적으로 어느 국가의 영역 내에 있는 모든 사람은, 그 영역 내에서 이동의 자유 및 거주의 자유에 관한 권리를 가진다. ② 모든 사람은 자국을 포함하여 어떠한 나라로부터도 자유로이 떠날 수 있다. ③ 상기 권리는 법률에 의하여 규정되고, 국가 안보, 공공질서, 공중 보건 또는 공중도덕 또는 타인의 권리와 자유를 보호하기 위하여 필요하고, 또한 이 규약에서 인정되는 기타 권리와 양립되는 것을 제외하고는 어떠한 제한도 받지 아

선언(제8조), 인종차별철폐협약(제5조), 아동권리협약(제10조), 이주노동자권리
협약(제8조), 장애인권리협약(제18조), 미주인권협약(제22조), 유럽인권협약 제
4의정서(제3조), 아프리카 민권헌장(제12조) 등도 이러한 권리를 규정한다. 세
계인권선언이나 자유권규약은 출국권과 귀환권을 규정하고 있다.[54] 1987년에
는 전문가들이 회합해 이동권의 내용을 명시하는 스트라스부르 이동권선언을
채택했다.[55]

 인간은 누구나 차별 없이 다른 나라에 대해 이동권을 누려야 하고, 자신의
나라에 대해서는 한층 강화된 이동권을 보장받아야 한다. 인권규약상의 출국
권은 자신의 나라를 포함해서 어떠한 나라에서든지 이탈할 수 있는 자유를 의
미하기 때문에 외국인도 이러한 권리를 향유한다. 반면 귀환권은 개인이 어
디에 있든지 자신의 나라로 돌아올 권리이기 때문에, 외국인은 일반적으로 다
른 나라를 방문하는 권리와 다르게 특수한 조건 아래서 귀환권을 향유할 수
있다. 출국권은 단순한 해외여행에서부터 장기 체류, 정치적 망명, 심지어 국
적에 대한 권리와 연관되어 국적변경권이나 국적포기권(right of expatriation)
까지 함축할 수 있다.[56] 출국권이든 귀환권이든 자의적으로 박탈되어서는 안
된다는 점이 이동권의 핵심이다.

니한다. ④ 어느 누구도 자국에 돌아올 권리를 자의적으로 박탈당하지 아니한다.

54 자유 이동의 인류 역사에서 20세기 규제가 이례적이었다는 평가는 Satvinder S. Juss, "Free
   Movement and the World Order," *International Journal of Refugee Law*, Vol.16(2004),
   pp.289~335 참조.

55 "The Strasbourg Declaration on the Right to Leave and Return," *American Journal of
   International Law*, Vol.81(1987), pp.432~438.

56 세계인권선언 제15조 ① 누구든지 국적을 가질 권리가 있다. ② 누구도 자의적으로 자신
   의 국적을 박탈당해서는 안 되며, 자신의 국적을 변경할 권리가 부정되어서는 안 된다.

2) 자유권위원회의 일반논평 제27호와 통보

이동권을 이해하는 데에 자유권위원회의 일반논평과 통보결정이 매우 중요하다. 일반논평은 이 권리의 실제 운용에 지침이 될 만한 원칙들을 담고 있다. 통보들은 국가들이 자유권규약상의 법적 의무를 위반했다고 할 때 이러한 권리를 어떻게 해석해야 하는지를 보여준다. 자유권위원회가 1986년에 자유권규약상의 외국인의 지위에 대해 일반논평[57]을 발표했지만 1999년 일반논평 제27호[58]를 통해 비로소 이동권에 대한 상세한 원칙들을 제시했다고 할 수 있다.[59] 일반논평 제27호에 담긴 지침은 자유권규약상의 시민적·정치적 권리의 소극적 성격, 즉 국가 간섭의 배제에 주목했다.

출국권은 개인이 현재의 거주국 바깥에서 거주하려는 기간의 장단이나 출국의 목적에 관계없이 존재한다.[60] 국경의 통과를 가능하게 하는 여권은 출국권에서 매우 중요한 요소이다.[61] 자유권위원회는 여권 발급이 국적국의 의무라고 간주하고, 당사국이 해외에 거주하는 자국민에 대한 여권 발급이나 유효기간 연장을 거부하는 조치는 출국권과 여행의 자유를 박탈하는 것이라고 판

---

[57] 일반논평 제15호(시민적 및 정치적 권리에 관한 국제규약에 따른 외국인의 지위), 번역은 국가인권위원회, 유엔인권조약감시기구의 일반논평 및 일반권고 2(시민적 및 정치적 권리위원회·고문방지위원회)(2006), 35~38쪽.

[58] 일반논평 제27호의 번역은 같은 자료, 91~96쪽.

[59] 이 논평의 배경에 대해서는 Dimitry Kochenov, "The Right to Leave any Country including your own in international law," *Connecticut Journal of International law*, Vol.28(2012), pp.43~71 참조.

[60] General Comment No.27, para.8.

[61] 여권은 제1차 세계대전 이전에는 러시아와 터키를 제외하고는 유럽 세계에서는 문제되지 않았으며 제1차 세계대전을 통해서 각국이 국경을 봉쇄하고 출입자에게 여권을 요구하기 시작했다. Reginald Parker, "Passport denied," *Stanford Law Review*, Vol.3(1951), pp.312~324.

단한다.[62] 물론 이동권은 절대적 권리가 아니므로, 예외적인 상황에서 국가가 이러한 권리를 제한할 수 있다(제12조 제3항). 출국권의 제한은 법률에 규정되어야 하고, 제한이 민주적 사회에서 국가 안보, 공공질서, 공중 보건 또는 공중도덕 또는 타인의 권리와 자유의 보호에 필요하고, 규약에서 인정된 다른 모든 권리들과 양립해야 한다.[63] 이러한 제약 사항 이외에도 출국권에 대한 제한은 비례성, 상황에 대한 적합성, 목표 달성에서 침해의 최소성을 갖추어야 한다.[64] 권리를 제한하더라도 원칙과 예외를 역전시켜서는 안 되며, 제한을 설정하는 법은 정확한 기준을 사용해야 하고, 그 실행에 책임이 있는 담당자들에게 무제한의 재량을 부여해서는 안 된다.[65] 국가 안보를 이유로 군사 지역에 접근을 제한하는 것은 비례성의 요건을 충족할 수 있으나 개인이 국가 기밀을 소지하고 있다는 이유만으로 출국을 금지하는 것은 이러한 요건을 충족시킬 수 없다.[66] 출국하는 데에 과도한 절차적 부담이나 비용을 지우거나 여행 서류 발급을 과도하게 지연하는 것, 신청인이 국가의 명예를 손상할 수 있다는 이유로 여권 발급을 거절하는 것은 출국권과 여행의 자유를 침해할 우려가 있다.[67]

자유권위원회는 출국권과 관련해서 일련의 통보 결정을 내렸다.[68] 루브나

---

62   General Comment No.27, para.9.

63   General Comment No.27, para.11.

64   General Comment No.27, para.14.

65   General Comment No.27, para.13.

66   General Comment No.27, para.16; 과거 소련에서의 국가 기밀 소지와 출국권에 대한 관행에 대해서는 Jeffrey Barist(et al.), "Who May Leave: A Review of Soviet Practice Restricting Emigration on Grounds of Knowledge of "State Secrets" in Comparison with Standards of International Law and the Policies of Other States," *Hofstra Law Review*, Vol.15(1987), pp.381~442.

67   General Comment No.27, para.17.

엘 가르(Loubna El Ghar) 사건에서 리비아 정부는 모로코에 거주하는 엘 가르의 여권 신청에 대해 여권 발급을 부당하게 지연하다가 리비아행 여행증명서만 발급해 엘 가르가 해외에서 공부할 기회를 박탈했음을 확인하고 출국권을 침해한 것으로 판단했다.[69] 자유권위원회는 Samuel Lichtensztejn v. Uruguay,[70] Sophie Vidal Martins v. Uruguay[71]에서 우루과이 군사정부가 해외에 거주하는 정치적 반대파들에게 여권을 발급하지 않는 것은 출국권의 침해라고 결정했다. Lauri Peltonen v. Finland[72]에서 위원회는 병역의무를 이행하지 않는 사람에게 출국권을 제한하는 것은 합리적이라고 했지만, 소수 의견은 이러한 방침은 출국권을 본질적으로 침해한다고 보았다. Ismet Celepli v. Sweden[73]과 Mrs Samira Karker v. France[74]에서 자유권위원회는 테러 혐의를 받고 있는 외국인 체류자의 거주 지역을 제한하는 조치가 국가 안보상 합리적인 제약으로서 자유권규약 제12조 제3항과 일치한다고 판단했다.

국적 보유자는 누구나 자국(his own country)으로 입국할 권리[75]가 있으며,

---

68   Colin Harvey & Robert p. Barnidge, JR., "Human Rights, Free Movement, and the Right to Leave in International Law," *International Journal of Refugee Law*, Vol.19(2007), pp.1~21.

69   Loubna El Ghar v. Socialist People's Libyan Arab Jamahiriya, Communication No. 1107/2002, UN Doc CCPR/C/82/D/82/D/1107(2002/2004).

70   Communication No.77/1980, UN Doc CCPR/C/18/77/1980(1983).

71   Communication No.57/1979, UN Doc. Supp. No.40(A/37/40) at 157(1982).

72   Peltonen v. Finland, Communication No.492/1992, UN Doc CCPR/C/51/D/492/1992(1994).

73   Celepli v. Sweden, Communication No.456/1991, UN Doc CCPR/C/51/D/456/1991 (1994).

74   Salah Karker v. France, Communication No.833/1998, UN Doc CCPR/C/70/D/833/1998(2000).

75   Voca v Colombia 사건에서 신청인은 노조와 시민단체 법률 자문가로서, 그리고 정부의 사회갈등해결위원회 등에서 노조 측을 대리해 변호사로서 활동하다가 1988년에 비자발

국외에서 출생한 자도 자국에 입국할 권리를 가진다. 이러한 권리는 자발적 귀환을 모색하는 난민에게 중요하다.[76] 그런데 귀환권에서 말하는 '자국'은 국 적국에 한정되지 않는다.[77] 순수한 외국인(a mere alien)으로 간주될 수 없을 만큼 특정 국가에 대해 특별한 유대(special ties)나 특별한 권리가 있다면 그 국가는 자국에 해당한다. 국제법에 위반되는 방식으로 국적을 박탈당한 사람 이나 국적국이 다른 국가로 통합되거나 이전되는 과정에서 국적을 거부당한 사람들도 해당 국가에 대해 귀환권을 가진다. 영주권자를 포함해서 다양한 유형의 장기 체류자들도 자국으로서 거주국에 대해 귀환권을 가진다.[78] 특히 거주국의 국적을 취득할 권리를 자의적으로 박탈당한 무국적자도 귀환권을 가진다.[79]

적으로 출국한 후에 콜롬비아 정부가 자신의 안전한 귀환을 막고 있다고 주장한 반면, 콜 롬비아 정부는 신청인이 노조 활동과 관련하여 폭력 행위의 결과 때문에 안전한 귀환을 보장받을 수 없다고 주장했다. 위원회는 신청인의 입장을 지지했다. Communication 859/1999, UN Doc CCPR/C/74/D/859/1999(2002).

76 General Comment No. 27, para. 19.

77 Stewart v. Canada, Communication 538/1993, UN Doc CCPR/58/D/538/1993(1996), para. 12.3. 스튜어트는 영국에서 태어났으나 일곱 살에 가족과 함께 캐나다로 이주했으 며 그곳에서 결혼해서 두 아이를 두고 스스로 캐나다 국적자로 생각했으나 잦은 범죄행위 를 이유로 추방될 즈음에 비로소 자신이 영국 국적자임을 알게 되었다. 위원회는 캐나다 가 합법적으로 이주해온 외국인에게 일정한 기간이 지나면 용이하게 국적을 부여하는 정 책을 시행하는 나라인데도 스튜어트가 국적취득 절차를 밟지 않았다면 그는 단지 외국인 으로서 캐나다에 머물려고 했던 것이라 판단했다. 위원회는 캐나다가 스튜어트에게 자유 권규약 제12조 제4항상 '자신의 나라'가 아니라고 결정했다.

78 General Comment No. 27, para. 20.

79 Stewart v. Canada, Communication 538/1993, para. 12.4.

4. 사례 해결

1) 한민통과 여권 발급 거부

1970~1980년대 재일교포 유학생 간첩 사건은 대체로 불법 연행, 불법 구금, 고문과 가혹 행위, 시나리오에 따른 허위 자백, 형식적 재판, 실체에 어울리지 않는 과도한 형벌로 짜여졌다. 한민통은 유신 체제를 전면적으로 부인하고 투쟁의 기치를 올리며 1973년에 결성된 해외 민주화운동 단체이다. 법원은 1977년 김정사 사건에서 한민통을 반국가 단체로 규정하면서 권력자의 정치적 간계에 가담했다. 이 재판의 목표는 김정사의 처벌보다는 한민통의 반국가 단체 규정이었다. 한민통을 반국가 단체로 규정한다면 한민통 의장으로 추대된 김대중 씨를 용이하게 처리할 수 있기 때문이었다. 그래서 김정사 사건에서 이른바 자수 간첩의 진술에 의지해 한민통을 '슬쩍' 반국가 단체로 선언했다.[80] 박정희를 국가와 동일시하는 유일체제(唯一體制)에서 박정희를 반대하는 단체를 반국가 단체로 규정하는 것은 논리적이다. 그러나 그러한 체제가 붕괴된 이후에 사슬이 풀리는 대신에 쿠데타를 일으킨 전두환 신군부는 1980년 8월에 정치인 김대중을 반국가 단체의 수괴로 규정하고 그에게 사형을 선고했다. 김대중 씨에 대한 사형선고의 근거는 일반적인 오해와는 달리 5·18과 관련한 내란음모죄가 아니라 한민통 의장이라는 지위였다. 사형선고는 보안사가 꾸민 김대중 제거 프로젝트의 대미였다. 한민통의 반국가 단체 규정은 이제 소임을 달성했지만 후속 단체인 한통련에 대해서도 반국가 단

---

80 중앙정보부가 윤효동이라는 자수 간첩의 기자회견(1977.5.28)을 통해 한민통을 반국가 단체로 낙인찍었다. 국방부과거사진상규명위원회, 『과거사 진상규명위원회 종합보고서』 (2007), 388쪽.

체 판결은 악몽처럼 계속되고 있다.[81] 정적을 살해하기 위한 조작극에 덮어놓고 가담한 사법부가 아직도 그 역할을 지속하고 있다.

출입국 당국은 자국의 국민이 입국을 원하는데도 조작된 정치재판에 편승해 입국을 금지하고 있다. 출국이 기본적 인권이라면 귀국은 자연권이라고 할 수 있다.[82] 한국 정부는 한통련 관계자들에게 여권 발급을 거부해 해외여행까지 막고 있다.[83] 여권 발급의 거부는 국제인권법의 중대한 위반에 해당한다. 자유권위원회는 해외 거주 반정부 인사들의 여권 갱신을 거부하는 우루과이 정부의 조치가 자유권규약에 위반한다고 결정했다.[84] 따라서 재일교포들의 여권 발급 거부나 부당 지연, 입국 제한에 대해서는 자유권규약 선택의정서상의 통보 제도를 활용하는 것이 필요하다. 반정부 활동을 이유로 특정한 단체를 반국가 단체로 규정하고 관련자를 처벌하겠다고 위협하는 행태는 귀환권의 자의적 박탈에 해당한다. 차제에 한통련의 반국가 단체 규정에 대해 재심을 청구하는 것도 필요하다.

2) 특별영주권의 회복

식민지 시대에 한국에서 일본으로 건너간 사람들은 제2차 세계대전이 종결

---

81 대법원 1990.9.11. 선고 90도1333 판결.

82 Charles E. Stewart v. Canada, Communication No. 538/1993, UN Doc CCPR/C/58/D/538/1993(1996).

83 여권의 문제에 대해서는 다음을 참조하라. Reginald Parker, "The Right to Go Abroad: To Have and Hold a Passport," *Virginia Law Review*, Vol.40(1954), p.853; "Passport Refusal for Political Reasons: Constitutional Issues and Judicial Review," *Yale Law Journal*, Vol.61(1952), pp.120~171.

84 Communication No.57/1979, Vidal Martins v. Urguay, para.9 참조.

되고 1952년 샌프란시스코 조약의 발효와 동시에 일방적으로 일본 국적을 박탈당하고 외국인으로 취급되었다. 그러나 이들의 지위[85]는 일반 외국인과는 다를 수밖에 없었다. 일본 정부는 한일국교정상화 이후에 한국적 동포들에게 '협정영주권'을 인정하다가 '일본국과의 평화조약에 기하여 일본 국적을 이탈한 자 등의 출입국관리에 관한 특례법'(1991)을 통해 조선적 동포까지 포함한 '특별영주권' 제도를 운영했다. 이러한 영주권자는 출국 시 1년 이내에 일본에 재입국해서 출입국 당국에 대해 신고해야 한다. 재일교포 유학생들은 고국에서 부당하게 간첩죄로 옥살이를 하는 동안 출입국 당국에 신고할 수 없어서 협정영주권(그 후속 형태로서 특별영주권)을 상실했고 현재에도 많은 불이익을 당하고 있다. 이로 인해 발생한 손해가 조작 간첩 사건의 피해자인 이종수 씨의 국가배상 판결의 위자료 산정에 반영되었다.[86] 그러나 위자료는 불법행위에 대한 한국 정부의 책임을 일부만 계산한 셈이다.

한국 정부는 재일교포의 원래 지위를 회복하고 개선하기 위한 외교적 노력을 다해야 하는 포괄적인 책임을 지고 있다. 유엔인권피해자권리장전 제12조 (d)는 "피해자가 국제인권법의 중대한 위반 또는 국제인도법의 심각한 위반에 대한 구제 조치에 대한 권리를 행사할 수 있도록 필요한 모든 법적·외교적·영사적 수단을 이용할 수 있게 할 것"을 밝히고 있다. 과거 청산의 목표로서 원상회복은 피해자가 과거에 향유했던 법적 상태를 회복시키는 것이다. 유엔인권피해자권리장전 제19조[87]는 "시민권(citizenship)의 향유와 원래 거주지로

---

85 정인섭, 「재일교포의 법적 지위」, 『동북아역사재단 한일역사관련 국제법논문선』(2006), 195~284쪽.

86 서울중앙지법 2012.1.10, 2011가합71495.

87 유엔인권피해자권리장전 제19조: 원상회복은 가능하다면 피해자를 국제인권법의 중대한 위반행위 또는 국제인도법의 심각한 위반행위가 발생하기 이전 상황으로 회복시켜놓아야 한다. 필요한 경우 원상회복은 자유의 회복, 인권, 정체성, 가정생활, 시민권의 향유,

의 복귀"를 규정하고 있다. 일본이 자유권규약 선택의정서에 가입하지 않았기 때문에 피해자들이 직접 선택의정서상의 통보 제도를 활용해 일본 정부를 압박할 수 없지만, 자유권규약을 매개로 다양한 형태의 외교적 압력을 행사할 수 있다. 한국 정부는 자유권규약상의 국가 간 통보 제도(제41조)를 통해 일본 정부의 인권침해 상황을 시정하도록 촉구해야 한다. 특히 자유권규약 제12조 제4항의 자국이 국적국이라는 일본 정부의 종래 입장[88]은 영주권을 가진 국가도 자국이라는 자유권위원회의 입장과 충돌하기 때문이다.[89]

3) 방문권의 인정

종래 국가보안법 위반 사건에서 입북 여부를 범죄의 결정적인 기준으로 다루었기 때문에 방북 사실을 만들어내는 것이 수사 활동의 주요 목표였다. 최근에 방북의 동기나 목적을 감안해서 범죄 여부를 판단한 주목할 만한 판결이 내려졌다. 구말모 씨 사건에서 법원은 구 씨가 누나를 만나고 통일 관련 자료를 구하기 위해 북한을 방문했다는 점을 인정하고 재심 재판에서 무죄를 선고했다.[90] 판결은 간첩죄 요건에 대해 최소한 법치국가적 엄정성을 유지했다. 이동의 자유, 사상의 자유, 양심의 자유, 표현의 자유를 인간의 기본적 자유로 전제한다면 포괄적이고 엄혹한 정치 형법인 국가보안법을 폐지하거나 전면적으로 개혁하지 않으면 안 된다. 어찌했든 구 씨에 대한 무죄판결은 국가보

원래의 거주지로 복귀, 고용회복, 재산의 반환을 포함한다.

88 정인섭, 「재일교포의 법적 지위」, 191~198쪽.

89 스트라스부르 이동권선언 제7조: 거주국을 일시적으로 떠나는 영주권자(permanent legal residents)는 거주국으로 귀환할 권리를 자의적으로 박탈당하지 않는다.

90 서울중앙지법 2012.7.23, 2011재고합38.

안법과 관련해 재심사유를 실질적으로 확장했으며, 아울러 이동권도 인정한 것이다.

한국 방문과 관련해 조선적 코리안의 지위가 특히 주목된다. 당국은 조선적을 가졌다는 사정만으로 그들을 안보 위협 요소로 간주한다. 오히려 조선적 보유자는 고국권에 입각해서 남북한에 대해 동시적으로 방문권을 향유한다고 보아야 한다. 조선적 코리안의 방문권은 자유권규약 제12조 제4항이 말하는 귀환권에 입각해서 두텁게 보장받아야 할 사항이다. 그들의 선조는 한국 국적을 가졌지만 식민 지배와 해방을 거치면서 무국적자(조선적 보유자)가 되었으며 전쟁과 분단을 통해 그 처지가 고착되었다. 이와 같이 비자발적으로 국적을 상실하고 온전하게 회복하지 못한(또는 분단국가의 국적을 거부하는) 해외 코리안들은 한민족의 후예라는 역사적·민족적 유대를 통해 남북한 모두에 대해 이러한 귀환권을 가진다. 귀환권은 코리안의 필요에 따라 단순 방문에서 장기 체류, 정착과 국적재취득까지 포괄한다.

조선적 보유자의 남한 방문 제한은 국제인권법상의 귀환권을 침해한다. 역사적·민족적 유대에 입각해 인정된 '자신의 나라'에 방문하는 것을 금지한 것이기 때문이다. 특히 여행증명서의 발급을 신청하는 조선적 보유자에게 당국이 국적변경을 종용하면서도 방문을 불허하는 조치는 중중의 분단 장애이자 무주지(無主地)를 향한 주권적 팽창욕이다. 재일 코리안의 의도에 맞게 처우해주어야 한다. 단순 방문을 구하는 디아스포라에게 국적변경을 요구하는 것은 사리에 맞지 않다. 국적을 요구한 디아스포라에게만 국적을 부여해야 한다. 입국과 관련해 디아스포라는 순수 외국인이 아니라 자국인에 준하게 대우해야 한다. 국적이라면 부여하겠는데 방문은 불허하겠다는 태도는 바로 조선적 방문 신청자가 국가 안보에 위협이 되지 않는다는 점을 당국이 스스로 증명한 셈이다.[91] 그런데도 법원은 출입국 당국의 여행 불허 결정을 지지했다. 남북교류협력법 제10조는 외국에 거주하는 무국적 코리안이 한국을 방문하려면 여권법 제14조 제1항의 '여행증명서'를 갖추어야 한다고 규정함으로써 동포의 방문권과 귀환권을 기본적으로 인정하고 있다.[92] 이는 전체적으로 자유권규약의 제12조 제4항 및 일반논평 제27호의 취지에 부합한다. 그러나 한국 정부는 최근 국가 안보에 대한 구체적인 위협도 제시하지 않은 채 조선적 보유자의 귀환권을 자의적으로 박탈하고 있다.

4) 무국적자가 될 권리

철학자 아렌트는 '권리를 가질 권리'(right to have rights)[93]라는 개념으로 국적의 의미를 부각했다. 나치 제국에서 유대인 절멸 과정의 첫 단계가 국적 박탈 조치였듯이, 인권과 주권의 매개인 국적이 박탈된다면 개인은 효과적으로 보호받을 수 없게 된다는 것이다. 이러한 배경에서 제2차 세계대전 이후 난민 보호가 국제적인 중요 사안으로 부상했다. 이제 역으로 개인에게 국적을 버릴 권리가 존재하는지가 문제가 된다. 국내 판례는 국적이탈권이 거주 이전의 자유의 연장이라고 이해한다.[94] 물론 그 판례는 이중국적자의 국적 선택과

---

91 국가인권위원회 2009.12.1 결정 09진인2583(재일조선인국적취득강요에 의한 인권침해). 이 사건에서 조선적을 가진 오인제 씨는 일본에서 대학을 마친 후 한국에서 역사학을 공부하고자 성균관대학교의 입학 허가를 받았지만 오사카 영사관에서 여행증명서의 발급을 거부하고 국적변경을 종용했다.

92 남북교류협력에 관한 법률 제10조(외국 거주 동포의 출입 보장): 외국 국적을 보유하지 아니하고 대한민국의 여권을 소지하지 아니한 외국 거주 동포가 남한을 왕래하려면 여권법 제14조 제1항에 따른 여행증명서를 소지하여야 한다.

93 한나 아렌트, 『전체주의의 기원 1』, 이진우·박미애 옮김(한길사, 2006), 533쪽; 세일라 벤하비브, 『타자의 권리』, 75쪽; 리처드 J. 번스타인, 『한나 아렌트와 유대인 문제』, 김선욱 옮김(아모르문디, 2009), 122쪽.

관련된 결정이었기에 고강호 씨 사건과는 성격이 다르다. 법원은 이 사건에서 처음으로 '무국적자가 될 권리'(right to be stateless)는 존재하지 않는다고 결정했다. 그러나 무국적자가 될 권리를 인정하는 법제도 있다. 미국의 이민 귀화법은 특별한 제한 없이 근본적으로 무국적의 권리를 인정하고, 유럽국적 협약(European Convention on Nationality 1997)은 외국의 영주권을 가지며 동시에 본국과 진정한 연결(genuine link)을 결여하고 있는 자국민에게 국적이탈을 허용하는 법제를 도입할 여지를 회원국들에게 남겨두고 있다(유럽국적협약 제7조, 제8조). 물론 유럽국적협약에 근거해서 개인들이 이러한 권리를 직접 주장할 수 있는 것은 아니다. 어찌했든 고강호 씨가 국적국인 한국에서 편익만 취하고 부담을 면하기 위해 국적이탈을 추구하는 것도 아니고, 이미 외국에서 영주권자로서 확실한 생활 관계를 형성하고 있다면 그에게 굳이 다른 국가의 국적취득을 요구할 필요가 없는 것이다. 고 씨의 상황은 유럽국적협약에서 상정하고 있는 이러한 국적이탈의 조건에 여러모로 부합한다.

미국의 국적 포기 사건에서 보듯이 대체로 반전·평화주의자들이 미국의 외교정책과 전쟁 정책을 비판하면서 일종의 시민불복종 행위로서 국적을 포기했다. 고강호 씨는 진술서 등을 볼 때 분단 체제를 거부하고 무국적자로서 조국의 통일을 기다리겠다는 입장이다. 법원은 실제로 무국적방지협약(Convention on the Reduction of Statelessness 1961)[95]상의 국가의 난민 보호나 난민 방

---

[94] 대법원 2002.10.11. 선고 2002두4624 판결, 헌법재판소 2003.10.28, 2003헌가18 등.

[95] 1930 헤이그 국적협약 제7조: 국가의 법이 국적이탈허가를 규정하는 한에서 그러한 허가는 허가를 받는 사람이 다른 나라의 국적을 보유하지 않거나 취득하지 않는다면 취득할 때까지 허가를 해주는 국가의 국적을 상실하는 것을 내포해서는 안 된다. 국적이탈 허가를 받은 자가 허가한 국가가 정한 기간 안에 새로운 국적을 취득하지 않는다면 그러한 허가는 무효가 된다. 무국적방지협약 제7조(1) (a)협약당사국이 국적포기를 허용하고 포기자가 다른 국적을 보유하거나 취득하지 않는다면 그러한 포기는 국적의 상실로 이어져서

지 의무를 들어 그의 국적이탈 신청을 기각했지만, 그 결정에서 무국적자에 대한 인권 보호 관심보다는 주권적 팽창욕, 그리고 국적은 국가가 결정한다는 권위주의 사상을 엿볼 수 있다.[96] 국적에 대한 권리(the right to nationality)의 핵심은 국적을 가질 권리나 변경할 권리를 부당하게 박탈하지 않는다는 데에 있다. 진지한 고려하에 이루어진 국적 포기 신청을 무국적 방지 논리로 백안시할 이유가 없다.

5. 통일에 대한 권리

정부는 재일교포 유학생 간첩 사건과 관련해 피해자 개인들에 대한 사죄뿐만 아니라 재일교포 사회에 대해 공식적인 사죄를 표명하고 집단적인 화해 방안을 찾아야 한다. 국가적·민족적 이익의 관점에서가 아니라 보편적인 인권의 차원에서 한국 사회와 재일교포 사회의 관계를 회복시켜야 한다. 해방 이후 남한 사회는 재일교포에 대해 긍정적인 정책을 펼치지 못했다. 한국 정부는 민족 교육에 기여한 바도 없고, 이른바 기민(棄民) 정책을 펼치며 재일교포 사회에 깊은 상처를 남겼다.

는 안 된다.

96 1심법원(서울행정법원 2012.3.16. 선고 2011구합28998 판결)은 "통상 거주이전의 자유는 대한민국 국적을 가진 국민이 누릴 수 있는 권리로서 거기에 국적에서 벗어날 자유까지 포함하는 것은 개념적으로 모순"된다고 했다. 하지만 대한민국 안에서 거주이전의 자유는 국적자뿐만 아니라 대한민국에 체류할 권한이 있는 자는 누구나 향유하는 인권이며, 국민에게 국적을 포기하지 않아야 할 의무가 있는 것도 아니다. 동시에 인민이 전체로서 국가상태를 해체하고 자연상태로 복귀하는 것뿐만 아니라, 개인이 개인으로서 국가상태에서 이탈하여 자연상태로 돌아갈 수 있으므로 사회계약론에 입각하면 무국적의 자유는 인간의 근본적인 권리에 해당한다.

재일교포들은 한국인으로서, 그리고 일본 사회에서 성장한 자이니치(在日)로서 경계인적 또는 이중적 정체성을 가진다. 그런데 한국 정부는 간첩 사건의 조작을 통해 일본 속에서 성장한 청년들의 민족적 열정과 문화적 특성을 악용했다. 소위 '공작 근원 발굴 작업'[97]이라는 비열한 책략으로 그들의 민족애를 착취하고 분단 체제의 제물로 삼았다.[98] 반공의 이름으로 썻을 수 없는 범죄를 자행한 것이다. 재일 코리안들에게 정부가 공식적으로 사죄하기 앞서서 조작된 간첩 사건이 재일 코리안의 삶과 고국에 대한 태도에 어떤 영향을 미쳤는지를 엄밀하게 규명해야 한다. 재일교포와의 화해 조치도 그들의 정체성을 분명하게 존중하는 가운데 국적보다 민족애를, 민족애보다 인권을 중시하는 처방이어야 한다. 그 하나가 재일 코리안에게 이동권을 전면적으로 인정하는 것이다. 그들은 더 이상 무주물(無主物)이 아니며 남북 대결의 잠재적 노획물도 아니기 때문이다.

필자는 고국권이라는 개념을 통해 코리안 디아스포라의 지위를 설명하고자 했다. 실제로 이러한 개념의 싹을 독일 기본법이나 대한민국의 재외동포법에서도 찾을 수 있다. 고국권은 막연한 민족적 향수나 정체성과 연결된 역사적·문화적 범주로 그치지 않고 우리에게는 분단과 강제 이산을 극복하려는 실천적 전략이다. 통일된 나라가 되기 전까지 해외 코리안뿐만 아니라 한반도에 사는 코리안도 전체적으로 디아스포라로 상정될 수 있다. 한민족의 집단적 권리로서 고국권은 통일 조국에 대한 권리, 즉 통일권(the right to reunification)의 일부이다. 필자는 집단적 권리로서 통일권을 식민 지배와 분단으로 파괴된 한민족 집단이 식민 지배 체제의 발생에 관여하고 분단 과정에

---

97   국방부과거사진상규명위원회, 『과거사 진상규명위원회 종합보고서』, 308쪽.
98   유학생 간첩 사건들에 대한 원인 분석은 木村貴, 「韓國民主化のなかの在日韓國人」, ≪世界≫, No.?(2012), pp.285~292 참조.

연루된 주변 강대국들에게 행사하는 권리라고 상정한다. 이른바 독일통일 과정에서 연합국 4개국은 전범 국가 독일의 통일에 결정적인 권리를 가진 주체들로 등장했지만, 한반도에서는 분단 상황을 악용하지 않고 통일에 기여할 국제적인 의무를 진다. 한민족의 이동권은 민족자결권의 침해 형태인 분단 체제의 극복을 지향한다. 팔레스타인 난민이나 쿠르드 족들이 제대로 된 국가를 갖지 못해 곤경에 처해 있다면, 재일 코리안은 2개의 나라로 인해 고통받는다. 한국 정부는 이 고통을 완화하는 일부터 시작해야 한다.

국가 폭력 사건의 재심을 통한 자기 회복

재일동포[1] 간첩 조작 사건을 중심으로

고연옥

1. 들어가며

세계 여러 나라의 과거 청산 작업을 보면 공통적으로 민주화 이행기에 수
행된 것을 볼 수 있다. 물론 대표적 모범 사례로 꼽히는 독일의 과거 청산은
제2차 세계대전 후 연합군에 의한 패배로 점령군에 의한 강제적 성격을 띠고
있지만, 일반적으로 과거 청산은 대체로 독재나 권위주의 정부에서 민주화된
정권으로의 이행기에 주로 발생한다.

대한민국의 경우도 대체로 이 경향에 충실함을 역사를 통해 확인할 수 있

---

1   재일동포는 재일교포, 재일한국인, 재일 코리안, 자이니치, 재일조선인 등과 호용된다.
    각각의 의미는 명명자의 특정한 입장을 반영하는 것으로 구별된다. 이 장에서는 당시 사
    건에 고정적으로 사용되던 '재일동포'라는 용어를 주로 사용했으나, 사건의 명칭이 아닌
    경우에는 '재일조선인'과 '재일동포'를 혼용했다.

다. 과거 청산은 해방 이후 일제 부역자 처벌을 위한 '반민족행위특별조사위원회' 활동을 시작으로 정권의 이행기마다 등장하고는 했다. 그러나 과거 청산은 번번이 좌절되어 본격적인 작업은 민주 정권의 등장으로 시작된다. 근래에 가시화된 형태의 과거 청산은 2000년 '의문사진상규명위원회' 활동으로 시작되어 참여정권 시절 과거 청산에 대한 시민사회의 적극적인 요청에 정부가 화답하면서 노무현 대통령의 강력한 의지에 힘입어 진행되었다. 그리고 참여정부의 종결에 이은 보수 정권의 연이은 등장으로 현재는 과거 청산이 정책 차원에서 잠정적으로 중단 상태에 이르게 되었다고 본다.

이행기 정의가 제시하는 과거 청산의 방법은 실로 다양하다.[2] 그러나 한국의 과거 청산은 주로 사법을 통해서 이루어졌다는 특징이 있다. 과거 국가 범죄라는 부정의(injustice)는 '이상주의적 정의'와 '정치적 현실' 간의 실용적 균형을 자유화로 구성할 수 있는 상징적인 법의 지배를 구체적으로 보여준다. 즉, 정의를 다시 찾는 것은 이행의 정치적 조건 속에서 가능하다면, 과거 청산은 실천 주체의 정치적 힘의 크기에 좌우되므로 정치적 조건 속에서 청산의 내용과 형식이 정해진다.

이런 관점에서 보면 한국의 과거 청산은 주체의 정치적 힘의 한계 속에서 시행된 것이므로 사법 중심의 과거 청산이 부자연스러운 것만은 아니다. 과거 국가 폭력에 의한 인권침해는 대부분 독재나 권위주의 정권에서 발생했는데, 그럼에도 불구하고 국가 폭력의 완성은 많은 경우 법의 외피를 입고 완성

---

2   과거 청산 방법에는 책임자 처벌, 국가 사과, 명예회복, 배상, 기념, 교육 등이 있다. Ruti G. Teitel, *TRANSITIONAL JUSTICE*(Oxford University Press, 2000); John Tropey ed, *Politics and the Past: On Repairing Historical Injustice*(Boston, Rwman $ Littlefield Publishers, INC, 2003); 프리실라 B. 헤이너, 『국가 폭력과 세계의 진실위원회』, 주혜경 옮김(역사비평사, 2008); 한성훈, 「과거 청산과 민주주의 실현: 진실화해위원회 활동과 권고사항의 이행기 정의를 중심으로」, ≪역사비평≫, 93호(2010년 겨울), pp.116~141.

되었다. 독재적인 정권일수록 자신의 통치에 합법성을 부여하기 위해 사법의 절차를 통해 폭력을 실천했다. 그런 의미에서 법의 지배는 얼마든지 민주주의와 무관하게 실현될 수 있다.[3] 과거 공안 사건의 경우 국가 수사기관이 폭력적인 고문을 통해 자백의 형태로 범죄를 구성한 것은 널리 알려진 사실이다. 이들이 자백에 그렇게도 집착한 것은 법의 형태로 범죄를 완성하고 사법 절차를 통해 자신들이 의도한 목적을 정당한 것으로 포장하기 위한 것이었다. 문명사회에서 법은 통치의 형식이자 내용인 것이다. 그런 의미에서 법으로 묶여진 과거 국가 폭력의 범죄는 법으로 푸는 것이 어쩌면 자연스러운 절차이다.

과거 청산이 초기 예상 및 계획과 달리 사회적·포괄적 청산 대신에 선별적·개인적인 청산의 방식이 채택되는 과정은 과거 청산 세력과 저항 세력 사이에 타협과 조정이 이루어진 결과이다. 이행기 정의 이론과 여러 나라의 사례가 보여준 다양한 방법과 실천에도 불구하고 한국은 결과적으로 과거 문제가 선별적 개인 청산 방식으로서의 사법문제로 귀속되었다. 이행기 정의는 개인적인 범죄자를 처벌하는 것을 넘어 그 사회의 전망적인 집합적 목적에 봉사하는 것[4]이라면, 한국의 사법문제로 귀속된 과거 청산은 집합적 목적에는 다소 못 미치는 불완전한 미완의 것일 수 있다.

그러나 포괄적이고 집합적인 과거 청산의 실천은 어쩌면 정치체제를 다투어야 하는 근원적이고 혁명적 사고를 요하는 문제이므로 현실에서는 어쩌면

---

3 최장집은 민주주의와 법의 관계를 다음과 같이 말하고 있다. "법은 민주주의적인 다수 지배의 원리와는 무관하게 한 사회가 광범하게 인정하는 규범에 기초하고, 그 때문에 법에 의한 통치는 그 나름의 정당성을 가질 수 있는 것이다. 따라서 법의 지배는 얼마든지 민주주의에 선행해서, 민주주의와 무관하게 실현될 수 있다." 아담 쉐보르스키·호세 마리아 마라발,『민주주의와 법의 지배』, 안규남·송호창·강중기 옮김(후마니타스, 2008), 15쪽.
4 Ruti G. Teitel, *RANSITIONAL JUSTICE*, p.225.

영원히 불가능할 수 도 있다. 이행기 정의를 천착한 글들도 그것을 자유주의의 표준화된 민주화 형태로 보고 접근하는 것으로 보인다.[5] 필자가 과문해서인지는 모르지만 세계 여러 나라의 과거사 해결도 대체로 자유주의를 넘어서는 경우는 흔하지 않은 것 같다.

현재 재심을 통한 과거 청산은 나름대로 제한된 환경 속에서도 대표적인 방법으로 기능하며 지속되고 있다. 이 장에서는 과거 국가 폭력의 대표적 사건인 재일동포 간첩 조작 사건을 통해서 재심을 살펴보고자 한다. 아울러 재심의 내용과 주요 특징, 그리고 특별히 부각되었던 쟁점도 함께 보고자 한다. 먼저 재심의 절차를 따라서 형사무죄판결과 보상·배상[6]으로 나누어서 각각의 내용과 의미와 문제점을 고찰하겠다. 또한 과거 재일동포 간첩 조작 사건 피해자들의 목소리를 담아서 재심과 연관된 경험의 일단도 전하고자 한다.[7]

---

5 한성훈, 「과거 청산과 민주주의 실현: 진실화해위원회 활동과 권고사항의 이행기 정의를 중심으로」; Ruti G. Teitel, *TRANSITIONAL JUSTICE*.

6 보상은 국가 또는 단체가 적법한 행위에 의하여 국민이나 주민에게 가한 재산상의 손실을 갚아주기 위하여 제공하는 대상(代償), 배상은 남의 권리를 침해한 사람이 그 손해를 물어주는 일이다(네이버 사전). 이런 사전적 의미와는 달리, 이행기 정의에서는 보상과 배상을 혼용하거나 이 둘의 개념이 혼재되어 있는 경우도 있다. John Tropey ed, *Politics and the Past: On Repairing Historical Injustice*.

7 필자는 현재 재일동포 조작 간첩 사건의 피해자들의 생애사 구술 채취 작업을 하고 있다. 5명에 대한 구술을 통해 비록 재심 부분에 한정되지만 이들의 목소리를 부분적으로 이 장에 반영했다. 구술 대상자 이름은 구술자들의 입장을 고려해 영어 이니셜로 표현했으며, 인터뷰는 국사편찬위원회의 도움으로 2016년 5월에서 7월 사이에 이루어졌다.

이름	분류	성별	나이	거주지
K	피해자	남	65세	한국
H	피해자	남	65세	교토
L	피해자	남	64세	오사카
D	피해자	남	62세	오사카
P	구원회 활동가	남	69세	교토

2. 재심의 의미와 경과

1) 재심의 진행 경과

재심이란 소송절차의 중대한 하자나 판결 기초가 되는 소송 자료의 결함 등을 이유로 확정된 원판결을 취소하고, 확정된 사건을 변론 종결 시 이전의 상태로 부활시켜 새로 심리해 제대로 판결하도록 하는 비상의 불복신청제도이다. 즉, 법적 효력을 가지고 종결된 형사 절차에 대한 재심이라는 법 제도는 실질적 정의와 법적 안정성의 원칙 간의 충돌을 해결하기 위해 규정된 것으로, 이 양자의 원칙 모두 헌법적 효력을 지니면서 법치국가 원리로부터 도출된다.[8] 과거 국가 폭력에 의한 인권침해 사건에 대한 과거 청산의 대표적 방법인 재심은 대한민국의 사법제도에서 절차와 실행상 엄격한 기준을 요구하고 있다. 과거 청산에서 재심이 가능하게 된 근거는 '과거사정리기본법'이며 법원은 '진실과화해를위한과거사정리위원회'(이하 진화위)의 의결로 민사소송법 및 형사소송법에 의해 재심사유에 해당해 진실 규명이 필요하다고 인정하는 경우는 예외로 한다고 규정해서 확정판결도 진상 규명 대상에 포함하고 있다.

국가 폭력에 의한 고문 조작 사건들에 주로 적용된 재심사유는 형사소송법 제420조 제7호이다. 이 법에 의거해 피해자들이 수사기관에 영장 없이 장기간 구금되었으며, 고문 등 가혹 행위에 의해 자백한 것으로 보인다는 점을 인정하면서 법원은 재심 개시를 결정했다. 한국의 과거 청산의 대표적 방법인 재심은 국가 폭력에 의한 인권침해를 과거 악법의 독소 조항을 다루는 내용 심리가 아닌 절차상의 인권침해를 다루는 소송법의 절차 중심의 재심이라는

---

8   한인섭 엮음, 『재심 시효 인권』(경인문화사, 2007).

것이 특징이다.

그렇다면 과거 청산의 대표적인 방법으로 채택된 재심은 어떤 의미가 있는 것인가? 과거에 재판을 통해 국가 폭력의 범죄를 구성 확정했듯이 과거의 잘못된 판결은 올바른 판결로 하나하나 고쳐갈 수밖에 없는 것이다. 물론 과거의 잘못된 판결을 일괄적으로 무효화하는 방법이 없지는 않지만, 오심의 과정과 결과가 개인에게 판결되었듯이 재심의 과정 또한 개인적으로 푸는 것이 자연스러울 수 있다. 그 점에서 사법적 판단은 대통령의 선언, 입법부의 신법 제정으로 순전히 대체될 수 없는 특징을 갖고 있다.[9]

재심이 현실에서 가능하고 유일한 과거 청산이라는 의미 이외에 재심은 국가 범죄의 피해자들에게는 자신의 무죄를 증명함으로써 범죄자(간첩)의 낙인을 제거하는 유일한 기회이다. 또한 보상, 배상을 통한 금전적 회복은 피해자들에게 재원을 제공해서 다시금 사회의 시민으로 호명받고 살아가게 하는 힘의 실체이기도 하다. 아울러 재심을 거치면서 피해자들은 심하게 손상되었던 본래의 자아를 회복하는 주된 성과 이외에, 재심의 전 과정을 통과하면서 주체성을 획득하는 어쩌면 가장 중요한 성과를 얻기도 한다.

과거 청산의 시각에서 재심을 청구하고 진행한 사례의 시작을 무엇으로 볼 것인가는 다소간의 논쟁을 불러올 수 있다. 수지 김 사건(2003년),[10] 함주명 사

---

9 이종수, 「재심제도와 사법권: 과거 청산의 과제를 중심으로」, ≪헌법학연구≫, 제14권 제4호(2008).

10 1987년 1월 홍콩에서 한국 여성 수지 김이 그의 남편에게 살해되었는데, 국가안전기획부가 사건의 진상을 은폐하고 오히려 수지 김을 북한의 공작원으로 둔갑시켜 해외상사원 납치 공작으로 조작한 사건이다. 이 사건은 국가 인권침해 사건 배상에서 의미가 있는 사건으로, 국가 범죄의 일반적 양상보다 더 특수하게 법과 정의의 이름으로 불법과 범죄를 저질렀다는 점에서 그것이 주는 정신적 충격은 극한에 이르기 때문에, 보통의 위자료와 달리 특수한 위자료까지 배상했다. 한인섭 엮음, 『재심 시효 인권』, 154~158쪽.

건(2006년),[11] 최종길 사건(2006년)[12] 등에 대한 재심도 넓은 시각에서 과거 청산 성격을 지니고 있지만, 과거 청산이라는 명칭에 더욱 부합하는 사례로는 인민혁명당재건위(이하 인혁당) 사건을 그 시초로 잡을 수 있다.

인혁당 사건에 대한 재심 개시 결정은 재판을 통한 과거 청산에 일대 진전을 기록한 예이다. 이 사건보다 법원이 재심 거부를 변명하기 어려운 사건이 달리 없기에 이 사건은 사법 청산의 한 상징처럼 여겨졌다. 다른 한편 이렇게 고문과 가혹 행위, 장기 구금, 적법절차의 무시, 공판조서의 조작, 사형선고와 즉시 처형, 민간인에 대한 군사재판 등의 불법이 중첩되어 있음이 명확한 사건에서조차 재심 개시 결정을 받아내는 데 그토록 오랜 시간과 노력이 소요되었다는 사실은 그동안의 진전이 매우 답답하다는 점을 일깨워준다.[13] 인혁당 사건의 무죄판결은 과거 반인권적 악법 및 국가 공권력의 남용과 결부된 사법부의 '불법적인 판결'에 대해 재심을 통한 과거 청산의 획기적인 진전을 이룩한 사건임에 틀림없다. 하지만 재심 절차만 해도 4년 이상의 세월이 소요되었으며 이행기 정부인 참여정부하의 사법부의 결단이 없었다면 인혁당의 재심과 무죄판결은 쉽게 이루어질 수 없었을 것이다.

재심에서 공소시효 문제[14]는 과거 청산으로서의 재심을 이끌었던 가장 핵

---

11 조작 간첩 사건에서 원심을 파기하고 전면 무죄를 선고한 최초의 재심 판결로 과거사위와 무관한 재심으로 무죄판결을 얻어낸 사건이다(같은 책, 29~36쪽).

12 최종길(1931~1973)은 서울대학교 법과대학 교수를 지냈으며, 중앙정보부에서 유럽 거점 간첩단 사건의 조사를 받던 중 사망했다. 사망 이유는 투신자살로 발표되었다. 1988년 천주교인권위원회 등이 진상 규명을 촉구하고 검찰에 고발했으나, 검찰은 공소시효 만료를 이유로 수사 중단을 발표했다. 2002년 의문사진상규명위원회가 민주화운동과 관련한 의문사로 인정했으며, 법원의 판결을 통해 명예 회복과 국가배상이 이루어졌다. 이 재승, 『국가범죄』, 182쪽.

13 한인섭 엮음, 『재심 시효 인권』, 37~38쪽.

14 공소시효 부적용 원칙과 공소시효 배제가 핵심이다. 국가 폭력에 의한 인권침해 사건에

심적인 논제였다. 수지 김 사건, 최종길 교수 사건, 인혁당 사건에서 국가의 시효 원용 주장을 신의칙 위반으로 배척하고 국가의 법적 책임을 인정한 바 있는 법원은 과거사위가 규명한 사건에 대해 적극적으로 국가의 법적 책임을 인정했다.

함주명 사건은 과거사 이전에 재심이 이루어진 사례이지만 넓은 범위에서 민주화 이행기와 관련된 의미 있는 사건이다. 이 사건이 드물게도 재심 청구가 받아들여져 결국 무죄판결을 받아낸 것은 법원 자신의 과거 반성 때문이 아니었다. 만일 이근안[15]이 고문 범죄에 대한 공소시효가 종료되기 직전에 자수하지 않았다면, 또한 자수하고도 함주명을 고문한 사실을 인정하지 않았다면 이 사건은 재심 결정이 이루어지지 않았을 것이다. 이근안이라는 고문 범죄자가 조사 과정에서 고문 사실을 인정한 것은, 고문 범죄자를 두둔하고 은닉해주었던 과거 권위주의 정권과는 다른 행동을 민주 정부가 보여주었기에 가능했던 일이다. 이런 의미에서 재심 청구가 넓게 받아들여지는 것은 이행기 과정에서 가능하다.

다양한 과거사위가 해체되고 국가기관 중심의 과거 청산 작업은 미완성으로 정지되었지만 현재도 재심을 통한 과거 청산은 계속 진행되고 있다. 물론 재심을 청구하고 나서 무죄판결과 연이은 민사 배상 판결이 나기까지는 이전보다 많은 시간이 소요된다. 과거 청산의 시작 단계에서는 과거사 기구의 사

서 공소시효를 어떻게 해석하는가 하는 문제가 주된 논쟁거리다.

15 이근안은 1980년대 경기도경 수사관으로 야당 인사와 학생운동가들을 기혹하게 고문해 악명을 떨쳤으며 고문 기술자라고 불렸다. 그는 남민전 사건(1979), 전노련(1981), 납북 어부 김성학 간첩 조작 사건(1985), 반제동맹 사건(1986)에서 피고인을 고문하고, 민청련 의장(1988) 김근태를 고문한 혐의로 수배되어 11년 동안 숨어 지내다가 자수했다. 이근안은 김성학 사건으로 기소되어 공소시효가 2013년까지 연장되어 있었기 때문에 그를 처벌하는 것은 법리적으로 어렵지 않은 작업이었다(이재승, 『국가범죄』, 43, 75쪽).

건 조사와 권고 결정을 받은 경우에 한해 재심을 청구할 수 있었지만 이후 기구와는 무관하게 개인적으로도 청구할 수 있는 길이 열렸다.[16] 하지만 그 수가 매우 적으며 무죄판결의 결과를 얻기까지는 피해자 본인이 피해를 입증하는 증거를 제시하는 매우 험난한 과정을 거쳐야 한다.

현재까지 진행된 재심의 현황을 양적인 면에서 살펴보면[17] 무죄판결은 꾸준히 늘고 있다. 그러나 질적인 면에서 보자면 내용이 그리 만족스럽지 못하다. 재심에서 무죄판결을 획득한 사건을 보면 간첩 조작 의혹 사건이 중심을 이루고 있다. 과거 청산 초기에 진행되었던 굵직한 사회적 이슈를 가진 사건이나 정치적 사건이 재심으로 연결된 사례가 없지 않지만, 점점 보수 정권이 진행될수록 이러한 사건들은 점점 줄어들고 그 자리를 주로 조작 간첩으로 내몰린 소외 계층 중심의 개인 사건들이 차지하고 있다. 즉, 조직적이거나 사회 저항의 내용을 함축한 사건보다는 개인 혹은 탈이념이 중심이 된 사건들임을 알 수 있다. 따라서 연이은 보수 정권의 등장으로 과거 청산이 가능한 정치 공간이 협소해지면서 비교적 소극적인 형태의 과거 청산이 주된 흐름으로 정착하고 있다. 부연하면 이러한 흐름은 정치권과 사법부가 재심에서 사회 저항적 이슈를 최소화하려는 전략에서 나온 퇴행적 과거 청산의 결과라고 판단된다. 그럼에도 불구하고 개별 사건들의 재심 의미는 결코 작지 않음을 강조하지 않을 수 없다.

---

16 구말모 사건은 재심에서 의미 있는 사례이다. 이 사건은 진화위의 조사 결과 없이 이루어진 초기 사례이다. 판결문에서 무죄판결의 이유로 '증거 불충분'을 들고 있으며, 이 사건이 특별하게 주목받는 점은 임의성의 유무를 피고인이 증명하는 것이 아니라 검찰이 입증해야 함을 지적하고 있다는 점이다.

17 대략 70건이 넘는다. 4·9통일평화재단, 『재심판결문 모음집』(서울대학교 공익인권센터, 2013).

2) 재일동포 간첩 조작 사건

1970년대 전까지 남파 간첩은 일정하게 남한 사회에 존재해왔다. 그러나 1970년대 접어들면서 재일동포 간첩, 납북 어부, 유학생 간첩, 일본 관련 사건 등 그 이전에는 볼 수 없었던 새로운 유형의 간첩들이 출현했다. 즉, 공안 기간은 북에서 내려온 자생적 간첩이 없어지자 대신에 국내에서 간첩을 만들어 내게 되었다. 물론 이것은 정당성이 약한 독재 정권을 수호하는 목적에서 나온 결과이다. 독재 정권이 정치적 위기에 처했을 때 적절한 시기에 맞추어 간첩 사건을 만들어내서, 체제 우위와 냉전의 공포감을 조성함으로써 국면을 돌파하려는 전략에서 나온 것이다. 이러한 점에서 재일조선인만큼 '간첩 조작'의 적절한 대상도 없을 것이다.[18] 이들은 남과 북 그리고 일본 어디에서도 국민으로서 보호받지 못하는 조건에 놓여 있었다. 특히 일본은 과거의 식민지 종주국이었고 해방 후에도 한국은 한일 관계에서 준식민지 관계에 놓여 있었다. 여기에 남한 정부의 사실상의 재일조선인 기민 정책이 더해져서 이들은 국민으로서 보호받지 못하는 난민에 준하는 위치에 있었다고 볼 수 있다.

재일조선인은 이념적으로 자유로운 일본 사회에서 교육을 받았고, 극단적인 소수의 정치적 갈등에도 불구하고 다수가 '총련'[19]과 '민단',[20] 남과 북의 엄격한 구별 없이 일상생활을 영위하고 있었다. 이들이 간첩 혐의를 받는 전형적인 계기는 일본에서 '총련'계 인물과 접촉하고 북한의 영화, 연극 등을 관람

---

18   한홍구, 『대한민국사 3』(한겨레출판, 2005).
19   재일본조선인총연합회의 약칭이다. 한국에서는 통칭 '조총련'으로 불리기도 한다.
20   재일조선인거류민단의 약칭이다. 1948년 재한민국정부가 수립되자 명칭이 민단으로 개칭되었다. 민단의 창단 목적은 조총련에 대항하면서 재일교포의 권익을 옹호하려는 데 있었다. 김효순, 『조국이 버린 사람들』(서해문집, 2015).

했거나 북한 서적을 열람했다는 것인데, 재일조선인들로서는 그런 일이 다반사로 이루어질 수 있는 상황이었다. 북의 위협을 실증해 보이는 데는 재일동포를 이용하는 것이 가장 적격이다. 이들의 경우 총련 소속의 인물을 매개함으로써 곧바로 대남 공작원 또는 국가 기밀을 탐지, 전달한 간첩으로 만들기 쉬웠다. 재일조선인들은 총련계 인사들과 일상에서 접촉할 수밖에 없었고, 이들을 이용해 반공법이나 국가보안법 위반 사건을 만드는 일은 수사기관의 마음먹기에 달렸을 정도로 조작하기 용이했다.[21]

사건의 내용을 좀 더 자세히 살펴보면, 1970~1980년대 간첩 사건은 모두 966건에 달하는데 그 가운데 재일동포 및 일본 관련 간첩 사건은 319건이며, 국군보안사령부(이하 보안사)가 73건을 수사했다.[22] 재일동포 관련 사건은 보안사와 밀접한 관련을 맺고 있으며 특히 1980년대 일본 관련 공안 사건은 1980년대 전두환의 등장[23]과 긴밀한 연관이 있다. 1980년 이후 보안사는 한국에 와 있는 재일동포 유학생들에 대한 조사에 집중했다. 보안사는 '수사 근원 발굴 작업'[24]을 통해서 재일동포 유학생들에 대한 집중 조사를 거쳐 정권의 위기나 사회통제의 필요에 따라 거의 정기적으로 간첩 사건을 조작해 발표하고 대대적으로 보도했다. 이들 유학생은 보안사의 계획에 의해 관리되다가 필요할 때마다 '어항 속의 물고기'처럼 낙점되어 간첩으로 만들어졌다.[25] 보안

---

21 김효순, 『조국이 버린 사람들』.

22 국방부 과거사위, 『재일동포 및 일본 관련 간첩 조작의혹사건 조사보고서』(2007).

23 전두환이 1979년 보안사령관에 취임하고 1980년대에 대통령이 되면서 보안사는 민간인 사건의 수사권이 없음에도 불구하고 중앙정보부를 제치고 간첩 사건의 상당 부분을 만들어냈다. 「한국인권보고서」(2013), 52쪽.

24 보안사에서 발간한 『대공활동사』에 따르면, "1981년도 중점사업으로 재일동포유학생을 가장하여 한국에 침투한 간첩을 색출할 목적으로 수사근원발굴에 착수했다"라고 기록하고 있으며, 당시 국내에 430여 명의 재일동포 유학생이 있었다.

25 『한일공동세미나 조작간첩 자료집』(2012), 3쪽.

사에서 발간한 기록물[26]도 이러한 정황을 자세하게 밝히고 있다.

사실상 재일동포 관련 사건에서는 증거 수집이 곤란하고 법정에 제출되는 증거도 빈약해서 주로 자백에 의존했는데, 수사 과정에서 자백을 얻기 위해 고문이 광범하게 이루어졌다. 수사기관과 사법부의 시대착오적인 냉전 의식 때문에 엄격한 증명으로부터 면책되거나 유죄가 사실상 추정되어온 상황이 여기에 반영되었다. 법률적인 도움도 제대로 받지 못했다. 변호사들도 이들을 변론하는 것을 꺼렸으며, 학생운동권이나 재야인사들도 재일동포들과 무관함을 입증하기 위해 이들을 경원시했다. 변호사 선임을 방해하는 수사관들의 다양한 회유, 경제적 어려움 등으로 고립무원 혹은 자포자기 상태의 허위 자백, 조국 언어에 익숙하지 못함으로 인해 불리한 상황에 놓이면서 재일동포는 재판에서 어느 모로 보나 불리한 상황에 놓이게 되었다.[27]

특이한 점은 이들의 형량이 비교적 크다는 것이다. 대부분 북한 혹은 '총련' 공작원과 연결해서 국가기밀죄 또는 간첩죄와 경합하기 때문에 정치적 목적 달성을 위해서 사법부의 재판 과정에서 걸러지지 않음으로써 많은 수가 중형을 선고받았다. 특히 1978년에 '한민통'[28]은 반국가 단체로 규정되고 한민통

---

26 보안사는 『대공 30년사』에서 "71년부터 74년 말까지 대일공작계의 신설에 따라 '공작근원 발굴작업'에 착수하여 총 384명의 대상을 선정하여 집요한 공작활동을 진행한 결과 김영작 등 30여 명의 간첩을 일망타진했으며, 75년부터는 교포유학생을 대상으로 737명을 선발하여 공작활동을 전개하여 강종헌 일당 20여 명의 간첩을 색출했다"라고 기록하고 있다.

27 박원순, 『국가보안법 연구 2: 국가보안법 적용사』(역사비평사, 1992).

28 1973년 재일한국인들이 한국의 민주화와 조국 통일을 목적으로 설립한 단체이다. 1980년 전두환 정권은 김대중을 의장으로 추대한 한민통을 반국가 단체로 규정하고 김대중에게 '김대중 내란음모사건'으로 사형을 선고한다. 이재승, 『국가범죄』; 이령경, 「그들은 어떻게 '간첩'이 되었나?: 재일한국인간첩사건 재심과 7명의 가족사를 통한 고찰」, ≪역사와 책임≫, 3호(2012).

회원들이 한국 국적을 가진 반국가 단체 소속인으로 규정되어[29] 국가보안법에서 사형까지 형을 받을 수 있었다. 이것이 국내 조작 간첩 사건의 다른 피해자보다도 형량이 큰 수감자들이 많이 양산된 이유이다. 물론 이들 '한민통' 회원들은 그 후 30년 동안 한국 입국이 금지되었는데,[30] 한국 국적임에도 최소한의 본국으로의 이동권조차 금지당했다. 이들은 수감 후에도 독거 수용되는 경우가 많았고, 사상 전향을 강요당했으며, 거의가 단독 사범으로 대중매체를 타는 일도 없어서 여론의 관심도 상대적으로 덜 받았다.

　재일동포 간첩 조작 사건은 한국에서는 석방 운동도 별로 없었고, 석방 조치에서 제외되는 경향이 있었으며, 인권 단체에서 거론되는 일도 별로 없는 가장 외로운 유형의 사건이었다.[31]

　그러나 일본에서는 비교적 활발한 석방 운동이 있었고 운동에 따른 소기의 성과도 있었다. 최근 재일동포 간첩 사건 재심으로 피해자들의 사건과 관련된 구원회의 활동상과 그들의 목소리가 조금씩 들려오고 있다. 구원회는 철저히 일본 내의 활동에 초점을 두었으며 피해자들의 석방을 위해 전 방위로 움직였다는 것을 많은 자료와 관계자의 증언을 통해 알 수 있다. 일본 내의 정치권과 인권 기구를 위시한 국제기구를 통한 구명 활동은 국내 간첩 사건에서는 유사한 경우를 찾아볼 수 없는 독특한 활동이었으며, 특히 사형수들의 사형 집행을 저지하기 위한 활동을 우선으로 했다는 관계자의 증언을 통해 알 수 있듯이 이들의 진정 어린 활동은 소기의 성과를 얻기도 했다.

29　이령경, 「그들은 어떻게 '간첩'이 되었나?: 재일한국인간첩사건 재심과 7명의 가족사를 통한 고찰」, 145쪽.

30　조경희, 「한국 사회의 재일조선인 인식」, ≪황해문화≫, 57호(2007년 겨울).

31　박원순, 『국가보안법 연구 2: 국가보안법 적용사』.

실제로 재판이 시작했을 때부터 그 여름 즈음이었는데 여러 가지 사형에 대한 통보가 나왔고, 76년 여름에는 사형이 선고가 되기 시작했어요. 총 5명에게. 그래서 그 5인의 사형 실행 집행을 중단시키는 활동에 들어갔고, 한국에서는 사형 선고가 나오자마자 바로 사형을 집행하는 선례가 몇 번 있었기 때문에, 아직 재일 조선인에 대한 선례는 없었지만. 그것이 가장 무서웠기 때문에 일본 내에서의 운동도 확대되었던 것입니다. …… 일본 외무성에게 사형만은 못하게 해달라는 부탁을 하기 위해 몇 번이나 갔다든지, 당시의 부위원장이었던 사람이 한국 대사관에 직접 가서 집행을 중단해달라고 부탁을 한다든지. 물론 대사관에서는 거절했다고 했지만, 문서는 받아줬다고 들었습니다. 그리고 일본의 외무성을 통해서 일본 대사관에서 한국 외무부에게 사형을 중단해달라, 재일교포에 대한 사형을 중단해달라, 사형 집행은 일본 국내를 경화시킨다고, 경직시킬 수 있다고 해서 한국에 대한 경제적 지원이나 원조도 어려워질 것이라는 식으로 압력을 했다고 들었습니다. 그래서 이런 활동은 성공적이었다고 할 수 있습니다. (P)[32]

그렇지만 이런 움직임의 양상과 원인 규명은 당시 국내의 정치뿐만 아니라 일본 사회, 국제사회 등의 다각적인 분석을 요하는 문제이다.[33]

---

[32] 물론 재일동포 간첩 사건의 사형 집행이 없었던 것에 대한 원인 분석은 다각적인 면에서 고찰을 요하는 문제이다. 박정희 정권은 인혁당 사건에서 8명을 사형 집행한 이후 국제 사회의 부정적 여론을 의식해서인지 이후에는 사형 집행이 매우 줄어들었다. 재일동포 사건 경우에는 사형 집행이 없었다는 것은 공안당국이 그만큼 무리하게 간첩으로 엮어 넣었다는 사실을 반증하는 것으로 해석한다. 한홍구, 『대한민국사 3』, 238~239쪽.

[33] 1970~1980년대 재일동포 간첩 사건에 대한 일본인의 석방 후원 활동은 피해자들의 면회, 재판 참관을 비롯해 엠네스티 등의 국제 사면 활동, 일본 국회를 압박하는 활동 등 전방위로 이루어졌다. 특히 재일동포 사건에서 최고형인 사형이 집행되지 않은 것은 이들의 활동에 직간접으로 영향을 받은 것으로 피해자들은 생각하고 있었다. 일본인들의 후원 활동의 원인과 동력은 정밀한 분석을 요하는 문제이지만, 1970~1980년대 일본 사회의 '혁신계' 움직임과 무관하지 않음을 몇 명의 피해자들은 인터뷰를 통해 언급하고 있다.

3. 재심의 내용

1) 형사 무죄판결

이행기 정의 관점에서 시행되는 과거 청산이 아니라면 재심의 절차는 까다롭고 엄격해서 시행이 쉽지 않다. 재심은 법이념에서 말하자면 법 절차를 통해 도달한 법적 결론의 불변성, 즉 법적 안정성보다 구체적 정의가 우월하다고 판단될 때 기판력을 깨뜨리는 절차이다. 재심은 정의와 법적 안정성의 조정 장치라고 할 수 있고, 매우 섬세하게 짜여 있어야 한다. 한국의 소송법상 재심 절차가 매우 엄격하기도 하지만 법원이 여태껏 그 요건을 더욱 옥죄는 통에 재심 절차는 무용지물에 가까웠다.[34] 그러나 이행기에 재심은 과거 청산의 대표적 수단으로 작용하고 있다.

사법 청산으로서의 재심의 시작은 진화위의 권고 결정에 한해 재심을 허용했다. 재일동포 간첩 사건에서 재심 신청의 효시는 이종수 사건이다. 이종수는 진화위 조사와 재심 청구를 거쳐 2010년 7월 무죄를 선고받았다. 이 무죄 판결에서 재판장이 사죄하고 검찰이 상고하지 않아서 피해자들이 품고 있던 불안이 해소되었고, 일련의 재심 청구의 계기가 되었다. 그렇지만 초창기에 재일동포 간첩 피해자들은 재심을 의심의 눈길로 바라보았다.

> 그니까 설마 대한민국에서 이 과거에 이러이러한 공안 사건들에 대해서 무슨 재심을 한다 해서 뭐 기대도 안 한다 이거죠. 거부감이 먼저 앞서고. 그래서 진화위에서 사람이 만나자고 하는데 일부는 자각이 있는 사람들이라 가서 자기 사건

---

[34]   한인섭 엮음, 『재심 시효 인권』, 23~24쪽.

이 이러이러했는데 진화위 조사를 해달라 해서 부탁을 하는 일부 사람들이 ○ ○ ○ 씨가 대표적 인물이고 ○○○ 씨 ○○○ 씨 뭐 그런 사람도 있는가 하면은 또 ○○○ 씨 비롯해서 그런 거 하지 말자는 사람도 있었고. …… 2009년돈가? 갑자기 우리 도쿄 사무실에 누가 찾아왔어요. 조사관이라고, 진화위. 그때만 해도 진화위 조사관이라면 정체를 알 수 없는 거니까 정보부, 국정원 끄나풀이 아닌가 해서.(K)

처음엔 소극적이라기보다 회의적이었습니다, 내가. 이명박 정부 들어선 후에 자꾸 퇴보적인 상황을 볼 때 진화위가 생겼다는 것도 간접적으로 소식을 듣고 있었는데 뭐 어느 정도 하겠느냐 하는 회의적인 생각이 있었죠. 그래서 간접적으로 재심하지 않겠느냐, 해보지 않겠느냐 권유가 있었는데 난 안 하겠다고 거절했죠.…… 특히 간첩 사건에 대한 한국 사회의 굉장히 그 고정된 시각, 잘못된 시각이라는 게. 난 피해의식이 굉장히 강했던 것이죠. 그걸 어떻게 극복할 수 있겠느냐.(H)

재일동포 간첩 조작 사건 피해자들은 국가 차원에서 피해자 전체를 일괄적으로 구제하는 방법을 요구했으나 시간이 흐르면서 그런 방법이 용이하지 않다는 판단으로 개인 차원에서 재심에 응하게 되었다.[35] 아울러 앞에서 언급했듯이 이후 진화위를 매개하지 않은 재심 사건[36]도 점점 늘어나게 된다.

사법 청산으로서의 재심에서 가장 두드러진 특징은 과거 판결에서 위법한 범죄의 내용을 심의하는 것이 아니라 절차상의 위법성을 중심으로 한 형사소

---

35 그런 이유로 다른 형태의 조작 간첩 사건보다 재심의 진행이 늦었으며 현재는 여러 건의 재심이 진행 중에 있다는 것을 인터뷰를 통해 알 수 있었다.

36 구말모·이곤 사건이 초기에 해당되는 사례이다.

송법에 근거한 무죄판결이다. 물론 형사소송법에 근거한 재심 결정과 절차가 엄격하고 매우 제한된 범위에서 벗어나 확대된 것은 매우 의미 있는 일이다. 그러나 과거 재판에 대한 심의가 소송절차 중심의 형식논리보다 판결의 내용을 구성하는 위법성에 대한 심의를 중심으로 할 때 이름에 값하는 과거 청산이 된다고 본다. 국가보안법과 반공법을 심리하는 내용 중심의 재심보다는 불법 구금의 재판 절차상 문제나 고문, 폭력 등 인권 차원의 내용을 다루는 재심이 중심이 되고 있다.

> 그니까 내가 했던 것이 책 읽거나 그런 것은 아니고 그런 것을 고문이라든가 불법연행을 해서 조사를 받았기 때문에 그 조사 자체가 무효다, 그런 거거든요, 판결이. 그런데 사실은 그렇지요. 그런데 내가 책 읽거나 사람이 재일교포로 살면서 일본에서 당연히 만나고 이야기도 하고, 책도 보고, 사람들 만나고 당연히 그럴 수 있는 문제고, 오히려 그렇게 안 한다면 이상한 거예요. 자기가 민족적인 의식을 갖고 일본에서 산다면요, 당연히 그렇게 하거든요, 누구든지. 그런데 그것이 잘못된 거다, 죄가 된다면 그게 안 되는, 말도 안 되는 거거든요. 한국이, 한국이 재일교포를 정말 조국이 버린 사람으로 취급하는 거예요. 그렇지 않아요? 이해를. 보호해서, 교육하는 그런 입장인데, 그런 것에 대해서 잘못했다는 판결이 나왔으면 좋은데, 그게 아니에요.(L)

재심에서 무죄판결이 크게 늘어나는 데는 구말모 사건이 계기가 되었다. 구말모의 재심은 피해 입증 책임이 피해자가 아닌 검찰 측에 부과되면서 재심의 가능성에 희망을 주면서 무죄판결 양산에 커다란 영향을 주었다. 그러나 한편으로는 이런 흐름의 역작용도 감지되는데, 상대적으로 형사 무죄판결이 늘자 과거 청산에 저항하는 세력은 배상 영역에서 과거 청산의 동력을 약화하려고 소멸시효 판결로 응답하려는 경향이 포착된다.

한국의 과거 청산에서 가장 중요한 문제점은 사회적 차원의 청산이 절대적으로 부족하다는 것이다. 재심을 개인적으로만 접근하게 한 사법 과거 청산을 입법을 통한 사회적인 접근으로 대체함으로써 과거 청산을 제대로 완성해야 한다는 것이다. 과거 청산을 목표로 제정된 법 중에서 '5·18 민주화운동 등에 관한 특별법'만이 정치재판을 무효화하기 위해 특별 재심 규정을 두었다. 광주민주화운동과 관련해 유죄판결을 받은 피해자들에게 형사소송법 제420조와 군사법원법 제469조의 재심 절차와 관계없이 재심을 청구할 수 있도록 규정했다.[37] 광주민주화운동을 제외하고는 입법을 통한 방법이 아닌 개인적인 재심을 통한 과거 청산이다. 아울러 과거사위의 재심 권고 결정이 재심의 전제 조건을 구성하면서 현재 재심의 폭은 매우 좁다. 과거 청산에서 기회균등과 확장성을 갖기 위해서는 지리적·시간적 한계의 어려움이 있는 재일동포들에게는 재심의 요건을 개선할 수 있는 재심 특별법을 모색해야 한다는 주장도 설득력을 가진다.

5·18 문제도 그렇고 많은 문제들이 있는데 통 틀어서 일괄 처리해도 이제 되지 않는가 하는 내 솔직한 심정입니다. 특별법을 만들든 간에, 특별 구제법을 만들든 간에 재일동포 사건에 대해서, 재일동포들 70년대, 80년대에 왜 그렇게 집중적으로 표적이 돼서 탄압을 받았는가. …… 근데 재심 참 힘들었어요. 아까 이야기한 것처럼. 심정 가다듬고, 사건 다시 한 번 돌이켜 본다는 게 엄청난 용기가 필요합니다. 각오, 결의가 필요한 거죠. 괴로웠던 걸 다시 돌이킨다는 게. 그래서 웬만하면 안 하고 싶죠. 하기 싫은 거예요. 그렇다면 일률적으로 구제하는 방법

---

37   이재승, 「정치사법과 과거 청산」, ≪민주법학≫, 제29호(2005), 43쪽.

을 고려해줘도 되지 않겠는가 하는 생각이 난 솔직한 심정이에요.(H)

　재일동포 간첩 조작 사건은 공통적으로 다음과 같은 특징이 있다. 사건의 절대다수는 영장 없는 체포 및 장기간 불법 구금, 고문 폭행 등에 의한 임의성 없는 자백, 그리고 임의성 없는 심리 상태가 검찰 및 재판 단계에까지 계속되었다. 재일동포 간첩 사건의 재심에서는 압수 조서 등은 영장주의에 위반된 것으로서 증거능력이 없고, 또한 재일북한 공작원이 북한 또는 조총련의 지령을 받은 자라는 사실에 대한 증명이 없어, 탈출·잠입·국가 기밀 누설·간첩 등의 범행을 범했다고 인정하기에 부족하다면서 무죄를 선고받은 것이다. 따라서 형사 재심 절차는 최소한 인도주의적 관점에서 불법체포, 감금, 고문 등 가혹 행위 등에 의한 공소사실의 창작, 왜곡, 과장 등의 형사 절차를 통해 확인한다는 것에 의미가 있는 것이다. 그러나 재일동포 간첩 조작 사건에서 무죄 판결의 대다수는 국가보안법의 내용에 위배되는 범죄 내용에 대한 심리가 아니라 형사 절차상의 법적인 위배 사실에 초점을 맞추어서 판결 절차를 진행했다. 즉, 절차상의 위배를 문제 삼으면서 실제로 이들의 범죄행위를 규정하는 국가보안법을 피해가면서 재판을 진행함으로써 이들을 표면적인 무죄판결로 이끌었다. 현재의 이행기 정의 관점으로 볼 때, 이 정도의 재심 판결도 그 의미가 결코 작은 것은 아니지만 한편으로는 아쉬움을 금할 수가 없다.

　재심을 통한 사법 과거 청산의 가장 큰 의미는 무엇일까? 피해자들의 증언을 소개하는 글을 보면 공통적인 말들이 등장한다. '내가 아닌 것'을 '나'의 상태로 돌려달라는, 즉 본래의 나로 돌려달라는 것이다.[38] 간첩의 낙인은 수감과 동시에 작동한다. 감옥에서도 국가보안법이나 간첩죄 대상은 빨간색의 방

38　한인섭 엮음, 『재심 시효 인권』, 272쪽.

에 수감되고 출소 후에는 간첩의 낙인 때문에 어디에도 발붙일 수 없다. 간첩으로 규정되는 순간, 국가권력과 사회 전체로부터 '적'으로 간주되어 경찰의 감시를 받고, 사회의 배척과 증오의 대상이 되기 때문이다. 이웃에 의한 집단 따돌림과 소외, 강요된 실직과 취업 곤란, 가족 관계의 해체, 무기력이나 대인 기피증에 시달린다.[39]

덧붙여 재일동포 간첩 사건 피해자들과 다른 간첩 사건 피해자들의 차이점은 작은 재일동포 사회에서 또 다른 낙인이 찍힌다는 것이다. 이들은 일본에 복귀한 이후에도, 민단에서는 간첩으로, 조총련계에서는 이중간첩으로 낙인 찍히면서 정상적인 사회생활이 불가능했으며 무죄를 선고받기까지 30~40년의 세월이 흘렀고, 당시 청년은 초로의 늙은이가 되었다.[40]

아마도 재심에서의 무죄판결은 피해자들의 정체성을 복원시킴으로써 공동체의 시민과 국민으로 재호명되는 자신감의 회복으로 이어질 것이다.

> 재심은 참 힘들었습니다. 시작을 하겠다는 결심이 설 때까지. 왜냐하면 과거의 나약했던 나를 채찍질해야만이, 바로 재심할 수 있는 거니까. 내가 왜 그렇게 쉽게 타협을 했는가, 왜 쉽게 굴복했는가 그런 문제를, 과거의 나약했던 나 자신을 똑바로 직시하지 않으면 재심을 할 수 없어요. 그런 것이 참 괴로운 시작이었고 그걸 하면서 역시 뭐라고 할까, 위로받는 것이죠. 괴롭지만 재심 자체가 우리가 위로를 받는 과정이었습니다.(H)

그러나 재심을 통한 무죄판결이 국가보안법이나 간첩죄 등의 범죄 사실을

---

39 (재단)진실의힘(www.truthfoundation.or.kr); "국가 상대 손배소 시효 6개월...'국가에 두 번 짓밟힌 사람들'", ≪경향신문≫, 2015년 9월 18일 자.

40 『2013 인권보고서』.

심리하는 것보다는 불법 구금 등의 인권 차원의 절차상의 오류 문제를 다루면서 피해자들이 받았던 고문 등의 폭력에 대한 사과는 끝끝내 받지 못한다. 절차를 중심으로 진행된 재판의 심리는 결과적으로 폭력의 가해자 문제를 소거해버리면서 무죄판결에서 가해자의 범죄는 내용 없는 껍데기만 남은 문제가 되었으며, 이것은 피해자들에게 과거 폭력이 온전하게 제거되거나 사죄되지 않으면서 미완의 것으로 남게 하는 결과를 낳았다.

다시 한번 재판을 하게 된다면, 나를 취조한 수사관이나 그 당시 나를 검사, 취조한 검사나 그 사람들을 증인으로 불러와가지고 그때 그 사람들의 어떤 생각으로 그렇게 죄를 졌는가. 그 사람들이 죄인이라고 생각하고 있는데, 그 사람들이 법원에 나와야 해요. 이번에 우리가 나이 들어도 무죄가 된 것만으로 만족했는지도 모르지만. 좀 더 그런 재판을 했으면…… 그런 생각이 들어요. 아직 나를 취조한 그 수사관이 살아 있다니까. 나는 이름도 알아. 그 사람을 좀 불러놓고. …… 당신들의 이야기를 듣고 싶다. 당신은 어떻게 해서 그렇게 어린, 그때 어렸잖아요. 나는 스물한 살이고, 또 ○○○ 씨도 스물다섯 살이니 다들 어려, 다 이십 대라. 그런 학생들을 잡아놓고 어떤 식으로, 심정으로 한 거야. 그때 그 사람들의 생각을 듣고 싶다. 지금 그런 느낌이 들어요.(D)

한국의 국민 형성은 1950년대 전쟁을 거치면서 특수성의 차이를 통합하기보다는 내부의 무엇부터 배제할 것인가를 중요시했다. 해방 후 일련의 사건과 전쟁을 거치면서 공산주의자를 '비인간', '절대악'으로 간주하면서 국민 정체성을 구성하기 위해 적과 타자를 구분하면서 공산주의는 타자로 구성되는 역사 과정을 거친다.[41] 이후 냉전과 분단 체제하의 한국에서는 국민과 시민의 범위에 포함되는 집단 혹은 개인과 배제되는 사람의 구분이 존재했다. 보통

선거권이 수립된 한국에서 형식적 시민권은 부여받았으나 실제 공민의 역할 기회는 박탈당하고 국가, 직장, 지역사회, 이웃, 심지어 가족의 관계에서 배제된 사람들이 바로 '빨갱이', '간첩'이었다. 이들은 단순한 비국민, 비시민이 아니라, 근대 이전의 천민에 가까운 존재였다.[42]

과거 청산은 자기 분열적이고 소외되었던 정체성을 확립하는 정의로서 물질적 재화를 추구하기보다는 상대적으로 집단 정체성을 추구하는 경향이 있다. 정치사회적으로 인정받는 것, 시민권을 획득하는 것은 이들이 한국에서 사회적 주체로 존재한다는 것을 의미한다. 과거 청산은 국가와 사회가 정치·사회·경제적으로 배제되었던 피해자들의 존재를 확인하는 정체 인정의 정치이다.

2) 보상·배상

먼저 이행기 정의가 제시하는 보상과 배상에 대한 개념을 살펴보자. 피해에 대해서는 원상회복이 이루어져야 한다. 재산을 부당하게 박탈당한 경우에는 반환받아야 하고, 공직에서 해고된 경우에는 최소한 상응하는 지위에 복직되어야 한다. 부당하게 처형되거나 고문 후유증으로 사망한 때에는 원상회복이 불가능하다. 이때에는 물질적 배상을 제공해야 한다. 배상적 정의는 치유적인 정의 또는 '회복적 정의'[43]라는 더 넓은 차원을 포함하지 않을 수 없다.

---

41 김득중, 『빨갱이의 탄생』(선인, 2015).

42 김동춘, 「시민권과 시민성: 국가, 민족, 가족을 넘어서」, ≪서강인문논총≫, 37집(2013) 13~14쪽.

43 Howard Zehr & Harry Mikka, "Fundamental Concept of Restorative Justice," *Contemporary Justice Review*, Vol.1(1998). '회복적 정의'에 대한 정의는 이재승, 「정치사법과 과거 청산」 참조.

국가 폭력의 최종적인 귀착점은 국가가 책임의 윤리적 주체인 전 국민을 대신해 배상 책임을 이행하는 것이다.[44]

앞에서 언급한 대로 현재 한국의 과거 청산은 재심을 중심으로 이루어지고 있다. 과거 청산 초기에는 형사재판의 무죄판결 의미가 부각되었으며 피해자들에게도 간첩의 오명과 낙인으로부터의 탈출은 감격스러운 정도로 큰 것이었다. 그러나 현재 과거 청산의 무게 중심은 무죄판결에서 배상으로 옮겨 갔다. 무엇보다도 시간이 흐르면서 배상의 기준과 원칙이 피해자들에게 불리하게 작용하면서 배상의 쟁점과 문제점이 수면 위로 드러나게 되었기 때문이다. 즉, 피해자들은 과거와는 또 다른 피해를 경험하고 있는 것이다.

먼저 배상 판결에 영향을 준 사건과 쟁점을 살펴보면, 인혁당 사건은 앞에서 언급한 대로 과거 청산 진전의 상징적 사건으로서의 의미 외에도 배상과 관련해서는 또 다른 사회적 파장을 낳았다. 국정원은 배상금 일부를 돌려달라는 '부당이득금 반환청구소송'을 제기했다. 이 소송의 핵심인 이자 계산법을 근거로 대법원은 '과잉 배상 문제가 제기된다'고 판단했다. 대법원 판결은 이후 과거사 관련 재심에서 암암리에 배상금이 삭감되는 영향을 미쳤다. 근래 가장 쟁점이 되는 것은 배상의 소멸시효가 3년에서 6개월로 단축된 것이다. 대법원은 과거사 관련 국가배상 소송의 소멸시효를 '진실 규명 결정을 받은 날로부터 3년'에서 무죄 확정에 따른 '형사보상 결정을 받은 날로부터 6개월 이내에 손해배상 소송을 제기해야 한다'고 하면서 '6개월 소멸시효'로 기준을 변경했다. 이것의 쟁점과 문제점은 많은 글에서 제기되었으나[45] 비판적인

---

44 이재승, 「정치사법과 과거 청산」.

45 재단법인 '진실의힘'은 유엔 자유규약위원회에 대한민국 사법부가 공정한 원칙을 지키지 않고 있고, 법의 지배 원칙을 훼손했으며 그 결과 중대한 인권침해의 피해자들의 권리가 제한, 박탈당하고 있음을 지적하는 내용의 보고서를 제출했다. '진실의힘' 홈페이지

의견을 보면, 이것은 논리적 법 해석에 따른 필연적 귀결이라기보다는 대법원이 임의적으로 근래 태도를 바꾼 정황의 결과로 보인다. 대법원은 6개월이라는 새로운 기준을 제시하며 어떤 논증이나 설명을 하지 않았다. 국가 범죄의 법적 책임을 축소하는 대법원의 판결은 위자료의 의미와 기능에 대한 보편 법리와도 맞지 않는다.[46]

재심 자체가 점점 어려워지고 있다, 현실적으로. 하기는 하되 검찰 태도가 어느 날 갑자기 바뀌었어요. 초창기 경우는 고법 판결이 나오면 검사가 상고를 하지 않고 즉시로 결정되고 한 달 후에는 보상금 나오고 그런 선례들이 있었는데 그 후에는 그런 경우가 전혀 없었어요. …… 검찰 내부 지시 사항으로 해서 항소, 상고는 반드시 해야 되고 그리고 재심의 경우도 그 내용들을 일일이 범죄 사실에 대해서 따지고 불합리적인 거 이런 거에 대해서 따져야 한다는 식으로 되고. …… 그러고도 시간이 너무 길게 해서 이 당사자들이 초창기에 비교해서 나중에 한다는 건 너무 고통이 심화가 되고, 그다음에 재심 결정 났다 해도 검사가 즉시 항고를 해서 판사의 재심 개시 결정 잘못됐다 해서 고법에서 싸우고 대법에서 싸우고, 그렇게 하여튼 최대한으로 훼방 놓는. 시간을 걸리게 하는, 어렵게 만든다. 완전히 재심을 못하게 하는 조치는 할 수가 없지만 그렇게 어렵게는 할 수가 있다 하는 방침이죠.(K)

불법행위에 대한 위자료는 단지 손해를 전보하는 데 그치지 않고 악행을 예방하는 기능 수행의 의미도 있으므로 외국에서는 그러한 예방의 의미로 배

(http://www.truthfoundation.or.kr) 참조.

46 박성철, 「국가범죄와 법의 책무」, ≪창작과 비평≫, 168호(2015), 455~477쪽.

상금이 높게 책정되는 사례도 있다. 작금의 배상금 관련 문제를 살펴보면 사법부의 형사 무죄판결에 대한 저항은 비교적 작아서 이것이 하나의 큰 흐름으로 자리 잡았다. 반면, 배상의 영역은 국가와 사법부의 저항이 도드라지게 눈에 띈다.[47]

앞에서 언급했듯이 한국의 과거 청산은 정치적 세력 관계상 응보적 처벌을 시행할 정도에 이르지 못할 때 피해 배상이 타협책으로 제시되었는데, 이런 경우 배상의 의미는 양가적이다. 처벌을 대신하는 배상의 두터운 의미 부여와 지난 시절의 피해자의 고통에 대한 위무로서의 배상, 이것이 동시에 발생함으로써 배상의 가치를 평가하는 것은 쉽지 않다. 배상은 재발 방지 차원에서 최소한의 의미가 있으며 회복의 차선책으로서의 의미 또한 결코 작지 않다.

큰 거죠. 그게. 제가 그런데 1800 며칠 살았거든요. 하루에 한 20만 원 가까이 주잖아요. 20만 원쯤. 그러면 큰돈이에요. ○억쯤 되고. 또 민사로 따로 또 하니까. 그런데 우리한테는 그 연금이라든가 그런 게 없는 사람들이 많아요. 아예 가입 안 하고 있는 사람. 그건 나이 많아서 들어도 25년 계속 연금 낼 수 없는 거잖아요. 마흔 몇 살 돼가지고. 아예 가입도 안 하고. 또 그런 좋은 회사 못 다니니

---

47 강종건 사례가 좋은 예이다. 강종건은 재일동포 간첩 사건으로 재심에서 무죄판결을 받았다. 문제는 12년간의 옥살이에서 보안 감호 처분으로 인한 수용 기간에 대해서는 보상해줄 수 없다는 결정이 나온 것이다. 법무부장관이 내린 행정처분이어서 법원이 무죄를 선고해도 무효로 볼 수 없다는 것과 법 규정이 없으니 보상금을 지급하기 어렵다는 재판부의 판단이다. "보안감호처분 7년 억울한 옥살이…'무죄라도 보상은 안 돼'", ≪동아일보≫, 2016년 2월 8일 자. 이 판결에 대해 보안 감호 처분은 실질에 있어서 구금과 다를 바 없으므로 전향적인 자세로 보상을 인정할 필요가 있다는 해석을 보이기도 한다. "판례 해설: 보안감호처분의 집행에 대한 형사보상의 가부", ≪법률신문≫, 2016년 3월 3일 자 참조.

까. 그래서 난 한 약 30년 가입했지만은, 월급도 적은, 그렇게 많이 안 주는 직장이었으니까. 보통 일본의 공무원이라면 한 달에 40년 가까이 일하면, 20만 엔 넘는, 그런 충분히 그것 가지고 생활할 수 있는, 퇴직금도 있고, 되는데. 우리는 그거 없어요. 그렇게 생각하면 큰 보상금이라는 게, 아주. 이제부터 일 못하고 그렇게 할 때 많은 도움이 되죠.(D)

진화위가 소멸하고 국가기관의 과거 청산 작업이 중단되었음에도 불구하고, 이전과 비교할 수 없이 적어지기는 했지만 여전히 형사 무죄판결은 속출하고 있다. 그러나 배상 판결은 이전보다 엄격해졌고 배상금도 대폭 적어지는 경향을 보인다. 이것은 정권의 정치적 성격과 사법부 태도와 일정한 상관이 있는 듯하다. 작금의 과거사 재심에서 배상과 관련된 쟁점과 문제를 보면 정부와 사법부가 피해자들을 바라보는 시각의 일단을 확인하게 된다. 간첩조작 사건의 피해자 대다수는 계급·계층적으로 소외 계층에 속하는 사람들이었다. 조작 사건으로 만들 때도 수사기관은 피해자들이 처한 낮은 사회적 지위와 가난으로 이들을 용이하게 다루었고, 피해에 대한 배상 판결에서는 이들의 피해조차 제대로 헤아려주지 않으려는 사법부의 위압적 태도에서 피해자들을 향한 계급적 시각을 느끼는 것은 예민한 반응일까?

흔히 금전으로 그 피해를 배상하는 것은 무엇을 의미하는가? 여기서 배상의 근본적인 역할을 짚어볼 수 있다. 배상은 피해자들이 입은 물질적인 측면의 상실을 만회해주고, 국가의 공식적인 사죄에 대한 증거가 되며, 잔학 행위에 대한 경제적 대가를 지급함으로써 재발을 방지하는 확실한 보증이다. 그러나 다른 한편으로 배상은 정치적 기능을 수행하는데, 배상이 처벌 요구를 완화하는 우회적 수단이 되기도 한다. 대한민국의 과거 청산에 이러한 성격이 있음을 부정할 수는 없다. 그럼에도 불구하고 중요한 것은 피해자들은 배상을 받을 권리가 있으며, 일반 시민 또는 국가는 공적 차원에서 배상의무를 지고 있다는 점을 망각해서는 안 된다는 점이다.[48] 과거 청산 방식으로서 배상은 중요한 사안이다. 국가재정의 어려움에 대한 논란에도 불구하고 상징적이며 효과적인 과거 청산이라면, 국가에 의해 인권침해를 당한 사람들에게 공권력이 저지른 불법과 범죄 행위는 다른 범죄보다 더 중요하게 고려되어야 했다.[49]

광범위한 배상 프로그램의 마련과 실천은 과거 잘못에 대해 책임지려는 정부의 정치적 의지에 달려 있다. 재산은 인간을 살아가게 하는 도구이고, 존재를 더 풍요롭게 할 수 있는 것이지만 인간의 존엄성을 대신할 수는 없다. 짐멜의 『돈의 철학』을 배상과 연결해서 해석해보면, 과거의 피해는 당연히 원상회복할 수 없으며 돈으로도 쉽게 치유될 수 없다는 질적인 의미는, 화폐로의 배상이라는 양적 의미에 흡수되어 본래의 고유한 의미는 사라지거나 변환된다.[50]

이번에 내가 ○○○○일인가요? 거기에 대해서 하루에 얼마씩 할당하니까 ○억 좀 넘더라고. 액수만 보면은 내가 들어보지도 만져보지도 못한 금액이니까 좀 당황스러웠죠. 당황스러웠는데 돈으로밖에 환산할 수 없는 것인가 하는 생각이

---

48   이재승, 『국가범죄』, 187~189쪽.

49   정근식, 「진실규명과 화해, 어디까지 왔는가?: 진실·화해위원회 활동의 결산」, 《황해문화》, 67호(2010년 여름).

50   짐멜은 '돈'을 누구보다도 개성적이고 심층적으로 분석한 사회학자이다. 그는 『돈의 철학』을 통해 자본주의 이전부터 돈이 지니는 효용성과 상징의 의미를 천착했는데, 화폐가 작용하는 영향력과 의미를 질적인 것과 양적인 것으로 구분하고 있다. 그는 '살인 배상금' 문제를 다루면서 돈이 인간의 가치에 대한 순전히 양적인 표상을 가능하게 했는가를 다른 방식으로 보여준다고 언급하는데, 여기서 서구에서 살인 등의 범죄에 대한 배상의 역사 및 계보를 확인할 수 있다. 짐멜에 따르면, 사물이 그 화폐가치로 판단되고 평가되는 순간 이 범주의 영역으로부터 벗어나고, 그것의 질적 가치는 양적 가치에 흡수되며, 우리가 일정한 정도부터 고귀한 것으로 느끼는 자기귀속성은 그 토대를 상실하게 된다고 한다. 게오르그 짐멜, 『돈의 철학』, 김덕영 옮김(길, 2013), 615, 679쪽 참조.

솔직하게 들었어요. 돈은 허무한 겁니다.(H)

이러한 의미에서 배상은 소극적인 과거 청산 방법이기도 하다. 그렇지만 현재 한국에서 배상이 가장 현실적인 정의 실현의 방법임에는 의문의 여지가 없다. 보상과 배상은 국가재정과 연결되는 문제이지만 그 전에 사회와 국가가 피해자들을 위로하고 사과하는 방법이자 똑같은 피해의 재발 방지책이다. 현재 재심에서 문제가 되고 있는 배상 청구에 대한 '6개월 소멸시효' 규정은 유사한 피해자들 간의 형평성에 어긋나며 정의에도 부합하지 않는 옳지 못한 규정이다. 다른 나라의 역사가 보여주듯이 과거 청산은 일회성으로 끝나지 않고 다음 기회에 문제점을 보충하면서 지속되는 경향이 있다. 아마도 이 문제는 다음의 과거 청산에서 다시 다루게 될 확률이 높다고 본다.

개인 차원의 보·배상은 기본적인 의미를 가지지만 동시에 개인을 통한 피해자 포섭 효과를 최소화하고 집단 보상, 공동체·지역 보상, 비금전적 보상 등의 방법을 통해 연대를 강화하고 피해자들이 서로 분열·적대 관계로 변하지 않는 방법을 모색해야 한다.[51] 국가와 사회는 개인 차원으로 축소·환원되는 배상에서 사회 차원으로 확대되는 적극적인 배상으로 확장할 의무가 있다. 사건으로 인한 피해는 사회적 차원에서 시작되었으므로 마무리 역시 사회 차원으로 종결되어야 한다. 현재 국가 폭력 사건의 피해자들은 법적으로는 무죄판결을 받았지만 사회적으로는 완전히 무죄판결을 받은 것으로 보이지 않는다. 과거 국가 폭력 사건의 폐해는 다양한 방법을 통해 더 널리 알려져야 한다.

---

[51]   김동춘, 「시민권과 시민성: 국가, 민족, 가족을 넘어서」, 292쪽.

4. 나오며

이상에서 한국의 과거 청산의 대표 주자인 재심을 살펴보았다. 재심을 어떤 시각에서 어느 면을 보느냐에 따라 내용과 방향이 달라질 것이다. 한국의 과거 청산은 피해자들의 능동적이고 지속적인 움직임으로 시작되어 민주 정권의 의지에 힘입어 민주 정부에서 정책으로 실행되었다. 그러나 과거 청산은 실천 주체의 정치적 헤게모니의 부족으로 '가해자 불처벌(impunity)'과 재심을 통한 개인적 접근으로 귀결되었으며, 현재도 큰 틀에서는 이 경로에서 크게 벗어나지 않고 있다. 물론 재심을 통한 구제는 현재 유일한 방법이며 의미도 결코 작다고 할 수 없다. 그러나 재심은 과거 청산의 온전한 방법으로는 불완전한 것이다. 재일동포 간첩 조작 사건의 피해자들은 한국에서의 재심 과정이 매우 어렵다. 헌신적인 변호사들 덕분에 힘겹게 현재의 성과에 이르고 있지만 긴 호흡으로는 재심을 피해자 개인에게 떠넘길 것이 아니라 전체 피해자들의 구제를 위한 국회의 입법화 등의 큰 틀에서 과거 청산의 정리 원칙을 확인하면서 해법을 찾아야 한다.[52] 개인적 차원의 재심은 과거와 같은 인권침해를 야기하는 구조와 제도, 관행 등이 고스란히 작동하는 어두운 구렁텅이에서 간신히 몸만 빠져나오는 것에 지나지 않기 때문이다. 표층적 수준의 과거 청산은 좁은 의미의 피해자 권리 구제이지만, 심층적 수준의 과거 청산은 사태를 정치적이고 공공적인 수준에서 재발 방지 체제를 구축하는 것이다.

---

52 유사한 사례로 한국에서는 '5·18 민주화운동에 관한 특별법'이 대표적인 사례이고, 대만에서는 국가 폭력의 대표적 사례 1946년 2·28 사건에 대한 1995년 특별법인 '2·28 사건 처리 및 보상 조례'를 들 수 있다. 두 경우 모두 진상 규명, 명예 회복에서 보상에 이르는 과거 청산법의 우수한 사례이지만 아쉽게도 가해자에 대한 처벌, 소추 규정이 없다는 결점이 있다. 서승, 「대만 [戒嚴時期不當叛亂기(및) 匪諜審判案件補償條例] 연구: 그 성립과 개정을 둘러싸고」, ≪入命館法學≫, 제271·272호 상권(2000).

이러한 맥락에서 현재 진행되고 있는 재일동포 간첩 조작 사건에 대한 과거 청산을 거부하는 움직임 또한 분명하게 존재하며 우리는 이러한 태도에 귀기울일 필요가 있다.[53] 작금의 과거 청산이 정치 타협의 산물이고 처음 시도보다 더 소극적인 방법으로 귀착된 것에 대한 성찰과 분석이 필요하다.

앞에서 언급했듯이 현재 국가정책 차원의 과거 청산은 잠정적으로 중단되었다. 그러나 과거 청산 작업은 가까이는 독일의 예에서 보듯이 한 차례로 끝나는 것이 아니라 문제점을 보완하며 지속되는 경향이 있음을 알 수 있다. 물론 과거 청산을 주도하는 주체의 정치적 힘과 헤게모니가 가장 주요한 요소이며, 과거의 과정을 돌이켜보건대 주체와 저항 세력 간의 적절하고 합리적인 타협이 어쩌면 핵심적인 관건이 될 것이다. 역사는 언제나 이상이 아니라 현실이며 이 과정에서 각축하는 세력들의 힘을 무시하는 비현실적 태도는 오히려 해결의 좋은 기회를 놓치는 것은 물론이거니와 초기의 목적도 상실하는 결과를 낳게 된다.

현재 가장 첨예한 쟁점이자 피해자들에게 절대적 절망감을 주었던 배상에 대한 소멸시효 6개월 단축 결정은 헌법재판의 판결을 기다리고 있지만 조만간 좋은 소식이 들릴 것 같지는 않다. 이 문제로 인해 어쩌면 과거 청산은 다음 기회를 미리 예약해놓은 것인지도 모르겠다. 역사가 비극과 희극을 반복

---

53 재일동포 조작 간첩 사건의 폭력성을 상징하는 인물인 서승 씨는 최근의 한 일간지와의 인터뷰에서, "재심이라는 게 도대체 뭔가. 재심 얘기하는 사람들이 많은데, 그때마다 화가 난다. 재심이란 대한민국의 떳떳한 국민임을 증명하라, 그런 것 아닌가. 내가 그것을 왜 증명해야 하나? 국가보안법으로 유죄판결을 때려놓고 국가보안법 존재하는 세상에 다시 그 판사에게 왜 유무죄 판결을 구걸해야 하나"라고 말하면서 개인 주도의 재심이 아니라, 대만과 같이 독재 시대 악법에 의해 고통받은 사람들을 일괄 구제해야 한다고 했다. "[원희복의 인물탐구] 서승 일본 리츠메이칸대 교수 "사드가 북핵 대응? 국민 우롱하는 소리다"", ≪경향신문≫, 2016년 6월 11일 자.

한다는 마르크스의 역사 예언이 과거 청산에서도 그대로 적용되기를 바랄 뿐이다.

배상은 피해자들 입장에서는 '적절한' 가이드라인이 존재하지 않는 매우 민감한 영역이다. 그럼에도 불구하고 국가 폭력의 다른 유형의 사건과의 불균형 문제가 지적되고 있듯이 좀 더 충분한 논의가 필요함에도 정치적이고 편의적으로 결정된 경향이 있었다. 배상 문제에 대한 소극적인 자세를 보면, 돈으로 치환해 우리의 잘못을 대신하려는 것은 아닌가 하는 우려와 반성을 하게 된다. 작금의 신자유주의 시대에 돈은 그 어느 시대보다 위력을 발휘하고 있다. 그럼에도 불구하고 피해자들에게 배상금은 양날의 칼이다. 과거의 국가 잘못을 배상으로 대신하면서 국가의 잘못은 개인 차원으로 휘발되고 시민사회의 침묵과 방관은 소거된다. 시대의 폭력에서 자유로운 자는 아무도 없음에도 시대의 국가 폭력은 국가와 개인 간의 잘못과 희생의 문제로 축소된다.

야스퍼스가 지적했듯이 국가 폭력 발생 당시의 시민 모두에게 균등한 잘못을 지적하는 것은 옳지 않다.[54] 그렇다고 과거의 국가 폭력에 대한 시민들의 무관함을 주장하는 것 또한 옳지 않다. 우리 사회가 그 정도의 윤리 의식 단계에 도달하지 못했다는 것이 더 큰 이유이겠지만 과거 청산은 개인의 구제 이전에 사회적 차원의 청산임은 분명하다. 금전적 보·배상이 국가가 피해자들의 희생된 과거를 위무하고 재생의 삶을 돕는 하나의 방법임에는 틀림없지만, 피해자들이 위축되고 억눌린 개인 차원에서 건강한 사회의 시민 차원으로 나아가는 데 걸림돌로 작용할 소지도 있다고 본다. 아울러 피해자들의 형사 무죄판결도 개인적으로 이루어지고 약간의 여론을 통한 소개에 머물고 있다.

---

54   이재승, 「국가범죄와 야스퍼스의 책임론」, ≪사회와 역사≫, 제101집(2014).

이들은 사건을 당한 이후부터 극도로 위축된 삶을 살았다. 과거 독재 정권 시절 간첩은 역적이나 마찬가지의 대우를 받았음을 우리는 쉽게 망각한다. 이들을 다시 사회로 불러와서 위로하고 함께 시민으로 살아가는 방법을 함께 모색하는 것은 민주화 시대에 요구되는 시민의 자세이다.

아울러 이 장에서는 언급하지 않았지만, 재일조선인과의 관계 맺기를 본격적으로 생각할 때가 온 것 같다. 과거 이들이 억울하게 경험한 국가 폭력에 우리도 일정한 책임이 있기 때문이다. 우리가 재일동포 간첩 조작 사건에서 절대 빼놓을 수 없는 중요한 점은 재일동포들의 존재와 그들이 우리 역사에서 배제되고 홀대받은 사실에 대해 환기하고 그들에게 사죄의 손길을 내밀어야 한다는 것이다. 한국인들은 재일동포들이 한국과 일본 사회에서 겪은 정신적 고통을 잘 모른다. 비슷한 상황에 처해본 적이 없기 때문이다. 화해와 조정·통합은 과거 청산의 주요 화두이자 실천 덕목이기에 더 늦기 전에 국가와 시민사회가 정식으로 이들에게 사죄하고 이들과의 관계를 새롭게 시작해야 한다.

필자는 연구 조사 과정에서 일본 내의 사건 피해자 후원 모임에 깊은 인상을 받았음을 고백하지 않을 수 없다. 이들이 그러한 활동을 환 동력과 원인은 다각도의 분석이 필요한 문제이지만 과연 현재에도 이러한 활동이 가능할까 하는 의구심이 들었다. 현재 한일 관계와 일본 정치권을 보면 구원회 활동이 그리 쉽지 않을 것으로 예측된다. 어쩌면 그러한 움직임이 폭넓게 호응할 수 있었던 것은, 철저하게 인권에 초점을 두었다는 관련자의 증언에서 알 수 있듯이, 국경을 초월하고자 하는 당시의 시대정신과 활동의 중심 집단의 탈정치 구호가 설득력을 얻었기 때문이라고 감히 추측해본다. 간첩 사건, 구원회 모두 시대의 산물이지만 그럼에도 불구하고 이들 구원회에 대한 존경을 금할 수 없을 정도로 활동이 경이롭다. 만일 우리 사회에 유사한 문제가 발생했을 때

과연 그들처럼 한국의 시민사회가 호응할 수 있을까? 선뜻 그럴 것이라고 답하기는 쉽지 않은 문제이다.

마지막으로 재일동포 간첩 사건의 피해자들의 영주권 문제를 잠시 언급하고자 한다. 앞에서 언급한 대로 재일동포 간첩 조작 사건 피해자들은 대부분 일본으로 돌아갔다. 그러나 한국에서 장기간 복역하느라 일본으로 돌아갈 수 없었기 때문에 특별영주자격을 상실해서 일반영주자격으로 일본에 머물고 있다. 이들이 불법 구금되었을 당시에는 협정영주권의 자격을 갖다가 이후 특별영주권(1991)으로 변경되었다.[55] 이들은 수감 생활로 출국 시 1년 이내에 일본에 재입국해 출입 당국에 신고할 수 없는 환경 때문에 특별영주권을 박탈당한 것이다.

현재 재심을 거쳐 무죄판결을 받은 이들은 특별영주자격을 회복할 수 있도록 일본 법무성에 요청했다.[56] 일본 정부는 이들을 영주외국인으로서도 보호하지 않고 있으며, 이들이 보호를 받아야 할 때 저버리는 한국 정부는 재일동포들의 지위를 회복하고 개선하기 위한 외교적 노력을 해야 하는 포괄적인 책

---

55 정인섭, 『재일교포의 법적지위』(서울대학교출판부, 1996).

56 재일동포 조작 간첩 사건에서 무죄가 확정된 윤정헌과 김동휘가 일본 법무성에 문의한 결과, ① 현행법의 해석과 운영에 따라 특별영주자격의 지위를 회복시켜줄 수 없다. ② 대상자가 일부만이 재심이 끝났으므로 전체가 매듭지어진 후에 검토하는 것이 적절하다. ③ 이들에 대해서 역사적 배경을 감안하면서 재류자들의 자세를 검토해서 대응 방안을 이후의 과제로 삼고 싶다. 여기에 반해서 한국은 외교통상부가 인도적 경지에서 협조적인 태도를 보이는 반면에 검찰은 재심 무죄판결에 대해서 상고라는 형태로 계속 저항하고 있다. 이러한 한국 정부 내 대응의 '혼란'이 계속되는 한, 일본 정부에 대한 요청이 이루어지기는 어렵다고 생각한다. 木村 貴, 「韓國'民主化'のなかの 在日韓國人」, ≪世界≫, 2012年 10月 号, pp.282~292. 이번에 인터뷰를 통해 들은 새로운 사실은 사건 관련 피해자들이 일본의 국회에 관련 법안을 상정하기 위해 자민당 의원을 만나서 협조를 요청했다는 것이다. 일본의 야당인 민진당이 입법하고 여당인 자민당도 법안 통과에 협조하겠다는 구두 약속을 받아서 법안 통과를 낙관하고 있었다.

무가 있음에도 불구하고 여전히 이들을 방치하는 기민 정책을 연장하고 있다. 근대 역사의 숙명적 이유로 일본에 정주하게 된 재일조선인들이 언제까지 난민 같은 경계인의 불안정한 삶을 살게 할 것인가. 이제 우리가 답할 차례이다.

'무호적자' 관리를 통해 본
중국의 인구 통치 *

김미란

1. '침묵하는 다수'는 어떻게 만들어지는가?

국민국가의 영토 안에 거주하는 성원은 태어남과 동시에 아무 조건 없이 출생신고를 통해 공민이 된다. 공민권을 명시한 이 '호적법'('戶口登記條例', 1958. 1.9)은 2010년, 중국 정부가 중국 영토 안에서 태어난 국민 가운데 1300만 명이 그 어디에도 신분을 증명할 수 있는 기록이 없는 무호적자라는 충격적인 보도를 한 뒤 '공민권'을 둘러싼 논쟁의 중심으로 떠올랐다. 왜냐하면 지난 30여 년간 한편으로 무조건적으로 국민 성원권을 인정한 '호적법'이 존재하고 동시에 '공민권' 박탈을 정책 실행의 수단으로 활용한 계획생육('計劃生育') 정

---

*   이 장은 김미란, 「한자녀정책의 그늘: '무호적자(黑戶)'에 대한 일 고찰」, ≪중국연구≫, 69권(2016)에 실린 글을 이 책의 취지에 맞게 수정·보완한 것이다.

책이 시행됨으로써 1300만 명의 무호적자, 그중 50%를 차지하는 650만 명이 초과 출산 헤이후(黑戶, 무호적자)가 되었기 때문이다.

2010년은 중국이 이미 저출산[1] 사회로 진입해 출산 억제의 필요성이 현저히 줄어든 시점이다. 그해 정부는 추측으로만 떠돌던 무호적자의 규모를 발표했고 대중의 공민권 주장도 이 시기에 폭증했는데, 비판자들은 헤이후가 더 이상 계획생육법을 위반한 '범법자'가 아니라 헤이후를 만들어낸 계획생육 정책 자체가 위법이고 반인권적이라는 주장을 펴고 있다.

중국 사회는 청말 이래 '필부유책(匹夫有責)'이라는 구호 아래 공동체에 대한 개인의 '의무'를 강조해왔으며 사회주의 시기도 예외가 아니어서 집단에 대한 개인의 의무만이 강조되어왔다.[2] 그러한 점에서 볼 때 공공 영역에서 개인의 절대적인 권리가 주장된 것은 획기적인 변화라 하겠는데 그 배경에는 개인의 재산 축적을 인정한 '시장화' 개혁과 중국식 자본축적을 가능하게 한 도-농분리 이원 '호적제'의 영향이 존재했다.

이 양자의 관계는 본원적으로는 모순적이지만 1980년대 이후 호적제가 도시와 농촌이라는 공간을 분리(divide)하고 농촌 출신을 '장소'에 묶어둠으로써 도시에 값싼 노동력을 제공해왔으며 이러한 시스템이 시장화 시기 중국 산업화 전략의 특성이라고 일컬어진다.[3]

---

1 중국은 1983년에 이미 인구 규모가 유지되는 총출산율인 2.1명에 도달해 각각 도시는 1.31명, 농촌은 2.23명을 낳았으며, 1992년에는 인구유지율 이하인 1.8명으로 떨어졌다. '中共中央批轉 『關于'六五'期間計劃生育工作情況和'七五'期間工作意見的報告』的通知'(中發[1986]13號, 1986年 5月 9日), 國家計劃生育委員會政策法規司 編, 『計劃生育文獻匯編(1981~1991)』(北京: 中國民主法制出版社, 1992), p.53.

2 "关于当代"女性回家论"的社会历史与文化成因讨论", http://www.china.com.cn/blog/zhuanti/female/2011-03/23/content_22201352.htm(검색일: 2016.11.2).

3 Kam Wing Chan, "The Household Registration System and Migrant Labor in China: Notes on a Debate," *Population and Development Review*, Vol.36, No.2(2010), p.358. http:

산업화에 필수적으로 수반되는 자유로운 인적 이동을 제한하는 이원분리 호적제에 대해 서구 학자들은 중국이 이원화된 사회(dualistic society)가 아니라 하나의 국가를 '도시와 시골(city and countryside)'로 분리했다고 비판했으며,[4] 중국 내에서도 지난 20여 년 동안 호적과 복지를 연계한 점에 대한 개혁 요구가 지속적으로 제기되었다.[5] 그렇다면 이러한 차별적인 호적제에 등록조차 하지 못한 무호적자들은 누구이며 국가는 이들을 어떻게 '관리'했는가?[6]

토지를 기반으로 해서 남성 가장(丁)을 중심으로 작성된 전근대 시기의 호적부는 주대(周代)부터 존재했으며, 관리자의 입장에서는 최대한도로 등록자 수를 늘려야 하는 것이었지만 백성의 입장에서는 어떻게 해서라도 기록에서 누락되어 물적·인적 징발에서 벗어나고자 하는 대상이었다.[7] 그러나 호적제가 교육, 의료 등 근대국가 복지의 근거가 됨으로써 국민성원권을 획득하는 것은 의무와 동시에 권리가 되었고 유럽과 달리 영토 내 이동이 절대적으로 많은 중국에서 성원권을 누릴 수 없는 무호적자(illegal, unregistered)는 대부분 국내의 정치·사회적 요인에 의해 발생했다.

헤이후 발생의 주요 원인은 네 가지로 나뉘는데 ① 한자녀정책으로 인한 초과 출산, ② 혼외 출산과 미혼모, ③ 본인 부주의 혹은 고의 미신고, ④ 대학 졸업 후 취업 실패로 도시 호적이 말소된 경우이다. 이 중 50%를 차지하는 초과 출산 무호적자는 태어나는 순간부터 자립적인 사회인으로 성장할 수 있는

//onlinelibrary.wiley.com/journal/10.1111/(ISSN)1728-4457(검색일: 2016.11.1).

4   China Development Research Foundation, "demographic developments in china-china development research foundation"(London, United Kingdom: Routledge, 2015), p.137.

5   "不应该有'黑户'存在", ≪中国青年报≫, 2013年 12月 4日.

6   白雪, 『孤独的旅途』(中國西北大学碩士学位論文, 2015), pp.13~14.

7   田炳信, 『中国第一证件: 中国户籍制度调查手稿』(广州: 广东人民出版社, 2003) 참조.

모든 공공 영역에서 배제된다. 그러면 650만 명이라는 거대한 규모의 초과 출산 헤이후(심지어 차세대를 책임질 어리고 젊은 세대들)가 존재함에도 어떻게 중국 사회는 이들의 존재를 묵인하거나 용인해온 것일까? 이러한 의문을 풀기 위해 이 장은 한자녀정책의 '처벌'이 관철되고 중국 사회가 이를 용인해온 중국의 인구 통치 전략을 분석해보고자 한다.

초과 출산 헤이후에 대한 영미권의 연구는 1990년대 중반 이후 활기를 띠었고 반인권적이라는 데 초점이 맞추어져 있었다. 유엔난민기구(UNHCR)는 이들에 대한 초과 출산 벌금이 연 수입의 8~9배에 해당하며 일부 부모들이 무거운 벌금을 피하기 위해 불법 출산한 자녀의 출생신고를 하지 않는다고 보고했고,[8] 홍콩에서는 'black children'이라 불리는 아동들이 "사람으로 간주되지 않아" 교육, 의료에서 배제된 비참한 삶을 살고 있다고 논평했다.[9] 반면, 중국 정부는 1980년대 중반부터 국제적인 원조 기금을 받아 진행한 산아제한 정책의 실제 진행 상황을 '국가 기밀' 사항으로 정해, 담판·상황 소개·자료 제공·조직 등에 대해 내부 문제를 외부에 폭로하는 것을 엄금했다.[10]

이처럼 계획출산에 관한 기존의 이해는 중국 영토 내의 시행 주체와 이것을 바라보는 서구의 시선이 '인권' 개념을 중심으로 팽팽하게 대결하는 양상

---

[8]　Immigration and Refugee Board of Canada, "china: treatment of 'illegal' or 'black' children born outside the family planning policy: whether unregistered children are denied access to education, health, care and other services: information on punitive measures taken against parents who violated family planning policy before and/or after policy changes effective," January 2016, http://www.refworld.org/publisher,IRBC,,CHN,5821da784,0.html(검색일: 2016.12.29).

[9]　같은 글.

[10]　'國家計劃生育委員會關于執行聯合國人口活動基金援助項目的暫行管理辦法'(國計生(外)字第22號 1985年 1月 24日), 國家計劃生育委員會政策法規司 編, 『計劃生育文獻匯編(1981~1991)』, p.429.

을 보여왔다. 그렇다면 이러한 인권 개념을 중심으로 만들어진 분석틀로 무호적자의 삶과 이들에 대한 '관리', 그러한 통치 시스템이 30여 년 동안 유지되어온 중국 사회의 치리 방식을 읽어낼 수 있는가? 이 글은 공민권을 제한하는 인구정책이 어떻게 중국에서 장기간 실행될 수 있었는가라는 점을 중심으로 공식 영역(원칙)과 비공식 영역(예외)을 통해 중국의 독특한 인구 통치 방식을 살펴보고자 한다. 이를 위해 첫째, 1980년대 이후 계획생육이 관철되어온 방식에 대한 검토, 둘째, 이러한 관철이 통용될 수 있는 기반으로서 사회주의적 관리 방식의 지속과 보다 뿌리 깊은 중앙과 지방 사이의 통치 관행, 셋째, '관리'의 대상인 헤이후의 삶과 대응 방식을 살펴보게 될 것이다.

2. 헤이후의 발생 원인과 관리 방식

1) 고독한 여정: 헤이후의 삶

2015년 '전면적인 두 자녀 허용(全面二孩)' 정책이 선포됨에 따라 앞으로 초과 출산 헤이후(超生黑戶)는 셋째를 낳지 않는 한 거의 발생하지 않게 되었다. 그러한 정책적 변화가 있기 전에 태어난 헤이후에 대한 보도 가운데 가장 파급력이 컸던 것은 15세 된 베이징의 여청년 리쉐(李雪)를 집중 취재한 2008년 ≪중국청년보(中國靑年報)≫의 기사 "쓸모없는 15년(多余的15年)"[11]이다. 기사는 그해에 리쉐의 이야기를 처음 보도한 뒤 지속적으로 그 진행 과정을 추적함으로써 헤이후가 호적 등록을 하기 위해 겪는 고통과 아이러니를 보

---

[11] "多余的15年", ≪中國靑年報≫, 2008年 12月 3日. 이하 인용 출처는 이 글.

여주었다.

베이징 시 남쪽의 빈민촌에 장애인 부모, 언니 세 식구와 함께 살고 있는 리쒜는 초과 출산아로 5000위안의 벌금을 내지 못해 헤이후가 되었다. 장애인 가정에 대해 정부가 첫째를 낳고 4년이 지나면 둘째를 낳게 해준다는 소문을 듣고 1993년에 둘째를 낳았으나 출산 한 달 만에 아내는 한자녀정책 위반으로 해고되었다. 부친 리훙위(李鴻玉)는 살림이 더욱 궁핍해져 결국 벌금을 내지 못한 딸은 헤이후가 되었고 입학 연령이 되어서는 호적 없는 아이들이 내야 하는 학교 '찬조비(借讀費)' 역시 낼 수가 없어 리쒜는 언니에게 글을 배우고 스스로 채점을 하며 독학을 했다.

리훙위는 1998년에 마침내 계획생육위원회와 공안국을 대상으로 딸의 출생신고 거부가 부당하다는 소송을 제기했고 8년째 소송을 해오고 있었는데 그와 기자가 주고받은 대사를 일부 인용하면 다음과 같다.

"그 당시에 5000위안 벌금을 냈더라면 즉시 호적을 만들 수 있었을까요?" 나(기자)는 그의 끊임없는 집안 얘기를 자르며 물었다.

"틀림없이 그랬을 겁니다!" 그가 대답했다.

"그런데 지난 15년 동안 당신이 사방팔방으로 소장을 접수하면서 겪었던 고생과 장애인용 차를 몰고 다니면서 들어간 기름값만 해도 5000위안이 되지 않을까요?" 나는 좀 이해가 되지 않아서 물었다.

"계산해본 적 없는데요"라고 그는 낮게 중얼거렸다.

"설사 그 사람들 잘못이라고 해도 5000위안에 자식의 9년간의 교육을 걸다니 너무 가혹한 도박 아닙니까?" 나는 화가 치밀었다.

그의 얼굴은 붉게 달아올랐고 "우리는 호적이 금방, 곧 발급될 거라고만 생각했어요, 그런데 그 사람들이 15년 동안 질질 끌었던 거예요"라고 답했다.

"만약 누가 내일 당신에게 5000위안을 준다면 그 돈으로 호적 등록을 하실 건 가요?" 나는 애써 누그러뜨리며 물었다.

"아니요!" 그의 대답은 명료했다. "5000위안을 내면 내가 잘못을 인정하는 겁니다. 아이가 의무교육을 받지 못한 것은 그 사람들이 책임져야 돼요! 잘못한 것은 그 사람들이지 내가 아니란 말입니다!"[12]

리훙위가 소송의 근거로 제시한 것은 "어느 지역에서도 마음대로 초과 출산아의 호적 등록을 제한해서는 안 된다"[13]라고 밝힌 '공안부, 국가계획생육위원회의 출생등록사업에 대한 통지(公安部、国家计划生育委员会关于加强出生登记工作的通知, 이하 '1988년 통지')였다. 그러나 리훙위처럼 개인 신분으로 위법의 근거를 들어 헤이후의 부당함을 고소한 경우는 극히 드물었으며 그는 번번이 패소해 인터뷰 당시까지 리쉐는 학교 문턱을 밟아보지 못했다. 그러나 리쉐보다 형편이 안 좋은 헤이후도 많아 베이징에 거주하는 호적 없는 입양아의 자살, 벌금을 내지 못한 가장이 자살한 사례 등이 종종 보도되었다.[14] 호적 제도는 자녀가 부모의 벌을 받는 연좌제인데다 복지와 호적을 연계했다는 이유 때문에 지속적으로 개혁 요구를 받았으며 이러한 비판은 정부가 헤이후 수를 발표한 이후에 급증했다.[15]

헤이후가 발생하게 된 직접적인 이유는 초과 출산 벌금인 '사회부양비

---

12 같은 글.

13 원문은 다음과 같다. "任何地方都不得自立限制超计划生育的婴儿落户的法规".

14 "李伟雄: 给千万'黑人'解决户口", ≪中国青年报≫, 2005年 3月 9日.

15 2013년 7월, 광조우 지역의 ≪羊城晚報≫는 사천성의 초과 출산 헤이후인 16세 소년 채염경이 중학교 시험에 응시할 수가 없어서 농약을 마시고 자살한 사건을 보도해 전국적인 토론을 촉발했는데, 그 후 호적 등기 관련 법규에 대한 전면적인 조사를 실시하라는 여론이 비등했다.

(social maintenance fee)'를 납부하지 못한 데 있다. 그러나 리훙위가 주장한 것처럼 중앙정부가 '1988년 통지'에서 벌금과 호적을 연계하지 말고 호적 등록을 하도록 명했음에도 불구하고 실제 호적을 담당하는 전국 대부분의 공안 기관에서는 계획출산 증명(准生證), 혹은 초과 출산 벌금 납부 증명 둘 중 하나를 요구했으며, 이를 제시하지 못할 경우에는 출생신고를 받아주지 않았다. 공안 기관이 제시한 법적 근거는 일부 성(省)급 혹은 그 이하 공안 기관이 제정한 '호적 등록 방법(戶口登記辦法)', '숙지 사항(須知)', 혹은 지방 공안 기관과 계획생육위원회의 연합통지문과 같은 자체적으로 만든 규정이었다.[16]

헤이후가 되는 중요한 원인의 하나가 '이동'에 의한 호적 소멸이다. 중앙정부는 이러한 문제를 이미 파악하고 있어 1982년에 공문을 통해 농촌에서 도시로 결혼해 간 여성의 호적이 소멸되어 본인과 그 자녀가 헤이후가 되는 사례, 퇴직해 귀향하거나 형 만기 출소자, 이혼한 여성이 친정으로 돌아온 경우에 지방정부가 "땅은 좁고 인구는 많다(地少人多)"라는 이유로 호적 등록을 거부하는 것을 시급히 시정해야 할 문제로 지적했다.[17] 중앙의 지침을 지방이 어기면서 한자녀정책을 관철해온 방식을 밝히는 것이 이 장의 과제이기는 하나 1300만 헤이후의 삶을 리쉐의 사례 하나로 개괄하기에는 미흡하므로 앞서의 유형 분류를 통해 헤이후의 위상과 생존 환경을 간단히 살펴본다.

2014년, 국가발전과 개혁위원회(国家发展和改革委员会) 연구원 완하이위엔(万海远)은 전국 범위의 표본을 대상으로 「중국 "헤이후" 집단생존상황조사」[18]

---

16 楊福戩,「計劃生育與戶籍捆綁"黑戶"無法解開的死結」, ≪民主與法制時報≫, 2013年 12月 23日(週刊), p.1.

17 '國務院批轉公安部關于解決有關農村落戶問題的請示的通知'(國發[1982]148號 1982年 12月 17日), 國家計劃生育委員會政策法規司 編,『計劃生育文獻匯編(1981~1991)』, p.194.

18 2014년 8월, 장장 14개월간의 작업을 거쳐 완하이위엔은 1928개 헤이후 샘플을 분석해 16쪽짜리 보고서 「中国"黑户"群体生存状态调查」를 만들었다. "破解'黑户'困局", ≪河北

표 9-1 무호적자 발생 원인별 비중

비중＼원인	초과 출산	혼외, 미혼모, 혼인 연령 미달	무지, 벌금 회피 위해 등기 안 함	대학생 졸업 후 도시 호적 말소
퍼센트(%)	50	10	15	15
수(만 명)	650	130	165	165

를 발표함으로써 그간 추측으로만 떠돌던 헤이후의 규모와 실상을 처음으로 세상에 알렸는데, 그는 자신이 헤이후 조사를 하게 된 이유를 다음과 같이 설명한다. 국가통계국이 인구조사를 할 때 활용하는 13만 개의 샘플은 준저소득층(略低收入)까지만 포괄하고 극빈층(極低收入)을 제외하기 때문에 극빈층을 연구할 수 있는 방법이 무엇인지 고민하던 중, 한때 자신이 헤이후였던 경험을 근거로 해서 헤이후가 가장 적합한 대상이라는 판단을 했다. 그가 분석한 헤이후의 발생 원인별 규모를 정리하면 〈표 9-1〉과 같다.

분석에 따르면, 헤이후는 성비 불균형이 심해서 여성 헤이후가 61.3%를 차지하며 문맹과 초등학교 수준의 준문맹자가 75%, 반수 이상이 농촌에 거주하며 도시를 유랑하는 헤이후도 13.2%나 되고 헤이후 가운데 30% 이상이 타인의 신분증을 도용하고 있다.

헤이후 형성의 또 하나의 원인인 본인의 신고 누락으로 헤이후가 된 경우도 195만 명(15%)에 달하는데, 이들은 주로 가난하고 편벽된 오지의 주민들이다. 윈난, 광서성 일대 자치구의 헤이후 사례를 보면, 현대적 의료 시스템과 거리가 먼 환경에서 조산사의 도움으로 태어나 결혼을 한 기혼 여성 가운데 무호적자가 많았고 놀랍게도 이들은 자녀의 출생신고를 해야 한다는 사실조차 모르고 있었으며 자녀를 학교에 보내지 않고 꼴 베기 등 집안일을 거들게

経济日報≫, 2015年 4月 10日. 보고서 원문은 http://www.nfcmag.com/article/5374. html(검색일: 2016.12.12)을 참조.

하고 있었다.[19]

이렇게 양산된 헤이후는 성장해서 주로 광산이나 도시 건축 현장, 공장 등
에서 일하는데 신분증이 없기 때문에 계약서를 쓰지 않고 낮은 교육 수준 탓
에 계약을 해야 한다는 의식도 뚜렷하지 않다. 한 석탄 공장의 주인은 "그들의
임금을 떼먹는 법은 아주 간단해서 '호적 조사원이 왔다'는 말만 하면 호적이
없는 노동자들은 도망가버린다"[20]라고 한다. 정규적으로 월급이 입금되는 직
원카드를 발급받을 수 없는 이들은 정규직이 될 수 없었으며,[21] 그 결과 동일
한 노동을 하고도 신분증 있는 자의 70% 정도의 급여를 받았다. 불법 체류 외
국인과 다를 바 없거나 그보다 못한 불안정한 생활을 하는 초과 출산 헤이후
들은 2002년 9월 1일부터 시행된 '인구와계획생육법(人口與計劃生育法)'의 41
조에 명시된 바와 같이 본인의 전년도 연평균 수입, 혹은 거주 지역의 전년도
연평균 수입의 2~3배를 '사회부양비 결정통지서'를 받은 날로부터 1개월 안에
일시불로 납부해야 했다.[22]

그러나 헤이후가 반드시 빈곤층의 문제인 것만은 아니어서 화이트칼라 역
시 헤이후에서 자유롭지 않았다. 중국의 호적제는 개인호적제인 가정호(家庭
戶)와 과도기적 성격인 대학 기숙사, 공무원, 민간 기업에 집단으로 주소를 걸
어두는 집단호적(集體戶) 두 가지가 있으며, 후자는 주로 도시에 많아 외지 출
신의 대학생이 졸업 후 취업을 한 뒤 주소를 걸어두고 있다. 그러나 집단호적
제인 인력시장(人才市場)의 담당자들은 젊은이들을 받을 때 대부분 '결혼을 할
경우 1개월 이내에 반드시 호적을 옮겨 간다("结了婚后一个月内必须从人才市场

19 "无一人识字留撮头发来'镇痛'探访云南原始村寨", ≪潍坊晚报≫, 2009年 1月 6日.
20 "李伟雄: 给千万'黑人'解决户口", ≪中国青年报≫, 2005年 3月 9日.
21 "黑户人家", ≪嘉兴日报≫, 2008年 7月 18日.
22 "张艺谋被罚748万余元", ≪北京晨报≫, 2014年 1月 10日.

迁出”)'는 각서를 요구한다.[23] 2009년 한 해에도 국내에서 대학을 졸업한 600만 명의 외지인이 언제 출산 폭탄이 터질지 모르는 '시한폭탄'이라 불리며 인력시장에 출산 지표 압박을 가했는데, 극단적인 경우에는 호적을 집체호적에 둔 상태로 결혼해서 인력시장으로부터 호적부를 건네받지 못해 결혼증을 만들지 못하고 결국 자녀가 헤이후가 되는 경우도 있었다.[24]

'폭탄 돌리기'처럼 자신의 관할 지역에서 출산 지표 초과를 피하려는 간부들의 태도는 '말할 수 없는 서발턴(Subaltern)'인 헤이후들이 고독한 각자의 싸움을 하도록 강제한다. 그러나 리쉐의 부친 리훙웨이처럼 헤이후가 중앙정부의 '1988년 통지'에 위배된다고 소송을 걸고 60만 위안의 배상금을 요구하며 싸우는 경우는 극히 드물었으며, 그 역시 '자식을 팔아 돈을 벌려고 한다'는 비난을 들으며 외롭게 싸우고 있었다.[25]

2) '틈새' 열어두기: 원칙과 변칙의 이중주

이상에서 살펴본 바와 같이 초과 출산 부모들은 자녀의 호적 신고를 하기 위해 노력했으나 이와 달리 자녀의 호적 등록 자체를 느긋하게 미루는 경우도 있었다.

2008년 복건성(福建省) 안계현(安溪縣) 농민의 연 수입은 7118위안, 이 마을의 초과 출산아에 부과되는 사회부양비는 8542~1만 4236위안이었다. 생계

---

23 "数十万'新广州人'结婚遇到'拦路虎'", ≪当代生活报≫, 2008年 2月 23日.

24 "集体户口让我结不了婚", ≪东南商报≫, 2009年 8月 7日.

25 리훙웨이의 소송이 진행되는 8년 동안 정부의 자진 신고 기간이 한 번 끼어 있었다. 당시 해당 지역의 계획생육위원회의 직원은 평소 문제를 일으키는 리훙웨이에게 정책 설명을 해주지 않고 그냥 '와서 신고하라'는 한마디만 남겨 리훙웨이는 이러한 정책 시행을 알지 못해 결국 신고 기간을 넘겨버렸다. "多余的15年", ≪中國靑年報≫, 2008年 12月 3日.

수단이 특별히 없었던 농촌 청년들은 벌금을 내지 않기 위해 아예 약혼만 한 채 둘셋씩을 낳고 살면서 출생신고를 서두르지 않고 세월을 보냈는데, 그 이유에 대해 "우리가 집에서 애를 낳았기 때문에 계획생육반에 우리 정보가 없으니 그 사람들이 날마다 와서 벌금을 독촉할 일도 없다. 애가 아직 어려 당분간 호적을 쓸 일도 없으니까 일단 미루고 보자는 생각"이라고 답한다.[26] '당분간 호적 쓸 일이 없다'는 말은 6세 입학할 연령이 될 때까지 기다렸다가 '해결'하겠다는 뜻인가? 이들에게 어떤 '해결'이 있을 수 있는 것일까.

10년마다 한 번씩 하는 전국 총인구조사 중 제5차 인구조사를 실시하던 해인 2000년에 국무원은 헤이후에 대한 '파격적인 대사면'을 감행했다. 사실대로 호적 신고를 하기만 하면 호적에 누락된 헤이후들에게 초과 출산 벌금을 징수하지 않고 등록을 받아줄 것이며, '한 표 부결제(one vote veto, 一票否決制)'[27]로 승진에 영향을 받는 간부들에게도 책임 추궁을 하지 않겠다고 했다. 기사 원문은 다음과 같다.

> 계획출산에 따라 이미 계획출산비(計劃生育費)를 징수했던 간부와 군중(타지에서 징수하는 것을 포함하여)은 과거에 사실대로 보고했든 안 했든 상관없이 이번 인구조사에서 사실대로 신고하기만 하면 모두 더 이상 계획생육비를 징수하지 않을 것이다. 과거에 인구 출생 상황을 속이거나 누락시켜서 보고한 기관의 경우, 이들이 이번 인구조사에서 사실대로 기재하기만 하면 더 이상 과거의 계획출산 목표 달성 실적을 추적 조사하지 않을 것이다.[28]

---

26 "'订婚'走上歪路", ≪中国青年报≫, 2009年 3月 23日.
27 간부들의 승진 심사 시 다른 업적이 탁월해도 한자녀정책이 목표량에 미달하면 승진에 벌점을 받는 제도이며 두 번 벌점을 받으면 해고된다.
28 "'黑孩'也可登记户口", ≪羊城晚报(全国版)≫, 2000年 8月 21日.

위반자와 관리자 쌍방을 처벌하지 않겠다는 이 공지는 한자녀정책이 관철될 수 있는 중요한 두 가지 수단인 경제 처벌과 행정처벌을 포기하겠다는 취지였다. 사실 초과 출산아가 정상적으로 교육권과 여타 법적 권리를 누리지 못하는 것은 지속적인 민원의 대상이자 정부의 깊은 고민이기도 했다. 중국에는 10년마다 행해지는 총인구조사가 있고 그 사이 5년마다 1%의 인구 샘플을 대상으로 시행하는 약식 인구조사가 있는데, ≪남방일보≫는 정부가 5년마다 약식 인구조사를 할 때 헤이후들로부터 추가 신고를 받아 이들을 정상화한다고 보도했다.[29] 다음의 노래는 제5차 인구조사 당시 복건성 정부에서 선전용으로 썼던 「인구조사의 노래」이다.

전쟁터에서 점호하듯 / 2010년 11월 1일부터 10일까지 / 조국의 광활한 대지 위에 / 백만의 인구조사원이 가가호호 방문한다 / …… / 중국 대지 위에서 다 함께 인구조사의 노래를 부른다 / …… / 이 시각 / 인구조사를 시작하는 이때 / …… / 말하지 말라, / 당신이 이 마을 저 마을로 숨어 다니던 헤이후였었노라고.[30]

이처럼 신고하면 더 이상 헤이후가 아니라는 변통 정책은 대중에게 정책 실행의 탄력성을 여실하게 보여준 것이었다. 몇 년만 버티면 인구조사 때마다 실시되는 사면을 통해 자녀를 호적에 올릴 수 있다는 기대감을 갖게 되었고, 그 결과 일단 낳고 보자는 생각이 확산되었으며, 거액의 초과 출산 벌금이

---

29 "至去年底, 全市未入户超生子女近2万人 解决'黑孩'入户新政年内出台", ≪南方日报(全国版)≫, 2009年 9月 1日.

30 "恰似沙场大点兵/2010年11月1日至10日/在祖国宽广辽阔的大地上/百万普查员深入千家万户/……/此刻/站在人口普查边上/……/不要说/你是曾经的黑户西藏东躲.", "沙场大点兵——写在第六次全国人口普查边上", http://www.stats.gov.cn/ztjc/tjwh/wytj/201010/t20101030_58676.html(福建省统计局发布时间, 2010.11.1)(검색일: 2016.12.15).

나와도 호적을 올리든 안 올리든 별 차이가 없는 빈곤층은 '상황을 봐가며' 기다리기도 했다.

공식적인 벌금 원칙과 준정기적 사면을 병행하는 것은 한자녀정책 원칙을 정부 스스로 훼손한 자기모순적인 관리 방식이다. 벌금 자체에 대한 공신력을 떨어뜨려 공적인 문제를 간부들과의 '연줄(관시, 關係)'을 찾아 '사적'으로 해결하는 것을 일상화했기 때문에,[31] '법치'가 아닌 '인치'[32]는 부패를 수반하며 더욱 심화되었다. 한편 이러한 사면은 비단 중앙정부에 한정된 것이 아니어서 광동, 복건 등 지방정부에서도 2008~2009년에 벌금 납부를 면제해주고,[33] 농업호적(農業戶口)자에게 도시호적(非農業戶口)을 발급하는 등 불규칙하게, 수시로, 또 대대적으로 실시되었다.

원점으로 돌아가서 보면, 이러한 '원칙과 변칙'의 공존은 한자녀정책의 문제점을 해결하기 위한 것으로 보이지만 그 실질은 중국 사회에서 '신분증(호적)'이 금전으로 매매될 수 있기 때문에 발생한 일이었다. 따라서 검토해야 할 과제는 1980년대 개혁 개방 이후 중국 사회에서 신분증(호적)이 어떤 의미를

---

31 초과 출산으로 2013년에 장이머우(張藝謀) 감독은 748만 위안(한화 약 1억 5000만 원)의 사회부양비를 납부했는데, 정부의 강성 정책 시행을 대표하는 사건이었다. 이처럼 과한 징수에 대해 설문 응답자의 80% 이상이 과한 징벌이었다고 답했다.

32 중국에서 법치와 인치는 정반대의 개념으로 사용되며 전자는 선진, 후자는 비민주적 낙후를 의미한다. 법치론자들은 사회주의에 법치 개념이 없다는 점과 전통의 영향을 인치의 원인으로 지적하며 개인의 자유를 강조하면서 시장경제를 지지하는 경향이 있다. 「谈谈对法治与人治的认识」, http://wenku.baidu.com/link?url=px_xSAsLGjduDpkzRRPl BGE3n003PJLXVtHkr8wIYD2S9QaKVN0qRkgwbGwXiwPyifomxs8DFuPH0t_psEz5 KK7oadjQl8I15XDx-ee3R0e###(검색일: 2016.12.27). 한편 계획생육의 경우에는 과한 행정처분, 법적 징계를 비판하며, 인간적(人性化)인 방향으로 계몽과 장려 위주로 나가야 한다는 주장이 힘을 얻고 있으며 관료의 부패는 인치라는 점에서 비판을 받았다.

33 "我市约两万'黑户'可落户了", 《闽南日报》, 2008年 6月 8日. 복건성은 35만 명의 헤이후의 호적 신고를 받아주었다.

지닌 것이었으며, 지방정부가 필사적으로 거두려고 하고 당국이 비판하고는 있지만 실은 묵인하는 초과 출산 벌금과 호적의 연계가 어떻게 관행화되었는가라는 점이다.

3. 중국 인구 통치의 독특성

1) 통치 관행으로서의 '비전형적 부패'

한자녀정책은 국가 통치성의 확립과 폭력성이라는 측면에서 다음과 같은 두 가지 검토가 필요해 보인다. 즉, 중국의 인구 통치성도 서구 근대 국가와 동일하게 국가 통치성을 강력하게 확립하도록 해준 계기였는가라는 의문인데, 이는 앞서의 인구정책에서 드러난 바와 같이 중앙과 지방의 긴장 관계를 어떻게 해석해야 하는가라는 문제이다. 다른 하나는 만약 국가 통치성의 확립에 인구정책이 성공적인 계기를 제공했다면, 통계학을 기반으로 한 인구 관리는 '도덕적'으로 어느 선까지 국가의 통치에 정당성을 부여하는가라는 점이다. 이 문제는 통계학을 근거로 산출된 잉여물로서의 헤이후가 혹시 정부가 이들의 희생을 전제로 인구정책을 유지, 달성하려고 했던 '비도덕'적인 의도의 결과는 아니었는가라는 질문이며, 나아가 부강을 위해 택한 인구정책이 오히려 벌금제로 인해 자녀 유기 등 인구의 질을 떨어뜨리는 역효과를 가져오지는 않았는가라는 의문이다.

2008년 리훙위가 딸 리쉐의 헤이후 신분이 부당하다는 근거로 제시한 것은 '1988년 통지', 즉 '공안부, 국가계획생육위원회의 출생등록사업에 대한 통지'였다. 리의 소송을 보도한 ≪중국청년보≫는 중앙정부가 호적과 벌금 납부를 연계하지 말도록 지방정부에 시정 명령을 내릴 때 언급한 것이 '1988년 공지'였기 때문에,[34] '1988년 통지'의 법적 효력이 리훙위 재판의 성패를 가를 것이라고 보고 전문가에게 자문을 구했다. 베이징대학교 인구연구소의 루제화(陆杰华)는 정부의 인구정책 관련서인 『중국의 21세기 인구와 발전(中国21世纪人口与发展)』과 같은 중요 문헌의 초안자였는데, 그에게 '1988년 통지'에 대해 묻자 법규에 정통한 학자였음에도 그는 '1988년 통지'를 들어본 적이 없으며 심지어 노골적으로 그 통지는 "원래 법이 아니다(根本不是法律)"라고 답했다. 또한 민간학자로 출산 억제 정책을 일관되게 비판해온 허야푸(何亚福)는 '1988년 통지'를 처음 들어본다고 답했다. 실상을 파악한 기자가 리훙위에게 '1988년 통지'가 법적 효력이 없는 것 같다고 전하자 그는 수화기를 붙들고 연신 '어, 어' 하는 장탄식을 할 뿐 더 이상 아무 말이 없었다고 한다.[35]

중국 정부는 일관되게 헤이후의 발생 원인이 지방정부가 당국의 지침인 '1988년 통지'를 어기고 자의적으로 '지방 정책(土政策)'을 실행한 탓이라고 비판해왔으나,[36] 그것은 법적 효력이 없을 뿐만 아니라 법 자체가 아니라는 것이 밝혀졌다. 서구의 중국 전문가는 한자녀정책에 대해, 중국 정부가 정책 실패를 인정할 줄 모른다고 비판하지만[37] 중국 정부는 시대의 변화에 따라 새로운 선택을 한다고 표현한다.[38]

---

34 "国家卫计委答问"全面两孩"政策", ≪中国青年报≫, 2016年 1月 12日.

35 "多余的15年", ≪中國青年報≫, 2008年 12月 3日.

36 "无黑户时代'需要制度兜底", ≪新金融观察报≫, 2015年 12月 14日.

37 Richard C. Bush, "Most elderly population on the planet", "What will happen to China's undocumented 'ghost children' after the one-child policy ends?", http://www.hopesandfears.com/hopes/now/politics/216761-china-one-child-policy-ghost-children(검색일: 2016.10.1).

38 공안 기관은 2010년에 발견한 1300만 무호적자 문제가 대부분 해결되었다고 선언하고 "오랜 동안 지속해오다가 일정한 시기가 되면 인구 상황의 변화, 인구와 경제사회의 발전

정부의 이러한 면피성 발언의 진정한 의도를 파악하기 위해서는 한자녀정
책 시행 초기인 1980년대 정부 자료로 돌아갈 필요가 있는데, 자료집은 '벌금'
의 성격에 대한 이해의 단서를 제공한다. 1980년대 계획생육정책 관련 공문
선집인 『중국 계획생육 자료 편찬집[中國計劃生育資料匯編(1981~1991)]』[39]에서
유독 눈에 띄는 것이 간부의 인명 사고에 관한 정부의 지시이며, 1988년에 국
가계획생육위원회가 발표한 공문은 다음과 같다.

근래 몇 년 사이 각지에서 계획생육 수술로 인해 사망하는 사고와 계획생육에
종사하는 기층 간부와 그 친족이 보복 살해를 당하는 경우가 수시로 발생했다.
…… 향후 계획생육 수술로 사망한 경우 시간과 장소, 수술자의 성명, 수술 의원
(服務店), 수술 명칭, 사망 원인, 구급 조치 경과와 처리에 대한 의견 등을 본 위
원회에 상세하게 보고하도록 한다.[40]

이 공문은 한자녀정책에 반발한 농민들이 종종 간부를 보복 살해했다는 것
을 보여주는데, 이 "어려운" 정책을 관철하기 위해 정부가 내린 지침은 "주동
적으로 사업을 하는 것"이었다.[41] 주동적으로 한다는 의미는 출산 쿼터를 엄
수해 함부로 초과 출산을 허용하지 말며 초과 출산 시 통계 수치를 거짓으로

상황의 변화에 따라 다른 인구정책을 택하는 것이다"라고 헤이후 문제를 일단락 지었다.
"国家卫计委答问'全面两孩'政策", ≪中国青年报≫, 2016年 1月 12日.

39 國家計劃生育委員會政策法規司 編, 『中國計劃生育資料匯編(1981~1991)』(北京: 中國
民主法制出版社, 1992).

40 '计划生育委员会关于建立计划生育手术死亡事故和计划生育干部被恶性事件报告制度的通
知'(国计生委1988厅字 239号 1988年 10月 31日), 같은 책, p.649. 이하의 내용은 김미
란, 「한자녀정책의 그늘: '무호적자(黑戶)'에 대한 일 고찰」, ≪중국연구≫, 69권(2016)
재인용.

41 國家計劃生育委員會政策法規司 編, 『計劃生育文獻匯編(1981~1991)』, p.584.

보고하지 말라는 것이었다.[42] 이 지시와 함께 시행된 '한 표 부결제'는 간부의 생계와 직결된 문제였기 때문에 간부들은 위로는 업무 실적에 대한 압박과 아래로는 신변의 위협을 느끼면서 어떻게든 자신의 관할 지역에서 출생신고가 늘어나는 것을 억제하고자 했다.[43]

2010년대 중앙정부의 지방정부 비판과 1980년대 중앙정부의 행정 법규를 비교 검토할 때 유의해야 할 부분이 초과 출산 벌금에 대한 규정이다. 벌금 관련 규정은 1982년 공문서에서부터 확인되는데, 국가계획생육위원회는 해당년도의 초과 출산 벌금의 징수 방법과 사용에 적잖은 문제가 있다고 지적하고, 벌금은 현지에서 징수하고 현지에서 지출한다는 원칙을 재천명한 뒤, 농촌에서는 인민공사와 생산대대가 징수하고 향진 인민정부에서 관리하며 도시에서는 구역사무소(街道辦事處) 혹은 향진(鎭郷) 인민정부에서 징수하고 구역사무소에서 일괄적으로 관리하도록 했고 감독은 자체 인력을 선발해 담당하게 했다. 이 지시는 초과 출산 벌금을 중앙으로 보내는 것이 아니라 현지에서 걷어서 쓰라는 것으로 당국은 애초부터 벌금을 관리하거나 감독을 할 의도가 없었다는 것을 말해준다. 벌금의 용도에 대해서는 다음과 같이 정했다.

(벌금은) 농촌에서는 인민공사와 생산대의 공익금을 증가시키고 행정기관 기업·사업 단위에서는 해당 직장의 복지비를 증가시키며 …… 초과 출산 벌금은 반드시 전부 계획생육사업에 사용되어야 한다. 주로 독생자녀보건비 지출, 계획생

---

42 같은 책, p.584.

43 계획생육 간부들의 심정을 표현한 글로 다음과 같은 기사가 있다. "지금 대로변이나 골목에는 곳곳에 '나랏일, 집안일, 천하의 일 중에 계획생육이 가장 큰 일'이라는 표어가 눈에 확 띄게 씌어 있다. 그래서 두 곳의 계획생육부서 중 어느 누구도 감히 그의 사정을 봐줄 엄두를 내지 못한다. 그거야말로 모가지가 잘리는 잘못이니까!"("矿工教弃嬰养情深似海", ≪中國鑛業報≫, 2000年 4月 15日).

육 수술한 자의 일부 영양비, 불임수술한 자의 여비 보조, 곤경에 대한 지원비로
사용되어야 한다.[44]

　벌금은 지방정부의 공익금, 직장의 복지비 명목이었으며 사용처는 계획생
육사업이라고 되어 있다. 다시 2014년으로 돌아와 「중국 "헤이후" 집단 생존
상태 조사」를 보면 안휘성의 계획생육 기관의 한 간부가 벌금과 출생신고 연
계가 지속되는 이유에 대해 다음과 같이 고백한다. 첫째로 계획생육위원회는
벌금을 통해 말단 경찰에 실질적으로 경제적 이익을 주는데, 예를 들면 파출
소 민간 경찰의 사무실 수선, 에어컨 설치를 해주고 벌금을 일정한 비율로 파
출소에 되돌려주고 있다. 둘째로 계획생육사업이 '한 표 부결제'에 해당되는
데다가 지방 당위원회는 계획생육사업이 본래 강제적으로 손을 쓰지 않으면
달성되기 어려운 일이라고 간주하기 때문에 업무 수행을 위해 계획생육과 공
안, 두 부서 사이의 이런 관행을 용인해왔으며 그것은 이미 묵계가 되었다.[45]
서로 나누어 먹으면서 간부끼리 챙겨주는 부패가 원활한 업무 진행에 도움이
되며 그것이 '관행'이라고 하는 이 내용은 실은 중국의 관가에 연원이 깊다.
　'관행'이라는 말은 'customary practice'로 번역되며 중국어로는 '관례(慣例)'
로 늘 해오던 규칙[常規]이라는 의미이다. 『제국을 말하다』의 저자 이중톈(易
中天)은 너나 할 것 없이 행하고 있기 때문에 아무도 부패로 간주하지 않는 부
패를 '비전형적 부패'라고 명명하고,[46] 중국의 관료 사회의 근절할 수 없는 권
력과 부패의 관계를 그 용어로 설명했다. 비전형적 부패의 가장 흔한 예로 그
는 '모선(耗羨)'을 드는데, 그것은 국고에 들어오는 현물 조세(은, 미곡)가 긴 운

44　國家計劃生育委員會政策法規司 編, 『計劃生育文獻匯編(1981~1991)』, p.326.

45　「中国"黑户"群体生存状态调查」.

46　이중톈, 『제국을 말하다』, 심규호 옮김(에버리치홀딩스, 2008), 261쪽.

반 과정에서 마모되어 축날 것을 고려해서 지방 관리가 "약간 더 거두어들이는 것"을 뜻하나 문제는 그 계산 방법이 모호하기 때문에 지방관이 크게 튀지 않는 한도 내에서 "더 걷는다"는 데 있었다. 정부가 허용했기 때문에 뇌물이나 횡령이 아니므로 그 직책에 있는 사람이면 누구나 행하고 그 "권력"을 놓게 되면 다른 사람이 와서 또 "명목 있는 뇌물"을 착복하게 된다. 아이러니한 것은 이러한 비전형적 부패가 중앙에 권력이 집중될수록 심화되는 양상을 보인다는 점인데, 이유는 강력한 중앙의 통치가 순조롭게 지방에서 이루어지게 하기 위해 중앙이 부패를 눈감아주기 때문이다. 이것을 관가의 정식 용어로 '관가의 오래된 나쁜 규칙, 즉 '관장누규(官場陋規)'라고 부른다.[47]

매년 전국에서 징수되는 사회부양비는 200여 억 위안(한화 3조 5000억 원 상당)에 달한다. 대도시는 그것을 재정수입에 포함해 운용하지만 지방의 기층(소)도시는 몹시 혼란스럽게 분배해 현(縣, 市의 하부 단위)급 재정에서 소진하고 있음에도 어떻게 지출되었는지 알 길이 없는데, 그럼에도 벌금은 지방 재정수입의 "주요한 부분[大頭]"이었다. 인구학자 자이전우(翟振武)는 재정으로 편입된 사회부양비가 어떻게 지출되는지, 교육 등과 같은 분야로 얼마나 지출되는지 알 수 없기 때문에 그것은 종이 위에 기록된 "뒤죽박죽 모호한 장부"라고 비판한다.[48] 한편 사회부양비에 대한 감독과 공개를 요구하는 빗발치는 여론에 대해 중앙정부는 답변을 하지 않고 있으며 조사도 하지 않고 있다. 어느 정도 예상 가능한 일이지만 계획생육 직원의 출장비, 에어컨 설비비로 들어가고 감독 없이 횡령으로 사라졌을 벌금에 대해 감독권을 처음부터 행사할 의지가 없었던 정부가 이제 와서 지출 내역을 추궁하기는 어려웠다고 볼 수 있다.

---

47 관장누규의 의미는 '나쁘지만[陋]' 규칙이기 때문에 '지켜야 한다[規]'는 것으로 역설적인 표현이다. 같은 책, 260쪽.
48 "北京一超生女童遇落户难题", 《东方早报》, 2015年 12月 23日.

오히려 천진(天津) 시의 한 계획생육 담당자와의 인터뷰는 계획생육을 담당한 말단 간부들이 자신들이 힘든 일을 앞장서서 함으로써 "나라를 위해 일했다"는 자부심을 갖고 있다는 사실을 보여준다.[49]

한자녀정책을 집행하기 위해 벌금에 대한 감독을 소홀히 하고 지방에 관리를 일임하는 관행은 일차적으로는 중앙과 지방이 각각 독립된 재정 운영을 하고 있는 현실과 관련이 깊다. 중국 정부는 1990년대 중반 이후로 지방에 재정권을 이양함으로써[50] 중앙에서 지방에 이르기까지 각급 재정을 독립적으로 운영하도록 해서 '자주경영을 통해 손실과 수익을 스스로 책임지고 스스로 통제하고 스스로 발전'한다는 시장경제 이론을 따르고 있다.[51] 그렇기 때문에 중앙의 지침이 지방에 그대로 관철되기 어렵다는 것을 쉬이 짐작할 수 있을 것이다. 그러나 이러한 지방의 재량권은 한자녀정책으로 인해 생겨난 것이 아니라 모선처럼 전근대 제국 시대 이래로 존재해온 관가의 오랜 관행의 연장이었으며, 이 관행은 정부의 강한 인구 억제 의지와 달리 대중의 자녀관이 '한자녀 원칙'과 격차가 큰 상태에서 실행 주체인 현지 간부들을 독려하고자 할 때 효과적으로 기능했다. 그런 점에서 중국의 인구 통치 전략은 일찍이 푸코가 언급했던 인구 정치를 통해 국민국가의 중앙집권적 통치성을 강화했다고 하는 서구적 방식과는 구분된다고 하겠다. 중국의 경우에는 가정에서 국가로

49　「"辛苦干了一輩子计生，最后吃了低保"：一位在农村与居委会做了30年计生工作的女性」, 인터뷰 대상: 쉬이(徐姨), 진행: 왕샹셴(王向贤) 교수, 일시: 2011년 8월 24일 오전 9:30~11:00. 소중한 인터뷰 자료를 사용하도록 제공해준 왕샹셴 교수에게 깊은 감사를 표한다.

50　Kam Wing Chan, *The Household Registration System and Migrant Labor in China: Notes on a Debate*, p.361.

51　리창핑, 「6장 농촌의 위기」, 왕샤오밍·친후이·왕후이 외, 『고뇌하는 중국: 현대 중국 지식인의 담론과 중국 현실』, 장영석·안치영 옮김(도서출판 길, 2006), 270쪽.

가 아니라 가정에서 지방정부로 권력이 회수, 집중됨으로써 국민이 균질하게 누려야 할 공권력이 '영토'가 아닌 '지역'에 의해 제약을 받았기 때문이다.

그러나 사회부양비는 기존의 '비전형적 부패'와는 구별되는 뚜렷한 특징이 있다. 인구정책과 관련해 징수되는 벌금은 초과 출산 벌금 외에도 도시의 임시 거주자(暫住證 소지자)의 정기적인 신분증 갱신 수수료, 찬조비를 내고 수업을 들어야 하는 헤이후의 추가 학비 등을 포괄하는 막대한 규모[52]였는데, 모금융 전문 일간지는 만약 벌금과 호적제의 고리를 끊는다면 초과 출산 징수율이 20%에 달하는 농촌의 벌금과 부유한 도시에서의 70%에 달하는 초과 출산 벌금이 지방의 재정수입에서 사라지게 될 것이라고 진단했다.[53] 또한 도시 호적이 없는 유동 인구의 자녀는 '찬조비'를 내고 현지 학교에 다니는데 2001년 베이징 시의 학령기 유동 아동 13만 명 가운데 12.5%만이 찬조비를 내고 학교에 다닐 수 있었으며 그해 베이징 시 초등학교 1학년 가운데 헤이후들로부터 거두어들인 찬조비가 10억 위안이었다. 이 금액은 베이징 시 초등학교의 1년 교육 경비인 20억 1600만 위안의 50%를 차지했다.[54] 이러한 연쇄고리를 볼 때 벌금은 끊이지 않는 세수원으로 헤이후를 필요로 하고 있었으며 헤이후에 대한 과중한 벌금은 예산의 일부라는 성격까지 띠고 있었던 것으로 보인다.

이처럼 한자녀정책은 원칙과 변칙의 이중주에 의지함으로써 위반자에게는 벌금에 대한 중압감과 거부감을 완화하고 징수 원칙만 있을 뿐 금액 규정이

---

52 학교 잡비의 경우, 농촌에서 공립학교 학생이 10위안 내는 것을 헤이후 자녀는 90위안을 내며 그 외 도시의 경우 연간 수천 위안의 찬조비를 내야 한다. "清水县土寨小学乱收费? 学校: 收费学生是超生的'黑人黑户'教育局: 情况调查属实将严肃处理", ≪兰州晨报≫, 2006年 5月 22日.

53 "'无黑户时代'需要制度兜底", ≪新金融观察报≫, 2015年 12月 14日.

54 "为什么自己的首都我们只能暂住", ≪中国商报≫, 2001年 12月 29日.

없어 비공식적인 해결이 만연했다. 또한 간부에 대해서도 '한 표 부결제'와 '비전형적 부패'라는 강온양책을 취했으며 이러한 명분과 실질의 이중 전략, 공적 사건을 사사화하도록 하는 '원칙과 변칙의 혼용'이 중국 인구 통치 전략의 특징이라고 할 수 있을 것이다.

2) 통계 지식의 '비도덕성': 예견된 헤이후

1979년에 공표된 한자녀정책은 통계학적 계산을 근거로 1980년에 10억이던 인구를 2000년까지 12억으로 억제하는 것을 목표로 했으며, 2000년에 12억 9533만 명에 그침으로써 당초의 목표를 '성공적'으로 달성했다고 평가된다. 그러면 헤이후는 '성공'적인 인구수와 어떤 관계에 있는가? 인구조사에서 파악되지 않는 인구가 헤이후인데 이들의 수를 어떻게 파악했는지, 설사 사면을 통해 조사 기간에 포함했다 하더라고 일부일 것이며, 또 사면 이전과 이후에도 헤이후는 부단히 생성되고 소멸될 것이기 때문에 명쾌하게 설명할 수 없는 점이 있다.

정부가 공표하기 전에는 그 누구도 알 수 없었던 전국의 헤이후의 규모는 단지 추정만이 가능했으며 문화연구가 딩둥(丁東)은 2010년, 복건성의 헤이후 인구를 기준으로 전국의 헤이후를 700만 명이라고 추산한 바 있는데,[55] 같은 해 정부가 발표한 헤이후 수는 그의 예상을 크게 웃돈 인구 100명당 1명꼴인 1300만 명이었다.

---

[55] 인구가 3400만 명인 복건성이 성내 미등록자를 18만 3000명으로 예측하자 딩둥은 성 전체 인구의 0.5%가 헤이후라는 점에 착안해 전국의 13억 인구의 5%인 700만 명이 헤이후라고 계산했다. 丁東, "计生部门的利益取向: 就杨支柱事件答记者"(2010年 5月 14日), http://dingdong.blogchina.com/937812.html(검색일: 2016.10.19).

왜 이토록 많은 헤이후가 존재하게 된 것일까? 이 점을 이해하기 위해서는 목표치와 현실 달성 가능치에 대한 정부의 인식을 볼 필요가 있는데, 국가 계획생육위원회 법규부 부장(法規司司長) 위쉐쥔(于学军)은 한자녀정책에 따라 1명의 여성이 평생 낳을 수 있도록 허용된 '정책 출산율'이 1.4명 내외라고 설명했다. 이 수치는 "한자녀정책을 실시하는 인구가 35.9% 정도, 하나 반 정책을 실시하는 인구가 52.9%, 두 자녀 혹은 두 자녀 이상을 낳을 수 있는 인구가 11% 이상"이라는 정책 기준을 근거로 도출한 것이다.[56] 그러면 그의 언급처럼 한자녀정책을 추진하는 중국 정부가 한 여성이 평생 1.4명 정도를 낳기를 원했는가? 그렇지 않다. 중국 정부가 2007년에 발표한 「국가인구발전전략 연구보고(国家人口发展战略研究报告)」는 "전국의 총출산율(TFL)이 향후 30년 동안 1.8 정도를 유지해야만 하며 너무 높거나 너무 낮은 것은 인구와 경제사회의 조화로운 발전에 불리하다"라고 발표했기 때문이다.

1.4와 1.8이라는 수치의 간극이 의미하는 바는 중앙정부가 정책적으로는 각 지방정부에 출산 쿼터를 1.4명에 맞추어 배정하지만 틀림없이 누군가가 허용치를 어기고 초과 출산을 할 것이기 때문에 실제 출산율은 1.8선에서 유지될 것으로 예측하고 있었다는 것을 말해준다. 애초부터 '초과 출산아'를 염두에 두고 정책 출산 목표를 '낮게' 설정했다는 뜻이다.[57]

인구학자 꾸바오창(顾宝昌)은 2000년 정부가 인구조사에서 총출산율이 1.22라고 발표하자 이 수치를 받아들일 수 없다('不可接收的')고 했고 심지어 인구조사를 한 국가통계국마저 수치가 "너무 낮다"고 신뢰하지 않았다.[58] 사

---

56 何亞福, 『人口危局』(北京: 中国发展出版社, 2013), p.202.
57 이러한 관점을 지지하는 허야푸는 두 수치 간의 간극을 채워주는 초과 출산아에게 '사회 부양비'라는 중벌을 가하는 것은 부당하며 오히려 이들이 노령 사회를 늦추는 민족의 공로자라고 본다. 같은 책, p.203.

회학자 왕샹셴(王向贤)은 이런 낮은 통계치가 높게 '조정'되는 과정을 다음과 같이 설명한다. 중국의 총출산율은 1990년 후부터 인구대체율(2.1)보다 낮은 수치로 떨어져 2000년과 2010년 인구조사에 따르면 총출산율이 1.2를 기록했는데 낙관적인 견해를 지닌 인구학자들은 공개된 이 통계 수치를 무시하고 중국의 0세 인구 신고가 심각하게 누락되었다고 주장하면서 "과녁을 겨누는" 방식으로 역산해 2010부터 2015년 사이 중국의 총출산율이 1.5에서 1.7 사이라고 보았다.[59]

앞서 언급한 바와 같이 지방 세수의 주요한 부분이 초과 출산 벌금과 행정 수속비, 학교 찬조비이므로 헤이후는 교육과 복지 예산에 없어서는 안 되는 중요 '세수원'이었다. 실제로 학자와 국가통계국이 인구조사 결과인 총출산율 1.2를 1.7로 재조정하는 소위 '고무줄 식' 계산을 상시적으로 하는 것을 보면, 정책 입안자들이 항상 헤이후 집단을 염두에 두고 있었다는 것은 쉬이 짐작할 수 있으며 그런 이유에서 공민권을 담보로 인구정책에 근거를 제공한 통계 지식 자체가 '비도덕성'을 띤다고 할 수 있다. 둘째로, 세수를 관리할 때 중요한 것이 재정을 누가 관리, 감독하며 예산의 근거인 통계 자료를 누가 만드는가이다. 중앙과 지방의 재정 분리는 앞서 언급한 바와 같이 1990년대 중반에 이루어졌고 또 동일한 시기에 지방은 공식 통계를 작성하는 권한도 이전받았으나 전문가들은 지방정부의 통계 지식이 '통계 조작'적 요인이 많아 신뢰하기 어렵다는 점을 지적한다.[60] 은종학은 사회주의 대약진 시기에 대규모 통계 조

---

58 顧寶昌, 「新時期的中國人口態勢」, 顧寶昌·李建信 編, 『21世紀中國生育政策論爭』(北京: 社会科学文献出版社, 2010), p.6.

59 王向贤, 「两孩政策、非婚生育和生育观的变革」, 『社会性别视野中的中韩两国家庭、生育和工作转型研究』(天津: 天津师范大学政治与行政学院社会学系, 2016.7.12~13, 한-중 젠더 국제회의 제4차 회의 자료집), p.105.

60 은종학, 「중국정부의 공식통계에 대한 이해와 활용방법」, 정재호 엮음, 『중국연구방법

작을 가능하게 했던 제도적 특성 가운데 상당부분이 현대 중국에 남아 있으며 현재 중국의 정부 통계를 총괄하는 기관은 중앙의 국가통계국이지만 현급 이하의 지방정부는 통계를 담당하고 있음에도 "통계 업무를 담당하는 독립된 조직 혹은 부서가 없"어 회계 직원이 만드는 통계를 신뢰하기 어렵다고 본다. 보다 핵심적인 불신 이유는 지방조직 산하의 직원의 신상에 직접적인 영향을 미치는 인사와 급여 지급이 중앙의 국가통계국이 아닌 지방정부에 의해 대부분 이루어지기 때문에 지방정부의 이해관계를 통계 조작을 통해 관철할 개연성이 크기 때문이라고 지적한다.[61]

이와 같이 중국에서 통계 자료는 관할 조직의 이해관계와 연결되어 있어 신뢰성이 떨어지며 중앙에 의해 이루어지는 통계 수치 역시 자의적 해석이 빈번한데, 이러한 자의적 해석은 보이지 않는 헤이후를 수면 위로 끌어올림으로써 합리화된다.

3) 관리의 '외부': 유기되는 아이들

전 세계적으로 아동의 입양이 법적 대상이 된 것은 1차 세계대전 후 전쟁고아를 구제하기 위해서였으며 한국 역시 1950년대 전쟁고아를 해외로 입양 보내면서 입양이 법제화되었다. 전통 사회에서 입양은 집안의 대를 잇기 위해, 즉 어른들을 위해 아동이 입양되었으나 근대적인 입양은 아동의 복지를 위한 법제화였다는 점에서 구별된다. 본래 중국 사회에서 입양에 대한 관념은 우호적이었으나 한자녀정책 이후 입양은 초과 출산을 은폐하기 위한 행위로 간

론』(서울대학교출판문화원, 2010), 303~304쪽.

61   같은 책, 303쪽.

주되어 정부와 민간은 입양을 둘러싸고 첨예한 갈등을 빚었다. 계획생육 간부들은 양부모에게 자녀가 '입양아임을 입증하지 못하면 국영 고아원으로 보내라'는 행정명령을 종종 내렸으며 이러한 명령은 입양아를 손쉽게 헤이후로 만들어 양부모로부터 격리하게 만들었다. 이처럼 극도로 입양을 제한하는 중국의 입양법(收養法)은 1991년에 한자녀정책의 하위법으로 만들어졌다.[62]

헤이후 문제는 2015년 12월[63] 중국 정부가 「무호적자의 호적 등기 문제 해결에 관한 의견(이하 '의견')」[64]을 발표해 무조건적으로 헤이후의 호적 등록을 명령함으로써 대부분 '해결'되기에 이르렀다.[65] 그런데 '의견'은 새 호적 등록 원칙을 천명한 뒤 가장 먼저 '사실입양 무호적자를 어떻게 할 것인가?'라고 입양 문제를 의제화했고 입양이 유괴, 초과 출산, 업둥이 등 다양한 경우를 포함한다고 보고[66] 입양 헤이후를 친부모에게 돌려보내거나 입양 부모가 공안 기관을 통해 친부모의 동의를 얻어 입양 등록(收養登记)을 할 것을 명했다. 그러나 이러한 명령은 한자녀정책 이후 급증한 '아동 유기'를 간과한 것으로 정책을 위반한 초과 출산아, 미혼모 출산아들이 자녀를 유기하는 경우가 많아 양부모가 생모를 찾을 수 없는 경우가 많았다. 심지어 공안 기관이 광둥성에서 산둥성까지 인신매매 조직[67]을 추적해 팔려간 아동을 구해서 친생부모에게

---

62 1991년 12월 29일 제7기 전국인민대표대회 상무위원회 제23차 회의 통과. 第1章 第3條 "收養不得違背計劃生育的法律·法規", 國家計劃生育委員會政策法規司 編, 『計劃生育文獻匯編(1981~1991)』, p.138.

63 "國家卫计委答问'全面两孩'政策", ≪中國靑年報≫, 2016年 1月 12日.

64 「关于解决无户口人员登记户口问题的意见」, http://www.ce.cn/xwzx/gnsz/gdxw/201601/14/t20160114_8276193.shtml(검색일: 2016.11.1).

65 "禁止设立不符合户口登记规定的任何前置条件", 같은 글.

66 "超生人员等8类无户口人员可落户"黑户"问题有望彻底解决", ≪河北日報≫, 2016年 1月 15日.

67 2000년 이후에 인터넷 사이트를 통해 이전보다 훨씬 더 공공연하게 인신매매가 행해졌

데려다주었음에도 생모는 초과 출산 혹은 가난을 이유로 아이를 거부하는 경우도 있었다.[68]

중국 아동의 해외 입양 문제를 연구한 존슨(Kay Ann Johnson)은 한자녀정책이 중국인의 출산 관념에 미친 영향을 자녀를 '숨기고 싶은 존재'로 만들었다고 표현한다.[69] 그녀는 『중국의 숨겨진 아이들: 유기, 입양 그리고 한자녀정책의 대가(China's Hidden Children: Abandonment, Adoption, and the Human Costs of the One-Child)』에서 중국의 해외 입양 아동이 세계 1위로 12만 명이지만[70] 입양의 실태를 분석해보면 그 근본 성격이 국가에 의한 '국제 인신매매(trafficking)'에 가깝다고 진단한다.[71] 일부 농촌에서는 출생아의 30%에 이르는 아이들이 1990년대 중반에 지역 간부들의 눈을 피해 이러저러한 방식으로 숨겨져 '몰래' '전통적 관습'에 따라 입양되고 있었으나 정부의 강한 실적 압박에 시달리던 간부들은 자기 지역으로 유입된 입양아를 색출해내었고 존슨은 이들이 최종적으로 해외에 입양되었다는 것을 입증했다. 즉, 입양을 보내는 측과 받아들이는 측 두 라인을 연결한 경찰관에게는 인센티브가 주어졌고 입양을 보낼 때 발생하는 이익금이 국가의 복지비 증가에 기여했다는 것을 지적하며 해외 입양이 중앙과 지방의 두 간부들에 의해 이루어지는 국가에 의한

다. 불법 출산을 한 부부가 영아를 불법적으로 유기하고자 할 때 이 사이트를 이용했으며 이는 경찰의 엄격한 단속 대상이었다. Kay Ann Johnson, *China's Hidden Children: Abandonment, Adoption, and the Human Costs of the One-Child*(Chicago and London: The University of Chicago Press, 2016), pp.165~165.

68 "特大販嬰案后的伦理困境", ≪南方都市报(全国版)≫, 2007年 9月 19日.

69 Kay Ann Johnson, *China's Hidden Children: Abandonment, Adoption, and the Human Costs of the One-Child*, Chapter 4 "From 'Unwanted Abandoned Girls' to 'Stolen Children': The Circulation of Out-of-Plan Children in the 2000s" 참조.

70 같은 책.

71 같은 책. 이하의 내용은 김미란, 「한자녀정책의 그늘: '무호적자(黑戶)'에 대한 일 고찰」 재인용.

'아동 인신매매(child trafficking)'라고 비판했다.[72]

1991년에 반포된 '중화인민공화국 입양법(中華人民共和國收養法)'은 입양 조건을 까다롭게 해놓았다는 점이 특징이다. 만 14세 이하의 미성년이 입양 대상이 될 수 있으며 자녀를 입양하려는 자는 무자녀에 35세 이하여야 하고(제6조) 단 1명만 입양이 가능하고(제8조) 입양을 보내는 자 또한 자녀를 입양 보낸다는 것을 이유로 해서 계획생육에 위배되는 자녀를 또 출산해서는 안 된다(제17조)[73]라고 규정했다. 이처럼 입양하는 쪽이나 보내는 쪽 모두 '하나'라는 원칙을 벗어날 수 없도록 묶어두었는데 중년의 양부모가 선의로 주워다 기른 유기 아동의 경우, 양부모가 무자녀일 확률이 낮기 때문에 입양자가 헤이후가 될 확률이 몹시 높았다.

이처럼 입양을 둘러싼 중국의 정책은 국내 입양을 최대한 억압함으로써 아동을 글로벌하게 '유통'되도록 하는 구조를 갖고 있었으며 유기, 입양된 헤이후 아동은 국내 출산율을 낮추는 공로자이자 영토 안에서 추방된 자들이었다.

4. 마치며: 미완의 '개인' 신분

30여 년간 시행되어온 중국의 한자녀정책이 2015년에 폐지되고 그 '부산물'인 초과 출산 헤이후 역시 2016년부터 조건 없는 호적 신고가 시행됨으로써 역사의 '흔적'이 되기에 이르렀다. 이 장은 1980년부터 현재에 이르는 중국의 인구 억제 정책을 중국의 관리 방식을 중심으로 고찰한 글로, 한자녀정책이

---

[72] Kay Ann Johnson, *China's Hidden Children: Abandonment, Adoption, and the Human Costs of the One-Child*, p.157.

[73] 같은 책.

헤이후의 발생을 전제로 기획되고 관리되었으며 불법과 합법의 공존을 통해 성공적으로 목표에 도달할 수 있었음을 살펴보았다. '왜 헤이후가 양산되었는가'가 아니라 한자녀정책이 '왜 헤이후를 필요로 했는가'라는 측면에서 정책 입안과 통치 시스템을 분석한 결과, 중국 정부의 인구정책은 실현되기 어려운 목표를 설정한 뒤 피통치자와 지방 관리자를 대상으로, 헤이후에게는 엄격한 벌금제와 간헐적 사면을, 지방 간부에게는 벌금 관리에 대한 느슨한 감독과 무거운 징계라는 '강온' 관리 방식을 실시함으로써 정책에 대한 성원들의 저항을 완화하면서 소기의 목적을 달성할 수 있었다.

'위법'이 '합법'을 작동하게 하는 독특한 통치 방식, 소위 '관행'이라 부를 수 있는 방식이 중국 인구 통치의 특성이라 하겠는데, 이러한 통치 시스템이 작동할 수 있었던 주요한 이유는 중앙보다 더 강한 현지 관할권을 지닌 방대한 지방정부가 존재했기 때문이다. 그런 점에서 볼 때, 중국의 인구 통치 방식은 서구 국민국가의 인구 통치가 '개인-국가'로 수렴되는 선적인 권력관계였던 것과 달리, '개인-지역-국가'로 계서화된 분권적 관리 특성을 보인다 하겠다.

중국에서 '개인', 혹은 개인의 '권리'라는 개념의 탄생은 1985년 개인 신분증의 발급[74]과 밀접한 관련을 갖는다. 한국에서 1950년대에 시행된 주민등록증이 미군정기 이후 좌익분자 색출을 목적으로 '선량한 주민'임을 입증하는 이데올로기적 기능을 수행했던 경우와 달리,[75] 중국에서 개인 신분증의 발급은 배급 경제하에서 제한되었던 이동권이 풀리고 개인의 재산 축적이 가능해진 '해방'적 의미가 컸다. 1985년 이전에는 사진 부착 없이 기관에서 써준 종이 '소개장(介绍信)'을 소지해야만 개인들은 우체국에 가서 송금된 돈을 찾고 타

---

[74] "从介绍信到身份证", ≪西部商报≫, 2009年 9月 30日.
[75] 이정은, 「미군정기 이후 '신분증명서'를 통한 개인의 관리와 통치」, ≪사회와 역사≫, 111집(2016년 가을).

지로 이동할 수 있었으나 플라스틱으로 만든 개인 신분증('제1신분증')을 발급받은 후에는 더 이상 타인에게 자신의 활동과 수입 상황을 알릴 필요가 없이 '사적 활동'이 가능해졌기 때문이다.[76] 개인 신분증 한 장만 몸에 지니면 '전국을 자유롭게 누빌 수' 있는 시대가 열린 것이다.

그러나 이러한 해방적 측면은 신분증 발급을 한자녀정책과 연계함으로써 '반쪽'의 자유만을 허용했다. 공민의 기본권인 신분증(발급권, 호적 등록)이 박탈되거나 매매가 가능한 것으로 묶여 있고 그 제약을 받은 반쪽이 헤이후 집단이었기 때문이다.

---

76 "从介绍信到身份证", ≪西部商报≫, 2009年 9月 30日.

10

국경도시 중국 단둥의 중첩되는 경계

2010년 전후를 통해서

강주원

1. 경계: 상상과 현실 사이에서

중국 단둥(丹東)과 북한 신의주는 압록강을 사이에 두고 국경에 기대어 백 년의 역사를 함께한 쌍둥이 도시이다. 특히 단둥은 지난 20여 년 동안 꾸준히 한국과 북한의 경제 교류를 연결하고 있는 중계 도시이다.[1] 하지만 중·조 국 경과 이 도시들을 바라보는 한국 사회의 시선과 규정 그리고 개입은 사뭇 다 르다. 2016년 1월 북한의 4차 핵실험 이후, 2010년 5·24 조치의 연장선상에 서 북한을 향한 한국 사회의 '국경 만들기'는 '대북 제재'의 이름으로 시도되고 있다. 그 한복판에 단둥과 압록강이 있다. 그렇다면, 한국 사회는 국경과 관련 된 이 공간들을 '있는 그대로 바라보고 있는' 것일까?

---

1 강주원, 『나는 오늘도 국경을 만들고 허문다』(글항아리, 2013).

한국 사회는 북한을 "세계에서 가장 폐쇄된 국가"로 지칭한다. 이를 증명하는 지역으로 단둥과 압록강이 동원되고 있다. 이곳을 찾는 한국 사람은 단절과 분단만을 이야기하는 경향이 강하다. 예를 들어 중앙일보가 주최한 "평화 오디세이: 평화를 향한 성찰과 소통의 오디세이…한국 대표지성 31인의 5박 6일 동행"을 보도한 기사는 이렇게 시작한다. "국경은 철조망이다. 장벽이요, 단절이다. 접경 지역은 동면, 죽음의 땅이 된다.…… 단절의 접경이 아닌 교류의 접경을 찾아서 온 단둥에서도 답을 찾는 데 한계가 있었다."[2] 그들이 본 것이 이 공간들의 현실이고 전부일까? 아니면 놓친 것은 무엇일까?

2014년 여름, 일명 "압록강에 발 담그고 과일을 먹자"라는 답사 주제에 35명의 지인들과 나의 가족이 동행했다. 여행 첫날, 난생 처음 압록강을 본 초등학교 1학년 아들은 "압록강에 들어가도 돼? TV에서 북한 사람은 무섭다고 했는데!"라는 반응을 보였다.[3] 그 순간 나는 "압록강을 바라보는 아들의 눈은 어떻게 형성된 것일까?"와 "한국 사회의 어떤 면을 보여주는 것일까?"라는 고민을 할 수밖에 없었다.

단둥과 신의주의 국경과 관련된 상황들은 북·중 관계뿐만 아니라 남·북 관계 그리고 삼국(북한, 중국, 한국) 관계를 들여다보는 거울이다.[4] 이러한 점들을 고려하면서, 앞의 질문과 고민에 대한 답을 찾는 시대 범위를 2010년 전후로 한정하겠다. 이를 통해서 국경도시 단둥의 중첩되는 경계가 의미하는 바 그리고 이를 활용하는 네 집단(북한 사람, 북한 화교, 조선족, 한국 사람)의 실천을 조명하겠다. 더불어 한국 사회가 이 공간의 경계를 어떤 시선으로 바라보고

---

2   "통일 준비하려면 우선 신의주 불을 켜야 한다", ≪중앙일보≫, 2015년 7월 6일 자.
3   "삼둥이 할머니는 왜 압록강으로 사람들을 보내나?", ≪프레시안≫, 2015년 11월 16일 자.
4   강주원, 『나는 오늘도 국경을 만들고 허문다』.

인식하는지를 살펴보겠다.

한편 이 장은 약 200년 전 『열하일기』의 박지원이 압록강을 국경으로 인식하지 않았던 시기, 1910년대 전후 압록강 철교가 건설되면서 형성된 초기의 단둥(신의주)의 풍경과 상황, 미국 공군의 폭격으로 끊어진 압록강 단교가 대변하는 1950년대의 압록강, 조선족과 한족이 압록강을 넘으면서 국경과 관련된 국민 정체성이 바뀌던 1960~1970년대의 삶의 방식, 1980년대 후반까지 단둥보다 신의주가 잘살던 시기에 이를 활용해 삶을 살아갔던 단둥 사람들의 기억들, 1992년 한·중 수교 전후 네 집단이 모여들기 시작하면서 만들어왔던 경계와 관련된 단둥과 국경의 삶에 대해서는 담아내지 않았다.

2. 중·조 국경과 네 집단

국경도시 단둥은 필자의 주 연구 지역이다. 이 장은 박사 논문 제출 이후에도 현장 연구를 목적으로 단둥을 포함한 압록강과 두만강을 총 17회 다녀온 내용을 바탕으로 집필했다.[5]

---

5   필자는 중·조 국경 지역에서 2006년 10월부터 2007년 12월까지(약 15개월) 박사 논문 작성을 위해서 현장 연구를 했다. 박사 논문(2012) 제출 전에도 총 6회 다녀왔다. 박사 논문 이후에도 연구와 가이드를 목적으로 단둥을 포함한 압록강과 두만강을 총 17회 다녀왔다. 2013년 2월(4박 5일), 7월(9박 10일), 2014년 2월(4박 5일과 3박 4일), 6월(2박 3일), 7월(5박 6일), 8월(5박 6일), 12월(4박 5일), 2015년 1월(3박 4일), 3월(3박 4일), 7월(9박 10일), 8월(4박 5일과 3박 4일)에 다녀왔다. 2016년 1월(3박 4일), 3월(3박 4일 두 번), 4월과 8월(2박 3일)에 중·조 국경 지역에 대한 현장 연구를 진행했다. 이를 정리하면, 박사 논문 현장 연구를 위해서 약 15개월(2006~2007년) 동안 단둥에서 생활한 것 이외에 2000년부터 2005년까지 총 3회, 2008년부터 2016년까지 총 24회의 현장 연구를 했다. 또한 다음의 논문들과 책의 연장선상에서 연구한 내용을 담고 있다. 박사 논문(2012)인 「중·조 국경도시 단둥에 대한 민족지 연구: 북한사람, 북한화교, 조선족, 한국

이 장에서 연구 지역과 연구 대상 그리고 인류학적 연구 방법에 대한 자세한 설명은 서술하지 않겠다. 다만 이 글에서 언급되는 중·조 국경은 좁게는 단둥과 신의주 국경 지역 사이의 국경을 의미한다. 연구 지역은 구체적으로 2006년부터 '압록강 대로'로 연결되어 있는 둥강(東港, 항구가 있는 곳), 단둥 시내, 호산장성(넓게는 태평만댐 포함)의 주변이다. 이 지역들은 단둥 시내 사람들의 생활권이자, 국경 무역과 관련된 장소와 국경 관광지들이 모여 있는 곳이다. 특히 네 집단의 사회적 관계들이 만들어지고 실천되는 공간이다.

네 집단의 사람들은 국민과 민족의 정체성이 겹치기도 하고 어긋나기도 한다. 하지만 그들에게 공통점이 있다면, 단둥에서 살아가는 이유와 의미가 비슷하다는 것이다. 네 집단의 대부분의 사람들은 경제적 동기와 이윤 추구 때문에 중·조 국경 혹은 한·중 국경을 넘어 단둥에 온다. 기본적으로 그들은 국경을 경제적 부를 획득할 수 있고 가능하게 하는 대상으로 인식한다.[6]

네 집단의 규모는 2000년대 이래, 북한 사람과 북한 화교가 2000명 이상, 조선족 8000명 이상, 한국 사람이 2000명 전후로 추산되고 있다. 조선족이 꾸준히 증가하는 것 이외에는 약 10년 동안 이러한 상황은 큰 변동이 없었다.

하지만 2010년 전후 네 집단 가운데 북한 사람과 한국 사람의 규모가 변화하고 있다. 북한 사람들이 단둥의 공장들에 대규모로 취업을 하고 있다. 2016

사람의 관계맺음에 대해서」와 저서인 『나는 오늘도 국경을 만들고 허문다』(2013) 등이 있다. 그리고 최근 연구는 "Reworking the frame: analysis of current discourses on North Korea and a case study of North Korean labour in Dandong, China"(Christina H. Kim and Juwon Kang 2015)가 있다. 그리고 이 글은 저서인 『압록강은 다르게 흐른다』(2016)에서 다룬 내용 가운데 일부분을 뼈대로 심화한 내용이다. 앞의 논문과 책에 수록된 사진들이 재인용된 경우도 있다.

6   연구 대상에 대한 구체적인 성격과 특정에 대한 설명은 강주원, 「중·조 국경도시 단둥에 대한 민족지 연구: 북한사람, 북한화교, 조선족, 한국사람의 관계맺음에 대해서」(서울대학교 대학원 박사학위논문, 2012) 참고.

년 5월 현재, 단둥 사람들은 이들의 규모만 2만여 명이 넘는 것으로 파악하고 있다. 2010년 5·24 조치 이후, 한국 사람은 실질적으로 1000여 명으로 감소했다고 보는 시각이 우세하다.

3. 2006~2016년의 중·조 국경 변화: 구분과 공존 그리고 단절

1) 국경 구분(고정)의 역할: 도로와 철조망

2016년 중국의 압록강에 가면 강변도로를 따라 군데군데 철조망이 있다. 이 풍경은 남북 사이에 놓인 휴전선의 철조망 역사와는 다르고 특징과 성격도 다르다. 즉, 1950년대 이후의 중·조 국경의 전형적인 풍경은 아니었다. 압록강의 하류에서 시작하는 압록강 대로와 철조망이 없던 시기인 2000년 전후를 기억하는 중국 사람은 "황금평(북한 섬)의 북한 주민과 실개천을 사이에 두고 바쁜 농사철에는 서로의 일을 품앗이"하던 경험을 말한다. "어디가 변경(국경)인지 몰랐고 그 변경을 구분할 필요가 없었다", 혹은 "겨울철과 여름철 강의 폭은 늘 변해왔고 그때마다 변경은 변해왔다"라는 이야기도 한다. 한편, 두만강 발원지 근처 안내판에는 "개활지는 쌍방의 공유지"라고 설명이 적혀 있다.[7]

하지만 2006년 전후부터 단둥 시내 외곽의 압록강변에는 신작로가 개통되

---

[7] 중·조 국경의 특징은 압록강과 두만강을 공유한다는 것이다. 이와 관련된 대표적인 연구물로는 박선영, 「秘密의 解剖: 조선과 중국의 국경 조약을 중심으로」, ≪중국사연구≫, 38집(2005)의 논문과 한명섭, 『남북통일과 북한이 체결한 국경조약의 승계』(리컬플러스, 2011)의 책이 있다.

사진 10-1 두만강 발원지의 안내판: 국경 관련 내용(2015)

사진 10-2 북한 사람들이 압록강을 이용하는 모습(2015)

고 철조망이 등장하기 시작했다.[8] 2015년 지안(集安)에서 압록강 상류로 향하는 압록강 대로는 한창 마무리 공사 중이지만 차량들이 이용할 수 있었다. 도로가 없던 곳에 길과 제방이 생기면서 중국 쪽 압록강변과 두만강변은 '포장된 도로'가 국경을 확정 혹은 고정하는 역할을 하고 있다. 나아가 저쪽(북한)과 이쪽(중국)을 구분하고 있다. 여기에 압록강변은 중국 마을과 도시 주변으로 철조망이 존재하지만 두만강은 강의 절벽을 제외하고 거의 철조망이 세워진 상황이다.

그렇다면 2006년 현장 연구 당시, "한겨울, 눈 덮인 압록강에 가보자, 그러면 강 건너 사람들과 우리의 삶이 눈에 찍힌 발자국에 표현되어 있음을 알 수 있다"라고 이야기하던 압록강변에 터를 잡고 기대어 사는 중국 사람에게는 지난 10여 년 동안 어떠한 변화가 생겼을까? 우선 여기까지가 중국 땅임을 무언으로 설명하는 도로와 철조망이 증가하고 주의 사항을 설명하는 안내판이 곳곳에 설치되었다.

그럼에도 불구하고 2015년 한여름 두만강변에 위치한 어느 마을의 촌장에게 철조망이 어떤 의미인지를 묻자, 그는 "철조망은 개와 소가 강 건너 북한으

---

8   강주원, 「중·조 국경도시 단둥에 대한 민족지 연구: 북한사람, 북한화교, 조선족, 한국사람의 관계맺음에 대해서」.

로 넘어가는 것을 방지하는 것 이외에 우리의 삶이 달라진 것은 없습니다. 저와 함께 가시면, 마을 사람들이 자유롭게 철조망을 통과할 수 있는 문들이 곳곳에 있습니다. 우리는 이 문을 통해서 두만강을 이용하고 저쪽 사람들하고 소통합니다"라고 대답한다.

그들은 여전히 압록강에서 북한 사람들과 함께 수영을 즐기고 민물고기도 잡는다. 압록강은 철조망이 이어져 있지 않은 모양새를 하고 있다. 철조망 사이마다 열린 공간은 많다. 사람들이 압록강으로 넘나들 수 있도록 중간중간 끊어져 있고 철조망 너머 강변에서 농사도 짓고 빨래도 한다. 압록강 전역에 걸쳐서 강 건너 북한 사람들과 물물교환 혹은 교역을 할 수 있는 장소와 배들이 있고 뒷이야기를 들을 수 있다. 또한 북한 사람들이 뗏목을 이용해서 나무를 운반하는 장면을 목격할 수 있는 곳이 중·조 국경 지역인 압록강이다. 하지만 한국 사회에서는 중·조 국경의 철조망을 '탈북자 방지용' 혹은 '휴전선 철조망의 이미지'로만 바라보는 다음과 같은 내용이 꾸준히 보도되고 있다.

북·중 접경 지역의 삼엄한 분위기를 감안할 때 당분간은 이들이 '마지막 탈북자'가 될 수도 있다고 한 탈북 브로커는 전망했다.…… 이미 지난 연말부터 압록강, 두만강 일대의 국경 철조망은 이중으로 강화된 상태였다. "강을 넘는 개도 사살하라"는 명령이 하달됐다는 소문이 일대에 파다했다.[9]

이와 같이, 한국 사회는 압록강에 건설되고 있는 압록강 대로의 성격과 역할에 관심을 기울이지 않지만, 중국 사람들이 인식하는 철조망의 성격에도 주목하지 않는다.[10] 오히려 압록강에 철조망이 세워지는 모습을 목격하면서 다

---

[9]   "핵실험 그날 밤, 北 두 가족 압록강 死線 넘었다", ≪서울신문≫, 2016년 1월 10일 자.

른 맥락의 이야기를 만들어왔다. 한번 만들어진 중·조 국경의 경계에 대한 한국 사회의 편견과 탈북자와 관련된 한쪽 면만 강조되는 시각은 없어지지 않고 있다.

철조망 주변에 설치된 안내판에서 국경 지역에서의 금지 사항을 읽을 수 있다. 그러나 중국 사람이 차를 멈추고 국경 너머를 응시하는 행위에 대한 통제는 없다.[11] 2006년 철조망이 생기던 시기와 마찬가지로 2016년에도 필자는 철조망의 주변에서 자연스럽게 사진을 찍고 참여 관찰을 했다. 하지만 2010년 전후부터 중국 사람과 달리 한국 사람은 중·조 국경 지역에서 아래와 같은 경험을 하는 사례가 증가하고 있다.

황금평이 외면받는 덴 정치적·경제적 이유가 있다.······ 중국 공안은 일행의 버스 하차를 허가하지 않았다. 차창 너머 짧은 관찰로 만족하고 발길을 돌려야 했다.[12]

이처럼 대형 버스를 이용해서 중·조 국경을 답사 혹은 여행을 하는 한국 사람은 철조망만 있는 압록강변(황금평 주변)을 방문하고 이 모습을 압록강 전체의 모습으로 인식한다. 간혹 그들이 버스를 세우고 하차를 시도하고자 하면,

---

10 강주원, 「중·조 국경도시 단둥에 대한 민족지 연구: 북한사람, 북한화교, 조선족, 한국사람의 관계맺음에 대해서」.

11 철조망 주변의 안내판에는 "아름다운 생활을 아끼고 변방 법규를 지키게 하다", "비법밀매밀수, 아편을 파는 위법범죄 활동 금지", "국경표식과 국경시설을 파괴하지 못하게 한다", "국경지역에서 월경하지 못하게 하다" "관광객들이 조선 군인들을 향하여 사진을 찍지 못하게 하다", "조선 측으로 물품을 던지지 못하게 하다" 등이 그림과 함께 설명되어 있다. 같은 글.

12 "통일 준비하려면 우선 신의주 불을 켜야 한다", ≪중앙일보≫, 2015년 7월 6일 자.

가이드는 안전 문제 혹은 공안의 핑계를 대면서 철조망 근처에서 버스를 정차하는 것을 거부한다.

외교부는 전날 서울 외교부 청사에서 10여 개 여행 업체와 간담회를 갖고 "우리 국민을 상대로 한 북한의 테러 또는 납치 가능성이 있다"며 북중 접경 지역 등 위험지역 여행 상품 판매 자제를 당부했다.[13]

압록강을 찾은 한국 사람은 철조망과 가이드의 설명 그리고 한국 사회에 알려진 중·조 국경에 대한 편견이 중첩되면서 이곳을 단절의 공간으로만 인지하고 한국으로 돌아간다. 한국 사회에서 중·조 국경의 단절의 이미지는 그들이 앞의 인용문과 비슷한 사례들을 경험하고 이를 한국 언론이 보도하면서 강화되고 있다. 2016년 대련 공항에 도착을 하면, 핸드폰에 외교부 발신 "북한 국경 지역(여행 유의)" 문자가 뜬다. 5월에는 한국의 외교부가 북·중 접경 지역 여행을 자제해달라고 당부하는 모습이 보인다.

2) 한국 사회에서 북·중 교류 단절의 상징: 신압록강대교, 황금평, 신시가지, 호시무역구

신의주 풍경…… 저녁 8시, 압록강 양편의 모습은 더욱 대조적이었다. 단둥 쪽은 광고 간판과 가로등으로 불야성인 반면, 신의주는 짙은 어둠에 싸여 있다. 인구 30여 만 명의 국경도시가 완전히 사라지고 없는 듯했다. 지금 압록강은 두 개의 얼굴을 가지고 있다. 한쪽 기슭은 발전과 풍요가 넘실대고, 다른 쪽은 굶주림

---

13   "북중 접경서 탈북자 출신 한국인 2명 실종", ≪한국일보≫, 2016년 5월 17일 자.

의 고통 속에 잠겨 있다. 역사의 시계가 멈춰버린 듯한 북쪽 신의주 땅에 과연 변화는 시작된 것일까.[14]

지난달 29일 저녁 압록강 하류 유람선에서 바라본 중국 단둥(오른쪽)과 북한 신의주의 스카이라인. 단둥은 어둠 속에서도 강변에 따라 지어진 고층 빌딩들의 모습이 선명하고, 빌딩과 자동차에서 나오는 불빛도 확인할 수 있다. 반면 전기가 부족한 신의주는 마을 전체가 불빛 하나 없다.[15]

한국 언론이 13년 차이를 두고 단둥과 신의주 도시를 언급한 해석의 내용은 다르지 않다. 그동안 한국 언론과 단둥을 방문한 한국 사람은 단둥과 신의주를 '자본주의 성공'과 '사회주의 성공' 모델로 대비하는 경향이 주를 이루었다. 이러한 시각은 북·중 관계, 좁게는 중·조 국경을 단절로 인식하는 편견으로 이어지고는 했다. 두 도시가 외형적으로 차이가 나는 모습은 한국 사회에서 압록강을 북·중 교류의 현장[16]이라는 사실과 다르게 단절의 경계로 바라보는 단골 메뉴였다.

이러한 상황에서 2010년대에 접어들면서 한국 언론과 연구자는 신압록강대교를 "북·중 관계의 냉각"의 상징물로, 황금평을 "북·중 경협의 중단"의 대명사로, 단둥의 신시가지와 호시 무역구에 대해서 2016년 대북 제재의 여파로 "유령도시"이자 "개장은 했지만 썰렁하다"라는 보도와 해석을 내놓고 있다.

---

14 "중 단둥, 북한 자본주의의 창", ≪조선일보≫, 2002년 10월 3일 자.
15 "초라한 신의주, 화려한 단둥", ≪한국일보≫, 2015년 11월 13일 자.
16 강주원, 「중·조 국경도시 단둥에 대한 민족지 연구: 북한사람, 북한화교, 조선족, 한국사람의 관계맺음에 대해서」.

중국 단둥과 신의주를 잇는 신압록강대교와 개성공단을 모델로 한 황금평 경제특구는 북·중 경협의 상징으로 불렸습니다. 하지만 최근 북한의 잇단 도발로 북·중 관계가 경색되고, 유엔 제재까지 더해지면서 오가는 차량 하나 없는 유령 도시로 변했습니다.[17]

황금평 부지의 대부분은 농토나 황무지로 방치된 상태였다. 추수를 끝낸 논에 쌓아둔 볏단만 가득했고 북한 농민이 농사일을 하는 모습이 드문드문 보였을 뿐, 구획 정리나 기초 공사 등이 이뤄진 흔적은 찾아볼 수 없었다.[18]

북중 민간무역 활성화를 위해 중국 랴오닝(遼寧) 성 단둥(丹東)에 개설된 '조중변민 호시무역구(朝中邊民互市貿易區)'가 만 5개월이 되도록 파행 운영을 거듭하고 있다. 16일 단둥 대외경제무역유한공사에 따르면 호시 무역구는 작년 10월 중순 개장 이래 북한 업체의 참여가 없어 당분간 반쪽짜리 운영이 불가피한 상황이다.[19]

2016년 4월 현재, 신압록강대교는 완공은 되었지만 개통을 하지 않은 상황이다. 황금평은 논농사가 한창일 뿐 건물 한 동 이외에는 개발의 모습을 보이지 않는다. 신시가지는 매년 차량과 사람들이 늘어나고 있지만 한적하다고 말해도 무방하다. 호시 무역구로 예정되었지만 개업 준비를 하는 가게들의 모습은 보이지 않는다.

---

17 "스산한 신압록강대교…유령도시로 변한 단둥 특구", ≪TV 조선≫, 2016년 3월 6일 자.
18 "3년간 기업 유치 0건…'황금평 특구'엔 볏단만 가득", ≪중앙일보≫, 2014년 10월 21일 자.
19 "中 단둥 호시무역구, 반쪽 운영..대북제재로 파행 장기화", ≪연합뉴스≫, 2016년 3월 16일 자.

사진 10-3 단둥 신시가지의 북한 노동자의
모습(2016)

사진 10-4 황금평은 북·중 관계의 일부분(2015)

한편 한동안 신압록강대교, 황금평, 신시가지, 호시 무역구 등은 북·중 관계와 중·조 국경의 단절을 상징하는 근거로 활용될 여지가 있어 보인다. 신압록강대교는 북한 쪽 약 2km 이상의 도로를 건설해야 개통이 가능하다. 황금평을 개발한다고 해도 공단이 본격화되기 위해서는 시일이 필요하다. 중국 경제와 단둥 시 상황을 고려할 때 신시가지의 활성화는 더딜 것이다. 2016년 4월 호시 무역구의 정식 개장 날짜는 이미 지났다.

그렇다고 해서 이러한 상황이 중·조 국경의 성격과 북·중 관계를 설명하는 전부는 아니다. 한국 사회는 2011년 6월 착공식을 한 뒤에도 여전히 매년 모내기를 하는 황금평만 바라보기 때문에, 바로 뒤 단둥의 북·중 경협과 교류의 현장들을 놓치고 있다. 황금평 너머 인천 송도 규모의 단둥 신시가지에는 건물들이 들어섰고, 그곳에서 2010년 전후부터 북한 노동자들이 중국 공장에서 일을 하고 있으며, 그들의 규모는 2016년 5월 기준 약 2만여 명이다. 이는 황금평 경제특구에서 희망하는 북한 노동력 제공과 중국 자본 투자 방식의 경제 행위와 다를 것이 없다. 북한의 황금평은 아니지만 황금평 너머 중국 단둥 지역에서 북·중 경협이 진행되고 있다.

한국 언론은 단둥의 신시가지를 유령도시로 단정하고 있지만, 이곳에 이미 단둥 시정부 청사가 들어섰고 북한의 영사부도 2015년 이전을 했다. 단둥 사람들은 신시가지의 상황을 "중국의 다른 신시가지와 다르지 않다. 중국 아파트는 한국처럼 바로 입주하지 않고 내부 공사하는 시간이 필요하다"라고 말한다. 2015년 10월 이후부터 2016년 4월까지도 한국 언론은 "텅 빈 호시 무역구"로 묘사를 계속하지만 이는 출범식과 개장을 동일시하는 우를 범한 것이다. 아직 정식 개장을 하지 않은 호시 무역구를 "2015년 10월 개장했다"라고 보도를 하면서 북·중 관계를 설명했다.

2016년 대북 제재 이후의 단둥의 모습을 들여다보면 다음과 같다. 신압록강대교의 중국 출발 기점 근처에 건설된 국문(國門) 빌딩은 분양을 완료했다. 보세 창고에서는 북·중 무역 혹은 삼국 무역과 관련된 물류의 흐름을 파악할 수 있다. 중국의 공장에서 일하는 북한 노동자들이 야유회와 운동회를 한다. 2013년 전후부터 그들의 인건비 규모는 개성공단을 웃돈다.[20] 신압록강대교는 북·중 국경 교류의 역할을 못하고 있지만, 2016년 4월 중조우의교를 매일같이 넘나드는 북한과 중국 트럭 약 600대는 이용하기 위해 며칠을 기다려야 하는 상황이다. 호시 무역구가 개장을 하면 공식적으로 1인당 하루 8000위안까지 세금이 면제되겠지만, 이와 비슷한 무역 행위가 100년 만에 부활한 것은 아니다. 또한 미래의 일도 아니다.

조선족 거리(현재 고려 거리)와 도매 상가에서 구입한 물건들은 단둥 세관과 기차역[21]을 통해서 중·조 국경을 넘어가는 사람들의 대형 가방 안에 담겨 있다. 그들은 대부분의 물건에 대해서 관세를 고민하지 않는다. 기차를 이용할

---

[20] Kim, C. H. and Kang, J. W., "Reworking the frame: analysis of current discourses on North Korea and a case study of North Korean labour in Dandong, China," *Asia Pacific Viewpoint*, 56(2015), pp.392~402.

[21] 단둥의 기차역을 통해서 오전 10시에 평양행 국제 열차 그리고 오후 약 5시 전후에 단둥행 국제 열차가 중조우의교, 즉 국경을 넘는다. 평균 4칸 이상을 운행하고 약 500여 명의 승객이 이용한다. 2016년 4월과 8월에는 6칸으로 운행하는, 신의주에서 단둥으로 향하는 국제 열차를 볼 수 있었다.

사진 10-5 2006년 북한과 서울을 연결하는 택배가
가능하다는 표시(2006)

사진 10-6 2016년 북·중간의 택배 방법과 가격
표시(2016)

때 공식적으로 허락되는 짐의 무게는 약 30kg 전후이다.

2006년에도 서울-중국-평양을 연결하는 택배가 가능하다는 가게 선전 문구[22]를 볼 수 있었던 단둥이다. 2016년에도 기차역 근처 택배 영업소는 "고속 열차 국제 동북화물 쾌속"이라는 간판 문구와 함께 "중조 철도국제화물쾌속 업무는 이미 전면적으로 개통했습니다. (단둥-평양) 매일 왕복으로 운행하고 있으며 3원/kg입니다. 휴식일이 없이 정상적으로 영업을 합니다"라는 전광판이 북·중 국경 교류의 단면을 보여주고 있다.

2006년 단둥의 20층 높이 건물에서 바라본 신의주는 단층 건물이 주를 이루고 있었다. 하지만 2014년 전후부터 신의주의 변화가 눈으로 확인되고 있다. 2016년 현재 단둥 압록강변에서도 신의주 도시에 세워진 건물 10개 동 이상은 20층 전후임을 눈으로 확인할 수 있다. 단둥의 8층 건물에서 바라보면 그 규모는 더 늘어난다. 이를 놓고 단둥 사람들은 "신의주의 외형적인 변화는 중·조 국경의 단절이 아니고 교류가 만들어낸 결과물이다"라고 말한다. 이는 2000년 전후부터 단둥과 신의주 사이에 경제적 격차가 발생했지만, 단둥의 경제 발전은 신의주와의 교류가 있었기 때문에 가능했다는 그들의 20년 전

22　강주원, 「중·조 국경도시 단둥에 대한 민족지 연구: 북한사람, 북한화교, 조선족, 한국사람의 관계맺음에 대해서」.

시각[23]의 연장선상이다.

여기에서 생각해볼 점은 신의주의 변화가 최근 2~3년 사이에 나타난 것이 아니라는 것이다. 단둥과 신의주는 평지에 세워진 도시이다. 그렇기 때문에 압록강변에서 신의주 전체를 조망할 수 없다. 신의주의 압록강변에는 주로 군부대 혹은 항만 시설이 주를 이루고, 강변의 나무들은 신의주의 변화를 알아차리는 방해물로 작용을 하고 있다.[24] 한국 사회는 이러한 상황들을 간과했다. 압록강변과 압록강 단교 혹은 유람선 위에서 지난 2000년 전후부터 신의주의 변화 없음과 중·조 국경의 단절만을 이야기하는 동안 신의주는 단둥(한국 포함)과의 교류를 통해서 더디지만 조금씩 변화해왔다.

4. 국경 넘나들기 방식

1) 감추기: 물건 그리고 경제행위

한국 정부는 2010년 5·24 조치를 통해 남북 교역, 즉 남북 간 물품 반·출입 금지를 공식적으로 실시했다. 2016년 개성공단 폐쇄 이후, '대북 독자 제재안'을 발표하면서 "북한산 물품이 제3국을 우회해 국내로 위장 반입되지 않도록 현장 차단 활동과 남북 간 물품 반·출입 통제해 수출입 통제를 강화한다"라고 한다.[25] 이러한 상황을 고려하면, 한국 사람이 북한산 물건을 접할 기회를 제공했던 중·조 국경을 통한 교류[26]는 단절된 것으로 보인다.

---

23   같은 글.
24   이와 관련된 내용은 강주원, 『압록강은 다르게 흐른다』(눌민, 2016) 참고.
25   "정부, 대북 독자 제재안 발표…금융제재 강화", ≪국제뉴스≫, 2016년 3월 8일 자.

필자는 단둥의 무역을 중국·북한·한국이 관련된 삼국 무역으로 분석한 바 있다.[27] 하지만 한국 연구자들은 단둥의 무역 현황을 북·중 무역으로만 해석하는 경향이 강하다. 대표적으로 김병연의 「중국의 대북무역과 투자: 단둥시 현지 기업조사를 중심으로」가 있다.[28] 그는 설문지 분류를 설명하면서 "한국계를 비롯한 기타 기업 25개(14%)"로 설명한 뒤, 이를 "기타" 항목으로 처리한다.[29] 또한 86%를 차지하는 중국 회사 가운데 실소유주 혹은 주 거래처가 한국 기업인지를 구분하지 않고 있다. 그러나 이를 토대로, 중국 기업의 대북 무역과 투자를 분석한다.

이와 같은 논문의 내용은 중·조 국경이 중국 기업만을 위해서 존재하는 것으로 해석하는 한계가 있다. 그렇다면 2010년 5·24 조치와 2016년 개성공단이 폐쇄된 상황에, 중·조 국경을 넘나드는 교역 가운데 한국과 관련된 물건은 없는 것일까? 김진향[30]은 개성공단의 생산물이 한국 사회에 미친 규모를 다음과 같이 설명한다.

가장 많이 버는 업체는 국내 유명 의류 업체들일 겁니다. 아웃도어 의류는 대

---

26   강주원, 「중·조 국경도시 단둥에 대한 민족지 연구: 북한사람, 북한화교, 조선족, 한국사람의 관계맺음에 대해서」.

27   강주원, 『나는 오늘도 국경을 만들고 허문다』.

28   김병연, 「중국의 대북무역과 투자: 단둥시 현지 기업조사를 중심으로」, 《KDI 북한경제리뷰》, 2016년 3월 호; 김병연·정승호, 『중국의 대북무역과 투자: 단둥시 기업조사』(서울대학교출판문화원, 2015).

29   이 부분에 대해서 김병연은 "한국계를 비롯한 기타 기업 가운데 대부분은 실소유주가 한국인인 기업으로 중국 현지에서의 법적·행정적 편의와 한국 정부의 제재 조치 등의 문제로 조선족, 한족의 명의를 이용하여 회사를 운영하고 있었다"(김병연, 같은 글)라고 말한다.

30   김진향 외 3인, 『개성공단 사람들: 날마다 작은 통일이 이루어지는 기적의 공간』(내일을여는책, 2015).

부분 개성공단에서 만들어요. 국내 유통 의류의 30%, 속옷의 90%를 개성공단에서 만듭니다.[31]

5·24 조치 이후 북한산 물품 위장 반입으로 처벌된 건수는 총 16건이며, 금액으로는 113억 원이다.…… 그러나 2013년 이후 적발된 29건에 대해서는 처벌이 이뤄지지 않았다. 적발된 위장 반입 물품의 규모가 작아 처벌을 면한 사례도 있지만, 상당수는 제3국 원산지 증명 서류를 갖추고 있어 처벌하지 못한 것으로 알려졌다. 따라서 중국 등을 우회해 국내 반입된 북한산 물품에 대해 조작된 원산지 증명서가 발급됐을 가능성이 제기되고 있다.[32]

2016년 대북 제재 분위기에서 한국 정부는 제3국을 우회해서 위장 반입되고 있는 북한산 물건에 대해서 단속을 강화한다고 발표했다. 대부분의 언론에서 2010년부터 2015년 10월까지 적발된 건수인 71건에 주목을 한다.[33] 그러나 처벌된 건수는 총 16건이다. 적발과 처벌의 규모가 다른 이유는 북한산으로 의심되지만 제3국 원산지 증명이 있기 때문이다. 이와 같은 상황의 배경에는 단둥과 중·조 국경 그리고 네 집단이 있다. 그 이유를 의류 중심으로 알아보겠다. 처벌된 건수의 품목을 보면 무역탄과 수산물이 있다. 하지만 의류는 처벌 건수가 없다. 의류는 위장 반입이 없는 것일까? 아니면 국경을 넘는 과정에서 처벌을 피해갈 수 있는 방법이 있는 것일까?

31 "개성공단이 北 퍼주기라고요? 우리가 퍼옵니다", ≪한국일보≫, 2015년 9월 25일 자.
32 "제3국 우회 위장반입 北물품 여전", ≪아시아경제≫, 2016년 4월 3일 자.
33 "정부, 북한산 물품 반입차단 점검회의…원산지 확인 강화", ≪연합뉴스≫, 2016년 3월 29일 자.

사진 10-7 한국 물건을 판매하는 단둥 가게의 진열대 모습(2016)

사진 10-8 중국 단둥 공장의 북한 노동자들이 만든 제품은 일본과 미국으로 수출됨(2016)

주요 품목은 무연탄 3건(39억 6천만 원), 의료 4건(46억 1천만 원), 수산물 6건(11억 9천만 원), 기타 2건(16억 원) 등이다.[34]

소위 북·중 무역의 통계 추정치를 들여다보면, 북한의 두 번째 수출품은 의류다. 2015년 의류 수출 비중은 전체 수출의 30%를 넘는다.[35] 단둥의 대북 사업가인 조선족과 한국 사람들은 "평양의 의류 생산 능력에 대해서 개성공단을 능가하고, 생산된 대부분의 제품은 'MADE IN DPRK'가 아닌 'MADE IN CHINA' 라벨을 달고 중·조 국경을 넘는다"라고 설명한다.

그들은 "북한에서 생산된 의류 제품은 영업 이익을 고려할 때, 중국 내수용이 아닌 미국과 일본을 포함한 한국으로 대부분 수출되기 때문에, 이를 두고 단순히 북·중 무역으로만 해석할 수 없다"라고 이야기한다. 또한 "이때 서류 작성 과정에서 원산지는 중국이 된다. 따라서 5·24 조치 이후에도 제3국, 즉 중국을 통해서 한국으로 들어가는 의류 제품을 적발하기 힘들고 적발되어도 원산지가 중국으로 된 서류를 가지고 있기 때문에 처벌이 어렵다"라는 해석을 내놓는다.[36]

---

34 "제3국 우회 위장반입 北물품 여전", ≪아시아경제≫, 2016년 4월 3일 자.
35 "지금 북한을 변화시켜야 한다", ≪중앙일보≫, 2016년 3월 10일 자.

단둥에서의 이러한 제품의 흐름은 한국의 5·24 조치의 기준으로 보면 편법이고 불법이다. 그렇다고 북한 사람과 관련된 물건이 한국에 들어오는 과정이 모두 불법인 것은 아니다. 단둥의 중국 공장에는 약 2만여 명의 북한 노동자들이 수산물과 전기·전자 제품 이외에도 의류를 생산하고 이 제품은 합법적인 'MADE IN CHINA'이다.[37]

이처럼 나라가 다른 두 생산 지역(중국과 북한)과 구조로 만들어진 의류 제품은 북한의 노동력으로 만들어졌다. 그러나 중·조 국경과 한·중 국경을 넘어 한국 소비자들에게 들어왔을 때, 북한 사람들의 역할은 감추어진다. 2015년 단둥의 대북 사업가인 한국 사람 A는 평양과 단둥의 북한 노동력을 활용해서 약 120만 장의 의류를 만들어 한국으로 수출했다.

한편 앞의 적발된 품목 가운데 무역탄은 북한의 지하자원 수출 품목들이 중국에만 수출되는 것이 아니고 중국을 경유해서 한국을 포함한 제3국으로 수출되고 있다는 사실을 보여주는 예이다. 수산물의 경우는 다른 사례이다. 북한의 수산물은 서해 바다에서 중국 배로 바로 옮겨지는 경우가 많다. 북한의 노동력으로 잡은 수산물이지만 중국산으로 한국에 수입된다.

단둥을 경유해서 한국과 관련된 제품이 북한으로 들어간다. 이때 흔히 'MADE IN KOREA'에서 'KOREA'를 지우고 들어가는 전략, 즉 한국산 '감추기'가 동원되는 것으로 알려져 있다.[38] 이러한 방식만 있는 것이 아니다. 한 예로 한국 제품으로 알려진 'ㅇㅇ 녹즙기'는 중국 투먼(图们)에도 생산 공장이 있기

---

36 2010년 5·24 조치 이전의 삼국의 무역 구조와 특징은 강주원, 「중·조 국경도시 단둥에 대한 민족지 연구: 북한사람, 북한화교, 조선족, 한국사람의 관계맺음에 대해서」 참고.

37 Kim, C. H. and Kang, J. W. "Reworking the frame: analysis of current discourses on North Korea and a case study of North Korean labour in Dandong, China" (Asia Pacific Viewpoint, 2015) pp.392~402.

38 강주원, 『나는 오늘도 국경을 만들고 허문다』.

때문에 중국산이다.

이러한 제품들은 감추기 전략 없이 중·조 국경을 넘어 북한으로 들어간다. 2010년 5·24 조치 이후, 한국 물건을 판매하는 가게들의 주인들은 이구동성으로 "북한으로 한국 물건이 안 들어가고 장사가 되지 않는다"라고 경제활동을 감추는 답을 한다. 그러나 2010년 이후에도 한국산 물건의 도매와 (북한으로) 수출을 강조하는 가게들은 줄지 않고 증가하는 추세를 보인다.[39]

2) 드러나기: 여권과 통행증

조선족의 여권에는 삼국을 연결하는 교류의 흔적이 있다. 2016년 2월, 한국 바이어를 만나기 위해 출장 온 조선족 A는 서울의 호텔에서 북한 사람(단둥 거주)의 국제전화를 받고, 그가 단둥에서 TV로 보고 있는 한국 홈쇼핑 물건의 구매를 부탁받았다. 대형 마트에서 같은 물건을 구입한 조선족은 다음 날 아침 인천공항에 갔다. 점심 때 단둥에 도착한 그는 오후에 중·조 국경을 넘어 신의주의 손녀딸을 만나려 가는 북한 사람에게 물건을 전달한다. 2016년 한국에서 구입한 물건이 신의주의 아이에게 가는 시간이 하루도 걸리지 않는다. 그의 여권을 보면, 한 면에 "中國", "대한민국", "조선" 글자가 선명하다.

며칠 뒤, 그는 미국과 일본에서 주문한 의류가 평양의 공장에서 생산되는 과정을 검사하기 위해 평양행을 준비한다. 그는 나에게 "중화인민공화국 심양주재 조선민주주의인민공화국 총령사관 단둥지부" 도장이 찍힌 "사증 발급비" 영수증을 보여준다. 비용은 210위안이다. 그가 발급받은 "조선민주주의

---

39 "감추기: 물건 그리고 경제 행위"와 관련된 구체적인 내용은 강주원, 『압록강은 다르게 흐른다』 참고.

사진 10-9 중국 조선족의 여권에서 볼 수 있는
삼국의 출입국 도장(2015)

사진 10-10 중국 사람의 중·조 국경
통행증(2016)

인민공화국 사증"에는 "목적지"는 "평양", "사증종류"는 "일반/왕복" "유효기
간"은 "1개월", "체류기일"은 "7일", "국경통과지점"은 "평양, 신의주, 두만강"
등이 표시되어 있다.

조선족 B는 한국에 가본 적이 없다. 하지만 한국 사람은 그에게 제품 생산
을 주문한다. 그는 중국 노동자가 아닌 중·조 국경 너머 신의주에 거주하는
약 5000여 명의 노동력을 활용한다. 이러한 가내수공업 제품은 중국산 이름
을 달고 한국과 미국이 아닌 제3국으로 수출된다. 그는 지급해야 하는 월급
가운데 일부분으로 매달 단둥에서 구입한 제품을 신의주에 전달하기 위해 중
조우의교를 건너간다. 이때 그는 여권과 비자가 아닌 "중조변경지구 출입경
통행증"을 이용해서 국경 넘나들기를 한다. 이에 수반하는 그의 경제활동에
는 삼국이 연결되어 있다. 2016년 "무역관리국"에 500위안의 수수료를 내고,
"단둥변방지대"에서 발급받은 그의 통행증을 살펴보면 다음과 같다.

중국어와 조선어로 된 통행증의 첫 페이지는 사진과 함께 "증명서 소지자
수표", "번호", "성명", "성별", "직업", "출생년월일", "신분증 번호", "주소"가
있고, 다음 장에는 "출경 사유"로 "공무", "목적지"는 "신의주", "출경 통과 지
점"은 "단둥", "입경 통과 지점"은 "단둥", "비고"에는 중국어로 "복수 사용 가
능"이라고 표시되어 있다. 마지막으로 "본 증명서 유효 기한"으로 3개월이 명
시되어 있고 발급 기관은 "단둥변방지대"로 되어 있다.

사진 10-11 북한 사람의 여권(2015)　　　　사진 10-12 북한 사람의 중·조 국경 통행증(2012)

　한편 중국의 발표에 따르면, 2012년 이후 매년 18만 명 넘는 북한 사람이 중국을 방문한다.[40] 기본적으로 북한 사람들은 "주민국경통행증"과 "공무국경통행증" 그리고 "공무여권"을 이용해서 중·조 국경을 넘는다. 2012년에 친척을 만나기 위해 중·조 국경을 넘은 북한 사람의 "주민국경통행증"은 다음과 같이 구성되어 있다.

　숫자로만 표시된 "번호", "이름", "남녀별", "난 날", "국적", "민족(조선)", "사는 곳", "목적지", "려행 목적"은 "친척 방문", "국경 통과 지점"은 "신의주", 옆 페이지에는 "동행자"의 "이름, 남녀별, 나이, 관계"를 적는 표도 있다. 다음으로 "만날 친척 관계"와 "이름"이 함께 표현되어 있다. "사용 기간"은 한 달로 명시되어 있고 "조선민주주의인민공화국 평안북도 출입국사업처"의 도장이 있다. 마지막으로 서명하는 "본인 수표"가 있다.

　"공무국경통행증"은 단기 출장 이외에도 단둥에서 1년을 체류하는 북한 노동자들도 활용한다. 그들은 평균적으로 단둥에서 3년을 일하는 계약을 하기 때문에 통행증을 갱신하기 위해서 신의주를 1년에 한 번씩 갔다 온다. 국경 지역의 주민들에게만 통상적으로 발급되는 것으로 알려진 "주민국경통행증"과는 달리 "공무국경통행증"은 평양에서도 발급되는 것으로 알려져 있다. "공

40　"얼어붙지 않은 무역도시, 곰인형을 품고 자는 사람들", ≪한겨레≫, 2016년 3월 25일 자.

무국경통행증"은 "이름, 남녀별, 난 날, 직장 직위(○○회사 재봉공), 목적지(단 둥), 통과 지점(신의주), 유효 기간(발급 날짜로부터 1년)"의 내용으로 되어 있다. 발행처는 "조선민주주의인민공화국 조중국경안전부"이다.

통행증 발급은 평양 소재 중국 대사관의 영역이 아니다. 북한 노동자는 대부분 북한 기관이 발급한 공무국경통행증을 활용해서 중조우의교를 넘어 단둥의 공장에 취직을 한다. 한편 "공무여권"의 경우 북한 사람은 중국에서 무비자로 한 달을 체류한다. 그 때문에 이를 통해서 중·조 국경을 넘는 북한 노동자들은 한 달에 한 번 중·조 국경을 넘는 경우가 있다. 또는 "외국인 취업증"을 받아서 1년 비자를 받는 북한 사람들도 있다. 그들은 대부분 소위 "무역일꾼"과 "대표부"에 소속된 사람들이다.

단둥에서 장기간 체류하고 있는 북한 사람의 공무 여권을 보면 유효기간이 5년이다. 단둥의 북한 영사부가 발급한 "조선민주주의인민공화국 사증"이 붙어 있는 경우도 있다. "성명"과 함께 "목적지"는 "신의주", "사증 종류"는 "공무/4회 왕복", "유효 기간"은 "2개월", "체류 기일"은 "20일간", "국경 통과 지점"은 "평양, 신의주, 두만강", "동반"을 표시하는 공란이 있다. 그리고 다음 페이지에는 "중화인민공화국외국인거류허가"도 있다. "발행처"는 "단둥"이고 "거류 사유"는 "취업"이다.[41]

---

41 북한 사람과 북한 화교의 중·조 국경 넘나들기와 관련된 기본적인 내용은 강주원, 「중·조 국경도시 단둥에 대한 민족지 연구: 북한사람, 북한화교, 조선족, 한국사람의 관계맺음에 대해서」 참고.

5. 나가며: 남북 교류는 미래 담론인가?

압록강을 공유·공존하면서 교류하는 북한과 중국의 강변 사람들 삶에는 별반 변화가 없다. 다만 압록강이 흐르는 중·조 국경은 지난 10년 동안 단절이 아닌 구분의 의미가 강한 경계, 즉 도로와 철조망이 건설되고 세워지고 있다. 이러한 국경의 특징과 달리, 중·조 국경을 '또 하나의 휴전선'으로 인식하고 있는 것이 한국 사회의 현주소이다. 단절의 중·조 국경은 중국 사람 이외, 특히 한국 사람에게만 해당되고 적용되는 성격이다.

신압록강대교, 황금평, 신시가지, 호시 무역구는 한국 사회에서 북·중 관계를 해석하는 단골 메뉴이다. 그러나 이곳들의 풍경만을 보고 "멈춰선 북·중 경협" 또는 "북·중 관계 냉각"이라는 진단을 하는 것은 전체를 보지 않고 일부분만 보고, 혹은 정확한 사실에 근거를 두지 않고 내린 결론이다. 한국 사회가 중·조 국경을 단절의 시각으로 바라보는 동안 단둥의 국경 지역은 삼국 공존의 모습을 이어가고 있다.

한국 정부는 대북 제재 조치를 통해서 중·조 국경을 단절의 국경으로 만들고자 한다. 한국의 연구자들은 중·조 국경과 관련된 무역을 북·중 무역으로만 해석한다. 하지만 네 집단의 대북 사업가들은 압록강을 넘어오는 북한 제품들의 판매 종착지를 중국으로만 생각하지 않는다. 또 다른 국경을 넘는 경우를 염두에 두고 있고, 필요에 따라 그들은 제품이 북한 원산지와 노동력을 활용했음을 감추는 전략들을 실천한다. 2016년 현재, 한국 사람은 중·조 국경을 넘나들지 못하지만, 그들의 간접적인 경제 활동과 한국 물건은 그렇지 않다.

중·조 국경을 넘나들기 하는 방식은 여권과 비자만이 있는 것이 아니다. 따라서 통행증이 중국 국가여유국에서 발표하는 북한의 방중 인원 규모에 포

사진 10-13 삼국이 공존하는 단둥 1(2016)　　사진 10-14 삼국이 공존하는 단둥 2(2016)

함되어 있는지를 파악하는 연구가 필요하다. 또한 중·조 국경의 넘나들기 방식은 드러나는 여권과 통행증 이외에도, 드러나지도 않고 통계도 잡히지 않는 어선과 보트를 이용한 왕래 그리고 압록강(두만강)에 기대어 더불어 사는 사람들의 삶이 있다.

중·조 국경 지역의 사람들은 압록강에 발 담그고 과일을 먹는 삶을 살고 있다. 단둥의 신시가지를 가면, 북한 영사부의 인공기, 중국 건물에 걸린 오성기, 조금 떨어진 곳에 SK 브랜드가 선명한 아파트 단지가 한눈에 들어온다. 평양행 국제 열차를 타기 위한 사람들이 이용하는 단둥 기차역 내부의 선물 가게에는 "중국 단둥 공장"에서 생산한 "한국 맛"을 강조하는 찰떡이 "NORTH KOREA TASTE"와 "朝鮮(조선)"의 글자가 선명한 쇼핑백에 담겨 있다. 단순 실수라고 치부하기에는 국경을 구분하지 않는 단둥의 문화가 그대로 녹아 있다.

이러한 중·조 국경의 중첩되는 경계의 의미를 고려할 때, 필자는 2016년 "남북 교류는 미래인가?"라는 질문을 제기한다. 중·조 국경의 성격을 이해함으로써, 북한 사회가 폐쇄 국가는 맞지만 한국 사회가 생각하는 만큼의 폐쇄 국가가 아님을 인식하는 노력이 필요하다. 남북 교류를 미래 담론으로만 바라보는 시각은 중·조 국경을 통해서 현재진행형으로 통일과 교류의 역할을 하고 있는 네 집단의 사람들을 주목하지 못하게 하는 벽으로 작용하고 있다. 중·조 국경, 단둥 그리고 네 집단은 삼국을 연결하는 디딤돌이다.

참고문헌

1장 자기증명의 정치학: 근대국가에서 국적, 여권, 등록

기든스, 앤서니(Anthony Giddens). 1993. 『민족국가와 폭력』. 김적균 옮김. 삼지원.

김준엽 편. 1981. 『북한연구자료집』. 제6권. 고려대학교 아세아문제연구소.

바우만, 지그문트(Zygmunt Bauman). 2003. 『지구화 야누스의 두 얼굴』. 김동택 옮김. 한길사.

베버, 막스(Max Weber). 1993. 『지배의 사회학』. 금종우·전남석 옮김. 한길사.

벤하비브, 세일라(Seyla Benhabib). 2008. 『타자의 권리: 외국인, 거류민, 그리고 시민』. 이상훈 옮김. 철학과 현실사.

아렌트, 한나(Hannah Arendt). 2006. 『전체주의의 기원1』. 한길사.

카슬, 스티븐(Stephen Castles)·마크 J. 밀러(Mark J. Miller). 2013. 『이주의 시대』. 한국이민학회 옮김. 일조각.

칸트, 임마누엘(Immanuel Kant). 2015. 『영구평화론』. 박환덕·박열 옮김. 범우사.

一番ヶ瀬康子. 1982. 「第3章　日本社会事業調査史」. 社会福祉調査研究会編. 『戦前日本の社会事業調査』. 東京: 勁草書房.

ウェーバー, マックス(Max Weber). 1960. 『支配の社会学』. 世良晃志郎訳. 東京: 創文社.

柄谷利恵子. 2016. 『移動と生存: 国境を越える人々の政治学』. 東京: 岩波書店.

高野麻子. 2016. 『指紋と近代: 移動する身体の管理と統治の技法』. 東京: みすず書房.

陳天璽·近藤敦·小森宏美·佐々木てる. 2012. 『越境とアイデンティフィケーション』. 東京: 新曜社.

土佐弘之. 2012. 「跛行的グローバリゼーションと境界における再/脱領域化の生政治」. 『野生のデモクラシー: 不正義に抗する政治について』. 青土社.

ベック, ウルリッヒ(Ulrich Beck). 2005. 『グローバル化の社会学』. 木前利秋, 中村健吾翻訳. 国文社.

前田幸男. 2010. 「書評: ジョン・トーピー『パスポートの発明—監視・シティズンシップ・国家』」. ≪国際政治≫160.

前田幸男. 2009. 「パスポート・ビザからみた統治性の諸問題: e-パスポートによる移動の加速・管理の深化とアフリカ大陸への封じ込め」. ≪国際政治≫155.

フーコー, ミシェル(Michel Foucault). 2007. 『安全・領土・人口』. 高桑和己訳. 東京: 筑摩書房.

森千香子/エレン・ルバイ編著. 2014. 『国境政策のパラドクス』. 東京: 勁草書房.

ライアン, デイヴィッド(David Lyon). 2011. 『監視スタディーズ：「見ること」と「見られること」の社会理論』 田島泰彦小笠原みどり訳 東京 岩波書店.

McKeown, A. 2009. *Melancholy Order: Asian migration and globalization of borders.* New York: Columbia University Press.

Buzan, B., Wæver, O., and de Wilde, J. 1998. *Security: A New Framework for Analysis.* Colorado: Lynne Rienner.

Torpey, J. 2000. *The Invention of the Passport: Surveillance, Citizenship, and the State.* Cambridge: Cambridge University Press.

Giddens. A. 1985. *Nation-state and violence.* Cambridge: Polity Press.

Ohmae, Kenichi. 1990. *The Borderless World: Power and Strategy in the Interlinked Economy.*

UNHCR編. 2009. 『国籍と無国籍』. 有馬みき訳. 東京: UNHCR駐日事務所.
http://www.ipu.org/PDF/publications/nationality_jp.pdf

UNHCR. 2015.7.1. The sea route to Europe: The Mediterranean Passage in the age of refugees. UNHCR.
http://www.unhcr.org/news/latest/2016/5/574db9d94/mediterranean-death-toll-soars-first-5-months-2016.html

UNHCR. 2016.3.31. http://www.unhcr.org/5592bd059.pdf

2장 해방 이후, '신분증명서'를 통한 개인의 관리와 통치

강혜경. 2013. 「한국전쟁기 서울 경찰과 후방치안」. ≪인문과학연구논총≫, 35호, 173~204쪽.

게인, 마크(Mark Gayn). 1986. 『해방과 미군정』. 편집부 옮김. 까치.

국가기록원자료 CTA 0003364. 1945. 「조선 거주 일본인 부녀자 인양에 관한 건 및 입국증명서」.

김영미. 2007. 「해방 이후 주민등록제도의 변천과 그 성격: 한국 주민등록증의 역사적 연원」. ≪한국사연구≫, 136호.

남기정. 1991. 「남한과 일본에서의 미국의 점령정책 비교연구」. 서울대학교 대학원 석사학위논문.

박명규. 2014. 『국민·인민·시민』. 소화.

벤하비브, 세일라(Seyla Benhabib). 2008. 『타자의 권리』. 이상훈 옮김. 철학과현실사.

복도훈. 2015. 「전쟁의 폐허에서 자라난 젊음과 공민적 삶의 가능성: 박태순의 장편소설 『어느 사학도의 젊은 시절(1980)』에 대하여」. ≪한국문학연구≫, 제48집, 319~348쪽.

서호철. 2007. 「1890~1930년대 주민등록제도와 근대적 통치성의 형성」. 서울대학교 대학원 박사학위논문.

이명종. 2003. 「'조선기류령'에 관한 연구」. 한양대학교 석사학위논문.

이연식. 2010. 「전후 해외 귀환자에 대한 한일 양국의 지원법 비교연구」. 『근현대 한일관계의 제 문제』. 동북아역사재단.

이영환. 1989. 「미군정기 전재민 구호정책의 성격연구」. 서울대학교 석사학위 논문.

프랭컬, 어니스트(Ernest Frankel). 1988. 「주한미군정의 구조」. 김동춘 엮음. 『한국현대사연구』. 이성과현실.

한국학중앙연구원. 『한국민족문화대백과』.

홍성태. 2006. 「주민등록제도와 총체적 감시사회」. ≪민주사회와 정책연구≫, 제9권.

_____. 2007. 「주민등록제도와 일상적 감시사회」. ≪민주사회와 정책연구≫, 제12권.

황선익. 2013. 「연합군총사령부(GHQ/SCAP)의 재일한인 귀환정책」. ≪한국근현대사연구≫, 64, 175~178쪽.

≪경향신문≫. 1946.12.13. "남로당, 전재동원호문제에 대한 담화 발표".

_____. 1947.2.20. "서울시장 김형민, 민선시장 선거 등 시정 문제에 대해 기자회견".

_____. 1950.11.3. "시민증 발행 사무 저녁 8시까지 집무".

_____. 1952.1.20. "서울지구 미 헌병사령부, 여행증과 한강도강증 발급 사무 취급".

_____. 1952.1.22. "한강 불법 도강에 따른 익사 사고 발생".

_____. 1952.1.23. "한강 파견 순경. 한강 도강을 미끼로 부녀자 상대 만행".

_____. 1952.1.25. "미 헌병사령부, 한강 도강증 발급 세칙 발표".

_____. 1952.5.1. "서부지구 미 헌병사령부, 부정도강증 방지 위해 도강증 신청 수속과 양식 변경".

_____. 1953.5.26. "미군 반대에도 불구하고 정부 대부분 환도".

_____. 1953.9.7. "시민증만으로 통과".

_____. 1954.8.18. "雜音 많은 市民證發給".

≪동아일보≫. 1946.5.26. "귀환 동포 수가 밝혀지다".

_____. 1946.12.10. "전재민의 실태".

_____. 1947.1.4. "전재동포원호회위원장 조소앙, 구호방침 제시".

_____. 1947.3.27. "안재홍, 식량 배급과 인구 등록 발표".

_____. 1950.10.11. "시민의 신분보장 시민증 제도 실시".

_____. 1950.10.19. "시민증 교부 사무 익일부터 각 동회서 개시".

_____. 1951.2.28. "사회부장관, 피난민 귀환 시 주의사항 발표".

_____. 1952.1.21. "민사처 발행 도강증 무효. 미 서울지구 헌병사령부에서 발부".

_____. 1954.8.7. "市民證更新은 이렇게".

_____. 1957.5.7. "시·도민증을 폐지".

_____. 1959.9.3. "시·도민증 존속키로, 시기 아직 빠르다고 3일 자유당 당무 회의서 결론".

_____. 1963.12.3. "교통 위반으로 시민증 못 뺏는다".

≪매일신보≫. 1945.10.1. "시급한 전재동포의 구출".
_____. 1945.10.18. "조선원호단체연합중앙위원회, 재일전재동포귀환촉진 특사 파견".
≪부산일보≫. 1950.9.11. "김종원 경남지구 계엄사령관, 건물등록제 실시에 대한 담화를 발표".
≪서울신문≫. 1945.12.22. "군정청 외무과장, 재일동포귀국 대책 등에 관해 기자회견".
_____. 1947.2.14. "공민의 등록표, 월말까지 면장이 작성".
_____. 1951.9.12. "한강 도강증 발행".
≪연합신문≫. 1952.6.24. "경상남도 경찰국, 서울시 주민의 귀환 관련 사무 방침 설명".
≪자유신문≫. 1945.12.29. "재일본조선인연맹, 일본 정부에 귀환 동포를 위한 6개조의 실천 요구".
_____. 1952.1.20. "미 헌병사령부, 한강도강증 및 여행증 발부 요건 완화 조치 발표".
≪조선일보≫. 1946.2.21. "태평양미국육군총사령부, 재일조선인에 대해 등록 실시".
_____. 1946.6.19. "민주의원 공보부장 함상훈, 38이북 학생들의 전입학문제 등 담화".
_____. 1946.9.25. "러취, 재일조선인재산 반입, 조선 선박 반환에 대해 언명".
_____. 1946.12.25. "재일본조선인연맹 서울시지부, 재일동포의 재산 반입에 대해 담화".
_____. 1952.5.4. "서울지구 미 헌병대의 도강증 갱신 작업으로 수많은 불편 초래".
_____. 1952.5.10. "배급 두절로 쌀값 앙등".
_____. 1962.8.26. "복역 10년 만의 재심 결정 6·25 당시 시민증 없다고 검거됐던 것".
≪중앙일보≫.1946.3.29. "태평양미국육군총사령부, 재일동포 귀국 희망자 대우 문제 발표".
≪평화신문≫. 1952.7.25. "서울지구 CAC 당국, 학생 대상 도강증 무제한으로 발급하다 중단하여 원성 자자".

≪朝日新聞(大阪)≫. 1945.11.4. "帰鮮は自宅で待機".
金賛汀. 1997. 『在日コリアン百年史』. 三五館.
≪日読売報知≫, 1945年 11月 17日. "帰鮮者へ注意".
福岡市 博多資料館(http://hakatakou-hikiage.city.fukuoka.lg.jp).
朴慶植. 1978. 「解放直後の在日朝鮮人運動(二)」. ≪在日朝鮮人史研究≫, 第2号.
宮崎章, 「占領初期における米国の在日朝鮮人政策」, ≪思想≫, 734(1985).
安岡建一. 2014. 「引揚者と戦後日本社会」. ≪社会科学≫, 44(3).

Headquarters, United States Army Military Government In Korea, Foreign Affairs Section. 1945. 「REPATRIATION: FROM 25 SEPTEMBER 1945 TO 31 DECEMBER 1945」. 미공문서관 RG.554. Box.34.
SCAPIN 757. 1946.2.19. "Review of sentences Imposed upon Koreans and Certain Other Nationals" RG.331. Box.3715.
SCAPIN 927. 1946.5.7. "Repatriation to and from Japan" RG.331. Box.3715.
SCAPIN 927. 1946.7.9. "Repatriation to and from Korea" 미공문서관 RG.331, Box.3715.

강성천. 1996. 「1947~1948년 「UN朝鮮臨時委員團」과 '統一政府' 論爭」. ≪韓國史論≫ 35.

게인, 마크(Mark Gayn). 1986. 『해방과 미군정(Japan Diary)』. 편집부 옮김. 까치.

국사편찬위원회. 1988. 『大韓民國史資料集2: UN韓國臨時委員團關係文書 II』.

김귀옥. 2003. 「해방직후 월남민의 서울 정착: 월남인의 사회·정치적 활동에 대한 접근」, ≪典農史論≫ 9.

김동명. 2005. 「1931년 경성부회 선거 연구」. ≪韓國政治外交史論叢≫, 26(2).

김득중. 1994. 「1948년 제헌국회의원 선거과정」, ≪史林≫ 10.

김성호·최명호. 2008. 「1948년 건국헌법 전문(前文)에 나타난 "우리들 大韓國民"의 정체성과 타당성」, ≪한국정치학회보≫ 42(4).

김수자. 2009. 「대한민국 정부수립 전후 국적법 제정 논의 과정에 나타난 '국민' 경계 설정」, ≪한국근현대사연구≫ 49.

김영미. 1994. 「미군정기 南朝鮮過渡立法議院의 성립과 활동」, ≪韓國史論≫ 32.

_____. 1997. 「1946년 입법의원 선거」, ≪國史館論叢≫ 75.

_____. 2007. 「해방 이후 주민등록제도의 변천과 그 성격: 한국 주민등록증의 역사적 연원」, ≪韓國史研究≫ 136.

남조선과도정부 엮음. 1948. 『檀紀4276年(西紀1943年)朝鮮統計年鑑』.

마넹, 버나드(Bernard Manin). 2004. 『선거는 민주적인가(The Principles of Representative Government)』. 곽준혁 옮김. 후마니타스.

밀, 존 스튜어트(Mill, John Stuart). 2012. 『대의정부론(Considerations on Representative Government)』. 서병훈 옮김. 아카넷.

박광명. 2010. 「미군정기 中央經濟委員會(1946~1948)의 조직과 활동」. ≪한국근현대사연구≫, 54.

박명림. 1996. 『한국전쟁의 발발과 기원 II: 기원과 원인』. 나남출판.

박인순. 2001. 「미군정기의 제주도 보건 의료 행정 실태」. ≪濟州島研究≫, 19.

박찬표. 2007. 『한국의 국가 형성과 민주주의』. 후마니타스.

서현주. 2001. 「京城府의 町總代와 町會」. ≪서울학연구≫, 16.

양동숙. 2010. 「해방 후 독립촉성애국부인회의 조직과 활동 연구」. ≪한국민족운동사연구≫, 62.

이강수. 2004. 「南朝鮮過渡立法議院의 親日派肅淸法 研究」. ≪한국독립운동사연구≫, 22.

이삼성. 2004. 「동아시아의 20세기와 미국, 그리고 한국민주주의」. ≪민주주의와 인권≫, 4(1).

이연식. 2010. 「일본제국의 붕괴와 한일 양 지역의 전후 인구이동: 양 국민의 귀환과 정착과정 비교」, Homo Migrans 2.

이은경. 2011. 「전후 일본 남성들의 여성해방 인식: 점령기 『婦人公論』의 언설을 중심으로」,

≪日本研究≫, 15.

_____. 2012. 「점령기 '여성해방'과 일본 지식인의 반응: 『婦人公論』의 기사를 중심으로」, ≪日本 研究≫, 33.

이임하. 1994. 「1950년 제2대 國會議員 選擧에 관한 硏究」. ≪史林≫, 10.

임송자. 2014a. 「미군정기 우익정치세력과 우익학생단체의 문해·계몽운동」. ≪한국민족운동사 연구≫, 79.

_____. 2014b. 「이승만 정권기 문해교육 정책과 문맹퇴치 5개년 사업」. ≪史林≫, 50.

입법의원의회국 엮음. 1984. 『南朝鮮 過渡 立法議院 速記錄』(전5권). 驪江出版社.

장영민. 2007. 「미국공보원의 5·10총선거 선전에 관한 고찰」. ≪한국근현대사연구≫, 41.

전현수. 2014. 「1946년 북조선 도·시·군 인민위원회 선거」, ≪대구사학≫, 116.

정병준. 1996. 「주한미군정의 '임시한국행정부' 수립 구상과 독립촉성중앙협의회」, ≪역사와 현 실≫, 19.

정용욱. 2003. 『해방 전후 미국의 대한 정책』, 서울대학교출판부, 2003, 쪽.

정인섭. 1988. 「法的 基準에서 본 韓國人의 範圍」, 杜南林元澤敎授停年紀念論文集編纂委員會 편. 『社會科學의 諸問題』. 法文社.

_____. 1998. 「우리 國籍法上 最初 國民 確定基準에 관한 검토」. ≪國際法學會論叢≫, 43(2).

조성훈. 1999. 「1946년 11월 북한의 인민위원회 선거 연구」, ≪한국민족운동사연구≫, 22.

차낙훈·정경모 엮음. 1969. 『「北韓」法令沿革集〈第一輯〉』. 高麗大學校出版部.

커밍스, 브루스(Bruce Cumings). 1986. 『한국전쟁의 기원(The Origins of the Korean War)』. 김자동 옮김. 일월서각.

한림대학교 아시아문화연구소 편. 1997. 『자료총서23: 미군정기정보자료집: 법무국·사법부의 법해석 보고서(1946.3~1948.8)』, 한림대학교 출판부.

허호준. 2007. 「제주4·3 전개과정에서의 5·10선거의 의미: 미국의 역할을 중심으로」. ≪민주주 의와 인권≫, 7(2).

홍남희. 2015. 「피성년후견인의 선거권 등 제한에 대한 법적 고찰」. ≪사회보장법연구≫, 4(1).

홍석민. 2009. 「영국 "청춘 선거권(Y vote, 18-20세)"의 기반, 1969: 정신적 성숙도와 정치적 의 도」. ≪영국연구≫, 22.

_____. 2010. 「영국 의회와 복수 선거권의 폐지, 1948: 미완의 민주주의」, ≪서양사론≫, 105.

≪경향신문≫ (네이버 뉴스라이브러리)

≪동아일보≫ (네이버 뉴스라이브러리)

≪매일신보≫ (한국언론진흥재단 BIG KINDS)

≪조선일보≫ (조선일보 웹DB)

≪美軍政廳 官報(Official Gazette)≫ (국가기록원 관보시스템 http://theme.archives.go.kr/ next/gazette/viewMain.do)

岡本眞希子. 2008. 『植民地官僚の政治史: 朝鮮·臺灣總督府と帝國日本』, 三元社.

(日本)總務省統計局 編. 1983. 『總務省統計局百年史資料集成 第二卷 人口 中』.

在朝鮮美軍政廳 保健厚生部 生政局. 1946. 『南朝鮮(三八度以南)地域及性別現住人口: 一九四六年
　　九月現在』.

朝鮮總督府. 1945. 『(昭和昭和十九年五月一日)人口調査結果報告』(其ノ2).

Anderson, Benedict. 1998. *The Spectre of Comparisons*. Verso.

Cunningham, Dayna. 1991. "Who Are to Be the Electors?: A Reflection on the History of
　　Voter Registration in the United States." *Yale Law & Policy Review*, 9(2), pp. 370~404.

4장 한일협정 체제하 재일조선인의 국적과 분단정치

권혁태·조경희 엮음. 2017. 『두 번째 전후: 1960~1970년대 아시아와 마주친 일본』. 한울.

김상현. 1969. 『재일한국인』. 어문각.

김석범. 1999. 「지금 '재일 조선인'에게 '국적'이란 무엇인가?」. 이규수 옮김. ≪실천문학≫,
　　1999, 봄.

김태기. 2000. 「한국 정부와 민단의 협력과 갈등관계」. ≪아시아태평양지역연구≫, 제3권1호.

이동준·장박진 옮김. 2013. 『미완의 해방: 한일관계의 기원과 전개』. 아연출판부.

이성. 2013. 「한일회담에서의 재일조선인의 법적지위 교섭(1951-1965)」. 성균관대학교 박사학
　　위청구논문.

이재승. 2013. 「분단체제 아래서 재일 코리안의 이동권」. ≪민주법학≫, 제52호.

정인섭. 1994. 「일북 수교와 재일교포의 국적」. ≪서울국제법연구≫, 1권 1호.

＿＿＿. 2014. 「조선적 재일동포에 대한 여행증명서 발급의 법적 문제」. ≪서울국제법연구≫,
　　제21권1호.

조경희. 2014. 「남북분단과 재일조선인의 국적: 한일 정부의 '조선적'에 대한 해석을 중심으로」.
　　≪통일인문학≫, 제58집.

조관자. 2015. 「재일조선인 담론에 나타난 '기민의식'을 넘어서: '정치적 주체성'을 생각하다」.
　　≪통일과평화≫, 7집1호.

한영구 외 옮김. 2003. 『현대 한일관계 자료집1(1965년~1979년)』. 오름.

≪경향신문≫.

≪동아일보≫.

『외교문서: 영사·교민-재일교민, 재외교민 보호』P-0004(1965-66).

『외교문서: 영사·교민-재일교민, 재외교민 보호, 조총련』P-0005(1966-67).

『외교문서: 영사·교민-재일교민, 재외교민 보호』P-0006(1968).

『외교문서: 재외국민·영사·출입국관리·재외공관 재산관리』P-0007(1969-1970).

『외교문서: 재외국민·영사,출입국관리,재외공관재산관리』P-0008(1970).

『외교문서』P-0009(1971).

『외교문서』1979, 2009-92(파일1-21).

민단 홈페이지 http://www.mindan.org/kr

池上努. 1966. 『法的地位200の質問』. 京文社.

吉澤文寿. 2015. 『日韓会談1965: 戦後日韓関係の原点を検証する』. 高文研.

金英達. 1992. 『日朝国交正常化と在日朝鮮人の国籍』. 明石書店.

金東鶴. 2006. 「在日朝鮮人の法的地位·社会的諸問題」. 朴鐘鳴編. 『在日朝鮮人の歴史と文化』, 明石書店.

在日朝鮮人総連合会中央常任委員会社会経済部. 1966. 『在日朝鮮人の国籍問題に関する資料』. 在日朝鮮人総連合会.

自由民主党政務調査会. 1970. 『外国人登録の国籍欄の書換問題について』.

鄭哲. 1967. 『民団在日韓国人の民族運動』. 洋々社.

津村喬. 1972. 『歴史の奪還：現代ナショナリズム批判の論理』. せりか書房.

日本国会図書館, 『新聞記事クリッピング：在日朝鮮人』(1965-1983).

日本社会党朝鮮問題対策特別委員会編. 1970. 『祖国を選ぶ自由—在日朝鮮人国籍問題資料集』. 社会新報刊.

森田芳男. 1996. 『数字が語る在日韓国·朝鮮人の歴史』. 明石書店.

≪抗路≫創刊号. 2015.9.

≪第51回国会法務委員会≫, 제8호. 1966.2.24.

≪第63回国会法務委員会≫, 제4호. 1970.10.13.

일본법무성 재류외국인 통계

http://www.moj.go.jp/housei/toukei/toukei_ichiran_touroku.html

5장 오키나와의 조선인: 배봉기 씨의 '자기증명'의 이중적 의미를 중심으로

「제2차 세계전쟁 시 오키나와 조선인 강제연행 조사 보고서」. 1972.10.

여성가족부 권익증진국 복지지원팀. 2006. 『오키나와 거주 일본군 위안부 피해자 배봉기 증언: 연구보고서: 배봉기의 歷史이야기』.

임경화. 2015. 「오키나와의 아리랑: 미군정기 오키나와 잔류 조선인과 남북한」. ≪대동문화연구≫, 제89집.

전총련오키나와현본부 김수섭, 김현옥 씨와의 인터뷰. 2013.5~.
≪동아일보≫, 1966.1.18, 1966.1.27, 1966.6.2, 1966.7.12;

浅井春夫. 2016. 『沖縄戦と孤児院―戦場の子供たち』. 吉川弘文館.
今泉裕美子. 2004. 「朝鮮半島からの「南洋移民」: 米国議会図書館蔵南洋群島関係史料を中心に」.
　　　『アリラン通信』, 32号.
沖本富貴子. 2015.5.30. 「沖縄戦と朝鮮人連行その1」. 軍夫研究会.
＿＿＿. 2016.5.9. "「平和の礎」に朝鮮人犠牲者刻銘作業を推し進めよう". 軍夫研究会.
川田文子. 2005. 『イアンフと呼ばれた戦場の少女』. 高文研.
洪允伸. 2016. 『沖縄戦場の記憶と「慰安所」』. インパクト出版会.
小林聡明. 2014. 「発見, 忘却される沖縄のコリアン: アメリカ施政権下沖縄における朝鮮半島出身
　　　者の法的地位をめぐって」. ≪ワセダアジアレビュー≫, No.15.
『政府調査「慰安婦関係」関係資料集成 4』. 1998. 龍溪書舎.
宋連玉・金栄 編著. 2010. 『軍隊と性暴力: 朝鮮半島の20世紀』. 現代史料出版.
新城郁夫. 2008. 「奪われた声の行方」. 『到来する沖縄』. インパクト出版会.
竹内康人 編. 2012. 『戦時朝鮮人強制労働調査資料集 2: 名簿・未払い金・動員数・遺骨・過去清算』.
　　　神戸学生青年センター出版部.
土井智義. 2012. 「米軍統治期の「琉球列島」における「外国人」(「非琉球人」)管理体制の一側面: 1952
　　　年7月実施の永住許可措置を中心として」, pp.33~34.
富村順一 獄中手記. 1993. 『わんがうまりあ沖縄(新粧版)』. 拓殖書房.
七尾和晃. 2010. 『沖縄戦と民間人収容所』. 原書房.
樋口雄一. 1991. 『皇軍兵士にされた朝鮮人』. 社会評論社.
保坂廣志. 2015. 『沖縄戦捕虜の証言: 鍵穴から戦場を穿つ』. 柴峰出版.
方善柱, 「美國資料 韓人〈従軍慰安婦〉考察」, ≪國史館論叢≫, 第37号(1992), p.221.
又吉栄喜. 1981. 『ギンネム屋敷』. 集英社.
山谷哲夫. 1980. 『沖縄のハルモニ』. 晩聲社.
和田春樹. 1999. "政府発表文書にみる「慰安所」と「慰安婦」: 『政府調査「慰安婦関係」関係資料集成』
　　　を読む". 慰安婦'問題調査報告書'.

≪朝日新聞≫. 1991.4.2.
≪沖縄タイムス≫. 1972.8.26.
＿＿＿. 1972.10.15.
＿＿＿. 2016.10.6.
≪高知新聞≫. 1972.10.15.
≪毎日新聞≫. 1991.10.19.
≪琉球新報≫. 1965.5.15.

≪琉球新報≫. 1972.10.15.
_____. 1998.6.18~23. "ハルモニの遺言 元「従軍慰安婦」ペ・ポンギさんの戦後" 1~6.
_____. 1991.4.2.
_____. 2016.10.6.
外務省記録. 自34年4月28日至47年4月28日. 「沖縄関係出入域 `外国人の法的地位 在沖縄外国人
　　の法的地位(1)」.
法務局出入管理局. 1968. 『琉球における出入域管理』
法務省所管法令. 昭和47年政令第95号. 「沖縄の復帰に伴う法務省関係法令の適用の特別措置等に
　　関する政令.
「日本国との平和条約に基づき日本の国籍を離脱した者等の出入国管理に関する特例法(平成3年法
　　律第71号) 第3条」.

6장 무국적 사할린 동포의 대한민국 국적 확인 소송의 내용 및 의의

김인성. 2001. 「러시아 연방의 소수민족 정책」. ≪민족연구≫, 6호.
노영돈. 1992. 「사할린한인에 관한 법적 제문제」. ≪국제법학회논총≫, 37호.
_____. 2009. 「재일한인의 국적」. ≪백산학보≫, 83호.
윤지영. 2014. 「무국적 사할린 동포의 대한민국 국적 확인」. ≪민주사회를위한변론≫, 104호.
이철우·이호택. 2009. 「한인의 분류, 경계 획정 및 소속 판정의 정치와 행정」. 서울대 통일평화
　　연구원 국내학술회의 논문.
정인섭. 1998. 「우리 국적법상 최초 국민 확정기준에 관한 검토」. ≪국제법학회논총≫, 43권 2호.
정청래. 2013. 『한일청구권 협정이 남긴 과제들 : 위안부 피해자, 재한 원폭 피해자, 사할린 한인
　　문제를 중심으로』. 정청래의원실 자료.
최경옥. 2012. 「사할린 동포의 한국과 일본에 있어서의 법적지위」. ≪헌법학연구≫, 18권 4호.
현규환. 1972. 『재소 한국인의 사적 고찰』. 해외교포문제연구소.

7장 분단 체제하 재일 코리안의 이동권: 고국권을 제안하며

국방부과거사진상규명위원회. 2007. 『과거사진상규명위원회종합보고서』, 제3권.
김덕진. 2011.3.16. "역사의 상처를 만나다: 재일한국인 조작간첩사건 피해자들의 징역 182년",

≪가톨릭뉴스 지금여기≫ http://www.catholicnews.co.kr/news/articleView.html?
idxno=4968, (검색일:2013.5.28).

루소, 장자크(Jean-Jacques Rousseau). 1995.『에밀』. 민희식 옮김. 육문사.

번스타인, 리처드(Richard J. Bernstein). 2009.『한나 아렌트와 유대인문제』. 김선욱 옮김. 아
모르문디.

벤하비브, 세일라(Seyla Benhabib). 2008.『타자의 권리』. 이상훈 옮김. 철학과 현실사.

아렌트, 한나(Hannah Arendt). 2006.『전체주의의 기원1』. 이진우·박미애 옮김. 한길사.

옐리네크(Georg Jellinek)·부뜨미(Emile-Gaston Boutmy). 1991.『인권선언논쟁』. 김효전 옮
김. 법문사.

이성형. 1995.「라스 카사스 : 정의를 향한 투쟁」. 이성형 엮음.『라틴 아메리카의 역사와 사상』.
까치. 75~97쪽.

정인섭. 1995.『재일교포의 법적 지위』. 서울대학교출판부.

_____. 2006.「재일교포의 법적 지위」.『한일역사관련 국제법논문선』. 동북아역사재단.
195~284쪽.

조시현. 2012.「일본군 '위안부' 문제가 인도주의 문제인가?: 한·일 정부의 최근 입장에 대하여」.
≪민주법학≫, 제49호, 165~195쪽.

칸트, 임마누엘(Immanuel Kant). 1992.『영구평화론』. 이한구 옮김. 서광사.

플라톤(Plato). 2003.『에우티프론, 소크라테스의 변론, 크리톤, 파이돈』. 박종현 옮김. 서광사.

木村貴. 2012.「韓國民主化のなかの在日韓國人」.『世界』. 岩波書店, pp.285~292.

Barist, J(et al.). 1987. "Who May Leave: A Review of Soviet Practice Restricting
Emigration on Grounds of Knowledge of "State Secrets" in Comparison with
Standards of International Law and the Policies of Other States." *Hofstra Law Review*,
Vol. 15. pp.381~442.

Boling, Gail J. 2001, January. "Palestinian Refugees and the Right of Return: An
International Law Analysis." *BADIL Information & Discussion Brief*, Issue No. 8

Borchard, Edwin M. 1931. "Decadence of the American Doctrine of Voluntary Ex-
patriation." *American Journal of International Law*, Vol. 25, pp.312~316.

Boroumand, L. 2000. "Emigration and the Rights of Man: French Revolutionary
Legislators Equivocate." *The Journal of Modern History*, Vol. 72, pp.67~108.

Brown, G. W. 2009. *Grounding Cosmopolitanism*. Edinburgh University Press.

Cranston, M. 1973. *What are Human Rights*. The Bodley Head.

Danchin, P. G. 2007. "The Emergence and Structure of Religious Freedom in
International Law Reconsidered." *Journal of Law and Religion*, Vol.23, 2007-8,
pp.455~533.

de Vitoria, F. 1991. "On the American Indians." *Political Writings.* Cambridge University Press, pp.231~292.

Duvall, D. K. 1970. "Expatriation under the United States Law, Perez to Afroyim: The Search for a Philosophy of American Citizenship." *Virginia Law Review*, Vol. 56, pp.408~456.

Endelman, G. E. 1996. "Renunciation of U.S. Citizenship: An Update." *Immigration Briefings*, 96-7.

Hanjian, C. 2003. *The Sovrien: An Exploration of the Right to Be Stateless.* Polyspire.

Harvey, C., Barnidge, J. R., Robert, P. 2007. "Human Rights, Free Movement, and the Right to Leave in International Law." *International Journal of Refugee Law*, Vol. 19, pp.1~21.

Human Rights Committee. 1999. General Comment No. 27. Freedom of Movement (Art.12), para. 1., U.N. Doc CCPR/C/21/Rev.1/Add.9.
http://www1.umn.edu/humanrts/gencomm/hrcom27.htm

Juss, S. S. 2004. "Free Movement and the World Order." *International Journal of Refugee Law*, Vol. 16, pp.289~335.

Kent, A. 2012. "Evaluating the Palestinians' Claimed Right of Return." *University of Pennsylvania Journal of International Law*, Vol. 34, pp.149~235.

Kochenov, D. 2012. "The Right to Leave any Country including your own in international law." *Connecticut Journal of International law*, Vol. 28, pp.43~71.

Lauterpacht, H. 1945. *An International Bill of the Rights of Man.* Columbia University Press.

Locke, J. 1689. *Second Treatise of Government.*

McAdam, J. 2011. "An Intellectual History of Freedom of Movement in International Law: The Right to Leave as a Personal Liberty." *Melbourne Journal of International Law*, Vol. 12, pp.27~56.

Nafziger, J. A. R. 1983. "The General Admission of Aliens under International Law." *American Journal of International Law*, Vol. 77, pp.804~847.

Note. 1952. "Passport Refusal for Political Reasons: Constitutional Issues and Judicial Review." *Yale Law Journal*, Vol. 61, pp.171~203.

Parker, R. 1951. "Passport denied." *Stanford Law Review*, Vol. 3, pp.312~324.

_____. 1954. "The Right to Go Abroad: To Have and Hold a Passport." *Virginia Law Review*, Vol. 40, pp.853~873.

Quigley, J. 1998. "Displaced Palestinians and a Right of Return." *Harvard International Law Journal*, Vol. 39, pp.171~229.

Radley, K. R. 1978. "The Palestinian Refugees: The Right to Return in International Law." *American Journal of International Law*, Vol. 72, pp.586~614.

Ulman, A. T. 1973. "Nationality, Expatriation and Statelessness." *Administrative Law Review*, Vol. 25, pp.113~134.

Vattel, E. 1916. *The Law of Nations or the Principles of Natural Law*. Carnegie Institution.

Whelan, F. G. 1981. "Citizenship and the Right to Leave." *The American Political Science Review*, Vol. 75, pp.636~653.

Witte, John Jr. 2003. "That Serpentine Wall of Separation." *Michigan Law Review*, Vol. 101, pp.1869~1905.

_____. 2010. "Natural Rights, Popular Sovereignty, and Covenant Politics: Johannes Althusius and the Dutch Revolt and Republic." *University of Detroit Mercy Law Review*, Vol. 87, pp.565~628.

8장 국가 폭력 사건의 재심을 통한 자기회복: 재일동포 간첩 조작 사건을 중심으로

김동춘. 2013. 「시민권과 시민성-국가, 민족, 가족을 넘어서」. ≪서강인문논총≫, 37집.

김득중. 2015. 『빨갱이의 탄생』. 선인.

김효순. 2015. 『조국이 버린 사람들』. 서해문집.

박원순. 1992. 『국가보안법 연구 2: 국가보안법 적용사』. 역사비평사.

서경식. 2008. 『난민과 국민 사이』. 임성모·이규수 옮김. 돌베개.

서승. 2000. 「대만 〈계엄시기부당반란및비첩심판안건보산판례〉 연구-그 성립과 개정을 둘러싸고」. ≪入命館法學≫, 제271·272호 상권.

송기춘. 2008. 「조작간첩사건과 법원의 판결에 대한 국가배상청구 가능성」. ≪세계헌법연구≫, 제13권 1호.

쉐보르스키, 아담 외(ADAM PRZEWORSKI et al.). 2008. 『민주주의와 법의 지배』. 안규남 외 옮김. 후마니타스.

이재승. 2005, 「정치사법과 과거 청산」, 『민주법학』 제29호.

_____. 2010. 『국가범죄』. 앨피.

_____. 2014. 「국가범죄와 야스퍼스의 책임론」. 한국사회학회 엮음. ≪사회와 역사≫, 제101집.

이령경. 2012. 「그들은 어떻게 '간첩'이 되었나?- 재일한국인간첩사건 재심과 7명의 가족사를 통한 고찰」. ≪역사와 책임≫, 3호.

이호중. 2007. 「인혁당재건위 사건 재심무죄판결의 의미와 사법과거 청산의 과제」. ≪기억과 전망≫, 16호.

정근식. 2010. 「진실규명과 화해, 어디까지 왔는가?- 진실·화해위원회 활동의 결산」. ≪황해문화≫, 2010년 여름호.

정인섭. 1996.『재일교포의 법적지위』. 서울대학교출판부.

조경희. 2007.「한국사회의 재일조선인 인식」.≪황해문화≫, 2007년 겨울호.

짐멜, 게오르그(Georg Simmel). 2013.『돈의 철학』. 김덕영 옮김. 도서출판 길.

한성훈. 2010.「과거 청산과 민주주의 실현: 진실화해위원회 활동과 권고사항의 이행기 정의를 중심으로」.≪역사비평≫, 제93호.

_____. 2013.「중대한 인권침해와 국가 폭력: 고문조작간첩 피해자의 사회적 고통」.『한국사회학회 사회학대회 논문집』.

한인섭 편. 2007.『재심 시효 인권』. 경인문화사.

한홍구. 2005.『대한민국사 03』. 한겨레신문사.

헤이너, 프리실라 B(Priscilla B. Hayner). 2008.『국가 폭력과 세계의 진실위원회』. 주혜경 옮김. 역사비평사.

국군보안사령부. 1978a.『대공활동사 1』.

_____. 1978b.『대공30년사』.

국방부 과거사진상규명위원회. 2007. "「재일동포 및 일본관련 간첩 조작 의혹사건」 조사결과 보고".

재일동포 정치범 사건-11.22사건 40년 토론회. 2015.『"우리는 왜 간첩이 되었나"』.

진실화해위원회. 2010.『진실화해위원회종합보고서 I -IV』.

통일평화재단 서울대학교 공익인권센터. 2013.4.9.『재심판결문 모음집』.

『민가협 자료집』. 2015.

『(재)진실의힘 보고서』. 2005.

『한일공동세미나 조작간첩 자료집』. 2012.

『2013 인권보고서』. 2013.

Ruti G. T. 2000. *TRANSITIONAL JUSTICE*. Oxford University Press.

Torpey, J(ed.). 2003. *Politics and the Past: On Repairing Historical Injustice*. Rowman & Littlefield Publishers.

9장 '무호적자' 관리를 통해 본 중국의 인구 통치

김미란. 2016.「한 자녀 정책의 그늘-'무호적자(黑戶)'에 대한 일 고찰」.≪중국연구≫, 69권.

汪暉·秦暉·王安忆·钱理群·王超华 外 著. 2006.『고뇌하는 중국-현대 중국 지식인의 담론과 중국 현실』. 장영석·안치영 옮김. 서울: 도서출판 길.

이정은. 2016.「미군정기 이후 '신분증명서'를 통한 개인의 관리와 통치」.≪사회와 역사≫, 가

을호.

이중톈(易中天). 2008.『제국을 말하다』. 심규호 옮김. 에버리치홀딩스.

정재호 편. 2010.『중국연구방법론』. 서울대학교출판문화원.

콜린 고든 외(Colin Gordon et al.) 엮음. 2014.『푸코 효과-통치성에 관한 연구』. 심성보 외 옮김. 난장.

白雪. 2015.『狐独的旅途』. 中國西北大学碩士学位論文.

國家計劃生育委員會政策法規司 編. 1992.『計劃生育文獻匯編(1981-1991)』. 北京: 中國民主法制出版社.

丁東. 2010. "计生部门的利益取向——就杨支柱事件答记者"(2010年 5月 14日). http://dingdong.blogchina.com/937812.html(검색일: 2016.10.19).

顧寶昌·李建信 編. 2010.『21世紀中國生育政策論爭』. 北京: 社会科学文献出版社.

何亞福. 2013.『人口危局』. 北京: 中国发展出版社.

田炳信. 2003.『中國第一证件--中国户籍制度调查手稿』. 廣州: 廣东人民出版社.

楊福戩. 2013. 「計劃生育與戶籍捆綁"黑戶"無法解開的死結」.『民主與法制時報』. 12월 23일(週刊)

王向賢. 2016. 「两孩政策 ` 非婚生育和生育观的变革」.『社会性别视野中的中韩两国家庭 ` 生育和工作转型研究』(天津: 天津师范大学政治与行政学院社会学系, 2016. 7.12-13, 한-중 젠더 국제회의 제4차 회의 자료집).

《东方早报》. 2015.12.23. "北京一超生女童遇落户难题".

《河北日报》. 2016.1.15. "超生人员等8类无户口人员可落户"黑户"问题有望彻底解决".

《西部商报》. 2009.9.30. "从介绍信到身份证".

《中国青年报》. 2005.3.9. "李伟雄：给千万"黑人"解决户口".

_____. 2008.12.3. "多余的15年".

_____. 2009.3.23. ""订婚"走上歪路".

_____. 2013.12.4. "不应该有"黑户"存在".

_____. 2016.1.12. "国家卫计委答问"全面两孩"政策".

《羊城晚报(全国版)》. 2000.8.21. ""黑孩"也可登记户口".

《嘉兴日报》. 2008.7.18. "黑户人家".

《东南商报》. 2009.8.7. "集体户口让我结不了婚".

《中国鑛業报》. 2000.4.15. "矿工救弃婴养情深似海".

《河北经济日报》. 2015.4.10. "破解"黑户"困局".

《兰州晨报》. 2006.5.22. "清水县土寨小学乱收费？学校：收费学生是超生的"黑人黑户"教育局：情况调查属实将严肃处理".

《当代生活报》. 2008.2.23. "数十万"新广州人"结婚遇到"拦路虎"".

《南方都市报(全国版)》. 2007.9.19. "特大贩婴案后的伦理困境".

《中国商报》. 2001.12.29. "为什么自己的首都我们只能暂住".

≪闽南日报≫. 2008.6.8. "我市约两万"黑户"可落户了".

≪新金融观察报≫. 2015년 12월 14일 자. ""无黑户时代"需要制度兜底".

≪潍坊晚报≫. 2009.1.6. "无一人识字留摄头发来"镇痛"探访云南原始村寨".

≪北京晨报≫. 2014.1.10. "张艺谋被罚748万余元".

≪南方日报(全国版)≫. 2009.9.1. "至去年底, 全市未入户超生子女近 2 万人 解决"黑孩"入户新政年
内出台".

"关于当代"女性回家论"的社会历史与文化成因讨论".
    http://www.china.com.cn/blog/zhuanti/female/2011-03/23/content_22201352.htm
    (검색일: 2016.11.2).

"国务院办公厅关于解决无户口人员登记户口问题的意见"(全文)(2016年01月14日).
    http://www.ce.cn/xwzx/gnsz/gdxw/201601/14/t20160114_8276193.shtml.(검색일:
    2016.11.1).

"沙场大点兵——写在第六次全国人口普查边上".
    http://www.stats.gov.cn/ztjc/tjwh/wytj/201010/t20101030_58676.html(출처 : 福建
    省统计局发布时间 : 2010.11.1.)(검색일: 2016.12.15).

"谈谈对法治与人治的认识".   http://wenku.baidu.com/link?url=px_xSAsLGjduDpkzRRPl
    BGE3n003PJLXVtHkr8wIYD2S9QaKVN0qRkgwbGwXiwPyifomxs8DFuPH0t_psEz5
    KK7oadjQl8I15XDx-ee3R0e### (검색일: 2016.12.27).

「辛苦干了一辈子计生, 最后吃了低保"——一位在农村与居委会做了30年计生工作的女性」, 인터뷰
    대상: 徐姨, 인터뷰진행 : 王向贤교수, 인터뷰 일시 : 2011년 8월 24일 오전 9 : 30-11:00.

China Development Research Foundation. 2015. *Demographic developments in china*. London,
    United Kingdom: Routledge.

Immigration and Refugee Board of Canada. 2016. "china: treatment of "illegal" or
    "black" children born outside the family planning policy: whether unregistered
    children are denied access to education, health, care and other services:
    information on punitive measures taken against parents who violated family
    planning policy before and/or after policy changes effective"(January)
    http://www.refworld.org/publisher,IRBC,,CHN,5821da784,0.html(검색
    일:2016.12.29).

Kam Wing Chan. 2010. "The Household Registration System and Migrant Labor in
    China: Notes on a Debate." *Population and Development Review*, Vol.36, No2.
    http://onlinelibrary.wiley.com/journal/10.1111/(ISSN)1728-4457(검색일:
    2016.11.1).

Kay Ann Johnson. 2016. *China's Hidden Children- Abandonment, Adoption, and the Human Costs of the
    One-Child*. Chicago and London: The University of Chicago Press.

Richard C. Bush, "Most elderly population on the planet, What will happen to China's undocumented "ghost children" after the one-child policy ends?", http://www.hopesandfears.com/hopes/now/politics/216761-china-one-child-poli cy-ghost-children(검색일: 2016.10.1).

10장 국경도시 중국 단둥의 중첩되는 경계: 2010년 전후를 통해서

강주원. 2012. 「중·조 국경도시 단둥에 대한 민족지 연구: 북한사람, 북한화교, 조선족, 한국사람의 관계맺음에 대해서」. 서울대학교 대학원 박사학위논문.

_____. 2013. 『나는 오늘도 국경을 만들고 허문다』. 글항아리.

_____. 2016. 『압록강은 다르게 흐른다』. 눌민.

김병연. 2016. 「중국의 대북무역과 투자: 단둥시 현지 기업조사를 중심으로」. ≪KDI 북한경제리뷰≫, 3월호.

김병연·정승호. 2015. 『중국의 대북무역과 투자: 단둥시 기업조사』. 서울: 서울대학교출판문화원.

김진향 외 3인. 2015. 『개성공단 사람들: 날마다 작은 통일이 이루어지는 기적의 공간』. 내일을 여는 책.

박선영. 2005. 「秘密의 解剖: 조선과 중국의 국경 조약을 중심으로」. ≪중국사연구≫, 제 38집.

한명섭. 2011. 『남북통일과 북한이 체결한 국경조약의 승계』. 리컬플러스.

≪서울신문≫. 2016.1.10. "핵실험 그날 밤, 北 두 가족 압록강 死線 넘었다".

≪아시아경제≫. 2016.4.3. "제3국 우회 위장반입 北물품 여전".

≪연합뉴스≫. 2016.3.16. "中 단둥 호시무역구, 반쪽 운영..대북제재로 파행 장기화".

≪연합뉴스≫. 2016.3.29. "정부, 북한산 물품 반입차단 점검회의…원산지 확인 강화".

≪조선일보≫. 2002.10.3. "중 단둥, 북한 자본주의의 창".

≪중앙일보≫. 2015.7.6. "통일 준비하려면 우선 신의주 불을 켜야 한다".

≪중앙일보≫. 2016.3.10. "지금 북한을 변화시켜야 한다".

≪중앙일보≫. 2014.10.21. "3년간 기업 유치 0건…'황금평 특구'엔 볏단만 가득".

≪프레시안≫. 2015.11.16. "삼둥이 할머니는 왜 압록강으로 사람들을 보내나?".

≪한겨레≫. 2016.3.25. "얼어붙지 않은 무역도시, 곰인형을 품고 자는 사람들".

≪한국일보≫. 2015.9.25. "개성공단이 北 퍼주기라고요? 우리가 퍼옵니다".

≪한국일보≫. 2015.11.13. "초라한 신의주, 화려한 단둥".

≪한국일보≫. 2016.5.17. "북중 접경서 탈북자 출신 한국인 2명 실종".

≪TV 조선≫. 2016.3.6. "스산한 신압록강대교…유령도시로 변한 단둥 특구".

Kim, C. H. and Kang, J. W. 2015. "Reworking the frame: analysis of current discourses on North Korea and a case study of North Korean labour in Dandong, China." *Asia Pacific Viewpoint*, 56, pp.392~402.

찾아보기

(ㄱ)

가호적(假戶籍) 91

간접선거 78

개인 신분증 297~298

경계 6~9, 15~17, 19, 23, 25, 27~28, 32, 37, 61, 72, 122, 124, 172, 188, 232, 267, 299~301, 306, 308, 322~323

계획생육(計劃生育) 268~269, 272~275, 277~279, 281~282, 284~288, 291, 294, 296

고강호 203, 230

고국권(故國權) 8, 34, 216~218, 228, 232

공민(公民) 9, 29, 38, 55, 63, 90, 99, 101, 138~139, 183, 255, 268, 298

공민권 9, 268~269, 272, 292

공소시효 240~241

공작 근원 발굴 작업 232

과거 청산 201, 226, 234~242, 248, 250, 252, 255, 258~263, 265

과도입법의원 44, 74~76, 86, 92, 101

구분과 공존 그리고 단절 303

국가 논리 153, 159, 176~177

국경 6, 9, 15~18, 25~27, 32, 34, 50, 205, 220, 265, 299~307, 311, 313~315, 317, 319, 320, 322~323

국경도시 9, 300~302, 307

국군보안사령부 224, 244

국민/민족 72~73

국민국가 21, 23, 25, 31~32, 69, 72~74, 85, 114~115, 122, 170, 268, 288, 297

국방부과거사위원회 202~203

국세조사 22, 80~81, 83

국적 6~9, 20, 24, 28~29, 34, 86~89, 95, 119~129, 133~144, 172~175, 177~178, 180, 183~194, 201~204, 210~213, 215~220, 222~223, 226~229, 246, 320

국적 확인 소송 8, 181, 184

국적법 9, 27, 29~30, 85~87, 89~90, 127, 135, 138, 140, 181, 186~192, 211, 213, 214~215

국적에 관한 임시조례 187, 189~190

국적에 대한 권리(the right to nationality) 31, 33, 213, 216, 219, 231

국적이탈권(right of expatriation) 210~211, 229

국적이탈법(Expatriation Act of 1868) 210

국제법 29, 128, 137, 181, 209, 211, 213, 223, 226

군인 군속 154~157, 160, 164~166

권리를 가질 권리(right to have rights) 33~34, 229

귀국증명서 45~49, 52

귀환 36, 38~44, 46~49, 51, 53, 58, 70, 81, 87, 124, 158~159, 162~164, 172, 180, 183, 206, 215~216, 218, 223, 225, 227, 229

귀환권 214~217, 219, 223, 225, 228~229

귀환법(Law of Return) 215

금치산자 105, 107~108

기든스, 앤서니(Anthony Giddens) 21

기류계 67

기민(棄民) 정책 231, 243, 267

김정사 202~203

(ㄴ)

난민 7, 16, 27, 32~33, 35, 183, 214~216,

342

223, 229~230, 233, 243, 267, 271

남북 교류　143, 322~323

남북교류협력법　120, 200, 229

냉전　6, 8, 15~16, 25, 27~28, 30, 32~34, 59, 64, 67, 71, 74, 91~92, 119, 121, 126, 139, 143, 145, 152, 154, 179, 243, 245, 254

네 집단　9, 300~302, 315, 322~323

농업호적(農業戶口)　281

(ㄷ)

다수결　73

단독 총선거　74

단둥(丹東)　6, 9, 299, 300~303, 307~323

단수(端數, fraction)　81, 84

대의사(代議士)　81

도민증　56, 63~66, 68, 70

도시호적(非農業戶口)　281

도항증명서　23

동적부(洞籍簿)　83, 98

등록　5~7, 19~20, 23, 26~28, 31, 37~39, 41, 45~48, 53~55, 57~59, 68~69, 73, 83, 87, 95~100, 105, 109~110, 114~115, 124~125, 128, 135, 139, 140~142, 149, 165, 171, 181, 270, 272, 274~275, 278~279, 290, 294, 298

등록표　53~55, 66, 69~70, 99, 110, 115

(ㄹ)

라스 카사스　205

러시아 국적법　180

러시아 연방 시민법　183

류큐 정부　175

류큐열도　163, 169~172

류큐열도출입관리령　171, 174

류큐주민　171~173

(ㅁ)

맹인　109~110, 112

명표　161~162

모국방문사업　142

무국적　8, 27, 31, 33, 144, 168, 180~186, 188~190, 192, 194, 202, 204, 213~214, 218, 223, 228~231

무국적 동포　8, 185~187, 190, 192

무국적방지협약(Convention on the Reduction of Statelessness 1961)　213, 230

무주물(無主物)　232

무호적자　9, 268~270, 272, 276, 283~284, 294~295

문맹자　109~110, 112, 276

미군 요원　173

미군 통치기　152, 167, 169~171, 173~174, 177

미군정　36~40, 42~45, 47~48, 50, 52~56, 66, 69, 70, 75~83, 86~94, 96~97, 99~100, 106~107, 109, 114, 152, 189, 297

미성년자　104~105

민간인 수용소　166~167, 169

민단　30, 128, 130~134, 138, 141~143, 153, 175

민주주의　27, 29, 73~74, 76, 85, 100~101, 104, 110, 114, 235~237

(ㅂ)

바텔(Vattel)　209

박정희 정권　65, 131, 247

반공　19, 25, 27, 56, 65, 67~70, 75, 106, 109, 132, 134, 142, 232, 244, 250

반민족행위자　106

반민족행위처벌법　109

반민족행위특별조사위원회　109, 235

방문권　200, 204~205, 227~229

배봉기 7~8, 145, 147, 148~154, 159, 162, 165~167, 177~179

법적 지위 37~38, 89, 119, 121~122, 125~126, 130~131, 133~136, 141, 143, 151~153, 174~178, 185, 194, 202, 226

베버, 막스(Max Weber) 20~21

보안사 ☞ 국군보안사령부

보통선거 78, 85, 88, 98, 100, 104, 113~114, 254

보편 참정권 85, 104

본적지 53, 67, 86, 91, 95, 160, 181

본토 36, 38~39, 43, 47, 151, 172~173, 175, 177

부일협력자 77, 105, 107, 108

북한 사람 9, 300, 302, 304~305, 317~318, 320, 321

북한 화교 9, 300, 302, 321

분단 모순 177

분단 장애 201, 228

분단 체제 7~8, 20, 27~28, 38, 74, 120, 142, 200~201, 230, 232~233, 254

분단국가 7, 28, 30, 120, 123, 143~144, 228

비국민 92, 105, 255

비류큐인 169, 171~174

비밀투표 110

비자 18, 20, 23~25, 35, 148

비전형적 부패 282, 286~287, 289~290

비토리아 205

(ㅅ)

사면 279~281, 290, 297

사할린 한인 180~184, 187, 193~195

사회부양비 274, 277~278, 281, 287, 289, 291

생정국(生政局) 83, 97

생활권 9, 27, 124, 302

선거 연령 99, 103~104

선거법 76, 84, 88~94, 96~97, 101~104, 107~108, 110~112, 124

선거인 73, 78~79, 91, 104, 107, 111, 113

선거인등록 88, 95~98, 109~110

선거인명부 73, 79, 95~96, 115

세계시민법 205

세계여권(世界旅券) 214

세계인권선언 33~34, 194, 213, 216, 218~219

세대주 56, 67, 78, 105

센서스 73, 80, 83

손형근 202~203

송환 27, 39~42, 45~48, 51, 53, 70, 135~136, 147~150, 153, 159, 161~163, 166, 170, 171~172, 176, 200

수의 정치(politics of numbers) 7, 74, 80, 115

순수한 외국인(a mere alien) 223

시민 6~7, 16, 28, 33, 35, 38, 55~65, 73, 85, 89~90, 100~101, 124, 155~156, 182~183, 199, 208~209, 211~212, 218, 220

시민권 27, 31, 85, 88~90, 95, 101, 104, 181, 183~184, 211~213, 226, 255, 261

시민증 56~58, 61~68, 70

식별 18~20, 23~24, 27, 37, 68~71, 73, 181

신민(臣民) 23, 85~86, 207, 212

신분증 7, 9, 16, 18~19, 21, 23, 28, 36, 38, 48~50, 56, 66, 68~71, 171, 276~277, 281, 289, 297~298, 319

신원(identity) 18, 20, 24~28, 56, 64, 70, 138, 158, 193

신의주 9, 299~302, 306~309, 311~313, 318~321

(ㅇ)

아동 인신매매(child trafficking) 295

아렌트, 한나(Hannah Arendt) 33, 229
아우구스부르크 종교화의 206
압록강 9, 299~313, 318, 322~323
야마타니(山谷哲夫) 151
양민(良民) 23, 27, 39, 56, 68, 70~71
여권(passport) 6~7, 9~10, 16, 18~20, 23~
    25, 27~31, 34~35, 73, 120, 126~127, 140,
    143~148, 171, 190, 193~194, 203, 214,
    220~222, 224~225, 229, 318~323
여권의 발명(The Invention of the Passport)
    20
여성참정권 102~103
여행권 204
여행증명서 23, 35, 120, 143, 188, 190, 193,
    202, 222, 228~229
역사기억법(Ley de Memoria Histórica) 215
연합군총사령부(General Headquarters:
    GHQ) 39~40, 42, 47, 55
영주권 30, 122~123, 130, 132~134, 152, 185,
    202, 213, 217~218, 223, 226~227, 230,
    266
영주허가 122~123, 130~131, 133, 135, 140,
    153, 172
오키나와 '한의 비' 모임(沖縄「恨之碑」会)
    156, 158
오키나와 시정권 반환 147
오키나와 잔류 조선인 152~153, 168, 175
오키나와 조선인 150, 152~154, 166, 176~
    177, 179
외국인관리제도 174, 177
외국인등록 16, 27, 29, 56, 119, 123~131,
    133, 136, 138~139, 141, 143, 148, 171~
    174, 178, 181
월남민 84, 87, 91~92
유권자 7, 67, 74, 78, 84~85, 88, 90~92,
    95~99, 104, 107, 109~110, 112~113, 115

유권자 등록 95~96, 100
유령인구 97~99
유엔난민조약 143
의문사진상규명위원회 235, 240
이동권 8, 31, 34~35, 120, 199~201, 204,
    218~221, 227~228, 232~233, 246, 297
이동의 자유 34, 199~200, 217~218, 227
이민 16, 23, 26, 32, 34~35, 43, 169, 171,
    211, 213, 216, 230
이중국적자 229
이행기 정의 235~237, 248, 252, 255
이후락 132~133
인구통계 21, 23, 75, 80, 82
인류학 302
인민위원회 74~75, 81, 90~91, 96, 99, 101,
    105, 114
인민혁명당재건위 사건 240~241, 247, 256
인양(引揚) 36, 38~39, 45, 48~49, 51~53
인치 281
인혁당 사건 ☞ 인민혁명당재건위 사건
일반영주권 176~178
일본 법무성 31, 122, 128~130, 135~137,
    139~140, 143, 193, 266
일본군 '위안부' 8, 52, 147, 149, 150~151,
    154~155, 160, 167, 177, 179, 200
입양 9, 88, 135, 274, 293~296

(ㅈ)
자격(membership) 7, 34, 59, 67, 73, 77~78,
    89, 100, 104, 106, 107, 110, 122, 153, 188
자기증명 7~9, 15, 19, 20, 24~25, 27~28, 32,
    35, 145, 150, 154~155, 158, 179
자유선거 94, 114
장애인 112, 199, 219, 273
재류자격 16, 39, 122, 126, 148, 153, 171,
    175, 178

재심 8, 28, 68, 201~202, 225, 227~228, 237~
242, 245, 248~253, 256~259, 261~263, 266
재외국민등록 127, 133~134
재외동포 30, 121, 185, 218, 232
재일교포 유학생 간첩 사건 201, 203, 224,
231
재일동포 8, 40~41, 43, 120, 132~133, 142,
177, 188~190, 193, 234, 237, 243~249,
251~253, 258, 262~263, 265~266
재일본조선인련맹 40, 128
재일조선인 6~8, 16, 20, 28~32, 40~42, 56,
69, 119~123, 125~127, 129~131, 133~145,
149, 151, 153, 155, 173, 175, 177~179,
181, 229, 234, 243~244, 246~247, 265,
267
재입국허가 16, 35, 131, 176
전재(戰災) 난민 56~57
정영환 201
정주권 200, 205
정책 출산율 291
제2차 세계대전 시 오키나와
조선인강제연행학살진상조사단 146, 153,
155, 162~163, 165, 167
제헌의회 76, 84~85, 88, 90, 92, 102, 107,
114~115
조선기류령 53~54, 84
조선민주주의인민공화국 29~31, 91, 137~
139, 144, 159, 318, 320~321
조선성명복구령(朝鮮姓名復舊令) 87
조선인 7~8, 23, 27, 29~30, 36, 40, 42~43,
45~47, 53~54, 70, 75, 77~78, 83~90, 92,
106, 109, 122~124, 126~127, 131, 134~
135, 142, 145~148, 150,~163, 165~170,
172~174, 176, 178~182, 186~187, 189,
191, 202
조선인 송환 초기 명부 160, 163

조선적 16, 30~32, 119~121, 132, 137, 139,
140~141, 143~144, 172, 175, 177~178,
188~190, 193, 201~204, 216~218, 226,
228~229
조선적 서환(書換)운동 123, 135
조선족 9, 300~302, 311, 314, 316, 318~319
좌우합작위원회 77~78, 80, 106
주권국가 18, 23, 34, 201, 205
주류군 요원(Occupation Personnel) 171
주민등록증 7, 19, 38, 53~54, 68~69, 297
주민표 38~39, 53, 56, 70
중·조 국경 299, 301~305, 307~308, 310~
323
중앙과 지방 사이의 통치 관행 272
중앙정보부 132, 224, 240, 244
지문 18, 26, 69~70
지문 날인 19, 55, 125, 172, 174
진상조사단 ☞ 제2차 세계대전 시 오키나와
조선인강제연행학살진상조사단
진실과화해를위한과거사정리위원회 238,
242, 248~249, 259
진정하고 실효적인 연결(genuine and
effective link) 33, 216
진화위 ☞ 진실과화해를위한과거사정리위원회

(ㅊ)
참정권 95, 101~102, 104~105, 107, 109, 124,
174
창씨개명 87, 161
초과 출산 혜이후(超生黑戶) 271~272, 274,
277, 296
총련 30, 122, 132~134, 137, 141~143, 151,
153, 169, 175, 202, 243, 245, 252~253
출국할 권리 207
출입국관리 16, 26~27, 31, 34, 126, 130,
133~134, 136, 139, 143, 170, 174~175,

178, 226

친일파 78, 105,~109, 151

(ㅋ)

클래런던 헌령(Constitution of Clarendon 1164) 206

(ㅌ)

토피, 존(John Torpey) 20

통·일권(the right to reunification) 232

통·치성(governmentality) 7, 9, 24, 25, 70, 73, 74, 114, 115, 282, 288

통행증 22, 58, 318~320, 322~323

투표 54, 73, 77~80, 93, 95~97, 99~101, 103, 105, 109~112, 114~115, 212

특별영주권 153, 178, 202, 204, 225~226, 266

특별재류허가 138, 148

특별한 유대(special ties) 217, 223

(ㅍ)

패전 36~37, 39, 42, 48, 55, 70, 81, 86, 125, 147, 149, 150, 153~154, 159, 169, 172, 175~176, 180

평화의 주춧돌(平和の礎) 157~159

포로 명부 154, 159, 161~162, 164~166

포로수용소 156, 162, 166, 169

푸코, 미셸(Michel Foucault) 21~22, 24~25, 288

피난민증명서 49~51

피선거인 73, 77, 84, 107

(ㅎ)

한 표 부결제(one vote veto, 一票否決制) 279, 285~286, 290

한강도강증 59~62

한국 사람 9, 300, 302~303, 306~308, 313, 316~317, 319, 322

한국 사회 7, 38, 67, 151, 231, 246, 249, 299, 300, 305~308, 310, 313~314, 322~323

한민통 203, 224~246

한일협정 7, 30, 119, 121~122, 126~127, 129, 133~134, 136, 141~143, 153, 168

한일회담 121~122, 134~135

한자녀정책 9, 268, 270~271, 273, 275, 279, 280~284, 288~291, 293~298

헤이후(黑戶) 269~284, 286, 289~294, 296, 298

현장 연구 301, 304

현주호구(現住戶口) 82~83

혈통주의 30, 140, 186, 191

협정영주 7, 122~123, 126, 129~136, 140~142, 152, 175~178, 202, 226, 266

호적 23, 53, 56~67, 78, 82, 84, 86~91, 115, 123~125, 148, 172~173, 187~189, 192, 270, 273~282, 289, 293, 296, 298

호적·기류(寄留) 80, 83, 96, 100

호적법 124, 268

환대권 204~205

회복적 정의 255

(기타)

38도선 74, 81~84, 86~88, 90~92

5·10 선거 76, 92, 97~100, 101, 103, 109, 114

65년 체제 123

GHQ 39~41, 45~46, 81, 102, 124, 126~127, 159~160, 162, 165~166

ID 9, 18, 20, 28

UN조위 89, 91, 94~95, 97, 103, 108, 110~111

USCAR 171

지은이

조경희(趙慶喜)

도쿄대학 대학원에서 사회정보학을 전공했고 도쿄외국어대학에서 박사학위를 받았다. 현재 성공회대 동아시아연구소 HK교수로 재직 중이다. 연구 분야는 식민지/제국의 사회사, 아시아의 이동과 소수자 등이다. 주요 공저로『주권의 야만: 밀항, 수용소, 재일조선인』(2017), 『전후의 탄생: 일본, 그리고 조선이라는 경계』(2013),『귀환 혹은 순환: 아주 특별하고 불평등한 동포들』(2013), 『아시아의 접촉지대: 교차하는 경계와 장소』(2013) 등이 있다.

이정은(李定垠)

서울대학교 대학원 사회학과에서 박사학위를 받았다. 현재 성공회대 동아시아연구소에서 HK연구교수로 재직 중이다. 관심 분야는 마이너리티와 인권, 소수자 문화연구, 냉전기 역사사회학이다. 「참여민주주의와 인권의 정치」(2015), 「한국 사회에서 이주민의 문화다양성 실천과 주체성 형성」(2016) 등의 논문과,『주권의 야만: 밀항, 수용소, 재일조선인』(2017),『귀환 혹은 순환』(2013), 『아시아의 접촉지대』(2013),『전후의 탄생: 일본, 그리고 조선이라는 경계』(2013) 등의 공저가 있다.

서호철(徐浩哲)

서울대학교 대학원 사회학과에서 박사학위를 취득했다. 현재 한국학중앙연구원 한국학대학원 부교수로 재직 중이다. 연구 분야는 조선총독부의 조직과 행정, 식민지기 호적제도와 인구통계, 도량형과 표준 등이다. 「조선총독부 내무부서와 식민지의 내무행정」(2014), 「서울의 똥오줌 수거체계의 형성과 변화」(2016) 등의 논문과,『대지(大地)를 보라』(2016),『시마상, 한국 길을 걷다』(2013), 『'연애결혼'은 무엇을 가져왔는가』(2013) 등의 역서가 있다.

김미혜(金美惠)

쓰다주쿠대학(津田塾大学) 대학원 국제관계학과 석사 과정을 수료했다. 현재는 도쿄대학 대학원 특임연구원으로 재직 중이다. 연구 분야는 조선현대사, 동아시아 냉전사, 오키나와의 조선인 역사이다. 공동 번역으로『現代朝鮮の悲劇の政治指導者たち』(徐仲錫 著, 2007),『朝鮮戦争の社会史』(金東椿 著, 2008) 등이 있다.

윤지영(尹芝瑩)

서울대학교 법과대학 법학과를 졸업하고 2004년 사법시험에 합격, 2007년 사법연수원을 수료했다. 현재 공익인권법재단 공감에 재직 중이다. 연구 분야는 이주민, 무국적 동포 등이다. 주요 공저로 『지금 다시, 헌법』(2016),『우리는 희망을 변론한다』(2013),『인간답게 살 권리』(1999) 등이 있다.

이재승(李在承)

건국대학교 법학전문대학원 교수로 재직하며 법철학, 법사상사, 인권법, 이행기 정의 등을 강의한다. 민주주의법학연구회를 기반으로 연구 활동을 수행해왔다. 『국가 범죄』, 『법사상사』(공저), 『트라우마로 읽는 대한민국』(공저), 『양심적병역거부와 대체복무제』(공저) 등을 지었으며, 『죄의 문제』, 『주체의 각성』을 우리말로 옮겼다. 『국가 범죄』로 제5회 임종국학술상(2011년)을 받았다.

고연옥(高連玉)

서울대학교 국어교육과를 졸업하고, 성공회대학교 일반대학원 아시아문화연구 석사 과정, 성공회대학교 일반대학원 사회학과 박사 과정을 수료했다. 관심 연구 분야는 냉전기 한국의 국가폭력이다. 논문으로 「한인 기혼여성의 동반이주에 의한 계급이동 경험 연구: 중국 옌타이 시(市) 사례를 중심으로」가 있다.

김미란(金美蘭)

현재 성공회대학교 동아시아연구소 HK교수, 대학원 국제문화연구학과 부교수로 재직 중이다. 연세대학교 중문과에서 석·박사를 했고, 중국 칭화대학교, 상하이대학교, 콜롬비아대학 IEAS(동아시아연구소)에서 방문연구를 했다. 여성의 일-가정 양립, 재생산, 압축적 근대를 겪은 동아시아에서 여성의 삶을 '공'과 '사' 개념을 통해 설명하는 데 관심이 있다. 논문으로 「1920년대 중국의 우생논쟁」, 「중국 1953년 혼인자유 캠페인의 안과 밖」, 「타이완의 젠더화된 新·舊이민과 양안(兩岸)결혼」, 「베트남전쟁과 섹슈얼리티」, 「2000년대 중국의 계획생육: '도시권'에 대한 배제, '유동하는 인구(流動人口)'의 재생산」 등이 있고, 저서로 『현대 중국여성의 삶을 찾아서: 국가·젠더·문화』가 있다.

강주원(姜柱源)

서울대학교 인류학과 대학원에서 석·박사 학위(2012)를 받았다. 2000년부터 주 연구 대상은 북한사람·북한화교·조선족·한국사람·탈북자이고, 주 연구 지역은 중국 단둥과 중·조 국경 지역이다. 국경에 기대어 사는 이들과의 만남을 이어가면서 통일에 대한 고민을 업으로 하는 인류학자의 길을 걸어가는 꿈을 키우고 있다. 지은 책으로는 『웰컴 투 코리아』(공저), 『나는 오늘도 국경을 만들고 허문다』(2014년 한국연구재단 우수도서 선정), 『압록강은 다르게 흐른다』(2016)가 있다. 2012년에 재외동포재단 학위논문상을 수상했다.

한울아카데미 2012

'나'를 증명하기

아시아에서의 국적·여권·등록

ⓒ 성공회대학교 산학협력단, 2017

기획 성공회대학교 동아시아연구소
엮은이 이정은·조경희
펴낸이 김종수
펴낸곳 한울엠플러스(주)

편집 김경희

초판 1쇄 인쇄 2017년 6월 9일
초판 1쇄 발행 2017년 6월 15일

주소 10881 경기도 파주시 광인사길 153 한울시소빌딩 3층
전화 031-955-0655
팩스 031-955-0656
홈페이지 www.hanulmplus.kr
등록번호 제406-2015-000143호

Printed in Korea.
ISBN 978-89-460-7012-7 93910

* 책값은 겉표지에 표시되어 있습니다.